面向汉语作为第二语言
习得的语音量子理论研究

Mianxiang Hanyu Zuowei Di-er Yuyan
Xide de Yuyin Liangzi Lilun Yanjiu

解焱陆　张劲松　陈静萍　董文伟
李　柱　罗熙靖　牛传迎　王　玮　◎著
王振宇　王祖燕　魏　星

北京语言大学出版社
BEIJING LANGUAGE AND CULTURE
UNIVERSITY PRESS

© 2024 北京语言大学出版社，社图号 24004

图书在版编目（CIP）数据

面向汉语作为第二语言习得的语音量子理论研究 / 解焱陆等著 . -- 北京：北京语言大学出版社，2024. 8.
ISBN 978-7-5619-6502-3

Ⅰ. H195.3

中国国家版本馆 CIP 数据核字第 2024BE8889 号

面向汉语作为第二语言习得的语音量子理论研究
MIANXIANG HANYU ZUOWEI DI-ER YUYAN XIDE DE YUYIN LIANGZI LILUN YANJIU

责任编辑：周 鹂	英文编辑：徐 梦
责任印制：周 燚	封面设计：春天书装
排版制作：闫海涛	

出版发行：北京语言大学出版社
社　　址：北京市海淀区学院路 15 号，100083
网　　址：www.blcup.com
电子信箱：service@blcup.com
电　　话：编 辑 部　8610-82303670
　　　　　国内发行　8610-82303650/3591/3648
　　　　　海外发行　8610-82303365/3080/3668
　　　　　北语书店　8610-82303653
　　　　　网购咨询　8610-82303908
印　　刷：北京富资园科技发展有限公司

版　次：2024 年 8 月第 1 版		印　次：2024 年 8 月第 1 次印刷	
开　本：710 毫米 × 1000 毫米　1/16		印　张：23.75	
字　数：372 千字			
定　价：98.00 元			

PRINTED IN CHINA
凡有印装质量问题，本社负责调换。售后 QQ 号 1367565611，电话 010–82303590

目 录

第一章 绪 论 ··· 001
    1.1 语音量子理论概述 ································ 003
    1.2 语音量子理论用于二语发音教学概述 ················ 005
    1.3 发音偏误自动检测概述 ···························· 009
    1.4 本书结构 ·· 014
    参考文献 ·· 015

第二章 汉语作为第二语言的研究及声学界标理论 ········ 021
    2.1 语音感知理论 ···································· 021
    2.2 二语语音习得理论 ································ 024
    2.3 语音感知模式 ···································· 027
    2.4 语音的声学界标 ·································· 037
    参考文献 ·· 045

第三章 中介语语音库及发音偏误自动检测数据库 ········ 053
    3.1 中介语语音库研究现状 ···························· 055
    3.2 中介语语音库与二语习得相关理论 ·················· 060
    3.3 汉语中介语语料库的作用 ·························· 063

3.4　汉语中介语语料库建设面临的问题 …………………… 064

　　3.5　量子语音研究所用语音库 ……………………………… 065

　　参考文献 ……………………………………………………… 078

第四章　中介语发音数据的制作和标注 ……………………… 088

　　4.1　汉语中介语语音库发音数据的文本 …………………… 088

　　4.2　汉语中介语语音库语料收集 …………………………… 099

　　4.3　汉语中介语语音库发音数据标注 ……………………… 102

　　4.4　中介语发音数据的自动标注 …………………………… 106

　　4.5　自动标注评价指标 ……………………………………… 106

　　4.6　汉语中介语语音库发音数据偏误 ……………………… 108

　　参考文献 ……………………………………………………… 112

第五章　普通话声母"r、l"与前后鼻音韵母的
**　　　　连续统** ………………………………………………… 121

　　5.1　普通话声母"r、l"与前后鼻音韵母研究综述 ………… 121

　　5.2　普通话声母"r、l"连续统数据实验 …………………… 130

　　5.3　中日被试普通话前后鼻音韵母感知 …………………… 150

　　参考文献 ……………………………………………………… 186

第六章　基于深度学习的声学连续统合成 …………………… 191

　　6.1　声学连续统 ……………………………………………… 191

　　6.2　语音合成声码器 ………………………………………… 194

　　6.3　基于变分自编码器的声学连续统合成 ………………… 202

6.4　基于对抗训练的声学连续统合成 ……………………………… 210

参考文献 ……………………………………………………………… 219

第七章　发音偏误自动检测方法 …………………………………… 223

7.1　发音偏误检测的评价指标 ………………………………………… 223

7.2　基于高斯混合-隐马尔可夫（GMM-HMM）的
　　 发音偏误检测 …………………………………………………… 224

7.3　基于扩展识别网络的发音偏误检测 ……………………………… 230

7.4　基于 DNN 的发音偏误检测 ……………………………………… 231

7.5　基于 CNN 和 RNN 的发音偏误检测 …………………………… 240

7.6　基于 GOP 方法的发音偏误检测 ………………………………… 258

7.7　基于孪生网络的发音偏误检测 …………………………………… 267

7.8　基于发音属性的发音偏误检测 …………………………………… 275

7.9　基于注意力机制的发音偏误检测 ………………………………… 282

参考文献 ……………………………………………………………… 293

第八章　声学界标检测与基于声学界标的发音偏误
　　　　 自动检测 ……………………………………………………… 299

8.1　区别特征理论的提出与应用 ……………………………………… 299

8.2　声学界标与区别特征之间的关系 ………………………………… 306

8.3　声学界标的标注与自动检测 ……………………………………… 308

8.4　连接时序分类 ……………………………………………………… 315

8.5　基于 CTC 的声学界标检测 ……………………………………… 324

8.6　基于 CTC 与 Attention 的声学界标检测结果分析 …………… 328

8.7　结合语音学知识与机器学习方法的声学界标检测 …………… 332
8.8　基于声学界标的发音偏误检测 ……………………………… 345
参考文献 ……………………………………………………………… 359

第九章　总结与展望 …………………………………………… 364
9.1　总结 …………………………………………………………… 364
9.2　未来展望 ……………………………………………………… 370

第一章 绪 论

随着各国联系和交流的不断加强和深入,世界了解中国的热情日益高涨,越来越多的外国人通过学习汉语来更好地认识中国。世界各国之所以兴起汉语学习热潮,一方面是由于中国在经济和科技上的突飞猛进增强了中国的世界影响力,更多外国人想深入地了解中国;另一方面则是受全球化趋势的影响,跨文化、跨语言交流的需求也随之增加。

在语言学习的"听""说""读""写"四项技能中,"听"和"说"对于语言的交流尤为重要,发音的标准程度和流利程度是语言水平的直接体现。一直以来,"说"都是语言实际教学中的一个难题,比如常见的外国人说汉语的"洋腔洋调"现象,往往会受到大家的关注。大量的发音练习是语言学习中必不可少的过程,尤其是对汉语学习来说,汉字的读音和声调是二语者最难准确把握的部分,他们对于汉语学习的需求在传统的课堂教学中无法完全得到满足。在"汉语热"的大背景下,"对外汉语教师、汉语教材编写方面存在的不足也开始显现"(郭扶庚,2007),而语音教学却不受重视,"只要求大致能说就行了"(焦立为,2001)。对于传统的对外汉语教学来说,发音学习效果不好主要有两个原因:第一,口语的学习需要教师一对一的发音指导以及不断的交流和练习,但具有完备语音学知识和良好正音技巧的教师资源非常稀缺;第二,传统的教学方式主要是课堂教学,存在学生数量多、时间不灵活等缺陷,语言教学通常侧重于词汇、语法及语义方面,口语和发音指导等一直是薄弱环节。

由于互联网技术的飞速发展,线上教育受到广泛欢迎,移动电脑和智能手机的普及也为线上教育提供了便利。计算机辅助发音训练系统(Computer-Assisted Pronunciation Training,CAPT)以人机交互智能技术为媒介,采用帮助和引导学生进行发音练习的教学方法,很好地弥补了传统教学的不足,为对外汉语教学注入了新鲜血液。CAPT具有如下优势:(1)以一对一的方式对学生进行教学;(2)由于智能设备的普及,学生可以不受时间和地点的限制来完成学习任务,既方便又能提高学习效率;(3)对于一些语言等级考试,机器可以辅助人工对应试者的发音良好度甚至是语言熟练度进行评价,大大节省了人力、物力。

随着人工智能技术的发展,基于计算机辅助的智能语音学习技术也随之发展起来。为了模拟真实的教学过程,智能语音教学应包括发音质量评价、发音偏误检测、发音偏误反馈及发音偏误纠正等环节。

智能语音教学中的发音质量评价是指自动评估学习者的发音质量,对学习者发音的整体能力进行评价,类似于教学中的考试环节。鉴于机器测评的便捷性和客观性,普通话水平测评和一些英语考试已逐步引入基于计算机辅助的口语发音质量测评技术。发音偏误检测是指计算机自动指出学习者发音中的具体错误,如前鼻音发成了后鼻音等。发音偏误反馈是指根据偏误的具体情况,以声音、图像和视频等形式告知学习者发音中的问题。发音偏误纠正是指学习者纠正自己的错误发音,如具体的口形、舌位的改正等。后三个环节类似于教学中的课堂指导环节。

虽然近年来智能语音学习技术取得了一定的进步,但如何智能化地模拟语音教学过程,帮助学习者提高口语发音水平,还面临着较大困难。这些困难主要体现在目前智能语音学习技术偏误检测的水平还不够高,能够检测出的偏误还不尽如人意。虽然自动语音识别在特定环境下已经接近人工识别的水平(Switchboard数据集的词错误率小于5.1%),但二语的自动偏误检测却远远落后于教师的人工检测水平（汉语普通话二语发音错误的检出率约为65%—84%）。这主要是因为目前大多数偏误评价都采用自上而下（Top-down）的语音识别框架，即 MFCC/Fbank 隐马尔可夫模型（Hidden Markov Model，HMM）或深度神经网络模型（Deep Neural Network，DNN）；而人类理解语音的过程是自下而上（Bottom-up）形式的知识聚合，即在连续的语音信号中感知声学界标（landmark），然后对声学界标附近的语音参数进行分析，做出区别特征（distinctive feature）判断，再和词库中词汇项的语音表达式进行比照。目前的自动口语评价并没有充分地模拟人类感知语音的过程。此外，用于偏误评价的训练数据集规模还较小，难以像自动语音识别一样，将大规模的数据集用于深度神经网络模型。而自动语音识别技术近年来的发展正依赖于大规模的数据集和复杂的深度学习模型。从上述背景介绍可以看出，自动偏误检测很难取得较好的效果。

1.1 语音量子理论概述

语音量子理论（Quantal Nature of Speech）关注语音中发音特征和声学特征之间非线性的量子关系。语音量子理论起源于区别特征理论。自上世纪30年代布拉格学派提出音位对立的区别特征理论以来，国内外学者从发音生理学、言语声学等多个角度对区别特征进行了研究。Fant、Halle、Jakobson、Chomsky、王士元、Stevens 等学者不断拓展和完善该理论，建立了元音、辅音、超音段等对立特征体系。Jakobson et al.（1952）、Miller & Nicely（1955）等人定义了识别声学和发音的区别特征准则；Chomsky & Halle（1968）从音系学角度定义了二元对立的区别特征准则；Scharinger et al.（2010）也从音系学的角度提出了人类认知词汇和音素的区别特征框架；Clements & Schumacher（2010）对发音机制、感知机制及词汇认知机制的区别特征都有研究。

部分语音学家认为特征太抽象，他们倾向于使用区别模型来表示发音。

Stevens（1972、1989）、Stevens & Keyser（2010）等从语音产生模型出发，提出了语音的量子理论。该理论以语音产生的声源-滤波器模型为基础，辅之以发音生理的说明（张家騄，2005、2010），从二元选择的角度去构造和识别语音。语音量子理论认为，发音特征和声学特征之间具有非线性的量子关系，是语言中用来区别语音声学属性和发音属性的主要因素。如图1.1所示，声学特征对发音器官在某一特定范围内的变化相对不敏感，发音器官接近由某一特定特征（feature）说明的目标状态时，音型（sound pattern）的相关属性没有明显的变化（鲍怀翘，2014），如Ⅰ区。但在另一种发音状态下，声学特征会迅速发生改变，如Ⅱ区。而进入Ⅲ区，声学特征与发音变化之间的关系又返回到Ⅰ区状态。该理论中，Ⅰ区和Ⅲ区的发音特征和声学特征可以看作相对立的区别特征。

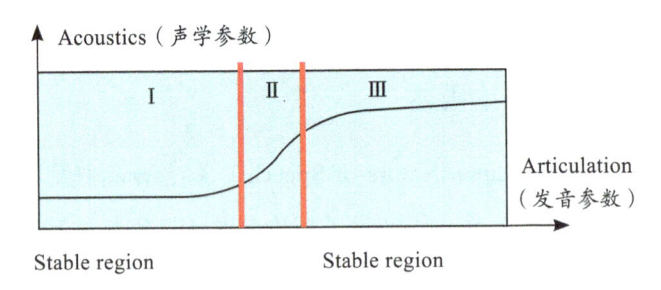

图1.1 语音量子属性中发音特征和声学特征的非线性关系

在此基础上，Hasegawa-Johnson et al.（2005）、Stevens & Keyser（2010）等人定义了声学界标。声学界标是语音中包含高信息量且在感知上易区分的音段瞬时事件。找到了声学界标，也就找到了图1.1中声学特征迅速变化的位置及对应的区别特征。Whalen et al.（1989）认为，音节的P中心（P-centers）是一个瞬时的事件，靠近中心位置的起始点是一个声学界标。Delgutte & Kiang（1984）和Kim（2013）认为，辅音起始点及元音辅音的交接点也是一个声学界标，此处也会被感知为不同。声学界标是一种泛语言的特征，提出声学界标的学者最初的思路是设计出不受语言种类影响的区别特征。结合 Whalen 和 Delgutte 等人的研究，语音中有四个泛语言的声学界标备选位置：元音的时间中点、元音和辅音之间的边界、辅音的中间、辅音与后音节的边界。除了这种具有普遍性的原则之外，目前尚没有统一的选取声学界标的指导思想。而声学界标位置的选取是否合适，又直接决定了所选择的对立体是否为区别特征。此外，声学界标的提出虽然没有假设特定的语言种类，但某些语言有自己特有的发音特点和特有的区别特征，特别是汉语普通话的一些发音，选取声学界标的普遍性原则对此并不适用。

国内学者对区别特征已进行过大量研究，但对语音量子理论的研究还比较少。吴宗济、张家骅、孟子厚等建立了普通话的偶分特征和区别特征矩阵，从音节、辅音、集聚、沉钝、过渡、升降音、送气、鼻音、连续、粗糙、浊音的角度设计了区别特征树。张家骅（2005、2006）根据汉语语音知觉混淆的群集分析结果，从声学和生理特性角度提出了声韵调体系的区别特征系统；王孟杰、孟子厚（2011）分析了声学特征与汉语韵母区别特性的关系，发现感知线性预测（Perceptual Liner Prediction，PLP）特征与"过渡的""升音的"和"鼻音的"等区别特征有比较高的相关性；鲍怀翘（2014、2015）多次以报告的形式介绍语音量子理论。

1.2　语音量子理论用于二语发音教学概述

区别特征矩阵和语音量子理论中的声学界标模型从不同维度描述了音位对立的关系，证明了区别特征理论在发音机制、感知、音系学等方面的内在联系。正因为存在这种内在联系，二语教学领域的研究人员便尝试将语音量子理论用于发音教学。

语音量子理论将音位分解为更小的语音特征，包括图 1.1 中 I 区和 III 区的发音和声学信息，以及三个区的相对位置信息，这样就能直观地说明音位对立是哪个维度上的，从而在二语教学中加以改进和区分。语音量子理论可以应用到教材中，更清晰地向学生解释和描述易出错的音位对立；可以用于课堂教学的反馈中，让学生明白自己的发音到底错在哪里；可以用于对外汉语教学的语音研究中，让研究者用一种更精确的描述方式来判断和分析学习者的发音偏误。语音工程领域的研究人员还尝试将语音关键信息用于语音分析及语音智能习得，其研究包括声学界标的自动检测和标注、区别特征用于发音偏误检测和反馈等等。

在声学界标的自动检测和标注研究方面，为了获取声学界标，研究人员首先考虑的是语言学分析及人工标注的方法。Zue et al.（1990）对TIMIT声学语音学语料库进行标注，其标签集合包括语音学标签、音位变体标签及代表特殊声学事件的标签，这种标注方式依赖于标注人员的听辨能力和观察语谱图的能力。

为了提高检测效率，很多研究人员提出了基于信号处理和机器学习算法的检测方法。如Liu（1996）根据音素发音特点将语音频谱分为六个频带，并将每个频带能量的一阶差分曲线的峰谷值作为声学界标候选，通过相应的判断准则得到声学界标的时间点和类型。Sun（1996）基于孤立音节语料库和连续句子语音语料库估计滑音声学参数的均值和协方差，利用假设检验方法，将得到的声学参数作为检测滑音的声学界标。Jayan & Pandey（2009）提出利用高斯混合模型GMM建模短时频谱，并从GMM中提取参数，运用信号处理算法检测塞音的三种声学界标。Salomon et al.（2004）通过分析语音特点，提出利用时间信息特征提升突变的声学界标的检测水平，时间信息包括基于能量变化的信息以及周期和非周期信息，最后将这些时间信息参数和传统的倒谱参数分别输入基于HMM的语音识别系统中，比较语音发音方式的检测分类性能。King & Hasegawa-Johnson（2012）提出利用人类听觉处理的生物模型，在训练集和测试集不匹配的环境下检测声学语音学界标，这些检测器使用的参数包括尖峰间隔（inter-spike interval）和平均信号层级（average signal level），它们均被作为输入特征。Dumpala et al.（2016）从声门闭合时刻提取声学特征，包括声源特征和声道特征，提出用基于规则的方法来检测元音的声学界标。Howitt（2000）对比元音声学界标的三种不同位置，提取了三种用于音节核检测的声学参数（共振峰的峰谷差值、时长、层次）并输入到多层感知机中进行检测元音的声学界标的训练。Omar et al.（2002）从互信息的角度出发，将一种区别特征的频谱用于时频域相对声学界标的信息论估计。

综上所述，基于语言学的分析和标注方法的优点是从人类感知和产出的角度精准分析声学界标的位置及相关参数，然而此类方法通常依赖于人类感知实验和大量人工标注，因此效率不高。基于信号处理的方法通常是从固定的频带出发，设置固定的阈值，通过相应的规则来判断尖峰的位置。此类方法的优点是通常不依赖人工标注样本的训练，但是随着话者和环境的变化，其检测的精度也会发生变化，且不同的声学界标需要不同的信号处理算法。第三种方法是从机器学习的角度出发，提取人工设计好的参数。其优点是检测效率和精度都比较高，其缺点是通常依赖于人工标注的样本来训练。通过检测声学界标，部分音素识别任务也取得了较好的结果。

声学界标和区别特征可用于音素和韵律的偏误检测。鉴于发音偏误检测任务的复杂性和多变性，传统的 MFCC 参数由于区分能力不足，在一些任务中效果不佳，因此，很多语音工程领域的研究人员考虑使用声学界标和区别特征的相关参数。其中，中国科学院声学研究所的董滨根据能量分布的不同，以能量集中带为特征，以 SVM 模型区分汉语中的平舌音和翘舌音，取得了 98.35% 的准确率（董滨，2006）。中国科学院的潘复平等人通过优化基频提取的性能和提高声调模式边界信息的准确性，使方言普通话声调评测的准确率从 62% 提高到了 83.3%（Pan et al., 2006）。Hacker et al.（2007）通过 ADABOOST 方法从发音特征和韵律特征中选取性能最优的 15 维特征，利用 GOP 法对德国儿童的英语发音进行错误检测。Strik et al.（2009）选取基于 ROR（Rate of Rise）曲线的相关特征，进行了荷兰语音素摩擦音 /x/ 和爆破音 /k/ 的偏误检测。Doremalen et al.（2009）采用基频、共振峰及音段置信值特征（ASR-based confidence measures，该特征是从强制对齐结果的帧后验概率中计算得到的），比较了荷兰语元音发音偏误的检测效果。Zhao et al.（2012）采用结构化特征和SVM模型自动检测汉语发音偏误。Stouten & Martens（2006）通过神经网络从短时MFCC中提取包含音源信息、元辅音信息等的多维语音学特征，用于英语的音素发音偏误检测。中国科学院自动化研究所黄申等人采用基频、语速、Fujisaki模型特征和rPVI、nPVI等节奏特征判断发音韵律（Huang et al.，2010）。Li et al.（2016）通过在MFCC特征的基础上加入发音属性特征同时后接分类器做分类确认的方式改善了检测结果，将iCALL数据集准确率提升了0.6%。Lee & Glass（2013）采用混合语料训练神经网络提取特征，致力于无监督地发现发音偏误类型。一般的GOP模型都是母语语料训练和二语语料测试，Huang，Ye，et al.（2017）对语音特征做MLLR说话人自适应后再进行分类，将中国人说英语数据集的准确率提高了8%。Tu et al.（2018）分别训练母语和二语的声学模型，将其输出作为特征，在四种不同的语言上都实现了效果提升。Nazir et al.（2019）从卷积神经网络的不同层级中提取特征，用于训练KNN、SVM等模型，在阿拉伯语的音素偏误检测中取得了较好的效果。从以上研究可以看出，当MFCC区分性不足时，寻求特定音素的区别特征可以大大优化检测效果。本书也研究了语音中声学界标的自动检测方法，并探讨了该方法在汉语发音错误自动检测实际应用中的效果。

区别特征不仅用于偏误的检测，也用于二语教学的反馈。Varshney & Banerji（2012）从二语学习者的角度定义了二语易错发音的二元对立区别特征。张林军（2009）使用知觉训练的方法，帮助日本学生纠正送气区别特征导致的辅音偏误。马燕华（2014）对比了13种语言系统，总结出外国成年人汉语语音同化的特征，提出了突出音位之间区别特征的习得方法，认为可以用固定的几个简单词语来反复练习，突出音位之间的相异点，优化练习效果。李如龙、陈瑶（2015）从语音特征出发设计语音教学方案，提出使用分词比字的方法进行方音辨正。

区别特征和声学界标模型较好地解释了人类感知和理解语音的过程，从不同维度描述了音位对立关系，证明了区别特征理论在发音机制、感知、音系学等方面的内在联系。正因为存在这种内在的联系，二语评测和教学领域的研究人员尝试将语音量子理论用于智能发音教学中特定的发音偏误检测和反馈正音任务。但运用该理论的困难在于，特征的筛选依赖于先验知识和测评任务，并未与其作用机制的研究对应起来。此外，因为声学界标的位置难以确定，针对性偏误的区别特征难以筛选，所以如何根据任务选择合适的、能够泛化的特征成为研究的难点。研究二语教学中的语音量子理论问题，有助于发现二元对立的语音混淆对的本质问题，有助于改善二语教学和研究的方法和手段。

1.3 发音偏误自动检测概述

一般来讲，CAPT系统主要包含三个模块：（1）发音自动评估。利用一些声学特征（如音素正确率、语速等）对学习者的整体发音水平进行打分和评估。（2）发音偏误自动检测。在学习者发音得分很低的情况下，检测学习者哪些发音存在错误。（3）正音反馈训练。根据发音评估和发音偏误检测结果，结合一些知识库给出针对性的发音纠正反馈信息，以及相应的纠正发音的训练计划等。早期的CAPT系统研究大多集中于发音自动评估，通过提供跟读、模仿录音等功能来改善学习者的发音。目前，CAPT系统在说话人层面和句子层面的发音评估与人工打分高度一致，但在音素层级的评估水平仍有待提高。此类系统更适用于考试，学习者只能了解自己的发音水平，但是当发音质量不高或有错误时却不知如何改正。在提高学习者的发音水平方面，这类系统所能提供的帮助十分有限。近年来，越来越多的研究者开始关注发音偏误自动检测，让系统基于检测结果为学习者提供正音反馈。

发音偏误检测作为CAPT系统中的一项重要技术，能够为学习者提升口语能力提供有效的途径。根据错误类型的不同，偏误检测也可从多个层面展开。

（1）音段层面

通常是指音素层级的偏误检测方法。常见的音素偏误包括：替换错误、插入错误及删除错误。造成这些错误的原因很多，不同语种会有不同的音位结构上的约束。比如，越南语中不允许出现辅音连缀，所以当越南语母语者学习英语时，可能会将元音插入辅音之间。另外，有些语言里不允许某些辅音出现在音节末尾，所以学习者可能会将其丢掉，出现删除错误。当二语中出现与母语相似的音素时，学习者容易直接用母语的音素去替换目的语中的音素，出现替换错误。还有一些错误则是由学习者本身的失误带来的。就标注经验来看，其实大多数语言学习者的错误音素发音往往介于母语和二语音素之间，这就造成了错误难以定义及语料标注者标注后的语料一致性不高等问题，给偏误检测任务增加了难度。

（2）次音段层面

通常是指发音属性层级的偏误检测方法，包括发音方式和发音位置两大类。发音属性是对发音过程中声学器官运动的描述，是所有语言通用的。利用发音属性进行发音偏误检测，能比前一种方法更直观地给学习者提供反馈，而且指出的错误更加细致，可以具体到口腔等发音器官的运动。发音方式包括摩擦音、擦音、鼻音等，发音位置包括齿槽音、齿音、喉音等。检测方法与语音识别类似，只是将检测更加细化到底层。这种检测方法可以更细致地发现学习者将音素的哪个属性发错了，从而有针对性地给出反馈。

（3）超音段层面

超音段层面的偏误检测通常侧重于重音、节奏及语调等方面。重音是指对于音节或词的强调，声学上表现为更大的响度、更高的音高或更长的发音时长，通常包含词重音和句重音。重音的位置错误会影响语言的可懂度，比如英语中单词的重音位置不同，词义可能会有不同，而汉语则不通过词重音来区分词义，所以汉语母语者在学习英语时，英语中的词重音容易被忽视。句重音是指说话者常常通过强调句子中某个字或词来表达不同的含义。例如，"今天星期一"和"今天星期一"两个句子，前者强调"今天"，表达的意思为今天星期一而不是明天星期一；后者强调"星期一"，表达的则是今天是星期一而不是星期二。节奏则主要体现在时长上，比如音素的发音时长，以及词内或词间停顿的时长，一些语言会通过音素时长来区分语义。一个音素发音时间太长或者停顿时间太长都是不流利的表现。此外，语调也能传递一定的信息，比如一些没有疑问词的疑问句和陈述句，它们的区别主要就在于语调。当语调上扬时，往往会被认为是疑问句；而当语调下倾时，则往往会被认为是陈述句。汉语等声调语言还会通过不同的声调来区分字义。

过去几十年中已经出现了大量基于音段层级的发音偏误检测方法。根据反馈类型，现有的音段发音偏误检测方法主要有两种：一种是错误类型的反馈，普遍基于音素识别方法；一种是分数的反馈，基于计算音素分类的置信度分数，可以通过设定阈值来进行发音偏误检测。

1.3.1 基于识别的检测方法概述

早期的发音偏误检测采用语音识别的方法，可以在字层级甚至音素层级指出发音错误。偏误检测的方法主要涉及三部分：输入特征、声学模型和语言模型。在输入特征方面，张劲松等（2016）通过对比 MFCC、PLP 及 Fbank 三种声学特征，发现在 DNN 声学模型下，Fbank 更适合偏误检测任务。模型方面，Duan et al.（2016）利用 Multi-Task 多输入及多输出联合损失函数的训练方法，将母语者语料和二语者语料同时加入模型进行训练。

初期语言模型的使用与语音识别相同，即通过将识别出来的文本与发音文本进行对比，判断出发音人哪个字的发音有误，如图 1.2 所示：

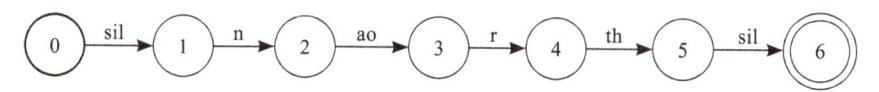

图 1.2　传统的语言识别模型 "north"

在语言模型中，每个状态的候选路径为全部音素。通过 Viterbi 解码算法可找出最优路径作为识别结果。

后来在语音识别的基础上提出了扩展识别网络（Extended Recognition Network，ERN）。在偏误检测任务中，发音文本是已知的，而且偏误类型存在一定的规律。比如，一些研究表明汉语中平翘舌是容易混淆的；在声调学习中，很多研究也都表明阳平和上声是最容易混淆的。这种先验知识可以加入解码的过程中。图 1.3 为扩展识别网络的解码图：

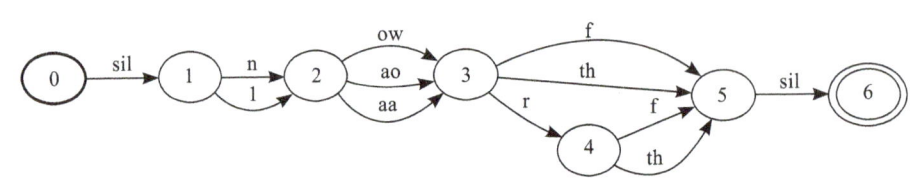

图 1.3　扩展识别网络 "north"

与文本相关的发音偏误检测的特点之一是检测前已经知道发音文本，所以在解码时不必将所有音素都加入到候选路径，但通过对标注语料的分析，可以得出相对于其他音素来说，发音更容易混淆的音素序列，然后将其加入解码序列，对语言模型进行一定的规则约束。相较于传统的音素解码，这种方法减少了解码时的候选路径，能够加快解码过程，同时减少解码时的插入删除错误。

1.3.2　基于分类置信度的检测方法概述

发音质量评估是计算机辅助发音训练的一个关键部分。其中与母语者无关的方法主要是对二语者数据进行标注和训练，但这种方法对于语料标注要求较高，所以目前使用较少。而与母语者相关的发音质量评估方法通常将母语者发音数据作为标准来评估二语学习者的发音。这种方法由于语料和标注的限制，主要分为两种。一种是基于知识及区分性特征的方法。一些研究让学生和老师读相同的内容，通过计算其声学参数的距离来打分（Kewley-Port et al.，1987；Wohlert，1984）。Cucchiarini et al.（2000）对比了语速、停顿个数等特征在句子发音流利度上的作用；Lee & Glass（2013）采用动态规划算法（Dynamic Time Warping，DTW）并将其作为特征，用支持向量机（Support Vector Machine，SVM）算法预测分数。另一种是基于语音识别框架的方法。随着语音识别技术的迅速发展，其框架也被用于发音评估，Kim et al.（1997）基于隐马尔可夫模型，对比了对数后验概率分数、对数似然比及音段时长分数。结果表明，对数后验概率的打分方法与人工的分数标注相关度最高，之后大部分研究都采用这种打分方法。由于早期打分主要基于句子和词语层级，学习者难以直观地认识到自己的发音错误并加以改正，所以Witt & Young（2000）将打分方法引入音素层级并将其命名为发音良好度（Goodness of Pronunciation，GOP），这种方法后来被广泛使用。Huang et al.（2008）和张峰等（2010）引入说话人自适应训练及选择性最大似然线性回归技术来减小数据集之间的说话人差异，同时在计算分数时采用了规整后的对数后验概率及有权重的音素后验概率来提高音素检测的准确率。Wang & Lee（2012）结合GOP分数及偏误检测器降低了检测错误率。逐渐兴起的深度神经网络也被应用于发音质量评估。张劲松等（2016）将深度神经网络模型应用到中文发音偏误检测中，证明了其有效性。也有一些学者通过将发音良好度作为特征以及后接其他模型增加再打分或再确认环节来提高检测准确率。胡文凭（2016）在深度神经网络的声学模型下，对比了多种打分方法，结果表明，目标音素后验概率及除此之外最大后验概率的比值获得了最好的效果。Nicolao et al.（2015）通过结合声学模型后验概率及音素相关的判别器来进行发音评估。Li et al.（2016）在偏误检测中加入决策树来做偏误检测的再确认。Huang，Ye，et al.（2017）通过标注最易混淆音素，在计算分数时加入了最易混淆音素后验概率。Huang，Xu，et al.（2017）将GOP作为特征训练分类器，进一步进行偏误确认。

1.4 本书结构

针对对外汉语语音教学中的二元偏误问题，本书以音位对立体中的量子特性为研究对象，通过合成语音感知实验，探讨二语学习者感知音位的关键位置和关键特征；设计发音偏误检测实验，验证量子特性的有效性。

本书结构如下：

第二章介绍汉语作为第二语言研究的经典理论，包括语音的感知理论、二语语音习得的三种主要理论、语音的知觉模式。在区别特征的声学属性和发音属性之间量子关系的基础上，介绍声学界标的定义、相关理论及应用，从而引出在量子语音学理论下如何检测声学界标并将其用于发音偏误检测和汉语二语习得的问题。

第三章介绍语音数据库的相关研究，重点介绍中介语语音库的建设原则和作用。此外，对研究中所使用的汉语普通话朗读语篇语料库（ASCCD）、汉语普通话301句语音库也做了介绍。

第四章介绍语音数据库的制作和标注方案，重点研究本书所使用的汉语中介语语音库的文本设计、语料收集、标注方案、自动标注方法、标注评价等。

第五章介绍经典的连续统语音合成方法，并以普通话声母"r、l"与前后鼻音韵母为例，通过合成连续统数据，验证其关键声学界标信息。

第六章介绍基于深度学习的语音连续统合成方法。当两个语音范畴在多个声学维度上不同时，传统的合成语音连续统听起来可能会不自然。此外，由于声学参数是连续变化的物理量，直接对关键的声学特征进行手工插值可能会掩盖细微但重要的动态变化特征，而这些动态变化可能是听众辨别两个语音范畴的重要线索。本章还重点介绍了基于变分自编码器的合成方法和基于对抗训练的合成方法，并通过听辨实验和平均意见得分实验验证两种方法的有效性。

第七章介绍发音偏误自动检测方法——从传统的基于语音识别技术的发

音偏误自动检测方法，到本书所提出的基于发音良好度、基于孪生网络、基于发音属性、基于注意力机制的发音偏误检测方法，同时对比这些方法的有效性及其在汉语习得中的作用。

第八章介绍采用声学界标的发音偏误检测方法。对比两个角度得到的声学界标：一是通过第五章中连续统语音合成及感知听辨实验得到的声学界标，二是通过大规模数据驱动得到的声学界标。本章研究并验证了两种声学界标在偏误检测和二语习得中的作用。

第九章是总结与展望。

∷ 参考文献 ∷

鲍怀翘（2014）关于语音量子理论，第十一届中国语音学学术会议，新疆乌鲁木齐。

鲍怀翘（2015）再谈语音量子理论，载李爱军主编《中国语音学报（第5辑）》，北京：中国社会科学出版社。

董　滨（2006）计算机辅助汉语普通话学习和客观测试方法的研究，中国科学院声学研究所博士学位论文。

郭扶庚（2007）全球汉语热　孔子学院成中国"软实力"最亮品牌，《光明日报》4月10日。

胡文凭（2016）基于深层神经网络的口语发音检测与错误分析，中国科学技术大学博士学位论文。

焦立为（2001）现代语音学的方向——访林焘教授，《语言教学与研究》第2期。

李如龙、陈　瑶（2015）从语音特征出发设计语音教学，《学术研究》第3期。

马燕华（2014）论外国成年人汉语语音学习同化特征——基于汉语与13种语言语音系统对照分析，《海外华文教育》第1期。

王孟杰、孟子厚（2011）基于区别特征检测的汉语韵母分类，《电声技术》第9期。

张　峰、黄　超、戴礼荣（2010）普通话发音错误自动检测技术，《中文信息学报》第2期。

张家䮸（2005）汉语普通话区别特征系统，《声学学报》第6期。

张家䮸（2006）汉语普通话区别特征系统树状图，《声学学报》第3期。

张家䮸（2010）《汉语人机语音通信基础》，上海：上海科学技术出版社。

张劲松、高迎明、解焱陆（2016）基于DNN的发音偏误趋势检测，《清华大学学报（自然科学版）》第11期。

张林军（2009）知觉训练和日本留学生汉语辅音送气/不送气特征的习得，《语言教学与研究》第4期。

Chomsky, N. & Halle, M. (1968) *The Sound Pattern of English*. New York: Harper & Row.

Clements, K. & Schumacher, J. A. (2010) Perceptual biases in social cognition as potential moderators of the relationship between alcohol and intimate partner violence: A review. *Aggression and Violent Behavior*, 15(5): 357-368.

Cucchiarini, C., Strik, H. & Boves, L. (2000) Quantitative assessment of second language learners' fluency by means of automatic speech recognition technology. *The Journal of the Acoustical Society of America*, 107(2): 989-999.

Delgutte, B. & Kiang, N. Y. (1984) Speech coding in the auditory nerve: I. vowel-like sounds. *The Journal of the Acoustical Society of America*, 75(3): 866-878.

Doremalen, J. V., Strik, H. & Cucchiarini, C. (2009) Utterance verification in language learning applications. *Proc. Speech and Language Technology in Education (SLaTE)*, 13-16.

Duan, R., Kawahara, T., Dantsuji, M. & Zhang, J. (2016) Multi-lingual and multi-task DNN learning for articulatory error detection. *2016 Asia-Pacific Signal* and *Information Processing Association Annual Summit and Conference (APSIPA)*, 1-4.

Dumpala, S. H., Nellore, B. T., Nevali, R. R., Gangashetty, S. V. & Yegnanarayana, B. (2016) Robust vowel landmark detection using epoch-based features. *INTERSPEECH*, 160-164.

Hacker, C., Cincarek, T., Maier, A., Heßler, A. & Noth, E. (2007) Boosting of prosodic and pronunciation features to detect mispronunciations of non-native children. *2007 IEEE International Conference on Acoustics, Speech and Signal Processing (ICASSP)*, 4: 197-200.

Hasegawa-Johnson, M., Baker, J., Borys, S., Chen, K., Coogan, E., Greenberg, S., Juneja, A., Kirchhoff, K., Livescu, K., Mohan, S., Muller, J., Sonmez, K. & Wang, T. (2005) Landmark-based speech recognition: Report of the 2004 Johns Hopkins summer workshop. *2005 IEEE International Conference on Acoustics, Speech and Signal Processing (ICASSP)*, 1: 213-216.

Howitt, A. W. (2000) Automatic syllable detection for vowel landmarks. Ph.D. dissertation, Massachusetts Institute of Technology.

Huang, C., Zhang, F., Soong, F. K. & Chu, M. (2008) Mispronunciation detection for Mandarin Chinese. *INTERSPEECH*, 2655-2658.

Huang, G., Ye, J., Sun, Z., Zhou, Y., Shen, Y. & Mo, R. (2017) English mispronunciation detection based on improved GOP methods for Chinese students. *2017 International Conference on Progress in Informatics and Computing (PIC)*, 425-429.

Huang, H., Xu, H., Hu, Y. & Zhou, G. (2017) A transfer learning approach to goodness of pronunciation based automatic mispronunciation detection. *The Journal of the Acoustical Society of America*, 142(5): 3165-3177.

Huang, S., Li, H., Wang, S., Liang, J. & Xu, B. (2010) Automatic reference independent evaluation of prosody quality using multiple knowledge fusions. *INTERSPEECH*, 610-613.

Jakobson, R., Fant, C. G. M. & Halle, M. (1952) *Preliminaries to Speech Analysis:*

The Distinctive Features and Their Correlates. Cambridge, MA: MIT Press.

Jayan, A. R. & Pandey, P. C. (2009) Detection of stop landmarks using Gaussian mixture modeling of speech spectrum. *2009 IEEE International Conference on Acoustics, Speech and Signal Processing (ICASSP)*, 4681-4684.

Kewley-Port, D., Watson, C., Maki, D. & Reed, D. (1987) Speaker-dependent speech recognition as the basis for a speech training aid. *1987 IEEE International Conference on Acoustics, Speech and Signal Processing (ICASSP)*, 12: 372-375.

Kim, J. (2013) A longitudinal study of Korean vowel production by Chinese learners of Korean. *Phonetics and Speech Sciences* (말소리와 음성과학), 5(2): 71-79.

Kim, Y., Franco, H. & Neumeyer, L. (1997) Automatic pronunciation scoring of specific phone segments for language instruction. *Fifth European Conference on Speech Communication and Technology (EUROSPEECH)*, 645-648.

King, S. & Hasegawa-Johnson, M. (2012) Detection of acoustic-phonetic landmarks in mismatched conditions using a biomimetic model of human auditory processing. *Proceedings of COLING 2012: Posters*, 589-598.

Lee, A. & Glass, J. (2013) Pronunciation assessment via a comparison-based system. *Proc. Speech and Language Technology in Education (SLaTE)*, 122-126.

Li, W., Li, K., Siniscalchi, S. M., Chen, N. F. & Lee, C. (2016) Detecting mispronunciations of L2 learners and providing corrective feedback using knowledge-guided and data-driven decision trees. *INTERSPEECH*, 3127-3131.

Liu, S. A. (1996) Landmark detection for distinctive feature-based speech recognition. *The Journal of the Acoustical Society of America*, 100(5): 3417-3430.

Miller, G. A. & Nicely, P. E. (1955) An analysis of perceptual Confusions among some English consonants. *The Journal of the Acoustical Society of America*, 27(2): 338-352.

Nazir, F., Majeed, M. N., Ghazanfar, M. A. & Maqsood, M. (2019) Mispronunciation detection using deep convolutional neural network features and transfer learning-based model for arabic phonemes. *IEEE Access*, 7: 52589-52608.

Nicolao, M., Beeston, A. V. & Hain, T. (2015) Automatic assessment of English learner pronunciation using discriminative classifiers. *2015 IEEE International Conference on Acoustics, Speech and Signal Processing (ICASSP)*, 5351-5355.

Omar, M. K., Chen, K., Hasegawa-Johnson, M. A. & Brandman, Y. (2002) An evaluation of using mutual information for selection of acoustic-features representation of phonemes for speech recognition. *INTERSPEECH*, 2129-2132.

Pan, F., Zhao, Q. & Yan, Y. (2006) Automatic tone assessment for strongly accented Mandarin Speech. *2006 8th International Conference on Signal Processing*.

Salomon, A., Espy-Wilson, C. Y. & Deshmukh, O. (2004) Detection of speech landmarks: Use of temporal information. *The Journal of the Acoustical Society of America*, 115(3): 1296-1305.

Scharinger, M., Lahiri, A. & Eulitz, C. (2010) Mismatch negativity effects of alternating vowels in morphologically complex word forms. *Journal of Neurolinguistics*, 23(4): 383-399.

Stevens, K. N. (1972) The quantal nature of speech: Evidence from articulatory-acoustic data. In E. E. David & P. B. Denes (Eds.), *Human Communication: A Unified View*, 51-66. New York: McGraw-Hill.

Stevens, K. N. (1989) On the quantal nature of speech. *Journal of Phonetics*, 17: 3-45.

Stevens, K. N. & Keyser, S. J. (2010) Quantal theory, enhancement and overlap. *Journal of Phonetics*, 38(1): 10-19.

Stouten, F. & Martens, J.-P. (2006) On the use of phonological features for pronunciation scoring. *2006 IEEE International Conference on Acoustics Speech and Signal Processing (ICASSP)*.

Strik, H., Truong, K., De Wet, F. & Cucchiarini, C. (2009) Comparing different approaches for automatic pronunciation error detection. *Speech Communication*, 51(10): 845-852.

Sun, W. (1996) Analysis and interpretation of glide characteristics in pursuit of an algorithm for recognition. Masters thesis dissertation, Massachusetts Institute of Technology.

Tu, M., Grabek, A., Liss, J. & Berisha, V. (2018) Investigating the role of L1 in automatic pronunciation evaluation of L2 speech. *arXiv preprint arXiv:1807.01738*.

Varshney, S. & Banerji, N. (2012) Language learning strategies for English (second language) teachers. *Language in India*, 12: 791-799.

Wang, Y. & Lee, L. (2012) Improved approaches of modeling and detecting error patterns with empirical analysis for Computer-Aided Pronunciation Training. *2012 IEEE International Conference on Acoustics, Speech and Signal Processing (ICASSP)*, 5049-5052.

Whalen, D. H., Cooper, A. M. & Fowler, C. A. (1989) P-center judgments are generally insensitive to the instructions given. *Phonetica*, 46(4): 197-203.

Witt, S. M. & Young, S. J. (2000) Phone-level pronunciation scoring and assessment for interactive language learning. *Speech Communication*, 30: 95-108.

Wohlert, H. S. (1984) Voice input/output speech technologies for German language learning. *Die Unterrichtspraxis / Teaching German*, 17(1): 76-84.

Zhao, T., Hoshino, A., Suzuki, M., Minematsu, N. & Hirose, K. (2012) Automatic Chinese pronunciation error detection using SVM trained with structural features. *2012 IEEE Spoken Language Technology Workshop (SLT)*, 473-478.

Zue, V., Seneff, S. & Glass, J. (1990) Speech database development at MIT: TIMIT and beyond. *Speech Communication*, 9(4): 351-356.

第二章 汉语作为第二语言的研究及声学界标理论

2.1 语音感知理论

2.1.1 经典范畴理论与原型范畴理论

范畴是认知的基本要素之一,产生于人与外部世界的互动。人在认识外部世界、观察外部世界的过程中会建立一些基本的范畴,既包括具体的范畴,如事物、事件等,也包括抽象的范畴,如关系等,这些基本范畴构成了人类认知的基础。"范畴化"是指人们在与外部世界的互动中根据对象的属性或特征划分范畴的过程和方式,简单地说,就是对事物进行概括和分类,进而形成概念。范畴化是一种基于主观行为的心理过程,因此带有一定的民族色彩。不同的民族在与外部世界互动时会有不同的体验,对范畴的概括和理解也不尽相同。以颜色的划分为例,人们划分颜色范畴的依据是光谱中的焦点色,焦点色就是颜色空间中的一些定点。颜色范畴的边界在不同语言之间,甚至在同一种语言的不同说话人之间会发生变化,而焦点色则为不同说话人甚至是不同的语言群体所共有(温格瑞尔、施密特,2009)。比如,同样是形容黎明时东边天空的颜色,汉语中称之为"鱼肚白",即一种略青的白色,而英语中则称之为红色(解海江、章黎平,2004)。红和白作为焦点色,为汉语和英语所共有,但颜色范畴的边界(即黎明时东边天空的颜色)

则打上了民族的烙印。再如"雪"这个范畴，因纽特人居住在气候寒冷的北极地区，雪在他们的生活中是很重要的一部分，他们在表达"雪"这个范畴的时候区分了不同的状态和阶段，语言系统中表达雪的词汇比较丰富，而汉语中就"雪"一个词，并没有区分得那么细。

经典范畴理论将范畴视为一组拥有共同特征的元素的集合。该理论的核心观点是：第一，特征是二分的，要么具有该特征，要么不具有该特征；第二，范畴的边界是明确的，不是模糊的，范畴与范畴之间可以分出清晰的边界，不存在交叉；第三，范畴内的成员地位是平等的，即隶属于该范畴的程度相等，没有核心与边缘之分。

维特根斯坦（Ludwig Wittgenstein）提出的"家族相似性"指的是某一类范畴中，成员与成员之间因为具有某些相似的属性而成为同一个范畴的成员，但也许找不到某一个属性是该范畴内所有成员共同拥有的。尽管范畴内的成员都有一些相似性，但彼此相似的程度却有差别。有的成员拥有该范畴内所有成员具有的所有属性，则该成员与其他成员之间的相似性是最大的；而有的成员或许只和范畴内的一两个成员具有相似的属性，则该成员就和其他成员有着最小的相似性。如果从"家族相似性"的角度定义"范畴化"，那么就是将隶属于同一范畴的成员之间的相似特征最大化，将不同范畴成员之间的相似特征最小化。

原型范畴理论就是在"家族相似性"基础上建立起来的。Rosch & Mervis（1975）、Rosch et al.（1976）把"原型"定义为：原型样本是范畴中最具代表性的、最典型的成员，是范畴中的无标记成员，可作为识别其他成员的参照点。原型范畴理论的核心观点包括：第一，范畴内成员的联系在于家族相似性，而并非满足一组充分必要条件，也可以称为"辐射性范畴"，即范畴的中心成员是确定的、清楚的，可基于其不断向外辐射。第二，范畴内成员的地位是不平等的，根据拥有该范畴特征的多寡，范畴内的成员具有不同的典型性，可以有核心成员和边缘成员之分，而原型就是核心成员，是具有最多该范畴特征的成员。以"鸟"这个范畴为例,其原型为知更鸟,这一原型与范畴内其他成员共享绝大部分特征,如有喙、有羽毛、能飞、能下蛋、体型小等。而边缘成员不仅具有该范畴的一些特征,与该范畴内的成员有一定的相似性,还具有相邻范畴的一些特征,与相邻范畴的成员也有一定的相似性。以"水果"这个范畴为例,不同于苹果、梨、桃子等,西红柿和"蔬菜"范畴内的成员如黄瓜、白菜等共享一些特征,所以西红柿不论是在水果范畴还是在蔬菜范畴内都属于边缘成员。第三,范畴与范畴之间的边界是模糊的、不确定的,相邻范畴可以相互渗透,存在交叉重叠。例如,"家禽"和"鸟"这两个范畴就有重叠。综上所述,原型范畴理论与经典范畴理论的核心观点是相反的。

2.1.2 感知磁场理论

针对学习者在目的语学习过程中的语音偏误,学者们根据成人的感知系统具有可塑性这一特点,往往采用一些方法来帮助学习者建立正确的目的语范畴。自适应知觉训练就是其中的一种,它指的是通过语音合成技术修改范畴与范畴之间的关键声学线索,合成一系列从一个范畴到另一个范畴的连续声学刺激,将合成的声学刺激呈现给学习者,训练他们对范畴间关键声学线索的知觉敏感性,从而达到让学习者正确区分两个范畴的目的。有研究发现,在合成的一系列声学刺激中,有些刺激的训练效果比其他刺激的好(Samuel,1982)。在对范畴内刺激的典型性进行打分时,学者认为刺激之间也存在差异(Kuhl,1986;Grieser & Kuhl,1989)。另外,婴儿在泛化到一个新元音时,很容易受到参照元音在该元音范畴内典型性的影响(Grieser & Kuhl,1989)。综合前人的发现,Kuhl 开始思考:语音范畴是否也存在一种类似于水果、蔬菜等范畴的内部结构?是否也存在"原型"?如果存在,原型在语音感知中的作用又是什么?

Iverson & Kuhl(2000)通过修改第一、第二共振峰(F1、F2)合成了 32 个共振峰参数不同的元音 /i/,其中 F1 和 F2 都在一定的范围内变化,要求被试判断听到的刺激中哪个更像元音 /i/ 的范畴原型。感知结果显示：元音 /i/ 原型的 F1 大致是 350mel，F2 大致是 1720mel。Kuhl 基于原型范畴感知理论，在已有发现的基础上通过对元音 /i/ 范畴内原型刺激和非原型刺激的感知实验，提出了感知磁场理论（Perception Magnet Theory，PMT）。该理论认为，语音范畴内成员的地位是不平等的；语音范畴和蔬菜、水果等范畴一样，也存在一个原型范畴，该原型拥有与范畴内成员最大的相似性，是人们在头脑中记忆储存该范畴的一个最佳示例；在感知过程中，原型发挥着磁铁的作用，将其他刺激紧紧地吸引在其周围。

Conboy et al.（2008）提出了母语磁体扩展模型（Native Language Magnet Theory Expanded，NLM-e），用来揭示婴幼儿早期语音发展的规律。刚出生的婴儿对世界上的任何语言都有着知觉上的敏感性，能区分任意一种语音。但由于母语语音输入的频次显著高于其他语言，当对立的母语语音起到区分作用时，会促进婴儿对母语语音的感知，最后，在交流、社会互动等环境的影响下，婴儿就形成了对母语语音的特异性感知。

2.2 二语语音习得理论

关于二语语音知觉，也有一些学者提出了自己的理论模型，例如，对比分析假说（Contrastive Analysis Hypothesis，CAH）、Flege（1995）的语音学习模型（Speech Learning Model，SLM）、Best（1994）的知觉同化模型（Perceptual Assimilation Model，PAM）、Strange（2011）的自主选择感知模型（Automatic Selection Model，ASM）等等。

2.2.1 对比分析假说（CAH）

该理论产生于 20 世纪 50 年代，兴盛于 60 年代。它是在第二语言教学的基础上发展而来的，目的是提高二语教学的效率。CAH 的核心思想就是学习者母语的特征会向二语迁移，只要对比母语和二语的特征，就能有效预测二语者语言习得过程中的难点，从而有效地预防偏误。CAH 是建立在行为主义心理学和结构主义语言学基础上的。行为主义强调的是刺激—反应的关系，言语行为就是在一系列刺激—反应—强化的过程中形成的"习惯"，第二语言习得就是一个建立新习惯的过程，不过在此过程中，旧习惯会不断干扰新习惯的形成，从而导致习得偏误。这一点可以用 CAH 的基本假设来解释。CAH 的基本假设就是语言迁移，二语者在习得第二语言的过程中会将母语在语音、词汇、语法、文化等方面的特点迁移到第二语言系统中，如果母语和二语的特征相似，就会产生正迁移，母语会加快二语习得的进程；如果母语和二语的特征相差较大，就会产生负迁移，母语会阻碍二语习得的进程。CAH 理论将差异大小与习得难度联系起来，差异越大，习得难度就越大。

CAH 后来发展为"强势说"和"弱势说"两种观点。"强势说"强调对比分析的预测功能，二语者在二语习得过程中的难点均来自二语与母语相异的特征，只要能够鉴别二语和母语在各个语言层级上的差异，教师对这些差异进行重点教学，学生对这些差异进行重点学习，偏误就可以避免。"弱势说"强调对比分析的解释功能，在二语者出现习得偏误后，通过对比母语和二语在习得项目上的特征差异，可以解释二语者习得偏误的原因。

20 世纪 70 年代开始，对比分析假说遭受的质疑越来越多，开始走向衰落。首先，这一理论采用的方法是对比和分析，它依赖于对两种语言系统进行科学的描写。如上文所述，对比分析假说另一个理论基础是结构主义语言学。结构主义语言学注重语言的结构和分布（王建勤主编，2009），强调对语言进行客观的、静态的描写。对比分析假说在结构主义语言学基础上对比母语和目的语的结构特征时，主要是进行抽象的音系对比，对比的往往是抽象的音位或区别特征。如果母语和目的语之间没有共同的语言范畴，那就无法进行有效的对比，而对比分析假说并没有为此类现象提供解决方案。其次，对比分析假说将二语者在习得过程中出现的偏误归因于母语干扰，即母语负迁移，这也是不合理的。Dulay & Burt（1973、1974）提出了习得偏误的四种类型，由母语负迁移导致的偏误只是其中一种，且占比很低，仅为

3%。最后，对比分析假说将差异的大小等同于习得难度也是有问题的。根据语言教学的经验，二语者最容易习得且最终能成功习得的往往是那些差异较大的语言特征，而二语者习得难度最大且容易形成化石化偏误的恰恰是那些结构相似、差异不大的语言特征。

2.2.2 语音学习模型（SLM）

SLM 以一语和二语语音在声学上的相似性为基础，将两种语言的音素分为相同音素、相似音素和陌生音素三类。相同音素是指两种语言的音素在声学特征上能够完全对应；相似音素是指一语中存在与二语语音相似且容易识别的音素，但两者的声学特征并不完全相同；陌生音素是指一语中很难找到与二语音素相对应的音素，并且该音素与一语中所有音素的声学特征差别都较大。

Flege（1995、2005）、Flege et al.（1997）从习得过程和习得难度两方面对这三类音素在二语语音习得过程中的习得顺序进行了总结。相同音素的习得难度最小，且习得顺序最早，二语者在习得的初期阶段就能成功习得。相似音素和陌生音素的习得相对较为复杂，在习得初期，相似音素的习得效果好于陌生音素，但是随着二语者学习经验、学习时长的增加，陌生音素的习得效果会好于相似音素，最终陌生音素会被二语者成功习得，而相似音素却很难被二语者成功习得。

2.2.3 知觉同化模型（PAM）

知觉同化模型于 20 世纪 80 年代提出，Best（1994）等认为，在听到非母语语音时，人们会根据陌生语音与母语语音的知觉相似性，将陌生语音归入母语语音范畴，也就是同化。但不同语音的同化方式有所不同，知觉同化模型将非母语语音的知觉同化方式分为六类。

（1）TC 型（two-category assimilation）：两个非母语语音音位被同化到母语语音的两个音位范畴，听辨人很容易就能区分该对非母语语音。

（2）SC 型（single-category assimilation）：两个非母语语音音位被同化

到母语语音的一个音位范畴，且两个非母语语音音位与母语语音音位的知觉相似程度相同，听辨人在区分该类非母语语音对立时难度最大。

（3）CG 型（category-goodness difference）：两个非母语语音音位被同化到母语语音的一个音位范畴，但两个非母语语音音位与母语语音音位的知觉相似程度有差异，听辨人在区分该对非母语语音音位时难度大于 TC 型，但小于 SC 型。

（4）UC 型（uncategorical vs. categorical）：两个非母语语音音位中，有一个被同化到母语语音范畴，另一个虽无法被同化到母语语音范畴，但也位于母语语音空间，听辨人在区分两个非母语语音音位时难度不太大。

（5）UU 型（both uncategorical）：两个非母语语音音位都位于母语语音空间，但无法被同化到母语语音范畴，区分难度取决于这两个非母语语音音位自身的差异以及它们与母语语音的知觉距离。如果两个非母语语音自身差异小，知觉距离近，那么区分难度就大；如果两个非母语语音自身差异大，知觉距离远，那么区分难度就小。

（6）NA 型（nonassimilation）：两个非母语语音音位位于母语语音空间之外，被知觉为非语言的声音，听辨人在区分这两个非母语语音音位时难度较小。

从以上六类同化方式可以看出，知觉同化模型强调的是语言经验对陌生语音知觉的影响，是针对单语者提出的。Best 后来将该模型拓展到二语语音知觉领域，形成了 PAM-L2 模型。PAM-L2 认为，二语中的两个音位范畴如果被二语者感知为母语中的一个语音音位范畴，那么二语者成功习得该音位的难度较大。相较于与母语语音知觉距离相近的音位，知觉距离较远的二语语音音位更有可能被成功习得。

2.3 语音感知模式

语音感知是大脑对经由听觉器官传导而来的声波进行语音识别的过程（Giraud & Poeppel, 2012）。语音感知模式包括范畴感知和连续感知两种。范畴感知是语音感知的重要方式，是指人耳将物理量上连续变化的语音感知为一个个离散的语音范畴。人的感知特性与语音的物理属性不同，人耳既能将两个有着相同声学物理差异的语音归入一个范畴，也能将之归入两个范畴。与范畴感知相对立的是连续感知，即人耳不能将连续的声学刺激感知为离散的范畴，对具有相同声学物理差异的刺激，人耳的区分度是相同的。语音的范畴感知模型最早是 Liberman et al.（1957）提出来的。感知范畴化研究通常采用行为研究的手段，实验包括两项任务：辨认（identification task）和区分（discrimination task）。辨认实验通过逐步修改声学参数，合成物理量上连续变化的语音刺激，然后将这些合成的刺激作为听辨材料，让被试判断听到的刺激具体是哪一个音。该任务一般是二选一或三选一的选择范式，被试在实验者提供的选项中进行选择。区分实验要求被试对听到的一组声音做"相同"或"不同"的判断，一般播放的声音组合在物理量上具有相同的差异。区分实验包含多种区分范式，如 AX、ABX 和 4IAX 等。"AX"是一次播放两个刺激，要求被试判断这两个刺激相同还是不同；"ABX"是一次播放三个刺激，要求被试判断听到的第三个刺激 X 与 A 相同还是与 B 相同；"4IAX"是一次播放两对刺激，要求被试判断第一对刺激相同还是第二对刺激相同。行为实验中辨认和区分的目的各有不同，辨认考察的是被试是否具有将物理量上连续变化的语音听辨成一个个离散的语音范畴的能力，区分考察的是被试对范畴间刺激的区分能力是否高于对范畴内刺激的区分能力。典型的范畴感知模式在辨认和区分实验中都各具特点，Studdert-Kennedy & Shankweiler（1970）对语音感知是否为范畴感知提出了严格的标准，具体包括以下几点：（1）辨认阶段辨认曲线的斜率在边界处出现急剧变化，范畴内刺激的辨认正确率接近 100%；（2）区分曲线在辨认曲线的边界处呈现区分高峰（sharp peak）；（3）范畴内刺激的区分正确率接近机会值（50%）；（4）区分曲线可以通过辨认曲线进行预测。典型范畴感知模式的辨认曲线和区分曲线如图 2.1 所示，左图是辨认曲线，右图是区分曲线，横坐标表示刺激编号，纵坐标表示听辨正确率。

杨若晓（2009）考察了汉语普通话四个声调两两之间的范畴感知模式，他参考的是 Hallé et al.（2004）在论文中提到的范畴感知存在"阶梯性"的观点，即范畴感知不是二分的，而是具有一定程度上的差异。在此基础上，杨若晓提出了范畴感知的三条标准：辨认曲线边界分明；区分曲线的高峰近似地对应于辨认曲线的边界位置；实际测量得到的区分曲线可以通过辨认曲线进行预测。她还依据这三条标准将感知模式分为三类：范畴感知、连续感知和准范畴感知。范畴感知必须同时满足以上三条标准，连续感知不满足两个以上标准，准范畴感知不满足两个以下、一个以上标准。

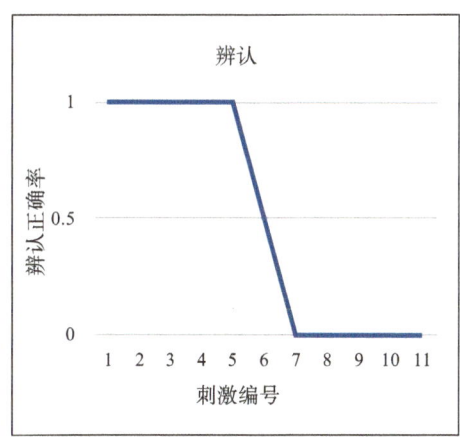

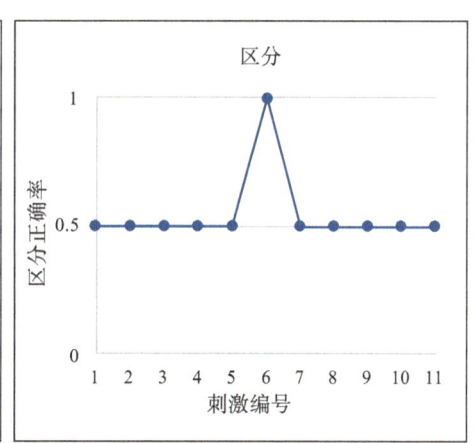

图 2.1 典型范畴感知模式下辨认曲线和区分曲线示例

2.3.1 辅音

早期语音范畴感知的研究多集中在音段上。大量研究表明，辅音的感知是范畴感知（吴倩、王韫佳，2018）。比如，Liberman et al.（1957）以 /ba/、/da/、/ga/ 为负载音节，保持第一共振峰不变，修改辅-元之间第二共振峰的过渡音征，以 120Hz 为步长，逐渐从 840Hz 变化到 2160Hz，合成了浊塞音 /b/-/d/-/g/ 的辅音连续统，对合成的辅音连续统进行感知听辨，同时进行"ABX"范式的区分实验。结果发现，辨认曲线呈现一个大写的英文字母"S"形，辨认曲线交点两侧刺激的辨认正确率很高，接近100%，而跨交点处刺激的辨认正确率出现急剧下降（曹冲等，2017），实测的区分曲线在辨认曲线边界处出现区分高峰，从而证实辅音的感知是范畴感知。Liberman 等人因这项研究而成为语音范畴感知研究的鼻祖，之后有关语音范畴感知的研究均采用其论文的实验范式和研究方法。Pisoni（1973）以 /bæ/ 和 /dæ/ 为负载音节，修改第二、第三共振峰的过渡段，合成浊塞音 /b/-/d/ 的辅音连续统，以 /pa/-/pʰa/ 为负载音节，通过修改嗓音起始时间（Voice Onset Time，VOT）时长合成双唇辅音 /p/-/pʰ/ 的连续统，对合成的两个辅音连续统进行感知听辨实验。实验结果显示，浊塞音 /b/-/d/ 和送气双唇辅音 /p/-/pʰ/ 两个连续统的辨认曲线都呈现出"S"形，区分曲线也在辨认曲线相交处出现了区分高峰，范畴内刺激的平均区分率在随机水平左右，范畴间刺激的平均区分率接近 100%，进一步验证了之前研究得出的辅音感知是范畴感知的结论。席洁等（2009）对汉语送气辅音进行了范畴感知研究，以 /pa/-/pʰa/ 为负载音节，声调为阳平，通过修改 VOT 时长合成 /pa/-/pʰa/ 的不送气音-送气音连续统。结果显示，辨认曲线和区分曲线出现了很好的对应，由此得出了辅音感知是范畴感知的结论。张林军（2012）通过修改 VOT 时长，合成汉语送气塞音-不送气塞音的辅音连续统，也证实了汉语送气辅音与不送气辅音的感知是范畴感知。

2.3.2 元音

元音的发音方式与辅音不同。在发辅音时，发音部位先形成阻碍，然后气流冲破阻碍成声，而元音的发音是连续的，不存在阻碍。比如，从元音 /i/ 到元音 /ɤ/，只要逐渐改变口腔的开口度就能形成多个过渡的元音，这些过渡的元音从物理参数（共振峰）来看也是连续的。从发音特点来看，元音应该属于连续感知，语音范畴感知实验也证实了这一观点。比如，Fry et al.（1962）参考 Peterson & Barney（1952）搜集到的元音共振峰数据，修改第一、第二共振峰，合成了有 13 个声学刺激的 /i/-/ɛ/-/æ/ 的元音连续统，进行感知听辨。区分实验使用 ABX 范式，区分任务中包含 1 个步长、2 个步长和 3 个步长的感知听辨。实验结果发现，辨别曲线呈现出两个"S"形，可以反映元音 /i/ 到 /ɛ/、/ɛ/ 到 /æ/ 的范畴边界，但与浊辅音 /b/-/d/-/g/ 的辨认曲线相比，元音辨认曲线交叉处的辨认率并非急剧下降，而是缓慢下降，即辨认曲线相交处斜率变化缓慢。采用 1 个步长得到的区分曲线的平均区分率接近 75%，采用 2 个步长和 3 个步长区分曲线的区分率都接近 100%。其中，采用 1 个步长的区分曲线也并没有在辨认曲线的交叉处出现高峰，实际得到的区分曲线和预测的区分曲线差别较大。也就是说，无论是范畴内刺激还是范畴外刺激，被试的区分率都很高。作者因此判断元音的感知是连续感知。Stevens et al.（1969）合成元音连续统，对瑞典母语者和英语母语者进行感知听辨实验。合成的元音连续统分别是不圆唇的 /i/-/e/-/a/ 和圆唇的 /i/-/y/-/u/，圆唇的后两个元音在英语中不存在。实验结果发现，语言经验对元音的感知没有影响，瑞典母语者和英语母语者的辨别曲线虽然有些不一样，但区分曲线的表现非常接近，且区分曲线的波峰与辨认曲线交叉处不重合，这是语音连续感知的特点。Pisoni（1973）修改前三个共振峰合成元音 /i/-/I/ 连续统，该连续统在时长上又分为长时元音连续统和短时元音连续统。短时元音连续统就是在长时元音连续统的基础上把时间压缩为 50 毫秒。Pisoni 对合成的两套元音连续统进行感知听辨实验，结果显示，辨认曲线呈现出"S"形，区分曲线也在辨认曲线相交处出现了尖峰，但与辅音相比，元音连续统范畴内刺激的平均区分率（75% 以上）远高于随机水平 50%，其中长时元音连续统内范畴刺激的平均区分率比短时元音更高。这说明区分曲线虽然出现了一个高峰，但并不是典型的范畴感知所具备的尖锐的高峰（sharp peak），因此作者认为元音的感知并不是纯粹的范畴感知。

从前人的研究来看，研究结论虽然都表明元音的感知是连续感知，但依据却有差别。有的研究依据的是辨认曲线呈现出"S"形，但是区分曲线并没有出现尖峰；有的研究则是依据辨认曲线交叉点和区分曲线尖峰的位置不一致；还有的研究是依据区分曲线范畴内刺激的区分率远远高于随机水平，等等。也就是说，元音的感知只要不符合上述范畴感知条件中的任何一个，都会被认为是连续感知。但是，陈飞等（2016）通过合成一个单元音到双元音的元音连续统进行辨认和区分实验，发现单元音和双元音之间的感知属于典型的范畴感知模式。前人在考察元音范畴感知模式时主要采用单元音，单元音的共振峰处于一个相对稳定的状态，而陈飞等人使用的音节包含双元音，双元音的共振峰呈现出一种动态的轨迹变化，可见，动态的感知线索可能是元音出现范畴感知的原因。

2.3.3 声调

最早证明汉语普通话声调的感知为范畴感知的是王士元（Wang, 1976）。他采用汉语普通话音节 /i/ 承载的阴平-阳平声调连续统对汉语母语者进行范畴感知实验，合成的声调连续统包含 11 个刺激，第一个刺激为典型的阳平，第 11 个刺激为典型的阴平，实验任务包括辨别和区分。结果表明，声调辨认曲线在 7 号刺激和 8 号刺激之间出现了交叉，区分曲线在相应位置表现出明显的区分峰值，这是典型的范畴感知模式。此后，声调的范畴感知问题成为语音范畴感知研究的热点之一。孔江平（1995）以藏语拉萨话的声调为实验语料，通过修改声调的音高、调形和时长进行感知测试，发现拉萨人对拉萨话中四个声调的音高、调形及时长都有明确的感知范畴，其感知属于范畴感知。高云峰（2004）通过区分和辨认实验证明，上海话中不同调型声调的感知是范畴感知。席洁等（2009）通过合成音节"mɑo"负载的汉语普通话阴平-阳平声调连续统进行范畴感知实验，结果显示，区分曲线有明显的区分峰值，峰值的位置和辨别曲线的边界相似，即声调的辨认曲线和区分曲线表现出很好的对应，呈现出范畴感知的特点。王韫佳、李美京（2010）通过合成终点音高不变、起点音高逐步改变的升调-平调连续统进行听辨实验，结果显示，阴平、阳平的感知呈现出范畴感知的特点。亓贝尔等（2016）以单音节 /a/ 为负载音节，合成三组声调连续统（分别是阴平-阳平、阴平-去声和阳平-上声），将三组声调连续统作为实验材料，对听力正常的汉语普通话母语者进行感知听辨实验，结果发现，三组声调连续统的辨认曲线均呈现出明确的范畴边界和交点，交点附近刺激的辨认正确率接近机会值（即 50%），交点前后刺激的辨认正确率快速上升或下降至极值位置（接近 100% 或 0）。他们由此得出汉语声调的感知是范畴感知的结论。除了行为研究手段外，许多研究还使用磁共振、脑电等对汉语普通话声调感知的大脑处理机制进行研究（Ren et al.，2009；Zhang et al.，2011、2012；Si et al.，2017）。例如，Si et al.（2017）通过对接受过脑部手术的病人进行电生理检查，观察其大脑皮层的神经活动，揭示了听觉、语言和大脑的运动区在声调范畴感知过程中的密切联系。

Abramson（1979）以泰语音节 /khaa/ 为负载音节，以 4Hz 为步长修改基频，从低调的 92Hz 逐渐增加到高调的 152Hz，合成泰语声调"低调-中调-高调"的静态调连续统。合成的声调连续统一共包含 16 个声学刺激，以这 16 个刺激为实验语料，对泰语母语者进行感知听辨实验。结果显示，辨认曲线呈现出"S"形，但区分曲线并没有在相应位置出现区分峰值，作者因此得出泰语声调的感知不属于范畴感知模式的结论。该结论与前人关于汉语声调属于范畴感知的结论刚好相反。Francis et al.（2003）认为之所以会得出相反的结论，原因在于研究中所用的声调类型不同：王士元（Wang，1976）所用声调是汉语普通话的阴平和阳平，阴平是高平调，属于静态调，阳平是中升调，属于动态调，这两个声调在音高高度（pitch height）和音高曲线（pitch contour）上均存在明显的差异；而 Abramson（1979）所用声调是泰语中的三个平调，只有音高高度的变化，没有音高曲线的变化。因此，二者结论不同可能是所用声调在音高模式上的差异造成的。Francis & Ciocca（2003）以粤语声调为研究对象，采用经典的范畴感知实验范式，研究粤语母语者对粤语声调的范畴感知模式。粤语有 6 个声调，分别是高平调 55、中平调 33、低平调 22、高升调 25、低升调 23 和低降调 21。研究中使用的实验材料既包含音高不同的声调，也包含音高曲线变化的声调。首先，他们合成了由三个平调组成的静态声调连续统：高平（55）- 中平（33）- 低平（22），平调感知实验的结果显示，辨认曲线呈现出"S"形，但区分曲线并没有出现区分高峰。对区分实验中刺激对的区分正确率做统计检验，发现并没有显著差异，作者由此认为粤语平调的感知是连续感知；然后，他们合成了高平调（55）- 动态调（25）的声调连续统，感知实验结果显示，辨别曲线出现了交叉，且区分曲线在相应位置上出现了区分高峰，作者由此认为粤语平调-动态调的感知是范畴感知；最后，他们合成了一个由三个动态调组成的声调连续统：低降（21）- 低升（23）- 高升（25），实验结果显示，低降（21）-低升（23）连续统的辨认曲线出现了交叉，区分曲线也出现了高峰，而低升（23）- 高升（25）连续统的辨认曲线虽然出现了交叉，但是区分曲线并没有出现区分高峰。这项研究证明了音高曲线变化对声调范畴感知的重要性。这一发现在 Hallé et al.（2004）及 Xu et al.（2006）的声调感知研究中也得到了证实。汉语普通话的四个声调分别是阴平 55、阳平 35、上声 214、去声 51，除了阴平是平调外，其余三个声调都是曲拱调，都可以在音高曲线层面加以区分，汉语中任意两个声调的组合都能形成有音高曲线变化的声调对。根据该结论，汉语声调的感知必然是范畴感知。

但是，王韫佳、覃夕航（2015）在对普通话阳平-上声感知的研究中得到了辨认曲线和区分曲线不一致的结果，她们对此提出一个假设，即调形相似（声学相似）的声调之间不存在清晰的感知范畴边界。这个假设刚好能解释 Francis & Ciocca（2003）的实验结果。Francis 等人合成的由三个动态调组成的声调连续统〔低降（21）- 低升（23）- 高升（25）〕中，低降（21）-低升（23）连续统的辨认和区分表现出范畴感知的特点，而低升（23）- 高升（25）连续统的区分曲线却没有出现高峰，属于非范畴感知模式。这是因为低降（21）- 低升（23）的基频曲线是从降到升，两者差异较大，而低升（23）- 高升（25）的基频曲线都是上升的调，且上升幅度也比较接近，表现出一定的相似性。王、覃提出的这一假设在一系列汉语方言声调的感知实验中也得到了证实。刘思维（2015）通过经典的范畴感知实验范式，就普通话母语者和重庆话、天津话等方言背景的中国被试对方言中相异调形和相似调形的声调感知模式，以及普通话母语者和方言背景的中国被试对汉语普通话中相异调形和相似调形的声调感知模式进行研究，发现普通话母语者和天津话母语者对普通话相异调形的声调感知表现出强范畴感知的特点，重庆话母语者对普通话相异调形的声调感知则属于弱范畴感知模式；而在感知普通话相似调形的声调连续统时，普通话母语者、天津话母语者和重庆话母语者均表现出弱范畴或非范畴感知的特点。蔡雯清（2016）对合肥话声调感知研究的结果也与王韫佳、覃夕航（2015）的假设相一致。

在已有的关于汉语声调范畴感知的研究中，学者对汉语普通话阴平-阳平、阴平-去声属于范畴感知这一点似乎没有争议，但对阳平和上声的感知模式却颇有争议。究其原因，首先，阳平和上声无论是在音高还是在音高曲线上都存在相似性，两者的起点音高比较接近；其次，阳平在上升之前有一小段的降幅，和上声一样是先降后升的基频曲线。正因如此，不少研究都表明汉语普通话母语者在区分阳平和上声方面存在困难，容易将两者混淆。Shen & Lin（1991）对汉语普通话中的阳平和上声进行感知听辨实验，发现对阳平和上声的区分很大程度上依赖于基频曲线中拐点的位置，因此提出拐点位置对区分阳平和上声具有重要作用。Shen et al.（1993）进一步提出辨别阳平和上声最关键的声学参数是拐点位置和初始下降段的基频范围，即delta F0。在阳平和上声感知线索研究的基础上，研究者采用不同的声学参数合成阳平和上声的声调连续统，研究阳平和上声的感知模式，得到了不同的结果。Zue（1976，转引自王韫佳、覃夕航，2015）以拐点音高为自变量，固定起点音高和终点音高，采用经典的范畴感知实验范式，发现阳平和上声在某些拐点位置上存在范畴感知边界。刘娟（2004）修改基频曲线的起点音高和拐点音高，合成阳平和上声的声调连续统，研究汉语母语者对阳平和上声的感知模式，实验结果表明，阳平和上声呈现出连续感知的特点。另外，刘娟在文章中还提出，起点音高和拐点位置对于上声的感知具有互补作用：起点音高高，拐点位置即使靠前也可以感知为上声；起点音高低，拐点位置则必须靠后才能感知为上声。杨若晓（2009）考察汉语普通话四个声调两两之间的范畴感知模式，发现四个声调的范畴感知模式并不完全一致：阴平与阳平、阴平与去声之间都表现出明显的范畴感知的特点，而包含上声声调的连续统的听辨结果却表现出连续感知的特点。Yang（2010）通过修改起点音高和终点音高合成不同的声调连续统，研究英语母语者对汉语声调的感知模式，实验结果表明，阴平和去声均表现出范畴感知的特点，能检测出它们各自的范畴边界，而上声却没有检测到范畴边界。王韫佳、李美京（2010）保持起点音高不变，逐步改变拐点位置和终点音高，合成降升调连续统，研究汉语普通话母语者对阳平和上声的感知。结果表明，阳平和上声的感知呈现出一定的范畴化倾向，但范畴化程度不及阴平和阳平。当拐点位置靠前时，阳平的辨认正确率随着终点音高的上升而上升；而当拐点位置靠后时，即便终点音高最高，阳平的辨认正确率也不超过30%。王韫佳、覃夕航（2015）比较了不同的刺激设计对阳平-上声连续统感知的影响，她们以降升调的拐点位置为自变量，在不同的下降段降幅和上升段升幅条件下观察声调感知的范畴化程度。结果表明，只有在特定的下降段降幅和上升段升幅条件下，阳平和上声的感知才会呈现出范畴感知的特点。王、覃进一步总结阳平和上声的感知结果，认为要想讨论阳平和上声的范畴感知边界，至少要从以下五个维度展开：起点音高、终点音高、拐点位置、拐点音高和整体调阶。不仅如此，这五个维度在阳平和上声的感知过程中还会出现交互作用，也就是说，只有这五个维度的参数处于某一种特定的声学组合中时，阳平和上声才有可能呈现出范畴感知的特点，一旦偏离该组合，便会表现出连续感知的特点。总的来说，对声调的感知实际上是对某种组合的声学线索的感知（如终点音高、拐点位置、起点音高等）。由于人们对不同声学线索的听觉敏感度不同，且采用不同的声学线索合成语音刺激连续统，因此在该连续统的辨认和区分过程中,人们的知觉表现也会不同,从而造成不同研究结果之间的差异。综上所述,学界关于阳平和上声的感知模式主要有以下三种结论:第一种认为汉语母语者对阳平和上声的感知是范畴感知;第二种认为汉语母语者对阳平和上声的感知是连续感知;第三种认为汉语母语者对阳平和上声的感知只有在特定声学线索的组合下才能表现出范畴感知的特点。

综上可以发现,汉语普通话的四个声调中,阴平与阳平、阴平与去声这两对在调型上存在显著差异的声调在感知中存在明显的范畴边界,属于典型的范畴感知模式,而阳平和上声的感知则比较复杂,只有在特定声学线索组合的情况下才能呈现出明显的范畴边界或者范畴化倾向。

2.4 语音的声学界标

2.4.1 声学界标的定义

1972年,麻省理工学院的Stevens教授观察到,许多区别特征的声学属性和发音属性之间存在非线性的量子关系(Stevens,1972),在此基础上,这种具有信号突变的区域被定义为声学界标(参见第一章图1.1及相关论述)。声学界标通常代表语流中发生声学事件的时间点,这些声学事件往往与主要的发音行为有关。从频谱上看,声学界标对应突变不连续性(辅音)、局部稳定点(元音)或者共振峰缓慢移动点(滑音)。Park(2008)根据音素的声学特点定义了五种声学界标,其中辅音对应三种,元音和滑音分别对应一种,如表2.1所示。

表2.1 声学界标类型

音素类型	突变标志	意义
辅音(Consonant)	g	浊辅音
	s	响辅音
	b	爆破音或塞擦音
元音(Vowel)	V	元音
滑音(Glide)	G	滑音

Stevens 的语音量子理论表明，声学界标的类型通常与发音方式有关，通过区分声学界标的类型，声学界标附近的信息类型可以被估测出来。

2.4.1.1 辅音的声学界标

辅音的声学界标通常是由发音器官运动导致的声道收紧（closure）或释放（release）形成的。辅音可以进一步分为突变的辅音和非突变的辅音。从频谱上观察，突变的辅音产生的收缩足以产生声学的不连续性；而非突变的辅音没有这样大幅的收缩，因此通常不会产生声学上的不连续性，这类辅音通常用滑音的声学界标来表示。在默认情况下，辅音的声学界标通常表示声学突变的辅音。

Liu（1996）提出将美式英语辅音的声学界标分为三种类型：g（浊辅音）、b（爆破音或塞擦音）和 s（响辅音）。典型的例子如图 2.2 所示：

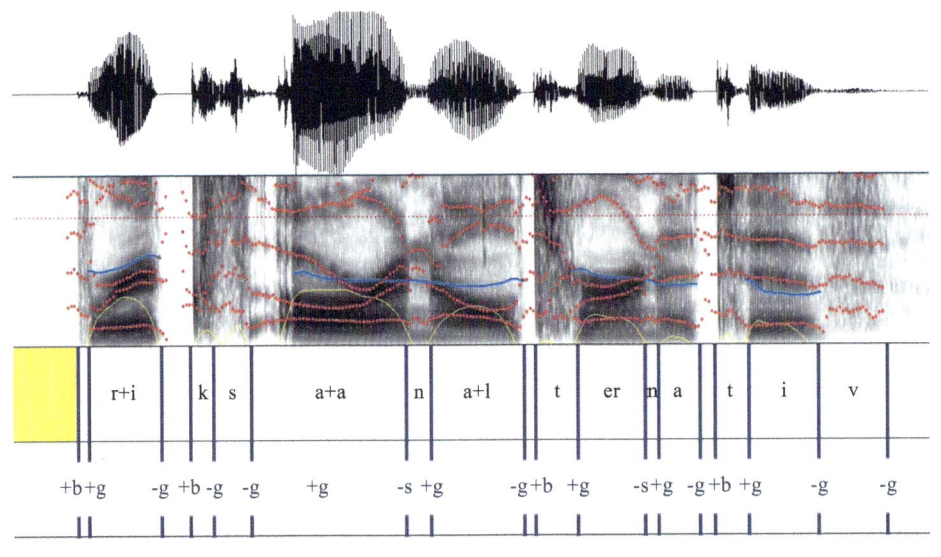

图 2.2 辅音的声学界标（以 "Bricks are an alternative" 为例）

我们按照下面的标注规范，标注了 TIMIT 语料库中英语句子 "Bricks are an alternative" 中三类辅音的声学界标，见图 2.3。

```
0.00    0.14    h#
0.14    0.16    b
0.16    0.22    r
0.22    0.29    ih
0.00    0.14    h#
0.14    0.16    b
0.16    0.22    r
0.22    0.29    ih
0.29    0.35    kcl
0.35    0.37    k
0.37    0.46    s
0.46    0.55    q
0.55    0.64    aa
0.64    0.70    r
0.70    0.76    axr
0.76    0.80    n
0.80    0.92    ao
0.92    0.97    l
0.97    0.99    tcl
0.99    1.07    t
1.07    1.20    er
1.20    1.23    nx
1.23    1.28    ix
1.28    1.32    tcl
1.32    1.40    t
1.40    1.51    ih
1.51    1.65    v
1.65    1.81    h#
```

图 2.3　TIMIT 中音素及部分声学事件的标注（以"Bricks are an alternative"为例）

图中"h#"代表句子开始或结束，符号前的两个数字分别代表开始时间和结束时间。

g-landmark 确定声带开始自由振动的时间点，或者由声道内压力增大导致的振动停止或抑制。浊塞音闭合后的语音横条以及在发浊擦音时的嗓音都是抑制的声带振动的例子。因此 g-landmark 能从元音或响辅音中区分开来。

b-landmark 对应阻塞区域的湍流噪声。因此，它被设置在静音段和塞音或塞擦音爆破的擦噪音之间的边界处。静音段通常是声道内的完全闭合，但也可能位于句尾和句首。

s-landmark 表示发响音时腭咽口的打开或闭合。从语音上看，它通常位于元音或滑音和响辅音之间。通常来说，声学上突变的 /l/ 也属于辅音的范围，因为 /l/ 音在声学表现上类似于鼻音。而 /r/ 音和非突变的 /l/ 产出时，舌尖并未和嘴的顶部形成接触，频谱上没有呈现不连续性，因此被认为是滑音。

这三类辅音又可以进一步根据声学界标附近的能量增强和减弱来分类。当能量在声学界标附近增强时，声学界标前面标注为"+"，例如"+b"；当能量在声学界标附近减弱时，声学界标前面标注为"−"。

由于 g-landmark 位于响音和阻塞音的边界，且 b-landmark 和 s-landmark 分别为阻塞段和响音段定义，因此声学界标序列有一些固有的限制。比如，b-landmark 被发现存在于 −g 声学界标和 +g 声学界标之间，而 s-landmark 被发现存在于 +g 声学界标和 −g 声学界标之间。

2.4.1.2 元音和滑音的声学界标

元音和滑音产出时不会在声道中形成足够窄的收缩来形成湍流噪声，这些音段不会在频谱中形成不连续性，很难在元音之间或者元音和滑音之间设置一个明确的边界。因此，在确定元音和滑音的声学界标时，通常选择声学信号最明显的地方。

图 2.4（仍以 TIMIT 中"Bricks are an alternative"为例）中，竖线代表声学界标，符号"V"代表元音的声学界标，符号"G"代表滑音的声学界标。元音产出时，声道开口最大，当出现闭合或声道收紧时，第一共振峰的频率开始下降且频率带宽变宽。因此，元音声学界标的位置通常位于第一共振峰频率最高的地方或者第一共振峰频率范围内振幅最大的地方。滑音通常能在低频区域的最低点被识别出来，常伴随着缓慢的共振峰移动。因此，滑音的声学界标通常依据以下条件的组合来判断：低的第一共振峰频率、最大的第一共振峰变化率、低能量平均振幅及其最大变化率。

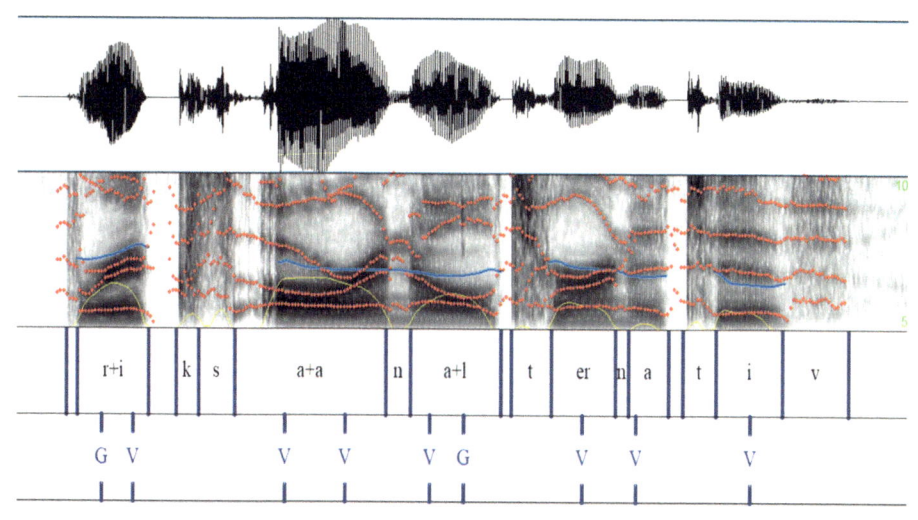

图 2.4　元音和滑音的声学界标（以 "Bricks are an alternative" 为例）

2.4.2　声学界标在发音偏误检测和二语习得中的应用

语音信号中声学界标所在位置往往发生了声学事件，其附近包含诸多重要的语音信息，将这些语音信息作为先验知识加入语音识别和发音偏误检测任务框架中，能够更有针对性地帮助改善模型，提升性能。

Lee（1998）将声学界标用于音段语音识别系统的 Viterbi 解码搜索过程，大大减少了计算量，且未降低识别精度。

Hasegawa-Johnson et al.（2005）在约翰斯·霍普斯金大学的夏季研讨会上建立了基于声学界标和区别特征的语音识别系统，其首要步骤就是利用多个 SVM 分类器检测声学界标。根据声学界标确定广泛的类别（如元音或辅音），然后从声学界标附近确定发音部位，最终依据词典确定音素或单词。

Chitturi & Hasegawa-Johnson（2006）使用基于熵的移动平均技术来改善音素边界时间对齐，可以更精确地检测声学界标特征，从而提高语音识别性能。

Juneja & Espy-Wilson（2008）提出基于语音特征的概率框架的声学界标检测方法，并将其用于基于知识的语音识别系统中。

Yoon et al.（2009）从声学界标处提取感知线性预测（PLP）特征训练 SVM 分类器，检测类型为韩国学生学习英语时的正确发音与替换为另一个音素的发音。为检验此方法的有效性，作者将其与置信分数算法进行比较，发现其检测性能优于置信分数算法。为了进一步提升性能，作者将两个模型的输出分数进行组合并输入到下一个 SVM 模型中。此外，从反馈的角度说，基于 SVM 方法能给出具体的反馈，且需要的训练样本更少。

但是，Yoon et al.（2009）的 SVM 模型检测出的一类音素被替换为另一类的情况仅发生在初学者身上。随着学习者学习能力的增强，其错误类型会变成相较于正确发音有微小的偏离。为了检测出这种细微的差别，Yoon et al.（2010）从声学界标处提取 PLP 特征、第一共振峰 F1 和第二共振峰 F2，输入 SVM 分类器模型中进行训练。其检测性能优于基于 GOP 算法的方法，但两者组合并没有进一步提升检测性能。

Lin & Wang（2011）利用随机森林（random forest）检测出了塞音与塞擦音的爆破起始声学界标，在加工输入特征时，将声学界标与倒谱参数特征进行了拼接。在基于 HMM 的语音识别中，此方法对塞音和塞擦音的识别性能有了较大的提升。

李立永（2013）依据 Liu（1996）的方法，提出了一种基于语谱能量特征的音素边界检测算法，同时将声学界标检测、摩擦音检测及音位属性检测三者结合，设计出了一种基于知识的语音识别系统。

Qian et al.（2016）比较了从塞音爆破（stop burst）声学界标处提取的两类特征，即梅尔倒谱系数和局部二值模式（Local Binary Pattern，LBP）参数，训练 SVM 分类器检测塞音。检测结果表明，基于 LBP 参数的模型要优于基于 MFCC 的模型。

Yang et al.（2016）从 Stevens 的声学界标理论出发，认为声学界标是语言中普遍存在的现象，不同语言有着相似的声学界标位置。由于汉语中没有完整的声学界标方面的研究，他们提出了两种确定汉语声学界标的方法。

第一种方法是从发音部位和发音方法的角度出发，将英语中成熟的声学界标规范应用到日本学生易出错的 16 种汉语音素中；第二种方法是根据语音学家的测量，从语言学角度定义汉语音素的声学界标位置。他们比较了两种声学界标位置在发音偏误检测中的性能，结果表明，第一种方法（即从英语角度出发定义的声学界标）在检测性能上要优于第二种方法。

Kong et al.（2017）为了证明从声学界标处提取的声学特征在检测浊辅音时具有跨语言的特点，比较了三种方法。第一种方法是从声学界标处提取人工设计的声学特征，包括能量方法、尖峰归一化互相关（peak normalized cross correlation）特征、第一谐波振幅、嗓音起始时间（VOT）及共振峰过渡。第二种方法是从声学界标处提取 MFCC 参数。第三种方法是利用卷积神经网络从声学界标附近提取一维离散傅立叶变换及一维滤波器组作为输入特征。将这些特征输入 SVM 分类器进行检测，实验结果表明，从声学界标处提取的特征在检测浊辅音时具有跨语言性，且基于卷积神经网络特征的方法优于基于人工设计的方法，基于人工设计特征的检测性能优于基于 MFCC 的检测性能。

Niu et al.（2017）从 CTC 尖峰和声学界标位置的相似性入手，对比验证了基于 CTC 的端到端语音识别系统提取的尖峰位置与 TIMIT 语料库声学界标标注的一致性，并将基于 CTC 自动提取的声学界标应用于 16 种汉语音素的发音偏误检测中，其表现与基于知识的声学界标相当。

He et al.（2018）认为传统的基于 HMM 的语音识别同等对待所有语音帧，这与声学界标理论截然相反。他们认为声学界标附近的语音帧含有更多的信息，因此给予声学界标附近的语音帧更多声学权重，保持其他语音帧不变，结果显示，音素错误率比基于 DNN-HMM 模型的更低。为了进一步从声学界标附近提取参数，他们提出了丢帧的策略，虽然音素错误率稍有上升，但计算量大幅减少，由此证明了声学界标附近含有更多的语音信息。

前人对声学界标的应用大多采用两种策略。一种策略是基于检测的方法，即利用各种模型如 SVM 检测声学界标，为后续步骤提取及确定特征提供基础。这种方法考虑了不同话者、不同环境造成的声学界标变化的问题，然而其缺点在于需要人工标注，还有后续步骤通常依赖之前声学界标检测的正确率的问题。另一种策略则是从固定的声学界标位置，即从音素边界的角度定义声学界标。这种方法的优点是易于操作，无须考虑声学界标如何确定的问题，然而这种方法忽视了不同话者的说话特点及环境等因素造成的声学界标变化的问题，比如在连续语流中协同发音会导致声学界标消失。

语音量子理论认为，声学界标可反映区别特征的声学区分模式。找到声学界标，也就找到了声学特征迅速变化的位置及对应的区别特征。区别特征不仅可用于偏误检测，也可用于二语教学反馈。

张林军（2009）利用知觉训练的方法，帮助日本学生纠正送气区别特征导致的辅音偏误，能促进具有相同区别特征的其他音位的习得。

Varshney & Banerji（2012）从二语学习者的角度定义了二语易错发音的二元对立区别特征。

马燕华（2014）通过 13 种语言系统的对比，总结出外国成年人汉语语音的同化特征，提出了突出音位之间区别特征的习得方法。她认为可通过几个固定的、简单的词语的反复练习来突出音位之间的相异点，达到最佳练习效果。

李如龙、陈瑶（2015）从语音特征出发设计语音教学方案，提出使用分词比字的方法进行方音辨正的观点。

龚箭等（2015）发现，汉语普通话中某些区别特征（如嗓声特征）和发声特征的缺乏，使得中国的英语学习者无法有效运用这些特征来提高英语语音的感知、听辨能力。他们认为应加强关键音位区别特征的显性指导，提高学生对英语关键音位区别特征的运用能力。

杨侦侦、龚箭（2019）认为，松紧并不是汉语元音的音位区别特征，因此汉语母语者在感知英语的松紧元音时会有困难。他们提出，进一步探讨如何有效地提高学习者对松紧元音对比音的感知能力，对提升英语课堂教学水平具有启发意义。

陈宏（2020）从认知规律的角度对汉语声调的区别特征进行分析，提出了"凸显声调的区别特征，将四声分组教学"的教学建议，认为不同声调的区别特征在鲜明的对比中更容易被学习者感知和理解。

修竺含（2021）通过声学分析法研究发现，区别特征模糊是泰国学习者存在舌尖塞擦音偏误的原因；他通过中介语理论分析区别特征偏误的心理原因，认为教师应在语音教学前提高学习者对区别特征的了解，从音位的区别特征入手，明确舌尖塞擦音各音素间的共性与特性，制作区别特征表，辅助二语教学。

总之，区别特征理论已被广泛应用于语音教学，但大部分学者强调的是对比区别特征来反映音位的差别，直接从区别特征本身入手的研究还较少。语音量子理论如何具体应用于语音教学，目前还少有研究。

∷ 参考文献 ∷

蔡雯清（2016）合肥话单字调的知觉研究，北京大学硕士学位论文。

曹　冲、解焱陆、张　琦、张劲松（2017）塞擦音送气对汉语普通话基频的影响，载《第十四届全国人机语音通讯学术会议（NCMMSC' 2017）论文集》。

陈　飞、张　昊、彭　刚（2016）普通话单元音与双元音范畴化感知研究，载哈斯其木格、王海波编《第十二届全国语音学学术会议论文集》。

陈　宏（2020）基于认知规律的汉语声调教学新认识，《天津大学学报（社会科学版）》第 4 期。

高云峰（2004）声调感知研究，上海师范大学博士学位论文。

龚　箭、周卫京、纪晓丽（2015）噪声条件下二语辅音感知中的区别特征信息传递研究，《江苏科技大学学报（社会科学版）》第 3 期。

孔江平（1995）藏语（拉萨话）声调感知研究，《民族语文》第 3 期。

李立永（2013）基于区分性特征的音素识别技术研究，解放军信息工程大学硕士学位论文。

李如龙、陈　瑶（2015）从语音特征出发设计语音教学，《学术研究》第 3 期。

刘　娟（2004）普通话阳平和上声调的感知界限，载石锋、沈钟伟编《乐在其中——王士元教授七十华诞庆祝文集》，天津：南开大学出版社。

刘思维（2015）汉语声调相异调形和相似调形声调的范畴感知研究，北京大学博士学位论文。

马燕华（2014）《汉语作为外语教学研究》，北京：北京师范大学出版社。

亓贝尔、刘　鹏、傅新星、古　鑫、刘　博（2016）听力正常人汉语普通话声调知觉特征研究，《临床耳鼻咽喉头颈外科杂志》第 19 期。

王建勤主编（2009）《第二语言习得研究》，北京：商务印书馆。

王韫佳、李美京（2010）调型和调阶对阳平和上声知觉的作用，《心理学报》第 9 期。

王韫佳、覃夕航（2015）普通话单字调阳平和上声的辨认及区分——兼论实验设计对声调范畴感知结果的影响，《语言科学》第 4 期。

温格瑞尔、施密特（2009）《认知语言学导论》，彭利贞、许国萍、赵薇译，上海：复旦大学出版社。

吴　倩、王韫佳（2018）声调的范畴知觉及其神经机制，《心理科学进展》第 1 期。

席　洁、姜　薇、张林军、舒　华（2009）汉语语音范畴性知觉及其发展，《心理学报》第 7 期。

解海江、章黎平（2004）《汉英语颜色词对比研究》，上海：上海辞书出版社。

修竺含（2021）泰国学习者汉语舌尖塞擦音偏误与纠正反馈研究，喀什大学硕士学位论文。

杨若晓（2009）基于发声的汉语普通话四声的范畴知觉研究，北京大学硕士学位论文。

杨侦侦、龚箭（2019）语音训练对中国英语学习者英语元音识别和区分影响的实验研究，《景德镇学院学报》第 4 期。

张林军（2009）知觉训练和日本留学生汉语辅音送气 / 不送气特征的习得，《语言教学与研究》第 4 期。

张林军（2012）声调对汉语辅音送气 / 不送气特征感知的影响，《云南师范大学学报（对外汉语教学与研究版）》第 2 期。

Abramson, A. S. (1979) The noncategorical perception of tone categories in Thai. In B. Lindblom & S. Öhman (Eds.), *Frontiers of Speech Communication Research*, 127-134. London: Academic Press.

Best, C. T. (1994) The emergence of native-language phonological influences in infants: A perceptual assimilation model. In J. C. Goodman & H. C. Nusbaum (Eds.), *The Development of Speech Perception: The Transition from Speech Sounds to Spoken Words*, 167-224. Cambridge, MA: MIT Press.

Chitturi, R. & Hasegawa-Johnson, M. (2006) Novel entropy based moving average refiners for HMM landmarks. *INTERSPEECH*, 1682-1685.

Conboy, B. T., Rivera-Gaxiola, M., Silva-Pereyra, J. & Kuhl, P. K. (2008) Event-related potential studies of early language processing at the phoneme, word, and sentence levels. In A. D. Friederici & G. Thierry (Eds.), *Early Language Development: Bridging Brain and Behaviour*, 23-64. John Benjamins Publishing Company.

Dulay, H. C. & Burt, M. K. (1973) Should we teach children syntax? *Language Learning*, 23(2): 245-258.

Dulay, H. C. & Burt, M. K. (1974) Errors and strategies in child second language acquisition. *TESOL Quarterly*, 8(2): 129-136.

Flege, J. E. (1995) Second language speech learning: Theory, findings, and problems. In W. Strange (Ed.), *Speech Perception and Linguistic Experience: Issues in Cross-Language Research*, 233-277. Timonium, MD: York Press.

Flege, J. E. (2005) Evidence for plasticity in second language (L2) speech acquisition. *Proc. ISCA Workshop on Plasticity in Speech Perception (PSP)*, 1-20.

Flege, J. E., Bohn, O.-S. & Jang, S. (1997) Effects of experience on non-native speakers' production and perception of English vowels. *Journal of Phonetics*, 25(4): 437-470.

Francis, A. L. & Ciocca, V. (2003) Stimulus presentation order and the perception of lexical tones in Cantonese. *The Journal of the Acoustical Society of America*, 114(3): 1611-1621.

Francis, A. L., Ciocca, V. & Chit Ng, B. K. (2003) On the (non)categorical perception of lexical tones. *Perception & Psychophysics*, 65(7): 1029-1044.

Fry, D. B., Abramson, A. S., Eimas, P. D. & Liberman, A. M. (1962) The identification and discrimination of synthetic vowels. *Language and Speech*, 5(4): 171-189.

Giraud, A.-L. & Poeppel, D. (2012) Speech perception from a neurophysiological perspective. In D. Poeppel, T. Overath, A. Popper & R. Fay (Eds.), *The Human Auditory Cortex*, 225-260. New York: Springer.

Grieser, D. & Kuhl, P. K. (1989) Categorization of speech by infants: Support for speech-sound prototypes. *Developmental Psychology*, 25(4): 577-588.

Hallé, P. A., Chang, Y.-C. & Best, C. T. (2004) Identification and discrimination of Mandarin Chinese tones by Mandarin Chinese vs. French listeners. *Journal of Phonetics*, 32(3): 395-421.

Hasegawa-Johnson, M., Baker, J., Borys, S., Chen, K., Coogan, E., Greenberg, S., Juneja, A., Kirchhoff, K., Livescu, K., Mohan, S., Muller, J., Sonmez, K. & Wang, T. (2005) Landmark-based speech recognition: Report of the 2004 Johns Hopkins summer workshop. *2005 IEEE International Conference on Acoustics, Speech and Signal Processing (ICASSP)*, 1: 213-216.

He, D., Lim, B. P., Yang, X., Hasegawa-Johnson, M. & Chen, D. (2018) Acoustic landmarks contain more information about the phone string than other frames for automatic speech recognition with deep neural network acoustic model. *The Journal of the Acoustical Society of America*, 143(6): 3207-3219.

Iverson, P. & Kuhl, P. K. (2000) Perceptual magnet and phoneme boundary effects in speech perception: Do they arise from a common mechanism? *Perception & Psychophysics*, 62(4): 874-886.

Juneja, A. & Espy-Wilson, C. (2008) A probabilistic framework for landmark detection based on phonetic features for automatic speech recognition. *The Journal of the Acoustical Society of America*, 123(2): 1154-1168.

Kong, X., Yang, X., Hasegawa-Johnson, M., Choi, J.-Y. & Shattuck-Hufnagel, S. (2017) Landmark-based consonant voicing detection on multilingual corpora. *The Journal of the Acoustical Society of America*, 141(5): 3468.

Kuhl, P. K. (1986) On attributing a "phonetic level" to infants. *The Journal of the Acoustical Society of America*, 79(S1): S52.

Lee, S. C. (1998) Probabilistic segmentation for segment-based speech recognition. Ph.D. dissertation, Massachusetts Institute of Technology.

Liberman, A. M., Harris, K. S., Hoffman, H. S. & Griffith, B. C. (1957) The discrimination of speech sounds within and across phoneme boundaries. *Journal of Experimental Psychology*, 54(5): 358-368.

Lin, C.-Y. & Wang, H.-C. (2011) Burst onset landmark detection and its application to speech recognition. *IEEE Transactions on Audio, Speech, and Language Processing*, 19(5): 1253-1264.

Liu, S. A. (1996) Landmark detection for distinctive feature-based speech recognition. *The Journal of the Acoustical Society of America*, 100(5): 3417-3430.

Niu, C., Zhang, J., Yang, X. & Xie, Y. (2017) A study on landmark detection based on CTC and its application to pronunciation error detection. *2017 Asia-Pacific Signal and Information Processing Association Annual Summit and Conference (APSIPA ASC)*, 636-640.

Park, C. (2008) Consonant landmark detection for speech recognition. Ph.D. dissertation, Massachusetts Institute of Technology.

Peterson, G. E. & Barney, H. L. (1952) Control methods used in a study of the vowels. *The Journal of the Acoustical Society of America*, 24(2): 175-184.

Pisoni, D. B. (1973) Auditory and phonetic memory codes in the discrimination of consonants and vowels. *Perception & Psychophysics*, 13(2): 253-260.

Qian, K., Zhang, Y. & Hasegawa-Johnson, M. (2016) Application of local binary patterns for SVM based stop consonant detection. *Speech Prosody*, 1114-1118.

Ren, G. Q., Yang, Y. & Li, X. (2009) Early cortical processing of linguistic pitch patterns as revealed by the mismatch negativity. *Neuroscience*, 162(1): 87-95.

Rosch, E. & Mervis, C. B. (1975) Family resemblances: Studies in the internal structure of categories. *Cognitive Psychology*, 7(4): 573-605.

Rosch, E., Mervis, C. B., Gray, W. D., Johnson, D. M. & Boyes-Braem, P. (1976) Basic objects in natural categories. *Cognitive Psychology*, 8(3): 382-439.

Samuel, A. G. (1982) Phonetic prototypes. *Perception & Psychophysics*, 31(4): 307-314.

Shen, X. S. & Lin, M. (1991) A perceptual study of Mandarin tones 2 and 3. *Language and Speech*, 34(2): 145-156.

Shen, X. S., Lin, M. & Yan, J. (1993) F0 turning point as an F0 cue to tonal contrast: A case study of Mandarin tones 2 and 3. *The Journal of the Acoustical Society of America*, 93(4): 2241-2243.

Si, X., Zhou, W. & Hong, B. (2017) Cooperative cortical network for categorical processing of Chinese lexical tone. *Proceedings of the National Academy of Sciences*, 114(46): 12303-12308.

Stevens, K. N. (1972) The quantal nature of speech: Evidence from articulatory-acoustic data. In E. E. David & P. B. Denes (Eds.), *Human Communication: A Unified View*, 51-66. New York: McGraw-Hill.

Stevens, K. N., Liberman, A. M., Studdert-Kennedy, M. & Öhman, S. (1969) Crosslanguage study of vowel perception. *Language and Speech*, 12(1): 1-23.

Strange, W. (2011) Automatic selective perception (ASP) of first and second language speech: A working model. *Journal of Phonetics*, 39(4): 456-466.

Studdert-Kennedy, M. & Shankweiler, D. (1970) Hemispheric specialization for speech perception. *The Journal of the Acoustical Society of America*, 48(2B): 579-594.

Varshney, S. & Banerji, N. (2012) Language learning strategies for English (second language) teachers. *Language in India*, 12: 791-799.

Wang, W. S. Y. (1976) Language change. *Annals of the New York Academy of Sciences*, 280(1): 61-72.

Xu, Y., Gandour, J. T. & Francis, A. L. (2006) Effects of language experience and stimulus complexity on the categorical perception of pitch direction. *The Journal of the Acoustical Society of America*, 120(2): 1063-1074.

Yang, B. (2010) A model of Mandarin tone categories—a study of perception and production. Ph.D. dissertation, University of Iowa.

Yang, X., Kong, X., Hasegawa-Johnson, M. & Xie, Y. (2016) Landmark-based pronunciation error identification on Chinese learning. *Speech Prosody*, 247-251.

Yoon, S.-Y., Hasegawa-Johnson, M. & Sproat, R. (2009) Automated pronunciation scoring using confidence scoring and landmark-based SVM. *INTERSPEECH*, 1903-1906.

Yoon, S.-Y., Hasegawa-Johnson, M. & Sproat, R. (2010) Landmark-based automated pronunciation error detection. *INTERSPEECH*, 614-617.

Zhang, L., Xi, J., Wu, H., Shu, H. & Li, P. (2012) Electrophysiological evidence of categorical perception of Chinese lexical tones in attentive condition. *Neuroreport*, 23(1): 35-39.

Zhang, L., Xi, J., Xu, G., Shu, H., Wang, X. & Li, P. (2011) Cortical dynamics of acoustic and phonological processing in speech perception. *PLOS ONE*, 6(6): e20963.

第三章　中介语语音库及发音偏误自动检测数据库

　　顾曰国（1998）认为语料库就是放语言材料的"仓库"；郭曙纶（2011）则认为语料库就是一个由大量在真实情景下用科学的方法收集、组织起来的材料组成的专供研究使用的资料库。根据建设目的和语料内容的不同，语料库可以分成不同的种类。王永庆（2014）认为，根据语料库的来源，可以将其分为学习者语料库和母语者语料库。其中，学习者语料库收集学习者在学习过程中使用目标语言的记录，也就是中介语语料库；母语语料库收集母语学习者使用母语的记录。学习者的产出数据一直是第二语言习得研究领域的关键资源。传统方式下，研究者通过严格控制的实验或者自省的方法收集数据，但这样的数据不一定能真实反映学习者的水平（Schumann, 1978; Schmidt, 1983）；另外，通过传统方法收集的数据样本往往规模较小，小样本虽然有利于研究者对数据进行彻底详尽的分析，但其可泛化程度或代表性常受到质疑（Ellis et al., 2008）。在这种背景下，20世纪80年代后期，研究者开始将语料库语言学引入二语习得研究领域，建设了大量中介语语料库，升级了学习者语言描写和研究的范式（Dagneaux et al., 1998; Granger et al., 2015）。

　　中介语语音库是中介语语料库中的一种，通常以考察外语学习者目的语发音面貌为目标，收集学习者的语音产出数据。借助中介语语音库，二语习得研究领域的学者能够发现更多的研究问题，更全面、更集中地描述学习者的语言使用情况，更客观地验证相关理论（Biber et al.，1998）；语音学家能够得到研究所需的声学信号，对学习者发音的物理实现进行分析（Leech，1993）。此外，有着丰富语境信息、规模庞大的中介语语料库也是计算机辅助发音教学技术发展所需的重要资源（Bird & Harrington，2001；曹文、张劲松，2009；Duan et al.，2017）。

国际上已出现了很多中介语语料库，但其中的中介语语音库却较为少见。据统计，截至2015年，公开的中介语语料库中，口语库占27%，但其中大多数为无声口语库，即只包含转写数据，不包含音频文件（Ballier & Martin，2015）。无声口语库仅适用于口语词汇或语法的研究，无法满足语音或声学研究。从公开发表的论文来看，较为常见的中介语语音库主要有：德国汉堡大学的"ISLE"，收集意大利语母语者和德语母语者的英语发音（Menzel et al.，2000），重点考察学习者语流层级的音段和词重音；德国比勒费尔德大学的"LeaP"，收集德语学习者与英语学习者的中介语音，重点关注韵律问题（Gut & Seminar，2004）；香港中文大学的"CU-CHLOE"，主要关注英语学习者的音段表现（Meng et al.，2007）；东京大学的"Tokyo-Kikuko"，主要关注日语学习者的音段和语调问题（Nishina et al.，2004）；等等。

我国汉语中介语语料库的建设起步较晚，20世纪90年代早期才开始。虽然与英语学习者的中介语语料库相比，汉语语料库规模较小，语料数量较少，但是经过30多年的建设，也已经取得了初步成果。目前已知的汉语中介语语料库以文本语料库居多，语音语料库较少。已经公开发表的以汉语普通话为目的语的中介语语音库主要有：汉语中介语语音语料库（王韫佳、李吉梅，2001）、汉语中介语语音语料库（301句）（曹文、张劲松，2009）、iCALL语音库（Chen et al.，2015）、口音汉语在线（冉启斌等，2016）等。中介语语音库之所以要远远少于文本语料库，其主要原因在于不论从时间上还是从技术和经费上来说，前者收集和标注的成本都更高。下面对中介语音库相关研究进行具体介绍。

3.1 中介语语音库研究现状

中介语语料库又称计算机学习者语料库（Computer Learner Corpus，CLC），是一个新的领域。20世纪90年代早期，中介语语料库才开始在二语习得领域出现。它倾向于收集学习者自然产出的语言，数据量大，覆盖范围广，且可以通过软件对学习者语言进行计算、归类、对比等自动分析（Granger，2004），因此发展迅速。中介语语料库研究起初均以英语为目的语，但在发展过程中，已经有越来越多不同的目的语语言加入，比如，由比利时鲁汶大学维护的"世界学习者"网站目前包含137个学习者语料库，除去60%以英语为目的语的语料库外，其他语料库以阿拉伯语、法语、德语、韩语、西班牙语等为目的语。以上中介语语料库研究的主要关注点在文本方面，尤其关注写作，因此，大部分学习者语料库为文本库。这些文本语料库的自动分析发展迅速，借助自动词性标注（POS tagging）技术，研究者已对英语学习者的句法习得规律进行了大量卓有成效的研究（如Granger，1997；Aarts & Granger，1998；Meunier，2000）。CLAWS7是一种基于概率进行自动词性标注的程序（梁茂成，2006），受文本语言质量的影响不大，不仅能够较准确地标注母语者文本（Meunier，1998），而且在对学习者书面语进行标注时，准确率也较为理想（梁茂成，2006）。

而中介语语音库到目前为止仍然十分稀缺，我们参考Chen et al.（2016）提到的13个"非母语者语音语料库"，综合其他文献，选取其中规模较大的中介语语音库，汇总在表3.1中。从表中可以看出，已公开的中介语语音库中，大多以英语、汉语为目的语。有些中介语语音库收集了自由式话语，比如问答形式的对话（Isahara et al.，2001；Tono et al.，2001）、面试情景中的自由交谈或故事的复述（Gut & Seminar，2004），而更多的中介语语音库收集的是朗读语音。

表 3.1 国际上规模较大的中介语语音库

语料库名称	研究单位	目的语	话者数量	母语	语句数量	时长（h）	标注
Fisher (https://www.ldc.upenn.edu)	语言数据联盟（Linguistic Data Consortium）	英	/	多种	/[①]	200	否
iCALL (Chen et al., 2015)	新加坡科技研究局（Agency for Science, Technology and Research, A*STAR）	汉	305	24种	90841	142	音段偏误、熟练度
CrossTowns (Schaden & Jekosch, 2006)	德国波鸿鲁尔大学（Ruhr-Universität Bochum）	英汉等6种	161	英法等5种	72000	133	否
AMI (McCowan et al., 2005)	英国爱丁堡大学（University of Edinburgh）	英	/	荷兰等	/	100	音频转写
Hispanic (Byrne et al., 1998)	/	英	22	西班牙	/	20	音段偏误
ISLE (Menzel et al., 2000)	德国汉堡大学（Universität Hamburg）	英	46	德、意	4000	18	音段偏误
LeaP (Gut & Seminar, 2004)	德国比勒费尔德大学（University of Bielefeld）	英、德	131	41种	359	12	韵律
301句（曹文，张劲松，2009）	北京语言大学	汉	/	日	/	/	音段偏误、韵律
ATR Gruhn (Gruhn et al., 2004)	国际电信先进研究院（Advanced Telecommunications Research Institute International, ATR）	英	96	5种	15000	/	熟练度打分
UME-ERJ (Minematsu et al., 2004)	东京大学（UTokyo）	英	200	日	68000	/	熟练度打分

[①] 斜线 "/" 代表信息未知。

续表

语料库名称	研究单位	目的语	话者数量	母语	语句数量	时长（h）	标注
CU-CHLOE（Meng et al., 2007）	香港中文大学	英	211	汉（粤语、普通话）	77437	104.5	/
Tokyo-Kikuko（Nishina et al., 2004）	东京大学（UTokyo）	日	140	10种	35000	/	熟练度打分
NATO HIWIRE（Segura et al., 2007）	HiWire Consortium（https://hiwire.org）	英	81	4种	8100	/	/
ESCCL（Hua et al., 2008）	中国社科院	英	/	汉	/	/	/
BAS Strange Corpus I+II（Raab et al., 2007）	德国埃尔朗根-纽伦堡大学（Friedrich-Alexander-Universität Erlangen-Nürnberg）	德	139	50种	7500	/	/
Children News（Tomokiyo & Waibel, 2001）	美国卡内基梅隆大学（Carnegie Mellon University）	英	62	汉、日	7500	/	/

例如，由德国汉堡大学面向计算机辅助发音技术研制的 ISLE（Interactive Spoken Language Education）语音库（Menzel et al., 2000），收集了意大利语与德语母语者的英语发音，录音文本包含 250 个选自英语教材的句子，其中有 82 句话（1300 个词语）是每个发音人都需要朗读的，其语料总规模为 18 小时左右。

由东京大学研制的 UME-ERJ 语音库（Minematsu et al., 2004）面向计算机辅助发音学习的相关研究，搜集了日本学习者的英语发音，旨在考察他们音段和超音段的语音表现，语音文本包括 8 个句子集和 5 个词语集。句子集音位平衡，包含丰富的重音类型、语调类别和韵律特征；词语集种类丰富，有孤立词、合成词和短语等，包括了元音和辅音的大部分组合。

由韩国延世大学和圆光大学合作建立的英语中介语语音库 K-SEC（Rhee et al., 2004）主要面向实验语音学、英语教育和计算机辅助发音技术，K-SEC 的文本由词、句子和故事组成，其设计一方面考虑到能够覆盖可体现英语音系特征的音段和超音段，另一方面考虑到可以体现母语负迁移影响的语音，如唇塞音和唇齿塞音、清辅音和浊辅音，以及节奏、语调、停顿等。

由台湾"中央研究院"语言学研究所主持的亚洲英语语音资料库 AESOP（Tseng & Visceglia, 2010），为了收集不同母语背景学习者的发音在词层级中音段和超音段的表现，以及在节奏、短语边界和焦点等方面表现出的韵律特征，设计了 20 个 2—4 音节的词语，这些词语包括所有可能的重音模式，并被嵌入三种不同的环境中：一是分别出现在同一个负载句；二是 4 种不同的韵律边界位置，如 wh- 问句、是非问句的句末等；三是窄焦句的焦点位置。另外还有重读与非重读的功能词（如代词、介词等）、可通过韵律消除歧义的句子，以及短文《北方和太阳》。

而 CU-CHLOE 语音库（Meng et al., 2007）设计了各种音段上的最小对立情况和易混淆词对，C-AuDiT 语音库（Hönig et al., 2009）还另外考虑了覆盖各种类型的边界调。

目前文献可查的以汉语普通话为目的语的中介语语音库主要有以下几个。

2001年由北京语言大学建立的汉语中介语语音语料库（王韫佳、李吉梅，2001），主要为汉语第二语音习得研究服务，包括朗读和自由式谈话两部分。朗读文本包括单音节、双音节、句子等10余类，涵盖普通话中的所有音位，包括二音节和三音节字组中所有类型的声调组合、轻音、变调及基本的语调类型。

2009年由北京语言大学创建的汉语中介语语音语料库（301句）（曹文、张劲松，2009），主要为计算机辅助发音技术研究提供训练集并标注语料，同时也为中介语语音研究、对外汉语语音教学提供样本和数据。语音库的内容主要根据汉语语音系统的特征而确定，包括单音节、双音节、三音节、四音节、句子和语段。确定这六大内容的目的是：反映学习者的声母、韵母、声调在孤立音节和语流层面的掌握情况；反映声调在不同节奏单元中的表现及语调的习得情况，包括语调调核、边界调、调域展缩、停延、断句、语速等。

2015年由新加坡科技研究局信息通信研究院创建的iCALL语音库（Chen et al., 2015），主要面向计算机辅助发音、声调识别、自动流利度评测等计算机工程领域。内容包括全面覆盖汉语语音的100个双音节词语、100个3—4音节短语及100个句子，内容设计注重语音平衡，各种音位及音节出现的频率与现实生活中的频率基本一致。每个发音人所读文本为整体文本的一部分，但各发音人的文本内部也能保证语音平衡。

2016年由南开大学创建的口音汉语在线（冉启斌等，2016），主要面向非母语者的汉语口音研究。语音库的文本根据发音人母语的背景分别设计，每种母语背景下的文本均能体现该语言背景学习者共同的语音偏误，不包含没有偏误的项目，偏误项目根据前人研究和个案调查来确定。所有发音文本都由单字、词语和句子组成，数量分别为100左右、50左右、50左右。

综上可以看出，与中介语文本语料库相比，中介语语音库的发展仍处于初级阶段，其中，以汉语为目的语的学习者语音库更显弱势，主要表现为语料库的数量和规模不及文本库。当然，造成这一现象的主要原因是语音库的收集和标注在经费、时间及技术方面的成本非常高，因此其准入门槛相对较高。那么，要进一步促进汉语学习者语音库相关研究的发展，首先要探索如何在成本有限的情况下，提高语料库建设工作的效率。目前尚缺乏对这一问题实证性的、系统性的研究，而这也给语料库语言学研究者提供了广阔的研究空间。

3.2 中介语语音库与二语习得相关理论

20世纪80年代后期，研究者开始将语料库语言学引入二语习得研究领域，建立了大量中介语语料库，升级了学习者语言描写和研究的范式。语料库方法的使用能够帮助研究者更客观地验证二语习得的相关理论，下面简单介绍几个与二语语音产出数据分析相关的理论。

3.2.1 偏误分析

在二语习得领域中，偏误分析（Error Analysis，EA）主要分析语言错误的类型和原因，与语言教学的语误处理有很大的关系。偏误分析以1967年Corder发表的 *The significance of learner's errors* 为标志（武春博，2019）。

在此之前，偏误分析只是收集人们印象中一些"常犯的"偏误，并对这些偏误进行语言分类，从而为教学服务，比如，确定教学项目的顺序，设计补救课程等。后来这一层面的偏误分析研究逐渐减少，学者们开始热衷于进行对比分析研究。在对比分析的框架下，人们认为，学习者的语言偏误象征着学习上的失败，预防偏误比识别偏误重要得多（Ellis，2015），外语学习的过程是克服和纠正语言偏误的过程。在这一时期，学者努力探索教学强化手段，试图将偏误消灭在萌芽状态（王初明，1990）。

Corder的文章发表之后，人们逐渐改变了对偏误的认识，认为从外语学习者的角度来看发展中的语言，学习过程中出现语言偏误并不能算作失败。这一时期，人们认为"偏误"的主要作用包括：（1）帮助教师了解学习者对目的语的学习达到了哪个阶段；（2）帮助研究者获得学习者如何习得语言的证据，了解学习者在学习过程中所使用的策略；（3）帮助学习者本人检验对所学语言本质的假设是否正确，进而让其建立起语言规则体系（肖奚强、周文华等，2012）。此后，"偏误"的地位从需要避免和纠正提高到帮助研究者探索语言学习的心理过程（戴炜栋、束定芳，1994）。由于语言偏误有了新用途，尽管人们仍然沿用"偏误"一词，但是，在持新观念的人们看来，学习者的偏误是无所谓"错"也无所谓"对"的（王初明，1990）。

偏误分析理论为 SLA 领域做出的主要贡献之一便是 Corder（1974）提出的一套公认有效的偏误分析方法和程序（戴炜栋、束定芳，1994）。它包含五个步骤：（1）语料的收集；（2）偏误的识别；（3）偏误的描述；（4）偏误的解释；（5）偏误的评价。学习者偏误的产生涉及很多因素，对研究者而言，在步骤（1）收集语料时，要注意提前考虑影响偏误分布的各种因素，如语言方面的语体、主题等，学习者方面的母语背景、语言水平、学习经历等（Ellis，1994）。在步骤（2）偏误识别方面，研究者将偏误分为偏误和失误、语言能力和语言使用偏误、语内和语际偏误（Corder，1967、1971、1973），发展性偏误（Richards，1971），群体性、特殊群体性和个体性偏误（Ellis，1994）等多种类型，较为全面地总结了学习者在语言习得过程中遇到的各类问题。在步骤（3）偏误描述方面，经典的分类方法以具体表现形式为依据，将其分为遗漏、添加、替代和错序四类（Dulay et al.，1982）。

3.2.2 计算机辅助偏误分析

随着二语习得研究的发展，偏误分析在方法、程序、范围上受到越来越多的批评（肖奚强、周文华等，2012），比如：（1）偏误分析只能提供习得的静态数据，不能提供从初级阶段到高级阶段的完整面貌；（2）"偏误"的概念很模糊，到底该如何判断某个语言现象是否属于偏误以及属于哪种偏误，缺少统一的标准，很难操作；（3）对于学习者完全不会的或者刻意回避的语言现象，无法进行考察；(4)偏误分析对学习者样本数据往往没有明确的定义，无法说明学习者在什么条件下产生了什么样的错误，这使得研究几乎无法重复(Ellis，1994)。在批评声中，学者对偏误分析的原则、方法进行调整，使其在各个方面得到了新的发展(肖奚强、周文华等，2012)。其中，"计算机辅助偏误分析"便是在偏误分析基础上出现的一个新的研究方向。

计算机辅助偏误分析(Computer-Aided Error Analysis，CEA)是Dagneaux et al.(1998)提出的，指利用学习者语料库分析学习者语言的一种技术。学习者产生的错误与母语者产生的错误差别很大，自动分析语言的软件都是针对母语者开发的，对于学习者语言的分析几乎没有用处(Granger & Meunier，1994；Milton，1994)。而要实现计算机对学习者语言的自动分析，首先要知道学习者会产出哪些偏误，每种偏误的具体内容如何，其出现频率如何等。

基于以上背景，Dagneaux et al.(1998)提出了CEA这一概念。他们认为，偏误分析一直以来都是一个有价值的研究领域，其基本原则至今仍然有效，但其方法上的弱点需要克服。CEA继承了语料库语言学的方法，为研究者提供了一种新的分析学习者偏误的技术。它可以自动生成特定错误类型的汇总表，以多种方式快速对所有偏误进行分类、计数和排序，研究者可以很方便地找出哪些知识点是各种语言水平的学生共有的"持续性"难点，能很方便地在语料库中查看学习者不易出错的语言要素。CEA对下一代教学工具的开发同样能发挥重要作用。

3.2.3　中介语

"中介语"理论是Selinker在20世纪60年代末70年代初提出的，后成为二语习得领域的重要理论之一。该理论主要针对的是偏误分析不关注正确的和动态的语言使用情况这一问题。

Corder(1971)、Nemser(1971)和Selinker(1972)认为，在整个学习过程的不同阶段，学习者所用的语言自成系统，该语言系统随着他们目的语水平的提高而逐渐向目的语靠近。学习者在学习过程中对目的语的语言现象所做的观察、理解、归纳和推论是主观能动的、独到的，因此这种语言系统既独立于母语又独立于目的语，是从母语向目的语过渡的自成体系的语言变体，这种介于两者之间的过渡性语言系统被称为"中介语"（温晓虹，2012）。Adjemian（1976）将中介语的特点总结为系统性、可渗透性、僵化性及反复性四个方面。20世纪90年代左右，对中介语的定义和形成原因，学者已基本达成共识。

3.3 汉语中介语语料库的作用

中介语语料库的建设与应用一直是语料库语言学研究中很重要的一部分（周文华，2015）。建立针对二语教学的中介语语料库，并基于语料库研究二语习得过程是近年来二语教学研究领域的新趋势。从上世纪90年代开始发展起来的语料库语言学在语料库建设和应用两方面对二语教学和研究具有重大意义。一方面，中介语语料库能够给研究者提供大量真实语料及相关偏误统计结果，有利于研究者对二语学习者的语音习得情况进行针对性研究；另一方面，教学者可以根据发音偏误语料有针对性地制定教学方案，编写汉语教材（李娟等，2016）。随着计算机技术的不断发展和"汉语热"在全球的升温，中介语语料库在二语教学和研究中越来越受到重视。

自2010年起，"汉语中介语语料库建设与应用"国际学术研讨会已成功举办七届。在2013年的第二届研讨会上，崔希亮指出，汉语中介语语料库的建设与汉语国际教育、中国文化"走出去"息息相关，是目前国家文化战略中急需的重要内容。陆俭明提到，汉语教学发展至今，建设完善的汉语中介语语料库可以改进汉语习得教材，有效地改革汉语习得的教学方法，提高汉语教学的质量，因此是非常有必要的。

崔希亮、张宝林（2011）通过对汉语中介语语料库的研究发现，定性和定量相结合的研究方法表现出了更好的客观性和稳定性，有利于提升对外汉语教学水平。张瑞朋（2011）提到，二语习得教师可以将中介语语料库作为其教学的现代化工具，中介语语料库是中介语研究和偏误分析的宝贵资源。结合前人的研究和分析，汉语中介语语料库的作用主要有以下三方面：（1）能够提供大量真实的中介语语料；（2）能够提供一种新的语言习得研究方法，目前基于语料库的研究方法成了语言学研究的主要方法，Hunston（2006）总结，"语言学家利用语料库来研究语言学，正如天文学家利用望远镜来研究天文学，生物学家利用显微镜来研究生物学一样，能够使他们如虎添翼，其意义是非常重大的"；（3）能够提高对外汉语教学和科研的水平，并从中发现一些内在规律。

3.4 汉语中介语语料库建设面临的问题

经过30多年的发展，国内中介语语料库的建设取得了一定成果，在对外汉语教学及二语习得研究中发挥了重要作用，但是依然存在一些问题，主要有以下几个方面：（1）与国外的中介语语料库相比，汉语中介语语料库的数量仍然较少，且语料库规模也较小。此外，语料库中的语料不够全面，主要来自日本、韩国以及东南亚国家的汉语学习者，欧美地区二语学习者的语料相对较少。（2）中介语语料库的建设没有统一标准，怎样建设、应该搜集什么样的语料、标注的方式和内容如何等至今没有一个学者们普遍认可的标准。比如音段层的标注，有些语料库采用IPA的方法，而有些语料库则根据任务需求自己定义标注方法（曹文、张劲松，2009）。（3）部分语料库没有标注正确的语言表现，仅对偏误进行标注，使用这样的语料库无法全面考察二语学习者的语言习得情况（张宝林，2011）。此外，语料库标注内容较少，虽然可以提高标注的正确率，但是会影响其实用性；而想要提高语料库的实用性，就需要标注更多内容，这样又不可避免地会降低标注的正确性，这些都给基于语料库的相关研究带来了一定的困难。（4）在语料库的标注中，仅有分词和词性标注等少数几个部分可以通过机器自动进行，尽管如此，还是需要人工校正，也就是说，还没有办法实现真正的全自动处理。与机器自动标注相比，纯人工的标注方式速度较慢，标注符号的一致性也有待提高（张宝林，2010）。此外，纯人工的标注方式对标注人的要求也较高，需要标注人有全面、扎实的语言文字功底，还要求标注人在标注时保持良好的精神状态和身体情况，同时标注人需要非常熟悉标注规范和标注符号。即便如此，仍可能存在标注人为了追求更高的一致性而故意漏标的情况。语料库的标注是其使用价值的一个重要方面，不精确的标注会大大降低语料库的可使用性。（5）语料库的建设是为了供人使用，使用的人越多，语料库的价值就越大，反之则毫无价值。然而目前的开源语料库仍然非常有限，很多语料库并未向公众开放，尤其是中介语语音语料库。有些语料库虽然可供公众免费试用，但是仍有一定限制，用户尚不能自由使用。

3.5 量子语音研究所用语音库

量子语音研究主要用到三种语音库。一是合成语音库，这种语音库标注了关键的声学线索和部分发音属性的信息，如基频、共振峰、语速、时长、嗓音起始时间（VOT）、过渡音征（T）、rPVI 和 nPVI 等。这种语音库用于合成语音连续统，通过感知和听辨实验判断语音量子属性中的声学界标信息。本节的研究主要以母语语音库 ASCCD 和北京语言大学汉语普通话 301 句语音库中的母语语音为基准，实现连续统合成语音。二是汉语中介语语音库，这种语音库包括母语者的语音和外国学习者的语音，用于听辨实验和自动偏误的验证和测试。本节的研究主要使用汉语普通话 301 句语音库。三是大规模汉语中介语语音库，这种语音库主要用于训练发音偏误自动检测的模型。这种模型使用了深度学习技术，只有拥有大量的、均衡的文本的语音库才能训练，汉语普通话 301 句语音库不能满足要求，因此本研究专门设计并录制、标注了大规模的北京语言大学汉语普通话 103 句语音库（BLCU-SAIT 语音库）。

3.5.1　汉语普通话朗读语篇语料库

汉语普通话朗读语篇语料库（Annotated Speech Corpus of Chinese Discourse，ASCCD）由中国社会科学院语言研究所语音实验室收集录音并准确标注，其内容由语篇语料、语音数据和语音学标注信息组成。该语音语料库的语料将学术需求和工程需求相结合，内容包括18篇文章，体裁覆盖记叙文、议论文、通讯、散文等常见文体，每篇3—5个自然段，每个自然段500—600个音节，总计约8760个音节。语音数据由10位（5位女发音人和5位男发音人）北京地区标准普通话发音人录制而成。声音文件采用16KHz采样、16位数据精度、双声道WAV格式，库容量约1.5GB（殷治纲，2011）。该语料库的语音学信息由人工标注，主要包括音节、声韵母、韵律边界和重音指数等内容。音段采用SAMPA-C标准标注1141，韵律采用C-ToBI韵律标注系统标注，并标记了每个韵律单位的重音，分为0、1、2、3级，其中1、2、3级分别表示韵律词重音、次要韵律短语（MIP）重音和主要韵律短语（MAP）重音，0则表示不重读，即正常读音（董一巧等，2015）。

3.5.2　汉语普通话301句语音库

二语习得中发音偏误自动检测的数据支撑，来源于对母语与所习得语言之间关键声学线索的确定与感知。通过实验对比与分析，确定更准确的感知边界，可为二语习得的教学提供更有针对性的建议。

以母语为日语的汉语学习者为例，他们在汉语语音习得过程中会遇到一些困难，如声母"r、l"的发音、普通话前后鼻音的习得等，难度较大，偏误较多，对此可以通过声学分析与听觉感知实验来获取数据并加以分析总结。比如，比较日本学习者和汉语母语者在诸如普通话声母"r、l"的感知模式等方面的差异，揭示中日被试对声母"r、l"的感知范畴，发现日本学习者与汉语母语者感知上的具体差异；又如，考察汉日鼻音（包括鼻韵尾）的差异，加深对学习者前后鼻音的认识，从而在汉语教学中发挥指导作用。

实验数据主要是通过声学分析与感知实验等方法获取的，实验过程将在后文详细介绍。在声学分析中，我们首先进行音节的产出，包括汉语通音"r、l"音节和日语ラ行辅音音节的产出，或者汉语鼻韵尾音节（从CAPL中介语语料库中选出）和日语鼻音尾音节的产出，然后才从F1/F2/F3的频率、共振峰的斜率、过渡段的时长、起始稳定段的时长、鼻韵尾时长、鼻音度等方面入手，进行具体的声学分析。感知实验则是研究中日被试对普通话拼接合成语料的感知模式。我们首先对原始音节进行剪切、拼接，然后让中日被试对原始语料及6种拼接合成的语料进行感知听辨，分析考察中日被试在感知普通话通音声母"r、l"时对起始稳定段和过渡段的依赖情况以及感知普通话鼻韵母时对元音稳定段、鼻化段、鼻韵尾的依赖情况。

北京语言大学汉语普通话301句语音库是一个面向计算机辅助正音的汉语中介语语音语料库。对于传统的对外汉语教学来说，语音学习的效果至少受制于两个方面：(1) 教师的语音学功底及教学能力；(2) 学生用于语音练习的时间。计算机辅助语音/正音学习（CAPL）的出现，恰好可以弥补这两个方面的不足（曹文、张劲松，2009）。CAPL是"计算机辅助语言学习"（CALL）在语音教学功能方面的细化与深化。理想的CAPL系统应当如一名有经验的对外汉语教师一样，能够在学生进行（再）练习或（再）测试前给出如下正音提示：

——发音哪里出现了问题？
——具体的偏误是什么？
——可以怎样改正？

系统可以通过动画或者程序提供正音示范和比较，并根据需要对学习者的发音做相应修改后重新播放。这不但有助于提高学习者正音的信心，而且也是信息时代个性化学习的具体体现（曹文、张劲松，2009）。

3.5.2.1 汉语普通话 301 句语音库任务与构成

面向 CAPL 的汉语中介语语音语料库的主要任务是为计算机提供符合相关要求及规范的训练集,以及较大规模的精细标注语料,同时也可为中介语语音研究、对外汉语语音教学提供高品质的、丰富的样本和数据。

语料库分阶段、按学习者国别进行建设。所谓分阶段指的是,先建设小规模的一期语料库,再建设大规模的二期语料库。一期库无论在发音人数还是语料数目上都少于二期库,但不同汉语水平(根据 HSK 成绩划分为初等、中等、高等三类)发音人的比例大体相同。在学习者国别方面,语音库建设的目标是:创造条件,依托北京语言大学来自 140 多个国家的留学生,建立全球各国别汉语学习者的语音语料库(曹文、张劲松,2009)。

该语料库是朗读语料库,而不是自然口语语料库。计算机辅助汉语语音学习系统的训练形式主要是朗读,且测评、分析性反馈及指导也是针对朗读的效果。从朗读内容来说,该语料库分为单音节、双音节、三音节、四音节、句子和语段 6 类子库,各子库又分一期和二期两种。在这些子库中,单音节库和句子库是整个语料库的两大重点子库。语料库结构如表 3.2 所示:

表 3.2 面向 CAPL 的汉语中介语语音语料库的构成

内容		单音节	双音节	三音节	四音节	句子	语段
数目	一期	526 (×20人)	60 (×20人)	80 (×20人)	128 (×20人)	301 (×20人)	1 (×100人)
	二期	1530 (×100人)	297 (×100人)	400 (×100人)	640 (×100人)	1093 (×100人)	60 (×20人)
国别		日本、泰国、伊朗、法国、韩国、美国、罗马尼亚……					

作为补充和参照,该语料库对普通话母语者也进行了同样内容的小规模(20 人)的录音和标注。

3.5.2.2 汉语普通话 301 句语音库语料选择与设计

曹文、张劲松（2009）对各子库的语料选择与设计思路做了简要说明，具体如下。

1. 单音节库

该子库可以全面反映学习者在单音节层面对声母、韵母、声调的掌握情况。一期库（每人）的 526 个音节全部来自 HSK 的 800 个甲级字——甲级字中的同音字只保留 1 个音节，而许多助词因为不能单念也被排除在外。可以说，这 500 多个音节是对外汉语教学中最常用的实语素音节。二期库（每人）的 1530 个音节由《现代汉语词典》中 1298 个不重复的音节和 232 个具有不同声韵调搭配关系的儿化音节组成。

2. 双音节库

该子库主要用于考察和统计学习者对连续两个音节的掌握情况及其音节间的音联表现。一期库的 60 个音节分别是 3 组各 20 个双音节的"句调基本单元"/"基本节奏单元"（吴宗济，1982、1990；王洪君，2008），即阴平+阴平、阴平+阳平、阴平+上声、阴平+去声、阴平+轻声等等。二期库除了有更多组的"语调基本单元"外，还要全面考察两个音节间的音联情况。297 个双音节的搭配借鉴的是吴宗济（1998、2004）的研究。

3. 三音节库

三音节也是基本节奏单元的常见形式（吴宗济，1990；王洪君，2008）。该子库（含轻声音节）主要用于考察学习者对汉语三音节单元韵律的掌握情况。无论是一期库还是二期库，三音节的设计与选择都围绕声调组合进行。一期与二期的区别主要在数量上：一期库中每种三音节声调组合仅有 1 例，共 80 例（×20 人）；二期库中每种声调组合有 5 例，尽可能兼顾不同的结构关系（如 2+1 "展览馆"、1+2 "小老虎"、1+1+1 "索马里"等），共 400 例（×100 人）。

4. 四音节库

四音节库稍微复杂一些。从韵律角度来说，四音节主要有两种：一种属于 2+2 结构，如"一心／一意"；另一种属于"受限"节奏单元（王洪君，2002），如"乱七八糟"。而从词汇、语法角度来讲，四音节也可以分为两类：一类是成语和四字格；另一类是普通四音节短语。该子库的设计思路与三音节库相近，也主要围绕声调组合进行。一期库主要收录具有不同韵律结构／声调组合的成语和四字格。二期库除了数量增加外，兼收普通的四音节短语，包括含轻声的四字短语。

5. 句子库

从某种意义上来说，前述各子库只是汉语及汉语中介语的备用单位库，句子库才是真正反映学习者言语运用（语音）情况的语料库，是全面考察学习者汉语语音面貌的平台。

该子库不但可以全面反映学习者的语调习得情况，包括句重音／语调调核、调尾／边界调、调域展缩、停延、断句、语速等等，还可用于考察学习者在语流层面对声母、韵母、声调的掌握程度。该库主要收录单句（包括对话形式的单句），同时也收录少量复句。一期库收录对外汉语精品教材《汉语会话 301 句》中的 301 个句子，二期库则增加了 12 组共 792 个声韵平衡的句子。

6. 语段库

语段库在整个语料库中只作为资料库存在。一期库是每位发音人半朗读半即兴发言性质的一段自我介绍。二期库则按照文学、新闻、军事、体育等 20 种文体和题材选取语料。每种 3 段／篇，每段／篇的音节数为 100—200。需要说明的是，语段库一期、二期的发音人是前多（100 位）后少（20 位），这与其他各子库不同。

3.5.2.3 汉语普通话 301 句语音库语料采集与标注

汉语普通话 301 句语音库中所有的语料都是在北京语言大学对外汉语

研究中心语音实验室内采集的。录音设备有：铁三角指向性话筒（Audio 3000）、Kay Pentax 前置放大器、移动声卡（M-Audio）、ASUS 笔记本电脑；录音软件为视窗 Vista 附件、录音机。

单音节子库的语料除儿化音节外，均以拼音形式呈现。考虑到发音人可能不习惯儿化音节的拼写形式，儿化音节以汉字和拼音共现的形式呈现给发音人，如"音儿 yīnr"，其他各子库则均以汉字和拼音共现的形式呈现语料。每个子库的语料都按随机顺序排列，可以通过分屏器在电脑液晶屏上同时显示给发音人和实验人员。录音或由实验人员操作，或由发音人直接操作。后一种情况下，实验人员负责监听和答疑。录音时要求发音人双唇距话筒 10cm 以内。所有语料的采样率统一为 16000Hz，量化精度 16 位，单声道录音。

汉语普通话 301 句语音库面向计算机辅助对外汉语正音，着重为偏误检测、正音提示及偏误修正提供信息。这与一般的识别语料库或合成语料库不同。事实上，它既要为识别（偏误检测）服务，又要为合成（偏误修正）服务，而总体上又是为教学服务的。所以，对语料的标注体系必须要有相应的设计（曹文、张劲松，2009）。

1. 偏误标注准备与标注规范

进行偏误标注时，首先应当对目标学习群体可能出现的发音偏误有较为全面的了解，这就要求研究者能够鉴别并吸纳相关的语音教学和语音习得领域内已有的成果，然后设计出能够表征这些偏误的标注符号。

以日本学生为例，他们常见的偏误有：送气、不送气音混淆，前、后鼻音混淆，"r、l"混淆，"sh、x"混淆，"f、h"混淆，"zh、j"混淆，"ch、q"混淆，"a、e"混淆，"ou、uo"混淆，二、三声混淆，"u、ü、en、iu、ui、un、ing"发音不到位，等等（朱川，1981；曹文，2002；王韫佳，2002；梅丽，2005；鲁宝元，2005）。日本学生汉语中介语语音库的标注符号至少要能覆盖这些偏误种类。此外，学习者的偏误也包括一些非 A 即 B 式的音位替换，但更多的是似 A 似 B 式的音素（发音）不准。这些差异在标注体系里也应考虑到。

一般的语音语料库包括一些现有的中介语语音语料库，都是用国际音标（IPA）做记音式的语音学标注，而未对发音偏误做任何标注。如果语料库使用者想获取有关的偏误信息，必须再把这些语料拿给专门的教师听（王韫佳、李吉梅，2001；Hincks，2002；曾金金，2008），这就使得语料库的实用性大大降低。我们主张通过恰当的标注，把中介语语音语料库建成一种基本自足的语料库，让使用者——无论是教师、学生还是计算机工程师——通过对标注文本的解读就能了解学习者的偏误。

为使建库工作能够尽快顺利地进行，我们结合实际需要和教学经验，对面向 CAPL 的汉语中介语语音语料库的标注做了规范与说明。总的原则是兼顾简要性和区分性。在为偏误类型分配标注符号时，主要考虑相关符号应该便于联想和记忆。有几个符号参考了 SAMPA-C 汉语音段标注体系（陈肖霞等，1999）和 C-ToBI 汉语韵律标注体系（Li，2002）。这样做是为了避免给相关领域的语料库使用者/共享者带来同符异指的干扰。部分标注规范如表 3.3、表 3.4 所示（曹文、张劲松，2009）。

表 3.3　面向 CAPL 的汉语中介语语音语料库音段标注规范（BLCU-CAPL-1）

类型	标注符号	偏误举例	说明
高化	^	ɑ{^}	ɑ 的舌位与标准音相比不够低，发音近似 [ɐ]
低化	!	u{!}	u 的舌位与标准音相比过低，发音近似 [ʊ]
前化	+	e{+}n	e 的舌位靠前，en 的发音近似 [ɛn]
后化	-	n{-}	前鼻音的发音近似后鼻音
长化	:	z{:}	z [ts]（的擦音段）发音太长
短化	;	p{;}	p [pʰ]（的送气段）发音时长不够
央化	"	uo{"}	uo 中 o 的舌位同时低化、前化，近似 [uə]
圆唇化	o	e{o}	e 似被发成圆唇音

续表

类型	标注符号	偏误举例	说明
（展）唇化	w	f{w}、u{w}	f被发成双唇擦音，u被发成不圆唇音
唇齿化	f	u{f}	u被发成[v]
舌叶化	sh	sh{sh}	普通话的sh被发成[ʃ]
清化	°	r{°}	浊擦音或通音r被发成清擦音
浊化	v	d{v}	清塞音d被发成浊音
增音	音+	i{e+}	i后增加了一个e
减音	音-	j{io-}u	"久"被发成[tɕu]
塞音化	p	l{p}	l被发成近似{t}
擦音化	s	p{s}	塞擦音或送气塞音的塞音丢失，似吹气音
边音化	l	r{l}	r似被发成l
鼻音化	~	e{~}	e被发成鼻化元音
闪拍化	dl	d{dl}	塞音d似被发成闪音/拍音[ɾ]
卷舌化	r	l{r}	l似被发成r

注：1. { }表示偏误。
2. 替换用增减音组合表示，如{ii-, i+}表示[ɿ]被发成[i]。

表3.4 面向CAPL汉语中介语语音语料库韵律标注规范（BLCU–CAPL–2）

类型	标注符号	偏误举例	说明
声调	T	T1{4}	第一声被发成第四声
变调	TT	TT2{1}	应发升调/2声的连读变调被发成平调/1声
高音点	H	H{L}	高音发成低音，如阴平HH被发成去声HL
低音点	L	L{H}	低音发成高音，如去声HL被发成阴平HH
焦点	*	{*-}{*+}	焦点或调核重音错置
升调尾	H%	H{L}%	上升的语调尾被发成降调尾
降调尾	L%	L{H}%	下降的语调尾被发成升调尾
音阶高化	^	L{^}	低音特征点发生不应有的高化

续表

类型	标注符号	偏误举例	说明
音阶低化	!	H{!}	高音特征点发生不应有的低化
调域极点	^ ^	——	（客观记录，供统计对比用）
调域低点	!!	——	（客观记录，供统计对比用）
停延	音节—韵律词—短语—句：1-4	1{2}	词内出现停顿
嗓音	假声 FT、气嗓 BR、嘎裂 CV、中断？	{? +}	嗓音发生不必要的中断
长化	:	i{:}	i 发音太长
短化	;	i{;}	i 发音太短

注：1. 高化、低化、长化、短化亦用于音段标注。

2. 轻声可能会还原本调，如听感不觉有误，用（）标注，如"知道 T1T0（4）"。

从表 3.3、表 3.4 可以看出，该语料库以普通话标准音为参照，直接对偏误进行动程或动向的标注。这种方法使标注人员无须在具体音值上费时费力，且有实践依据。以音段为例，教师们在发音偏误的动程上很容易取得一致的看法，但对偏误所致的具体音值常有争议。从纠音的角度来说，学习者偏误的具体起点是什么音并不重要，重要的是发音部位、发音方法与标准音相比有怎样的偏移，应当怎样进行改进。大体说来，我们的标注方法类似于评改而不是记音。

2. 语料库标注实例

不同子库标注层的数量与内容有所不同。标注层最少的是单音节库，共有五层：正则拼音层（TPY）、声母—韵母层（I & F）、声调层（Tone）、特征点层（F-PNT）、嗓音层（Phona）（曹文、张劲松，2009）。正则拼音层标注的是汉语拼音及音节的边界；声母—韵母层标注的是声母、韵母的实际发音，如果发音正确就标汉语拼音，如果有偏误就在拼音后加 {} 标注偏误情况；声调层标注声调的实际调位而非调值，也无须标注调值，T1、T2、T3、

T4分别表示阴平、阳平、上声、去声，若发生调位混淆，其后以{ }加注；特征点层标注的是韵母稳定段基频音高的起、折、末点，分别用"s、t、e"表示；嗓音层标注的是音节内出现的非正常发声（non-model voice）。

之所以关注嗓音/发声（phonation），是因为近年来已有不少研究发现，嗓音是影响声调知觉的重要因素（孔江平，2001；朱晓农，2004；曹文，2006；李倩、曹文，2007；曹文，2008；Cao & Zhang，2008）。事实上，该语料库各子库的最后一层都是嗓音标注层。

图3.1表示的是一个日本女生所发的"shén"。标注符号"sh{sh}"表明她所发的声母"sh"有舌叶化倾向，近似于[ʃ]，这显然是受日语发音习惯的影响。正音时舌头应当后缩，让舌尖而不是舌叶指向齿龈后。标注符号"e{+}n"表明韵母"en"的元音发生了前化，[ə]好像被发成了[E]，这也是受日语发音的影响。正音时同样要求舌头有所后缩，舌尖不能碰到下齿。标注符号"T2{3}"表明发音人的第二声听起来像第三声。结合第四层标注的声调起、折、末三个特征点的有关数据，就可以在调形、调阶、折点时机等方面给出诊断与建议。第五层的标注"BR"说明该发音人在"sh"的后段有气嗓音。

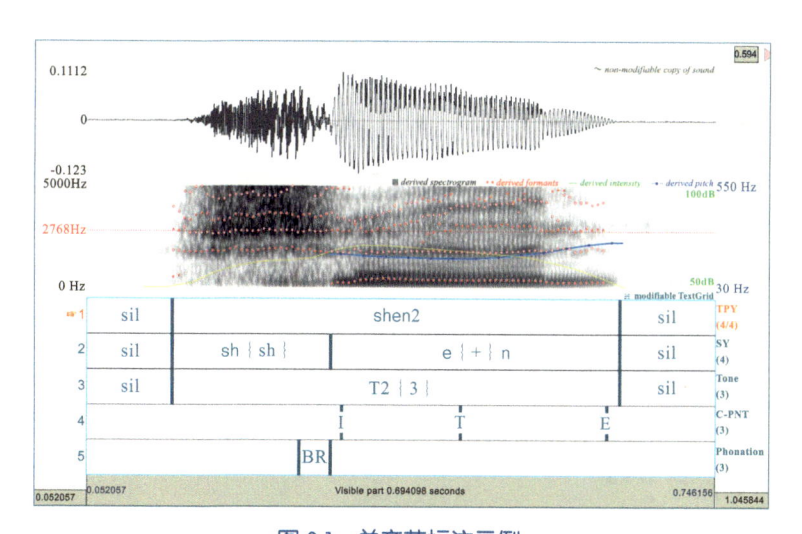

图3.1 单音节标注示例

在每个（单）音节的五层标注中，第二、三层是偏误标注的重点，其他各层主要是为了提供相关数据，为研究或修正合成做参考。

标注层最多的是句子库，有九层：词（Word）、正则拼音（TPY）、声母—韵母（I & F）、声调（Tone）、关键点（C-PNT）、语调（Inton）、时长（Dura）、停延/间断（BI）、嗓音（Phona）。其中三至七层是重点，学习者音段、超音段的偏误集中在此进行定性的标注。

句子（库）的词标注层实际上是按词典词对句子进行切分的，文本是汉字形式。正则拼音、声母—韵母、声调、时长、嗓音等五层的标注工作与单音节的相同。但关键点层的标注与单音节库的特征点层有所不同：在语流中，音节与音节间相互影响，互为参照，不必每个音节都要有饱满的调形并自足地实现其特征，它们是在大音段中映射各自的特点的。因此原则上，每个音节只标注高音点 H 和低音点 L——阴平 HH、阳平 LH、上声 LL（H）、去声 HL、轻声 HH 或 LL，然后看是否可运用删除规则——除了句子的起点、焦点、末点及发生偏误的音节前后保留关键点以外，中间一些调性相同的赋值/标记（高音点 H 或低音点 L）可以删除。例如：

我　　怎　么　　能　　　不　来　呢？
LH｛L｝-LL-HH-LH｛L｝-HL-LH-LL｛H｝→
LH｛L｝-LL-H-LH｛L｝-H -LH-LL｛H｝（参见图 3.2）

这些关键点（的标注）主要用于简化、重建及修正语调基频曲线，同时也可以用来描述语流中的声调变异现象。

语调层是句子库所独有的。该层标注的内容有：调核重音（用 * 表示）、调域最高点（用 ^ ^ 表示）、调域最低点（!!）和调尾/边界调（用 H%或 L%表示）。这些既是本体语调研究的重要内容，也是中介语语调研究极其重要的考察点。

停延/间断层从两音节库开始出现，它标注的是音节至句子各级可感的停延或间断。

时长层的数据是基于 20 位普通话母语者在该音段所用时长的参数而求取的 z-score 参数。数值大于 0，表示该音段相对于标准时长较长，数值越大，说明加长越严重；数值小于 0，则表示该音段相对于标准时长较短，数值越小，说明缩短越严重。如果大于 1 或小于 –1，表示该时长的出现概率小于 16%；如果大于 2 或小于 –2，则概率小于 2.3%。这些数据可以帮助标注者判断时长及停延偏误的有无，起到"补听官之缺"（赵元任，1956）的作用。

此外还有两点需要说明：(1) 不同于单音节子库，双音节以上子库都会有轻声，但是在句子层面的发音中，轻声音节在一定条件下可以恢复本调，普通话母语者也常有这样的表现，此时标记为 T0（1/2/3/4）；(2) 从教学经验和实际需要出发，我们没有对重音进行多级划分，也没有对副语言学、非语言学现象进行标注。

图 3.2 为一名日本男生所读的"我怎么能不来呢？"的音图及标注，该句在音段方面表现出的偏误不多，主要是"怎"的韵腹发音靠前（标作"e{+}"）和"来"的声母有卷舌动作（标作"l{r}"），但句子在韵律方面偏误较多。

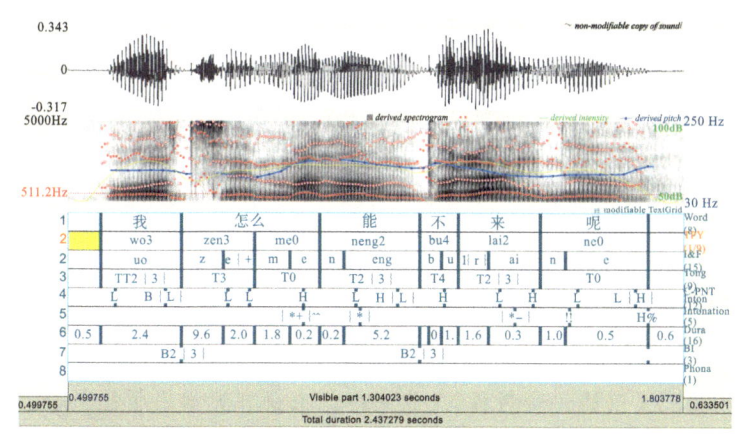

图 3.2　句子标注示例

首先，在声调方面，7个音节有3个产生偏误："我"该变调而未变（TT2{3}），末点当高实低（H{L}）；"能"（neng2）和"来"（lai2）的末点同样是当高实低，所以第二声都变成了第三声（T2{3}）。究其缘由，或许是发音人将疑问句调尾的"大波浪"（上升感）强加到了声调"小波浪"上（Chao，1968；曹文，2007）。其次，语调方面的偏误也非常明显。通常，在"我怎么能不来呢？"这个句子里，"我""不""来"都可能聚焦，而聚焦在"来"上的概率最高。但是从图3.2中可以看出，轻声音节"么"占据了全句音高曲线的最高点，而"来"的高音点远不够高。落实到词上，"怎么"最为突显（{*+}），抢走了"来"应有的焦点/调核地位（{*-}），正音时，降低"么"的高度并提升"来"的高度/高音点应成为重点。最后，该发音人在间断方面的表现也不好（见图3.2的7、8层标注），"我"和"怎么"之间、"能"和"不"之间出现了过度的停顿（B2{3}），使得语流有断裂感，不流利。

3. 标注质量与控制

目前北京语言大学面向CAPL的语音语料库都采用半自动标注，即先通过编制的程序自动对各级语料进行切分、标注，然后人工听音、读图，进行校正和偏误标注（曹文、张劲松，2009）。

语料库中的每条语料都有三人进行校正，最终按两人以上一致的看法确定标注结果；三人看法完全不同的，则经过讨论再确定。所有标注人员都有语音学或方言学的专业背景，熟练掌握国际音标，至少有半年（及以上）对外汉语教学经验，并经过培训、试标和考核。

:: 参考文献 ::

曹　文（2002）《汉语语音教程》，北京：北京语言大学出版社。
曹　文（2006）陈述句焦点—重音的韵律表现，北京大学博士学位论文。

曹　文（2007）赵元任先生对汉语语调研究的贡献，《世界汉语教学》第4期。

曹　文（2008）《汉语语音训练》，北京：北京大学出版社。

曹　文、张劲松（2009）面向计算机辅助正音的汉语中介语音语料库的创制与标注，《语言文字应用》第4期。

陈肖霞、祖漪清、李爱军（1999）对汉语普通话正则标音系统的探索，载吕士楠等主编《现代语音学论文集：第四届全国现代语音学学术会议》，北京：金城出版社。

崔希亮、张宝林（2011）全球汉语学习者语料库建设方案，《语言文字应用》第2期。

戴炜栋、束定芳（1994）对比分析、错误分析和中介语研究中的若干问题——外语教学理论研究之二，《外国语（上海外国语大学学报）》第5期。

董一巧、贾　媛、李爱军（2015）基于向心理论的汉语朗读篇章韵律特征研究，载《第十三届全国人机语音通讯学术会议（NCMMSC 2015）论文集》。

顾曰国（1998）语料库与语言研究——兼编者的话，《当代语言学》第1期。

郭曙纶（2011）《汉语语料库的建设及应用》，上海：上海外语教育出版社。

孔江平（2001）语言发声研究及相关领域，载蔡莲红等主编《新世纪的现代语音学——第五届全国现代语音学学术会议》，北京：清华大学出版社。

李　娟、谭晓平、杨丽姣（2016）汉语中介语语料库应用及发展对策研究，《曲靖师范学院学报》第2期。

李　倩、曹　文（2007）日本学生汉语单字调的阳平与上声，载《第九届全国人机语音通讯学术会议论文集》。

梁茂成（2006）学习者英语书面语料自动词性赋码的信度研究，《外语教学与研究》第4期。

鲁宝元（2005）《日汉语言对比研究与对日汉语教学》，北京：华语教学出版社。

梅　丽（2005）日本学习者习得普通话卷舌声母的语音变异研究，《世界汉语教学》第 1 期。

冉启斌、顾倩、马乐（2016）国别典型汉语语音偏误及口音汉语在线系统开发，《语言教学与研究》第 4 期。

王初明（1990）《应用心理语言学——外语学习心理研究》，长沙：湖南教育出版社。

王洪君（2002）普通话中节律边界与节律模式、语法、语用的关联，载北京大学汉语语言学研究中心《语言学论丛》编委会编《语言学论丛（第二十六辑）》，北京：商务印书馆。

王洪君（2008）《汉语非线性音系学——汉语音系的格局与单字音》(增订版)，北京：北京大学出版社。

王永庆（2014）《计算机技术、语料库与语言测试》，北京：科学出版社。

王韫佳（2002）日本学习者感知和产生汉语普通话鼻音韵母的实验研究，《世界汉语教学》第 2 期。

王韫佳、李吉梅（2001）建立汉语中介语语音语料库的基本设想，《世界汉语教学》第 1 期。

温晓虹（2012）《汉语作为第二语言的习得与教学》，北京：北京大学出版社。

吴宗济（1982）普通话语句中的声调变化，《中国语文》第 6 期。

吴宗济（1990）汉语普通话语调的基本调型，载《王力先生纪念论文集》，北京：商务印书馆。

吴宗济（1998）普通话语音合成中协同发音音段变量的规正处理，汉语及少数民族语言语音学研讨会，香港。

吴宗济（2004）面向普通话高自然度合成的韵律研究综述，载《2004 年语音研究报告》。

武春博（2019）初级阶段蒙古国留学生汉语量词研究，内蒙古师范大学硕士学位论文。

肖奚强、周文华等（2012）《第二语言习得研究纵观》，北京：世界图书出版公司。

殷治纲（2011）汉语普通话朗读语篇节奏研究，中国社会科学院研究生院博士学位论文。

曾金金（2008）《华语语音资料库及数位学习应用》，台北：新学林出版股份有限公司。

张宝林（2010）汉语中介语语料库建设的现状与对策，《语言文字应用》第3期。

张宝林（2011）《现状与对策——汉语作为第二语言的教学研究》，北京：北京语言大学出版社。

张瑞朋（2011）汉字偏误标注中介语语料库建设中的若干问题探讨，载肖奚强、张旺熹主编《首届汉语中介语语料库建设与应用国际学术讨论会论文选集》，北京：世界图书出版公司。

赵元任（1956）《现代吴语的研究》，北京：科学出版社。

周文华（2015）汉语中介语语料库建设的多样性和层次性，《汉语学习》第6期。

朱　川（1981）汉日语音对比实验研究（节选二），《语言教学与研究》第4期。

朱晓农（2004）浙江台州方言中的嘎裂声中折调，《方言》第3期。

Aarts, J. & Granger, S. (1998) Tag sequences in learner corpora: A key to interlanguage grammar and discourse. In S. Granger (Ed.), *Learner English on Computer*, 132-141. London & New York: Addison Wesley Longman.

Adjemian, C. (1976) On the nature of interlanguage systems. *Language Learning*, 26(2): 297-320.

Ballier, N. & Martin, P. (2015) Speech annotation of learner corpora. In S. Granger, G. Gilquin & F. Meunier (Eds.), *The Cambridge Handbook of Learner Corpus Research*, 107-134. Cambridge: Cambridge University Press.

Biber, D., Conrad, S. & Reppen, R. (1998) *Corpus Linguistics: Investigating*

Language Structure and Use. Cambridge: Cambridge University Press.

Bird, S. & Harrington, J. (2001) Speech annotation and corpus tools. *Speech Communication*, 33: 1-4.

Byrne, W., Knodt, E., Khudanpur, S. & Bernstein, J. (1998) Is automatic speech recognition ready for non-native speech? A data collection effort and initial experiments in modeling conversational Hispanic English. *Proceedings of the ESCA Conference on Speech Technology in Language Learning (STILL)*, 37-40.

Cao, W. & Zhang, J. (2008) Tone-3 accent realization in short Chinese sentences. *Tsinghua Science and Technology*, 13(4): 533-539.

Chao, Y. R. (1968) *A Grammar of Spoken Chinese*. Berkeley and Los Angeles: University of California Press.

Chen, N. F., Tong, R., Wee, D., Lee, P., Ma, B. & Li, H. (2015) iCALL corpus: Mandarin Chinese spoken by non-native speakers of European descent. *INTERSPEECH*, 324-328.

Chen, N. F., Wee, D., Tong, R., Ma, B. & Li, H. (2016) Large-scale characterization of non-native Mandarin Chinese spoken by speakers of European origin: Analysis on iCALL. *Speech Communication*, 84: 46-56.

Corder, S. P. (1967) The significance of learner's errors. *IRAL: International Review of Applied Linguistics in Language Teaching*, 5(4): 161-170.

Corder, S. P. (1971) Describing the language learner's language. In G. E. Perren (Ed.), *CILT Reports and Papers 6*, 57-64. Centre for Information on Language Teaching.

Corder, S. P. (1973) The elicitation of interlanguage. In J. Svartvik (Ed.), *Errata: Papers in Error Analysis*, 36-48. Lund, Sweden: Gleerup Publishers.

Corder, S. P. (1974) Error analysis and remedial teaching. https://xueshu.baidu.com/

usercenter/paper/show?paperid=deef68aae4cbe59c0d66c36141656f47&site=xueshu_se.

Dagneaux, E., Denness, S. & Granger, S. (1998) Computer-aided error analysis. *System*, 26(2): 163-174.

Duan, R., Kawahara, T., Dantsuji, M. & Zhang, J. (2017) Articulatory modeling for pronunciation error detection without non-native training data based on DNN transfer learning. *IEICE Transactions on Information and Systems*, 100(9): 2174-2182.

Dulay, H., Burt, M. & Krashen, S. (1982) *Language Two*. New York: Oxford University Press.

Ellis, N. C., Simpson-Vlach, R. & Maynard, C. (2008) Formulaic language in native and second language speakers: Psycholinguistics, corpus linguistics, and TESOL. *TESOL Quarterly*, 42(3): 375-396.

Ellis, R. (1994) *The Study of Second Language Acquisition*. Oxford: Oxford University Press.

Ellis, R. (2015) *Understanding Second Language Acquisition* (2nd Edition). Oxford: Oxford University Press.

Granger, S. (1997) Automated retrieval of passives from native and learner corpora: Precision and recall. *Journal of English Linguistics*, 25(4): 365-374.

Granger, S. (2004) Computer learner corpus research: Current status and future prospects. In U. Connor & T. A. Upton (Eds.), *Applied Corpus Linguistics: A Multidimensional Perspective*, 123-145. Amsterdam & Atlanta: Rodopi.

Granger, S., Gilquin, G. & Meunier, F. (2015) *The Cambridge Handbook of Learner Corpus Research*. Cambridge: Cambridge University Press.

Granger, S. & Meunier, F. (1994) Towards a grammar checker for learners of English. In U. Fries, G. Tottie & P. Schneider (Eds.), *Creating and Using*

English Language Corpora: Papers from the Fourteenth International Conference on English Language Research on Computerized Corpora, 79-91. Amsterdam & Atlanta: Rodopi.

Gruhn, R., Markov, K. & Nakamura, S. (2004) A statistical lexicon for non-native speech recognition. *INTERSPEECH*, 1497-1500.

Gut, U. & Seminar, E. (2004) The LeaP corpus. http://wwwhomes.uni-bielefeld.de/~gibbon/Docs/LeapCorpus_Manual.pdf.

Hincks, R. (2002) Speech recognition for language teaching and evaluation: A study of existing commercial products. *Proceedings of the 7th International Conference on Spoken Language Processing (ICSLP)*, 733-736.

Hönig, F., Batliner, A., Weilhammer, K. & Nöth, E. (2009) Islands of failure: Employing word accent information for pronunciation quality assessment of English L2 learners. *ISCA Workshop on Speech and Language Technology in Education (SLaTE)*, 41-44.

Hua, C., Qiufang, W. & Aijun, L. (2008) A learner corpus—ESCCL. *Proceedings of the Speech Prosody Conference*, 155-158.

Hunston, S.（2006）《应用语言学中的语料库》（*Corpora in Applied Linguistics*），北京：世界图书出版公司.

Isahara, H., Saiga, T. & Izumi, E. (2001) The TAO speech corpus of Japanese learners of English. *Proc. ICAME*.

Leech, G. (1993) Corpus annotation schemes. *Literary and Linguistic Computing*, 8(4): 275-281.

Li, A. (2002) Chinese prosody and prosodic labeling of spontaneous speech. http://sprosig.org/sp2002/pdf/aijun.pdf.

McCowan, I., Carletta, J., Kraaij, W., Ashby, S., Bourban, S., Flynn, M., Guillemot, M., Hain, T., Kadlec, J., Karaiskos, V., Kronenthal, M., Lathoud, G.,

Lincoln, M., Lisowska, A., Post, W., Reidsma, D. & Wellner, P. (2005) The AMI meeting corpus. *Proceedings of Measuring Behavior 2005, 5th International Conference on Methods and Techniques in Behavioral Research*, 137-140.

Meng, H., Lo, Y. Y., Wang, L. & Lau, W. Y. (2007) Deriving salient learners' mispronunciations from cross-language phonological comparisons. *2007 IEEE Workshop on Automatic Speech Recognition & Understanding (ASRU)*, 437-442.

Menzel, W., Atwell, E., Bonaventura, P., Herron, D., Howarth, P., Morton, R. & Souter, C. (2000) The ISLE corpus of non-native spoken English. *Proceedings of Language Resources and Evaluation Conference (LREC)*, 2: 957-964.

Meunier, F. (1998) Computer tools for interlanguage analysis: A critical approach. In S. Granger (Ed.), *Learner English on Computer*, 19-37. London & New York: Addison Wesley Longman.

Meunier, F. (2000) A computer corpus linguistics approach to interlanguage grammar: Noun phrase complexity in advanced learner writing. Ph.D. dissertation, Université Catholique de Louvain.

Milton, J. (1994) A corpus-based online grammar and writing tool for EFL learners: A report on work in progress. In A. Wilson & T. McEnery (Eds.), *Corpora in Language Education and Research*, 65-77. Unit for Computer Research on the English Language, Lancaster University.

Minematsu, N., Tomiyama, Y., Yoshimoto, K., Shimizu, K., Nakagawa, S., Dantsuji, M. & Makino, S. (2004) Development of English speech database read by Japanese to support CALL research. *Proc. ICA*, 1: 557-560.

Nemser, W. (1971) Approximative systems of foreign language learners. *IRAL:*

International Review of Applied Linguistics in Language Teaching, 9(2): 115-124.

Nishina, K., Yoshimura, Y., Saita, I., Takai, Y., Maekawa, K., Minematsu, N., Nakagawa, S., Makino, S. & Dantsuji, M. (2004) Development of Japanese speech database read by non-native speakers for constructing CALL system. *Proc. ICA*, 1: 561-564.

Raab, M., Gruhn, R. & Noeth, E. (2007) Non-native speech databases. *2007 IEEE Workshop on Automatic Speech Recognition & Understanding (ASRU)*, 413-418.

Rhee, S.-C., Lee, S.-H., Kang, S.-K. & Lee, Y.-J. (2004) Design and construction of Korean-spoken English corpus (K-SEC). *INTERSPEECH*, 2769-2772.

Richards, J. C. (1971) Error analysis and second language strategies. *Language Science*, 17: 12-22.

Schaden, S. & Jekosch, U. (2006) "Casselberveetovallarga" and other unpronounceable places: The CrossTowns Corpus. *Proceedings of the Fifth International Conference on Language Resources and Evaluation (LREC)*, 993-998.

Schmidt, R. W. (1983) Interaction, acculturation, and the acquisition of communicative competence: A case study of an adult. *Sociolinguistics and Language Acquisition*, 137-174.

Schumann, J. H. (1978) *The Pidginization Process: A Model for Second Language Acquisition*. Rowley, Mass: Newbury House Publishers.

Segura, J. C., Ehrette, T., Potamianos, A., Fohr, D., Illina, I., Breton, P.-A., Clot, V., Gemello, R., Matassoni, M. & Maragos, P. (2007) The HIWIRE database, a noisy and non-native English speech corpus for cockpit communication.

Selinker, L. (1972) Interlanguage. *IRAL: International Review of Applied*

Linguistics in Language Teaching, 10(3): 209-231.

Tomokiyo, L. M. & Waibel, A. (2001) Adaptation methods for non-native speech. *Proceedings of Multilinguality in Spoken Language Processing.*

Tono, Y., Kaneko, T., Isahara, H., Izumi, E., Saiga, T. & Kaneko, E. (2001) Developing a one million word spoken EFL learner corpus. *Proceedings of the JALT*, 871-880.

Tseng, C.-Y. & Visceglia, T. (2010) AESOP (Asian English Speech Corpus Project) and TWNAESOP. *2010 International Conference and Workshop on TEFL & Applied Linguistics*, 41-50.

第四章 中介语发音数据的制作和标注

本研究所使用的中介语语音库,不仅用于听辨实验和自动偏误的验证与测试,还用于训练发音偏误自动检测模型。现有的中介语语音库往往规模较小,或者只针对特定语句的教学研究,没有考虑到文本中音素的全面性、文本量和难度的要求,没有考虑到录音规模要能够覆盖较多的语言背景。针对这些问题,本研究专门设计并录制、标注了大规模的北京语言大学汉语普通话103句语音库(BLCU-SAIT语音库)。

4.1 汉语中介语语音库发音数据的文本

由于语料库的内容范围决定研究问题的种类和研究结果的普适性(Biber, 2012),在建设语料库之前,做好文本设计,即计划好语料库打算覆盖什么内容至关重要。已经建成的中介语语音库不是简单地将学习者的音频样本集合在一起,而是力图展现学习者在某个或多个方面的语音特征和语音变异的范围。比如,香港中文大学的CU-CHLOE(Meng et al., 2007)主要关注英语学习者的音段问题,比勒费尔德大学的德语/英语中介语语音库LeaP(Gut & Seminar, 2004)重点关注学习者的韵律问题,台湾"中央研究院"的亚洲英语语音库资料AESOP(Tseng & Visceglia, 2010)则两方面都关注(王玮、张劲松,2019)。

在二语语音习得领域,学者关注的语音层级和现象越来越丰富:从音素、词、短语（Teixeira et al.，1997）到句子、篇章（Menzel et al.，2000），从音段、超音段到节奏、停顿等韵律现象（Tseng & Visceglia，2010），从语音产出的正确度（Meng et al.，2007）到自然度（Gut，2007；Tseng & Visceglia，2010），从单一母语背景到多种母语背景（Wang & Lee，2012；Chen et al.，2015）。汉语作为二语的语音习得研究虽然还没有这么丰富，但如果按照以上的内容要求来设计，则语音库必将更好地满足汉语语音习得的发展需求。除此之外，文本设计还应结合汉语语音系统的特点。汉语是典型的声调语言，从汉语语音特点出发，声调便是需要特别关注的语音现象。目前学者们不仅研究学习者在单音节层级的孤立声调（Lin，2005；边卫花、曹文，2007；李倩、曹文，2007；王韫佳、邓丹，2009；金哲俊，2014）、双音节层级的声调组合（王功平等，2009；Zou et al.，2012；Ding，2012；Chun et al.，2015），而且也关注连续语流层级的声调（Guo & Tao，2008；严彦，2010；刘艺，2014）、韵律（陈默，2013），以及连续语流中的声调与其左右音节声调之间的关系（Zhang & Nakamura，2008）。

要包含上述各类研究的关注点，汉语中介语语音库文本应涵盖汉语语音系统中的各个层级以及各种语音要素。下面将具体介绍文本设计思想。

4.1.1　汉语中介语语音库文本设计要求

基于前文所述汉语语音习得研究和 CAPT 的需求，汉语中介语语音库文本设计应考虑以下五个方面的要求（王玮、张劲松，2019）。

（1）孤立语音环境下的语音要素

对于初学者而言，"字"音是汉语语音学习的基础（林焘，1996）。在初期就直接训练如何在语流中感知和产出某个声调、某个声韵母组合等是不现实的，跟其他的技能训练一样，汉语语音习得也需要一个由分解到综合的过程（程棠，1996）。对于汉语初学者而言，先学好孤立环境下的声、韵、调是熟悉汉语语音的入门课，是学习语流音变的基础。因此，汉语中介语语音库首先要关注孤立语音环境下的声、韵、调。

（2）语流音变

从上世纪 70 年代起，学者们开始认识到"字音"的准确产出无法直接保证语流产出的自然流畅，于是开始重视语流教学法（程棠，1996）。学者们不仅从理论上阐释了语流教学的重要性（赵贤州、李卫民，1990），还在对外汉语教材的编写中加入了语流中的语音学习环节。但在实际教学中，语流教学仍然是汉语语音教学中最薄弱的环节（林焘，1996；鲁健骥，2010）。其主要原因可能是：语流中各音节的声学表现并不是各种语音单元（如音素、音节或词）简单机械的串列，而是按照一定的规则结合和变化的有机体系。在这个体系里，各个相邻语音单元之间由于协同发音的作用而相互套叠，彼此渗透，从而形成了语音的种种环境变化（曹剑芬，1996）。这种环境音变复杂多样，增加了语流中各种语音现象的研究难度，进而影响了语流教学。因此，汉语中介语语音库必须关注语流层级的音变现象，即一个语音要素与其相邻语音单元之间的关系。

（3）语调

汉语声调的音高实现除受到相邻声调的影响之外，也受到语调调节的影响（沈炯，1995）。对于汉语学习者而言，要想从根本上解决"洋腔洋调"的问题，不仅要了解不同语音环境下声调间协同发音的现象，也要了解不同语调调节下声调的表现。另外，汉语语调具有不同于非声调语言的特征，一方面，它与声调相互影响；另一方面，它又具有自己独立的音高系统（沈炯，1995），而这也是外国学生汉语语音学习的难点。因此，在设计文本时，涉及一些教学常用的语调是有必要的。

（4）文本量

语料库录制费时费力。录音时长过长，一来会消耗发音人和监听人的精力与耐心，不利于保证录音质量；二来会增加单位发音人的时间、费用等成本，导致同样预算下可采集的发音人数量减少、语音库规模缩水。控制文本量就相当于控制成本，因此，设计冗余度低的发音文本相当关键。发音人朗读适量的语句，不仅能保证录音质量的稳定，还可以节省录音及后期标注的成本，在预算不变的情况下，可以获得更多的发音样本和标注数据。

（5）难度

中介语语音库的主要采集对象为外国留学生，他们对文本的理解程度会影响其语音产出的准确性。因此，为得到发音人最真实的语音表现，不论哪种单位层级的录音文本都不应包含过于复杂的汉字、词汇、语法等内容，以保证汉语初学者能够认读和理解大部分内容。另外，由于留学生学习的是汉语普通话，还需要保证文本所覆盖的语音现象是汉语普通话中存在的，而不是方言里独有的现象。

4.1.2 汉语中介语语音库文本设计思想

BLCU-SAIT 语音库由北京语言大学（BLCU）智能语音习得实验室（SAIT）建设，其录音文本包括单音节、双音节、句子、短文四个层级，各层级相互独立。该语音库的研发旨在满足面向各项研究需求的语音库构建目标，根据目标设计出既关注孤立的语音环境也关注语流环境，既覆盖各类音段也覆盖声调、调联、韵律短语、语调等超音段现象的中介语语音语料库的录音文本（王玮、张劲松，2019）。

下面以 BLCU-SAIT 语音库为例，对其文本设计思想进行介绍。

（1）句子

句子文本的主要关注点通过两个子文本来实现：一是音韵丰富的子文本，主要覆盖带停顿信息的声调音子组合和声韵母；二是同文异焦的子文本，主要覆盖上述语调及不同焦点。两个子文本的具体设计思想如下。

首先，自动搜索录音文本。为满足以最小句子集合覆盖最丰富声调音子组合、兼顾停顿现象、文本难易适中、选出整句浊音的句子等条件，我们选择了 13 本对外汉语教材，将其作为母语料库，然后通过程序给母语料库中的每句话做自动韵律切分，再辅以人工检查，最后借助计算机算法从带韵律边界的母语料库中自动搜索句子（Wu et al., 2016），搜索采用的是优化后的 least-to-most-ordered 贪心算法（Zhang & Nakamura，2008）。对于母语料库中未覆盖到的少量音子组合，我们又分别从一个电视访谈语料库和一个 2011 年的人民日报语料库中搜索得到。搜索出的句子分为三种：普通陈述句、声母全为浊音的陈述句及全句声调一致的陈述句。这些句子是音韵丰富的子文本，覆盖了所有声调音子组合。

其次，人工检查文本。程序给出的韵律边界不一定准确，需要人工检查，一旦发现不准确的韵律边界，就要取消该边界覆盖的目标音子组合，然后从母语料库中重新搜索具有该目标音子组合的句子。这一过程要重复多次，直到所有目标音子组合都被覆盖。其后在不影响边界的情况下，对过于短小的句子进行人工合并，使句子的总体数量减少到最低。

最后，人工补充句型。计算机自动搜索出的音韵丰富的句子均为无焦点的陈述句，我们选用其中全句声调一致的句子，将其作为基础，变换句型和焦点。变换的句型有疑问句和感叹句两种，每种句型中的句子再分为焦点位置不同的同文异焦句。比如，将全阴平的陈述句"今天星期一"转换为疑问句"今天星期一？"和感叹句"今天星期一！"，再给这三句话分别设计位置不同的焦点，形成同文异焦句"今天星期一。""今天星期一。""今天星期一？""今天星期一？""今天星期一！""今天星期一！"。转换后的句子集合构成同文异焦的子文本。

（2）单音节

首先，统计声韵母组合数量。《现代汉语词典》（第 6 版）音节表中普通话的声韵母组合共有 414 个，除去使用频率不高的（如"ê、m"等），共计 407 个。

其次，确定带调音节。在 407 个声韵母组合中，只有约 44% 的组合四个声调都齐全。为排除音段对声调的影响，声调相关实验常常将音段作为控制因素，使音节声调不同而音段保持一致。虽然可以从自然音节中选择四个声调都齐全的带调音节，但若继续研究多种音段对声调的不同影响，便无法从自然音节中得到足量的四声齐全的声韵母组合。为避免这种情况，BLCU-SAIT 语音库的解决方法是：为缺失某个声调的声韵母组合补充该声调，使该组合声调平衡。声调不全的声韵母组合大多数只缺失 1—2 个声调，从现实意义考虑，不为缺失三个声调的组合配齐四声，比如，"kuo"这种声韵母组合只有四声"kuò"这个自然的带调音节，所以字表中不会出现"kuō、kuó、kuǒ"三种非自然带调音节。

最后，匹配汉字。录音文本最后以汉字的形式呈现，为控制难度，每个音节优先匹配 HSK 一至六级词汇表中的汉字，若词汇表中有多个汉字可与该音节相对应，则选择其中级别最低的。

（3）双音节

首先，确定声调组合类型。双音节声调组合覆盖 16 种声调基本搭配，如：T1+T1、T1+T2……T4+T4，也包含四声与轻声的 4 种搭配，如 T1+T5 等，共计 20 种声调组合。

其次，确定拟覆盖的音段。在 20 种声调组合内部实现声母、韵母的全面覆盖。若像单音节一样保证每种声调组合下都有相同种类的音段，则双音节数量将过于庞大。因此双音节文本重点关注声调组合的全面性，兼顾汉语语音系统中的所有声韵母，以保证声母和韵母方面普遍存在的学习难点（如"ü、e"等）能被全面覆盖。同时，该语音库也尽量让鼻音韵尾、送气音、不送气音、介音等汉语语音系统中较为独特的音段现象相对丰富一些，也就是使这些语音现象出现在尽可能多的声调组合下。

再次，初选词语。将 HSK 六级词汇表作为来源，从中选择符合以上条件的双音节词语。若六级词汇表中没有符合条件的词语，则从其他文本语料库中选取。

最后，控制频次。初选出的词语声调组合出现频率差异很大，比如，T4+T4 出现频率最高，T2+T3 出现频率最低。这就意味着，假如不做控制，所选的 100 个词语中可能有 15 个都是"去声＋去声"，只有 3 个是

"阳平+上声"。为保证每种声调组合类型在后期研究中都有相对充足的样本，该语音库控制了频次分布，使每种声调组合之下的词语数量都在15个左右。

（4）短文

短文拟作为资料库的储备，因此没有做特别的设计，选择的是大多数语音库采用的文章《北风和太阳》。

4.1.3 汉语中介语语音库文本设计重点

以 BLCU-SAIT 语音库为例，该语音库录音文本包括单音节、双音节、句子、短文四个部分。句子部分由声韵丰富的103句和同文异焦的35句组成：103句选自对外汉语教材，全面覆盖带边界信息的声调音子组合，且声韵母组合种类达到95%；35句改编自103句中的四个同声调句，对疑问和感叹语气及不同位置的焦点进行了覆盖。可以说，句子部分较好地实现了"以最少的发音任务涵盖最全面的语音现象，并控制好文本难度"的设计目标。在孤立语境的文本中，单音节部分共有1520个带调音节，其中92%的声韵母组合种类四声齐全；作为语流中基本节奏单元的双音节部分共有284个词语，覆盖了所有20种包括轻声在内的声调组合，同时兼顾声母、韵母的全覆盖。双音节关注孤立语境下汉语基本语音要素的全面覆盖，短文直接采用了传统语音语料库中的常用文章，而句子文本是该语音库重点设计的部分（王玮、张劲松，2019）。句子文本的主要关注点如下。

（1）声调音子组合

目前语音学界和言语工程学界普遍采用双音子或三音子（曹剑芬，1996）来反映随环境而变的语音现象。"三音子"考虑一个音子左右两边的语音环境（Lee et al., 1990），它包括音子本身及与它左右相邻的音子之间的过渡段。汉语普通话音段中，三音子组合数量庞大（Zhang & Nakamura, 2008），不可能在有限的句子数量下全面覆盖，而且语流中的声调是汉语语音教学中的难点，也是导致汉语学习者发音"洋腔洋调"的原因（林焘，

1996）。因此该语音库目前只关注声调音子组合，包括声调三音子和双音子。

声调三音子就是三个相邻音节声调的组合形式，它包含了传统的三字调，但更关注中间的核心声调与其左右两边声调的组合。例如"T3T4T1（打印机）"中间的核心声调T4同时受到左边声调T3和右边声调T1的影响，三者共同组成一个三音子组合。若将轻声也包含在内，汉语普通话中的三音子组合理论上有125类。声调双音子是两个相邻音节声调的组合形式，以左边音节为核心声调与以右边音节为核心声调的双音子各有25个，再加上包含轻声在内的5个孤立声调和上述125个三音子，声调的音子组合理论上一共有180种。

（2）停顿

在语流中，只考虑声调三音子组合种类不足以覆盖所有的语音动态变化，停顿也是需要考虑的重要韵律现象。停顿的位置及实现方式会体现出话语的韵律结构，进而影响话语意义的传达和理解（熊子瑜、林茂灿，2001）。对于汉语学习者而言，学会在正确的位置以恰当的方式停顿是掌握汉语韵律表达、减少"洋腔洋调"的重要途径。因此，BLCU-SAIT语音库不仅关注声调音子组合种类的全面性，也关注组合间的停顿现象。例如：若不考虑停顿，"老板不回来（T3T3T4T2T2）"这句话的三音子组合种类有"T3T3T4、T3T4T2、T4T2T2"三种，其中"T3T3T4（老板不）"表示中间的T3同时受到左边T3和右边T4的影响。而在实际话语中，"老板"和"不"分属于不同的韵律短语，它们之间有短暂停顿，即此处T3的右边不是T4，而是由停顿带来的静音段。因此，这句话的声调音子组合实际上是"T3T3（老板）、T4T2T2（不回来）"两种。可见，若不考虑停顿，将"老板不"作为"T3T3T4"组合的采样点，则不符合话语的实际产出，将使文本遗漏真正的"T3T3T4"组合。因此，在设计文本时考虑停顿可以更加全面、准确地收集到各种声调音子组合。同时，由于三音子组合前后都有停顿，因此无须再额外设计单独的三字调文本。

（3）焦点和语调

句子主要由无焦点陈述句组成。为便于研究者深入研究学习者的"洋腔洋调"问题，句子文本涉及教学中常见的语气语调和焦点重音。语气语调通过增加疑问句和感叹句两种句型实现，焦点重音以"同文异焦"（曹文，2010）形式展现。

（4）整句浊音和同声调句

部分韵律研究中，需要整句话的基频曲线连贯、无间断（Fujisaki，2004），即句中每个音节都必须是全浊音。要满足此类研究，需设计每个音节都是浊音声母或零声母的句子。另外，教学中常通过同声调的句子训练学生对汉语声调的感知和产出，因此，文本中包含每个音节都是相同声调的句子也是必要的，而且这种句子最好还能包含不同组合类型的上声变调。

虽然通过对录音文本的统计，可以看出各种语音现象的覆盖情况已达到预期效果，但在控制文本规模的前提下，覆盖每一层级的每一种语音现象还不现实，一定存在未来研究需要但文本未涵盖到的语音现象，比如儿化韵等。在今后的研究工作中，我们可能还需要根据新的需求设计、补充文本，推动 BLCU-SAIT 语音库发挥其最大效用。

4.1.4　汉语中介语语音库文本声韵调统计

王玮、张劲松（2019）以 BLCU-SAIT 语音库为例，对其文本声韵调进行了统计和介绍。

1. 句子

（1）音韵丰富的 103 句

通过算法自动搜索得到的句子，经人工检查及合并后，共计 103 个。以往语料库文本多采用人工造句的方法，而 301 句语音库是迄今为止我们能够查阅到的经过专门设计的最大的汉语中介语语音语料库。我们将 BLCU-SAIT 的句子集合与 301 句语音库的句子集合以及汉语语音系统进行对比，结果如表 4.1 所示。

表 4.1　BLCU-SAIT 语音库与 301 句语音库句子文本对比

语音库/语音系统	句子数	总字数	平均句长	声韵母搭配类型（种）	声调音子组合（种）
BLCU-SAIT	103	1521	11 个字	398	174
301 句语音库	301	2639	8 个字	245	81
汉语语音系统	—	—	—	414	180

BLCU-SAIT 语音库中句子的数量比 301 句语音库中句子的数量大概少三分之二，且难度适中。这 103 个句子覆盖了 97% 的声调音子组合，而未覆盖到的声调音子组合多为轻声起始的组合，如"T5T1、T5T2"等。除声调外，句子文本还兼顾了音段信息，覆盖了汉语语音系统中所有的声母、韵母及 95% 的声韵母搭配类型。根据"Chinese Text Computing"（https://lingua.mtsu.edu/chinese-computing/）的数据，未覆盖到的声韵母搭配均为不常见类型，即"chua、chuo、dei、den、dia、ei、eng、kei、miu、nou、qia、rua、shei、tei、wa、zhei"。

这 103 个句子中还包含 2 个整句浊音的句子，以及 4 个全句声调相同的句子，如表 4.2 所示。103 句均为陈述句。

表 4.2　句子文本中的不同句型

句型	来源	数量	例句
陈述句（异声调）	计算机算法（共 103 句）	97	周末我陪他去长城了。
陈述句（浊音声母全）		2	我们要因人而异。
无焦点陈述句（同声调）		4	今天星期一。男同学回答。

（2）同文异焦的 35 句

人工补充的句子共计 35 个。其中无焦点疑问和无焦点感叹是以同声调的 4 个句子为基础新增的 2 种语气，每种语气包含同样的 4 个同声调句。附加焦点之后，陈述句、疑问句、感叹句 3 种句型中，每种有 9 个位置不同的同文异焦句，其中全上声句有 3 种焦点，全阴平、全阳平、全去声句均有 2 种焦点。具体示例见表 4.3：

表 4.3　句子文本中的同文异焦句

同文异焦句	来源	数量	例句
无焦点疑问句	人工造句（共 35 句）	4	今天星期一？男同学回答？
无焦点感叹句		4	今天星期一！男同学回答！
焦点不同的陈述句		9	今天星期一。今天星期一。
焦点不同的疑问句		9	男同学回答？男同学回答？
焦点不同的感叹句		9	我买五把伞！我买五把伞！我买五把伞！

2. 单音节

单音节部分，我们将其与汉语语音系统中的声韵母搭配类型等进行对比，结果如表 4.4 所示。单音节文本包括 1520 个带调音节，覆盖了汉语语音系统中 98% 的声韵母搭配类型。汉语语音系统中只有 44% 的声韵母搭配四声齐全，而通过补齐声调，我们选择的 407 种声韵母搭配类型中四声齐全的达到了 92%。在所有 1520 个单音节中，16% 属于增加了声调的非自然音节（无汉字），其余 84% 是自然音节，自然音节中所配汉字 84% 来自 HSK 一至六级。

表 4.4　单音节语音现象覆盖情况

文本 / 系统	音节总数	声韵母搭配类型	四声齐全搭配	非自然音节	HSK 一至六级包含的汉字
单音节文本	1520	407	373	246	1071
汉语语音系统	1279	414	181	—	—

3. 双音节

双音节部分，我们统计了文本中声韵调的覆盖情况：双音节文本共有 284 个词语，覆盖了普通话的 21 个声母、37 个韵母（"ê、ueng" 除外）和 20 种声调组合（具体组合类型见表 4.5）。其中带轻声的 4 种声调组合共有

47个词语，其他16种声调组合共有237个词语。在音段方面，包含带送气音、介音、鼻音的词语共计80个。另外，所有20种声调组合中都含有4个末音节声母为不送气清塞音的词语，共计80个。为控制难度，86%的双音节词语来自HSK六级词汇。

表4.5 双音节声调组合情况

声调组合	词语数量	声调组合	词语数量	声调组合	词语数量	声调组合	词语数量
T1+T1	13	T2+T1	14	T3+T1	16	T4+T1	14
T1+T2	16	T2+T2	18	T3+T2	15	T4+T2	14
T1+T3	16	T2+T3	13	T3+T3	13	T4+T3	14
T1+T4	15	T2+T4	17	T3+T4	15	T4+T4	14
T1+轻声	12	T2+轻声	12	T3+轻声	11	T4+轻声	12

4. 短文

虽然短文没有特别设计，但我们也对短文中包含的重要语音现象做了统计，结果见表4.6。其中双音节声调组合缺失的类型为：T2+T2、T2+T3、T3+T3。

表4.6 短文中的语音现象

篇名	句子数	总字数	平均句长	声调组合（种）	声韵母搭配类型（种）	声调音子组合（种）
北风和太阳	7	143	20.4个字	17	72	67

4.2 汉语中介语语音库语料收集

BLCU-SAIT语音库录音文本收集了来自32种母语背景的二语者和81位母语者的语音数据，共计772位发音人、267个小时。

4.2.1 录音条件

该语料库有两个录音点：一个为北京语言大学录音点，使用M-Audio M-Track 二代款USB独立声卡；另一个为新疆大学录音点，使用PreSonus

AudioBox iTwo 独立声卡。两个录音点均使用舒尔 SM58S 有线麦克风，录音在录音室内进行。

4.2.2 录音过程

录音文本共有单音节、双音节、句子、短文四类。为了控制文本难度、音序、熟悉程度等可能对发音人带来的影响，我们对每一类录音文本进行了随机化处理。其中单音节文本由于数量巨大，录音时会随机分配五个子文本。为提高效率，每个发音人在单音节部分只读其中一个子文本。

录音之前，发音人需要在 Excel 表格中填写个人信息，主要包括：姓名、年龄、性别、国籍、母语、教育背景、学习汉语起始时间、汉语水平等等。同时表格中还收集了录音日期、录音地点、监听人，以及监听人对发音人汉语水平的主观评价等方面的信息。

录音过程中，根据发音人的发音水平来决定其所读文本类型。中级和高级水平的发音者完成所有四类录音文本的录音，初学者完成单音节和双音节两类的录音。每种文本均以汉字和拼音两种形式同时呈现。母语者完成所有四类录音文本的录制需要花费 30—45 分钟，二语者需要花费 45—90 分钟。每个发音人的完整发音过程都由专门的监听人员监听，以避免录制到不属于偏误范畴的错误发音，同时，发音人如果虽未读错音，但对自己的发音不够满意，也可以要求监听人重新帮其采样。每种录音文本发音结束后，监听人均会根据发音人的需求安排适量休息时间。

4.2.3 音频质量

语料库分两期录制。一期库以 Recorder 作为录音软件，单声道录音，音频保存格式为 pcm，采样率 16000Hz，量化精度 16 位，信噪比 55dB 左右；二期库使用社科院的 xRecorder 录制，单声道录音，音频保存格式为 wav，采样率 22050Hz，量化精度 16 位，信噪比 60dB 左右。

4.2.4 发音人情况

一期库收集到 302 位二语者、52 位母语者的语音数据，二期库收集到

389位二语者、29位母语者的语音数据。两期共收集到772位发音人的语音数据（有38%的数据从新疆大学录音点采集），其中二语者691人，母语者81人。691位二语者中，女性425人，占62%，男性266人，占38%；81位母语者中，女性48人，占59%，男性33人，占41%。

691位二语发音人来自36个国家、32种语言背景，覆盖了16个语族。从语系看，二语者语言背景的分布情况如图4.1所示：

图4.1 二语者的语系分布情况

虽然覆盖的语言背景较广，但由于一、二期语料库构建时未刻意平衡不同语言背景的人数，32种语言背景中有21种人数低于10，其余11种语言背景的人数分布情况如图4.2所示：

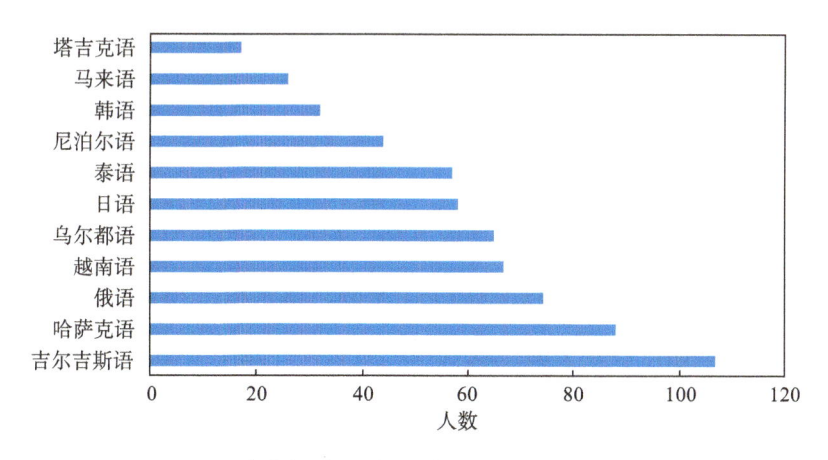

图4.2 人数超过10的11种语言背景人数分布情况

4.2.5 时长统计

限于发音人的发音水平和录音状态,有的发音人并未录制所有单音节、双音节、句子、短文四类发音文本。根据发音文本类型统计,772位发音人中,单音节有30人未参与录制,双音节有19人,短文有45人。如前文所述,句子部分包括两个文本,句子文本1是通过计算机算法所得的103个句子,句子文本2是人工所造的35个关注语调的句子,其中,句子文本1有45人未参与录制,句子文本2由于二期库才开始录制,因此只采集到398人的语音数据。

四类文本有效录音时长的预估分布情况如图4.3所示。总时长约为267个小时,其中句子时长为133个小时,为语料库中数据最充足的一类。

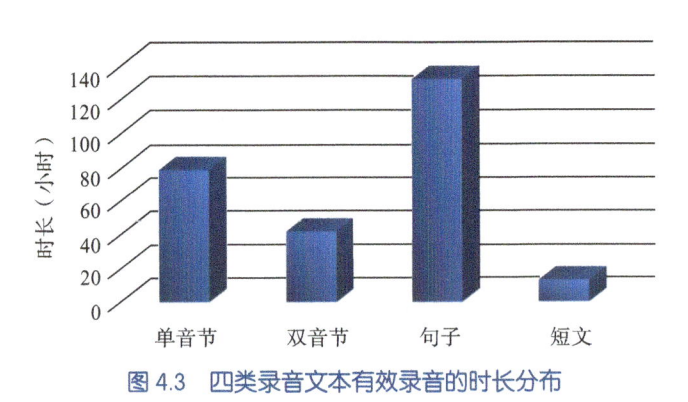

图4.3 四类录音文本有效录音的时长分布

4.3 汉语中介语语音库发音数据标注

4.3.1 语音库数据标注

语音库语料收集结束后,最重要的工作之一便是"标注"。标注通常是指对语料库中的原始语料进行加工(崔刚、盛永梅,2000)、添加解释性语言信息(Leech,1997)的实践过程。偏误标注是中介语语音库标注类型中的一类,即将学习者发音中存在的偏误信息添加到语料库中(Rehbein et al.,2012;Rastelli,2013)。通过偏误标注,研究者可以根据研究目的进行排序、分类、比较和统计等各种灵活操作(梁茂成,2009)。对于CAPT系统来说，标注数据相当于来自人类的指导，足够多的标注数据集可以协助计算机训练模型和评估算法，以便准确地识别学习者的发音错误并给出教学反馈（Hawksley，2008；Pustejovsky & Stubbs，2012；Ide & Pustejovsky，2017）。

不同于在音段质量、韵律表现、流利度等方面进行的等级打分式标注（Eskenazi，2009；Peabody，2011），语音偏误标注不是对句子整体或词语整体的良好程度进行粗略评价，而是在更小的语音单位层级上进行具体的细节评价，一般有宽式和严式两种（Ballier & Martin，2015；Gries & Berez，2017）。宽式标注通常是对词语发音的抽象表示，侧重音位层级，仅针对最明显的错误（Doremalen et al.，2013）。例如，给一段句子标出发音错误的词语，这类错误一般是音位层级或更高层级的替换、插入和删除错误（Menzel et al.，2000；Goronzy，2002）。严式标注通常是对学习者发音的精细化描述，侧重音素层级（Gries & Berez，2017），标注者要关注到句子中的每个音段，看它们和母语者的发音是否存在差异，并使用适当的类别描述这些差异，例如，对浊化、清化、后化等偏误现象进行标注（Cao et al.，2010；Carranza，2013）。

一般而言，语音标注主要可以通过以下途径完成：（1）自动标注，利用偏误发音检测技术实现偏误识别和标注（Lüdeling et al.，2015；Shahin et al.，2020）；（2）众包标注，将标注任务公开外包给普通大众（Howe，2006、2008；Oleson et al.，2011）；（3）手工标注，由专家或具有背景知识的专业人士完成（Witt & Young，2000；Méndez et al.，2019）；（4）自动标注和人工标注相结合，例如，先用自动语音识别系统（Automatic Speech Recognition，ASR）对待标注的语音语料进行自动标注，然后再进行人工矫正（章森、华绍和，2007）。自动标注和众包标注均能够大幅提高标注效率，确保任务快速完成（Peabody，2011）。若将这两种方法应用在中介语语音标注上，自动标注可以较好地识别一些音段层级的明显的发音错误（Wei et al., 2009；Doremalen et al., 2013；Strik & Cucchiarini, 2013），众包标注的普通母语者也能够在句子层面或词语层面判断某个发音是否为母语者产出（Loukina et al., 2015；Schaadt et al., 2018），但是对于音位层级或音段层级语音偏误的标注，无论机器（Strik et al., 2009；Carranza et al., 2014；Wei et al., 2017；Li et al., 2019）还是普通母语者（Bonaventura et al., 2000；Peabody & Seneff, 2009；Wang et al., 2018），都很难达到期望的准确度。而语料库规模越大，对标注准确度的要求就越高。因此，中介语语音库偏误标注目前还是以手工标注为主。

语音偏误手工标注被公认为一项费时费力的任务，如在 Peabody & Seneff（2009）的研究中，6 位专家用时近两个月标注了 1700 个句子。有学者认为，由于学习者的语音产出在声学上与母语者有一定差异，标注者感知起来较为模糊，不易判断，因此在决策时会消耗大量时间（Cucchiarini, 1993）。除了时间成本高，在这类任务上，标注者之间的一致性也普遍偏低。例如，Zechner（2009）对学习者词语中的音段进行标注，得到的标注者间一致性在 66%—90% 之间；而就相同的词语音段对母语者的发音进行标注，一致性可达到 95%。可见，中介语语音偏误标注目前仍是一项不易完成的复杂任务，主要表现在效率低和质量差上。这就意味着，建设一个数据规模大且偏误信息标注精细的中介语语音库难度很高，标注任务的复杂性是语音库建设中的一大瓶颈。如果能让计算机自动完成语料库的标注，那么语料库的可拓展性将明显增强；而且随着精确标注语料库的增大，声学模型的效果也能更加明显。

4.3.2 BLCU-SAIT 语音库数据标注

下面以 BLCU-SAIT 语音库为例，介绍语音库数据的具体标注过程。

4.3.2.1 标注人

该语音库共 18 人参加标注，其中 5 人是北京语言大学语音习得实验室的研究生，13 人是新疆大学汉语国际教育专业硕士研究生。每位标注员在机器结果的基础上独立进行标注。每位发音人的整套 284 个双音节词语均需标注三遍，先由两位标注员（随机分配）进行首轮偏误标注，再由第三位标注员针对首轮标注中不一致的偏误进行检查确认，以第三遍偏误标注结果作为最终结果。

4.3.2.2 标注方案

偏误标注方案以 PET 规范（Cao et al., 2010）为主，但在其基础上进行了适当简化，即某个偏误可以用汉语拼音描述则用相应的汉语拼音进行标注，如无法用拼音表示，则使用 PET 符号表示。例如，当词语"爸爸（baba）"听起来像"babe"（介于 a 和 e 之间），则在相应的"a"的位置标"e"；若发音人读为标准的"babe"（尽管这种语音组合在汉语中不存在，但母语者依然能够根据语感知道标准的"be"是什么样的），则在标注结果前加符号"/"，标为"/e"，表示这是一个标准的"e [ɣ^]"；若 a 在舌位上过于后化，则使用 PET 规范中的后化符号，标为"{ - }"。

4.3.2.3 标注过程

标注过程中使用 Praat 语音处理软件。如图 4.4 所示，标注层在第 6 层，前 4 层为正则层，分别是汉字层、音节层、音段层、声调层，第 5 层是机器标注层。也就是说，标注员拿到的材料是机器已经标注过的，标出了哪里有

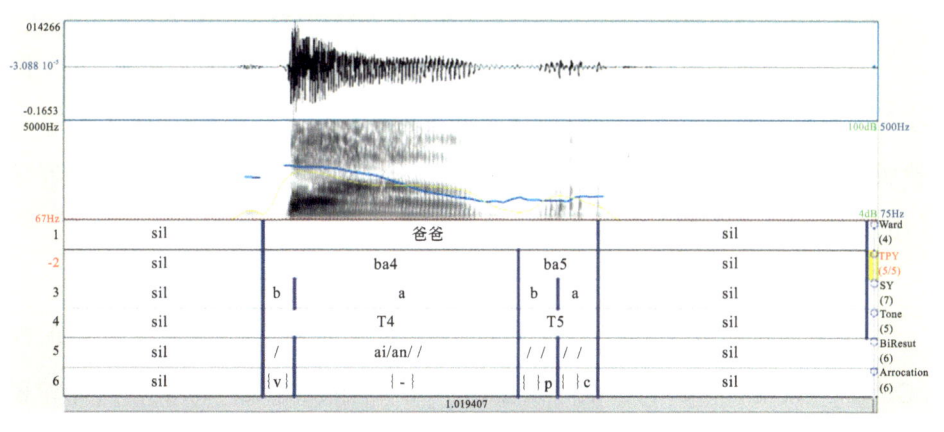

图 4.4　Praat 标注界面示例

错及错误是什么（机器仅使用汉语拼音标注，不使用 PET 符号），标注员再在机器标注结果的基础上进行检查和确认，最终将结果标在第 6 层。无偏误保留 ｛｝括号，拼音符号标在 ｛｝括号之外，PET 符号标在 ｛｝括号内。

4.4　中介语发音数据的自动标注

无论是为了标注语料库还是为了训练更棒的声学模型，自动标注的发展都非常重要。目前，语音语料的自动标注系统一般采用两种方法：第一种方法基于统计模型，主要采用带人工标注信息的语料库；第二种方法基于语言学模型，主要依据语言声学知识总结的先验性规则（朱维彬、张家騄，1996）。

由于自动标注的准确性不如人工标注，为了追求更精确的标注结果，现有的语料库标注无法采用单纯的 ASR 检测方法。基于此原因，我们采用偏误自动检测与人工校对相结合的方法来标注中介语语料库音段层的发音偏误趋势。未标注的语料先由训练好的声学模型检测发音偏误，然后根据计算出的神经网络输出层后验概率大小排序，得到 Top-N 的排序结果，再由标注人核对并生成最终标注（魏星等，2018）。

4.5　自动标注评价指标

目前语料库的标注都需要人工干预，而这是一项主观性较强的工作，标注时标注员一般两两一组，然后比较同组内两位标注员标注结果的一致性。然而我们认为，一致性并不能全面反映标注质量，因此，我们引入了机器学习的评价指标来细致分析标注情况。

4.5.1　一致性评价标准

根据实际的标注情况，标注结果一共有四种，分别是：一致正确（CC）、一致偏误（CM）、不一致偏误（IM）、争议偏误（WM），具体如表 4.7 所示：

表 4.7　标注结果 1

符号	含义
CC	两位标注人均认为发音正确
CM	两位标注人均认为发音偏误，且偏误符号一致
IM	两位标注人均认为发音偏误，但偏误符号不一致
WM	仅有一位标注人认为发音偏误

根据这四种结果，可以计算出标注的一致性：

$$\text{MCR} = \frac{CC+CM}{CC+CM+IM+WM} \quad \text{式 (4-1)}$$

其中，CC 和 CM 两部分的和为一致部分，IM 和 WM 两部分的和则表示不一致部分。

4.5.2　机器学习评价指标

在分析标注结果的过程中，我们发现有些时候虽然标注的一致性非常高，但实际标注效果却并不理想。出现这种现象的原因是，两位标注员会为了提高标注一致性而故意漏标。在这种情况下，虽然标注的一致性非常高，但实际标注出来的偏误数量可能较少。因此，我们引入机器学习的一系列评价指标来细致深入地分析标注结果，主要针对两位标注员都判断为偏误但是偏误符号不同的部分，以及仅有一位标注员判断为偏误而另一位标注员判断为正确发音的部分。

我们引入的机器学习评价指标包括准确率（Precision）、召回率（Recall）、F 值（F measure）等。如前所述，用一致性来评价标注结果不够全面，因此我们将一致性结果 MCR 作为后验概率与 F 值相乘，称作 F1P。根据这几种评价指标，标注结果可分为 TP、FN、FP、TN 四种，具体如表 4.8 所示：

表 4.8　标注结果 2

符号	含义
TP	正确发音标为正确
FN	正确发音标为偏误
FP	偏误发音标为正确
TN	偏误发音标为偏误

根据这四种标注结果，计算准确率、召回率和 F1P 值的公式分别如下：

$$\text{Precision} = \frac{TP}{TP+FP} \quad\quad \text{式 (4-2)}$$

$$\text{Recall} = \frac{TP}{TP+FN} \quad\quad \text{式 (4-3)}$$

$$\text{F1P} = \frac{2*Precision*Recall}{Precision+Recall} * MCR \quad\quad \text{式 (4-4)}$$

除了这三种评价指标以外，还可以采用一个叫作 FPR 的指标，它表示偏误发音被标为正确发音的比率，也就是漏标率，其公式如下：

$$\text{FPR} = \frac{FP}{FP+TN} \quad\quad \text{式 (4-5)}$$

4.6　汉语中介语语音库发音数据偏误

以 BLCU-SAIT 语音库为例，为大致了解一、二期语音库发音人数据的特点，我们先对一小部分数据进行了预分析。在对这部分数据进行音段层级标注的基础上，先标出发音偏误，再对标出的偏误进行初步分析。

4.6.1　偏误率

我们对 156 位发音人共计 177216 个音段标签（156 人 × 284 个词 × 4 个音段）的标注结果进行了初步分析。

以上音段的平均偏误率为 16.6%，即在 284 个双音节词中，平均每个发音人有 16.6% 的汉语音段产出不够标准，出现了发音偏误。这比 iCALL 语料库（Chen et al., 2015）5%的音段偏误率高出11.6%，说明该语料库的标注方案比仅标替换型错误的方案更加细致，也在一定程度上说明标注员在整个标注过程中的态度足够认真负责。

从音段种类上看，声母的平均偏误率为12.9%，韵母的平均偏误率为20.1%。具体到语言背景上，四类不同语言背景发音人的汉语平均偏误率如图4.5所示。从图中可知，日语背景学习者的音段偏误率最高，韩语背景学习者的音段偏误率最低。

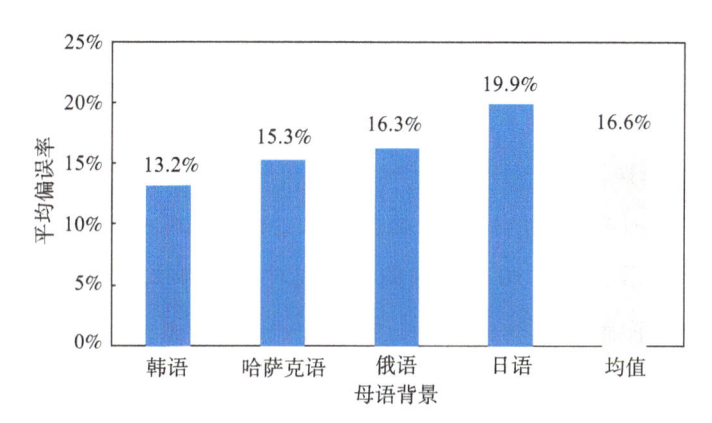

图 4.5　不同母语背景发音人的发音偏误率

为了解学习者较容易发错哪种音段，我们进一步分析了具体声韵母的偏误率，并总结出声韵母中偏误率排名前10的音段，如表4.9所示。从中可以看出，排名前10的韵母中，前9个都是鼻音韵母，只有一个单元音"ü"进入前10且仅排在第10位。偏误率排名前10的声母中包括了汉语中所有6个塞擦音（z—c、zh—ch、j—q）、3个塞音（d—t、p）及1个擦音（r）。

表 4.9　偏误率排名前10的声韵母类型

排名	韵母	偏误率	声母	偏误率
1	ing	43.7%	t	24.9%
2	an	41.3%	q	24.1%
3	en	39.7%	c	23.1%

续表

排名	韵母	偏误率	声母	偏误率
4	in	38.5%	ch	21.6%
5	üan	36.3%	r	20.3%
6	ang	36.0%	j	18.0%
7	un	35.9%	zh	17.0%
8	uan	35.8%	z	14.2%
9	eng	34.8%	d	13.9%
10	ü	32.9%	p	13.5%

4.6.2 偏误类型

为了解学习者如何产出这些易错音段，我们继续对偏误类型做粗略统计。表 4.10 显示的是前 10 位易错韵母中成对鼻音韵母的混淆矩阵，其中红色粗体部分是正确率。

表 4.10 学习者部分鼻音韵母混淆矩阵

韵母	in	ing	an	ang	en	eng	其他
in	**61.5%**	33.9%	0%	0%	0%	0%	4.5%
ing	40.5%	**56.3%**	0%	0%	0%	0%	3.2%
an	0%	0%	**58.7%**	30.9%	0%	0%	10.4%
ang	0%	0%	20.6%	**64.0%**	0%	10.4%	4.9%
en	0%	0%	0%	9.5%	**60.3%**	25.8%	4.4%
eng	0%	0%	0%	8.3%	16.2%	**65.2%**	10.4%

从表 4.10 中可以看出，"ing、an"正确率不足 60%，其余的"en、in、ang、eng"正确率勉强超过 60%。再看混淆情况："in—ing"相互混淆，后鼻音"ing"更容易被产出为前鼻音"in"；"an—ang"相互混淆，但表现稍有不同，前鼻音"an"更容易被产出为后鼻音"ang"，而后鼻音"ang"除

了与"an"混淆外,与后鼻音"eng"也有一定程度的混淆,有10.4%的"ang"被产出为"eng";"en—eng"相互混淆,且两者都在一定程度上与后鼻音"ang"混淆。从这类数据表现来看,学习者除了在前后鼻音的区分上存在困难(朱川,1981、1996;涩谷周二,2005;曹文,2010)外,鼻音韵母中元音部分的产出也存在困难,即无法将鼻音韵母中的元音部分按标准的方式清晰产出。

图4.6显示了偏误率排名前10的非鼻音韵母分别被学习者产出成了什么,其中的"iii"和"ii"分别代表"zh、ch、sh、r"后面的"i"和"z、c、s"后面的"i"。从中可以看出,"ü、o、iii"是学习者产出最困难的三类非鼻音韵母,偏误率均超过了25%。其次是从"ii"至"ou"5个韵母,其偏误率接近,均介于20%—25%之间。最后是"u"和"uo",偏误率在10%—15%之间。图中的第一类偏误产出是指在偏误发音中该韵母被产出最多的类型,例如,韵母"ü"33%的偏误发音中,大部分为像"iou"的发音,其次为像"i"的发音,因此"iou"和"i"是"ü"最常见的错误类型。

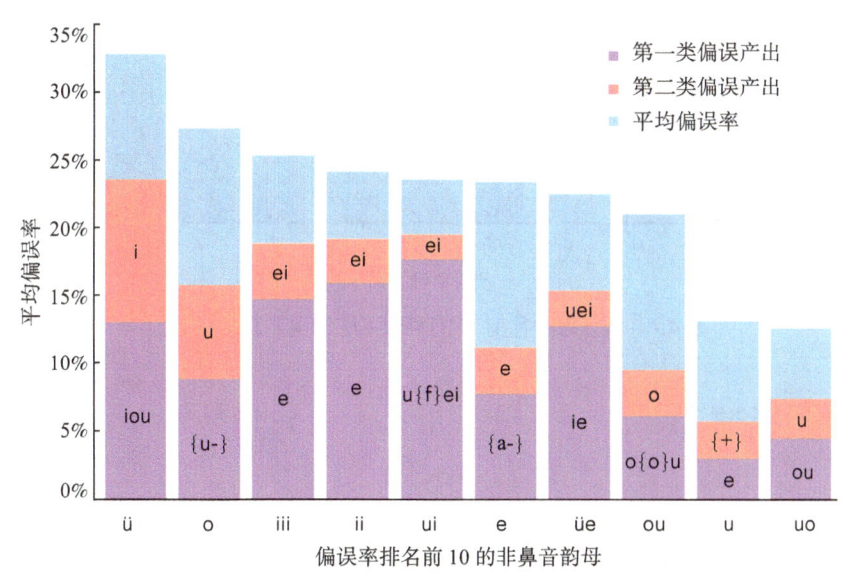

图 4.6　偏误率排名前 10 的非鼻音韵母平均偏误率及偏误类型

图 4.7 显示了偏误率排名前 10 的声母分别被学习者产出成了什么,其中的 {ll} 和 {v} 分别代表颤音化的浊化。从中可以看出,与韵母相比,声母的偏误率整体稍低一些,如"t、q、c、ch、r"5 类声母的偏误率属于最高段,但并未如韵母一般超过 25%,而是介于 20%—25% 之间。其余的 5 类声母,偏误率在 13%—18% 之间。从偏误类型来看,很难简单划一地总结汉语学习者偏误类型的表现,例如,"t"的发音很多介于"t"和"d"之间,偏向于类似"d"的发音,也会介于"t"和"q"之间,偏向于类似"q"的发音。此外,"t"的发音还会有其他的偏误类型,今后还需要基于更多的数据进一步深入细致地研究。

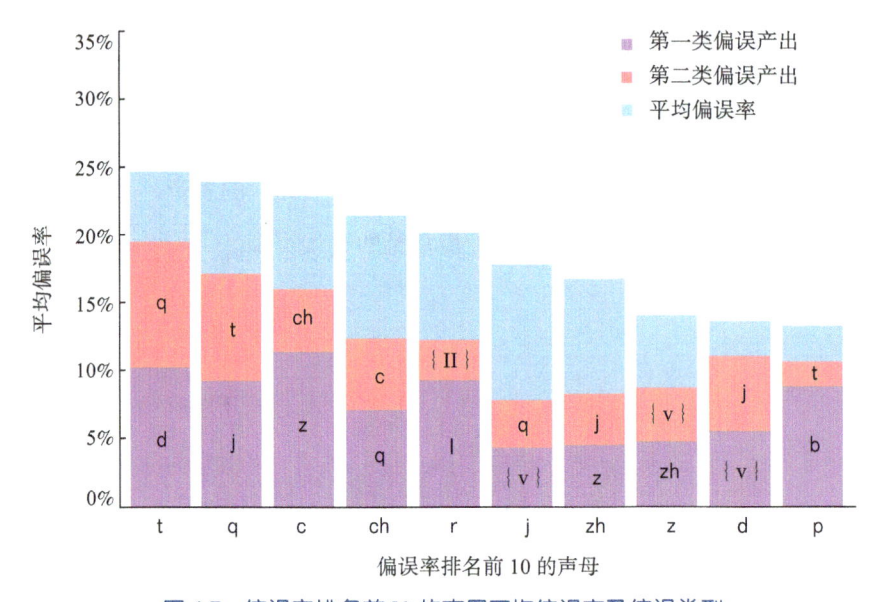

图 4.7 偏误率排名前 10 的声母平均偏误率及偏误类型

:: 参考文献 ::

边卫花、曹 文(2007)日本人产生普通话 r 声母和 l 声母的音值考察,载《第九届全国人机语音通讯学术会议论文集》。

曹剑芬(1996)普通话语音的环境音变与双音子和三音子结构,《语言文字应用》第 2 期。

曹　文（2010）汉语平调的声调感知研究，《中国语文》第 6 期。

陈　默（2013）美国留学生汉语口语产出的韵律边界特征研究，《世界汉语教学》第 1 期。

程　棠（1996）对外汉语语音教学中的几个问题，《语言教学与研究》第 3 期。

崔　刚、盛永梅（2000）语料库中语料的标注，《清华大学学报（哲学社会科学版）》第 1 期。

金哲俊（2014）朝鲜族学生汉语单音字声调发音的统计分析，《汉语学习》第 2 期。

李　倩、曹　文（2007）日本学生汉语单字调的阳平与上声，载《第九届全国人机语音通讯学术会议论文集》。

梁茂成（2009）词性赋码语料库的检索与正则表达式的编写，《中国外语教育》第 2 期。

林　焘（1996）语音研究和对外汉语教学，《世界汉语教学》第 3 期。

刘　艺（2014）汉语学习者陈述句语调音高的声学实验分析，《汉语学习》第 1 期。

鲁健骥（2010）对外汉语语音教学几个基本问题的再认识，《大理学院学报》第 5 期。

涩谷周二（2005）日本学生汉语学习难点和重点的调查报告，《汉语学习》第 6 期。

沈　炯（1995）汉语音高系统的有声性和区别性，《语言文字应用》第 2 期。

王功平、周小兵、李爱军（2009）留学生普通话双音节轻声音高偏误实验，《语言文字应用》第 4 期。

王　玮、张劲松（2019）汉语中介语语音库的文本设计，《世界汉语教学》第 1 期。

王韫佳、邓　丹（2009）日本学习者对汉语普通话"相似元音"和"陌生元音"的习得，《世界汉语教学》第 2 期。

魏　星、王　玮、陈静萍、解焱陆、张劲松（2018）基于发音特征的汉语发音偏误自动标注，《北京大学学报（自然科学版）》第 2 期。

熊子瑜、林茂灿（2001）语流间断处的韵律表现，载《第六届全国人机语音通讯学术会议论文集》。

严　彦（2010）美国学生习得第三声的声调情境变异研究，《汉语学习》第 1 期。

章　森、华绍和（2007）普通话广播语音的多层次标注与检索，《中文信息学报》第 4 期。

赵贤州、李卫民（1990）《对外汉语教材教法论》，上海：上海外语教育出版社。

朱　川（1981）汉日语音对比实验研究（节选二），《语言教学与研究》第 4 期。

朱　川（1996）对外汉语中介音类型研究，载《第五届国际汉语教学讨论会论文选》。

朱维彬、张家騄（1996）汉语语音数据库的标注，载《第四届全国人机语音通讯学术会议（NCMMSC 1996）论文集》。

Ballier, N. & Martin, P. (2015) Speech annotation of learner corpora. In S. Granger, G. Gilquin & F. Meunier (Eds.), *The Cambridge Handbook of Learner Corpus Research*, 107-134. Cambridge: Cambridge University Press.

Biber, D. (2012) Register as a predictor of linguistic variation. *Corpus Linguistics and Linguistic Theory*, 8(1): 9-37.

Bonaventura, P., Howarth, P. & Menzel, W. (2000) Phonetic annotation of a non-native speech corpus. *Proc. International Workshop on Integrating Speech Technology in the (Language) Learning and Assistive Interface (InStil)*,

10-17.

Cao, W., Wang, D., Zhang, J. & Xiong, Z. (2010) Developing a Chinese L2 speech database of Japanese learners with narrow-phonetic labels for computer assisted pronunciation training. *INTERSPEECH*, 1922-1925.

Carranza, M. (2013) Intermediate phonetic realizations in a Japanese accented L2 Spanish corpus. *Proc. Speech and Language Technology in Education (SLaTE)*, 168-171.

Carranza, M., Cucchiarini, C., Burgos, P. & Strik, H. (2014) Non-native speech corpora for the development of computer assisted pronunciation training systems. *EDULEARN 14 Proceedings*, 3624-3633.

Chen, N. F., Tong, R., Wee, D., Lee, P., Ma, B. & Li, H. (2015) iCALL corpus: Mandarin Chinese spoken by non-native speakers of European descent. *INTERSPEECH*, 324-328.

Chun, D. M., Jiang, Y., Meyr, J. & Yang, R. (2015) Acquisition of L2 Mandarin Chinese tones with learner-created tone visualizations. *Journal of Second Language Pronunciation*, 1(1): 86-114.

Cucchiarini, C. (1993) Phonetic transcription: A methodological and empirical study. Ph.D. dissertation, University of Nijmegen.

Ding, H. (2012) Perception and production of Mandarin disyllabic tones by German learners. *Speech Prosody*, 378-381.

Doremalen, J. V., Cucchiarini, C. & Strik, H. (2013) Automatic pronunciation error detection in non-native speech: The case of vowel errors in Dutch. *The Journal of the Acoustical Society of America*, 134(2): 1336-1347.

Eskenazi, M. (2009) An overview of spoken language technology for education. *Speech Communication*, 51(10): 832-844.

Fujisaki, H. (2004) Information, prosody, and modeling—with emphasis on tonal features of speech. *Speech Prosody*, 1-10.

Goronzy, S. (2002) *Robust Adaptation to Non-Native Accents in Automatic Speech Recognition*. Berlin, Heidelberg: Springer.

Gries, S. Th. & Berez, A. L. (2017) Linguistic annotation in/for corpus linguistics. In N. Ide & J. Pustejovsky (Eds.), *Handbook of Linguistic Annotation*, 379-409. Berlin & New York: Springer.

Guo, L. & Tao, L. (2008) Tone production in Mandarin Chinese by American students: A case study. *Proceedings of the 20th North American Conference on Chinese Linguistics (NACCL)*, 1: 123-138.

Gut, U. (2007) Learner corpora in second language prosody research and teaching. In J. Trouvain & U. Gut (Eds.), *Non-Native Prosody: Phonetic Description and Teaching Practice*, 145-167. Berlin & New York: De Gruyter Mouton.

Gut, U. & Seminar, E. (2004) The LeaP corpus. http://wwwhomes.uni-bielefeld.de/~gibbon/Docs/LeapCorpus_Manual.pdf.

Hawksley, A. J. (2008) An online system for entering and annotating non-native Mandarin Chinese speech for language teaching. Ph.D. dissertation, Massachusetts Institute of Technology.

Howe, J. (2006) The rise of crowdsourcing. *Wired Magazine*, 14(6): 176-183.

Howe, J. (2008) *Crowdsourcing: How the Power of the Crowd Is Driving the Future of Business*. New York: Random House Books.

Ide, N. & Pustejovsky, J. (2017) *Handbook of Linguistic Annotation*. New York: Springer.

Lee, C.-H., Giachin, E., Rabiner, L. R., Pieraccini, R. & Rosenberg, A. E. (1990) Improved acoustic modeling for continuous speech recognition. *Proc. DARPA Speech and Natural Language Workshop*, 319-326.

Leech, G. (1997) Introducing corpus annotation. In R. Garside, G. Leech & T.

McEnery (Eds.), *Corpus Annotation: Linguistic Information from Computer Text Corpora*, 1-18. London & New York: Addison Wesley Longman.

Li, W., Chen, N. F., Siniscalchi, S. M. & Lee, C.-H. (2019) Improving mispronunciation detection of Mandarin tones for non-native learners with soft-target tone labels and BLSTM-based deep tone models. *IEEE/ACM Transactions on Audio, Speech, and Language Processing*, 27(12): 2012-2024.

Lin, C. (2005) The acquisition of Taiwan Mandarin vowels by native American English speakers. *The Journal of the Acoustical Society of America*, 117(4): 2402.

Loukina, A., Lopez, M., Evanini, K., Suendermann-Oeft, D. & Zechner, K. (2015) Expert and crowdsourced annotation of pronunciation errors for automatic scoring systems. *INTERSPEECH*, 2809-2813.

Lüdeling, A., Sauer, S., Belz, M. & Mooshammer, C. (2015) Error annotation in spoken learner corpora. *Workshop on Phonetic Learner Corpora, Satellite Workshop of the 18th International Congress of Phonetic Sciences*.

Méndez, M. A. E., Cartwright, M. & Bello, J. P. (2019) Machine-crowd-expert model for increasing user engagement and annotation quality. *Proceedings of CHI Conference on Human Factors in Computing Systems Extended Abstracts*, 1-6.

Meng, H., Lo, Y. Y., Wang, L. & Lau, W. Y. (2007) Deriving salient learners' mispronunciations from cross-language phonological comparisons. *2007 IEEE Workshop on Automatic Speech Recognition & Understanding (ASRU)*, 437-442.

Menzel, W., Atwell, E., Bonaventura, P., Herron, D., Howarth, P., Morton, R. & Souter, C. (2000) The ISLE corpus of non-native spoken English.

Proceedings of Language Resources and Evaluation Conference (LREC), 2: 957-964.

Oleson, D., Sorokin, A., Laughlin, G., Hester, V., Le, J. & Biewald, L. (2011) Programmatic gold: Targeted and scalable quality assurance in crowdsourcing. *Human Computation: Papers from the 2011 AAAI Workshop (WS-11-11)*, 43-48.

Peabody, M. (2011) Methods for pronunciation assessment in computer aided language learning. Ph.D. dissertation, Massachusetts Institute of Technology.

Peabody, M. & Seneff, S. (2009) Annotation and features of non-native Mandarin tone quality. *INTERSPEECH*, 460-463.

Pustejovsky, J. & Stubbs, A. (2012) *Natural Language Annotation for Machine Learning*. Sebastopol, CA: O'Reilly Press.

Rastelli, S. (2013) *Il processing nella seconda lingua. Teorie, dati sperimentali, didattica*. Roma: Carocci.

Rehbein, I., Hirschmann, H., Lüdeling, A. & Reznicek, M. (2012) Better tags give better trees—or do they? *Linguistic Issues in Language Technology (LiLT)*, 7(10): 1-20.

Schaadt, N. S., Grote, A., Forestier, G., Wemmert, C. & Feuerhake, F. (2018) Role of task complexity and training in crowdsourced image annotation. *Computational Pathology and Ophthalmic Medical Image Analysis*, 44-51.

Shahin, M., Zafar, U. & Ahmed, B. (2020) The automatic detection of speech disorders in children: Challenges, opportunities, and preliminary results. *IEEE Journal of Selected Topics in Signal Processing*, 14(2): 400-412.

Strik, H. & Cucchiarini, C. (2013) On automatic phonological transcription of speech corpora. In J. Durand, U. Gut & G. Kristoffersen (Eds.), *The Oxford

Handbook of Corpus Phonology, 89-109. Oxford: Oxford University Press.

Strik, H., Truong, K., De Wet, F. & Cucchiarini, C. (2009) Comparing different approaches for automatic pronunciation error detection. *Speech Communication*, 51(10): 845-852.

Teixeira, C., Trancoso, I. & Serralheiro, A. (1997) Recognition of non-native accents. *EUROSPEECH*, 5: 2375-2378.

Tseng, C.-Y. & Visceglia, T. (2010) AESOP (Asian English Speech Corpus Project) and TWNAESOP. *2010 International Conference and Workshop on TEFL & Applied Linguistics*, 41-50.

Wang, W., Wei, W., Xie, Y., Guo, M. & Zhang, J. (2018) Improve the accuracy of non-native speech annotation with a semi-automatic approach. *2018 11th International Symposium on Chinese Spoken Language Processing (ISCSLP)*, 116-120.

Wang, Y.-B. & Lee, L.-S. (2012) Improved approaches of modeling and detecting error patterns with empirical analysis for computer-aided pronunciation training. *2012 IEEE International Conference on Acoustics, Speech and Signal Processing (ICASSP)*, 5049-5052.

Wei, S., Hu, G., Hu, Y. & Wang, R.-H. (2009) A new method for mispronunciation detection using support vector machine based on pronunciation space models. *Speech Communication*, 51(10): 896-905.

Wei, X., Chen, J., Wang, W., Xie, Y. & Zhang, J. (2017) A study of automatic annotation of PETs with articulatory features. *2017 Asia-Pacific Signal and Information Processing Association Annual Summit and Conference (APSIPA ASC)*, 1608-1612.

Witt, S. M. & Young, S. J. (2000) Phone-level pronunciation scoring and assessment for interactive language learning. *Speech Communication*, 30: 95-108.

Wu, B., Xie, Y., Lu, L., Cao, C. & Zhang, J. (2016) The construction of a Chinese interlanguage corpus. *2016 Conference of The Oriental Chapter of International Committee for Coordination and Standardization of Speech Databases and Assessment Techniques (O-COCOSDA)*, 183-187.

Zechner, K. (2009) What did they actually say? Agreement and disagreement among transcribers of non-native spontaneous speech responses in an English proficiency test. *ISCA International Workshop on Speech and Language Technology in Education (SLaTe)*, 25-28.

Zhang, J. & Nakamura, S. (2008) An improved greedy search algorithm for the development of a phonetically rich speech corpus. *IEICE Transactions on Information and Systems*, 91(3): 615-630.

Zou, T., Zhang, J. & Cao, W. (2012) A comparison study on F0 distribution of tone 2 and tone 3 in Mandarin disyllables by native speakers and Japanese learners. *Speech Prosody*, 226-229.

第五章　普通话声母"r、l"与前后鼻音韵母的连续统

本章的研究主要通过感知和听辨实验判断语音量子属性中的声学界标信息。根据声学线索的不同，我们设计了基于关键位置的拼接合成方法以及基于线索的连续统合成方法。

本章以普通话声母"r、l"与前后鼻音韵母为例，先改变特征，即修改区分两个音位的主要声学线索，合成从一个音位到另一个音位逐渐变化的一组声音，即连续统合成语音；再通过听辨实验，验证其关键声学界标信息。

5.1　普通话声母"r、l"与前后鼻音韵母研究综述

5.1.1　汉语通音"r、l"音节的构成

汉语音韵学传统的字音分析方法把普通话音节分为声和韵两段，分别称为声母和韵母，贯通整个音节的音高变化叫作声调。声母一般主要由辅音构成，韵母则由元音或元音加辅音构成（黄伯荣、廖序东主编，2007）。一个音节中不可或缺的部分是声母（包括零声母）和主要元音。吴宗济、林茂灿主编（1989）建议，对于语音学的研究应该进入更深层面，即音节的声学语音学结构之中。他们认为，在汉语音系学中提出的声母、韵母等概念并没有一成不变的声学表现可以与之相对应，都是抽象的单位，但是却确实能够在频谱图或波形图上观察到声母及韵母等具有明显不同特性的特征段。因此，

根据普通话音节的结构特点，他们提出了普通话音节的声学语音学结构框架（见图5.1）（吴宗济、林茂灿主编，1989）。在该结构框架里，1—4段属于声母，6—9段属于韵母，而第5段为过渡段，既属于声母也属于韵母。对照此结构框架，普通话声母"r、l"都是由第3段（摩擦和/或嗓音）和第5段（过渡段）构成的。

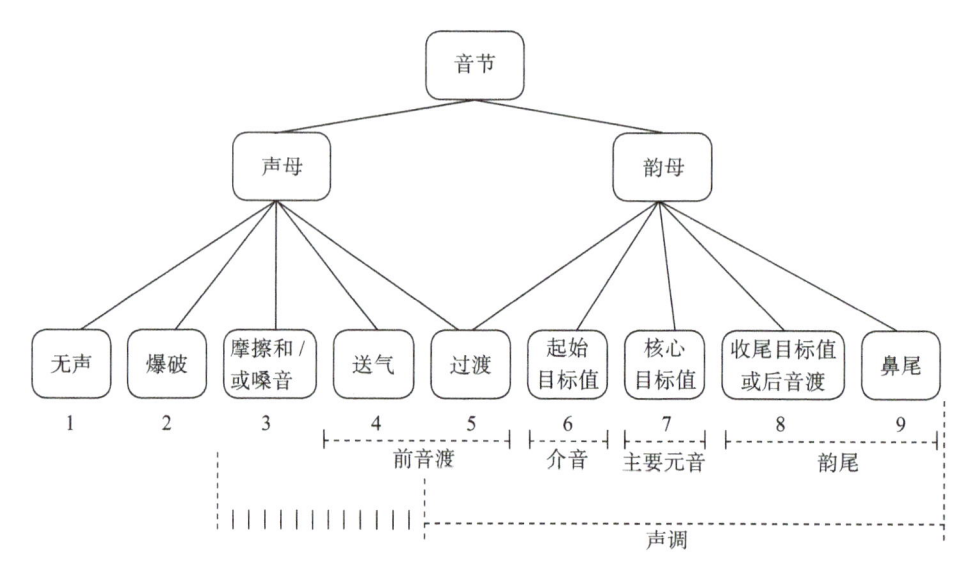

图 5.1 普通话音节的声学语音学结构框架

5.1.1.1 起始稳定段（steady-state onset）

根据吴宗济、林茂灿主编（1989）提出的普通话音节的声学语音学结构框架，普通话声母"r、l"的起始稳定段是第3段，即摩擦和/或嗓音段。这一段声学表现比较稳定，因此称为起始稳定段。不同的声母也会有不同的起始稳定段的发音和声学特性，因为声源不同，发声会有很大差异。发声的声源一般分为两种。一种是噪声，所有的清音都以噪声为声源。噪声源可进一步分为两类：其一为发音时调音器官在声道某部位形成窄缝，比如发一些擦音"s、sh、x"时呼出的气流形成湍流，从而产生湍流噪声；其二为发音时调音器官在声道某个部位短时间成阻，随后突然释放，比如塞音"b、d、g"的声源就属于此类。另一种是嗓音，声带振动使声门面积随时间变化，进而调制呼出气流，产生一系列准周期性的声门脉冲或声门气流（石杨，2019）。普通话声母"r、l"的声源是浊音声源，是由声带振动产生的。有一点要注意的是，尽管浊音声母跟元音一样是嗓音声源，但实际上它们的频谱模式还是有很大差别的，其中最主要的就是浊音声母对的强度低于元音。另外，声母"r"在语流中可能存在两种变体：一种为浊擦音，另一种为通音。擦音一般为噪声声源，相应的，频谱上会有一些摩擦的乱纹；通音为嗓音声源，会产生一系列准周期性的脉冲，相应的，频谱上会有类元音共振峰的存在。

发声母"l"时声带振动，舌头某部位与上牙、齿龈或者硬腭接触，在口腔中间形成某种阻塞，气流从舌头两侧或一侧流出，在声道中形成两个旁边的通路，该结果在频谱上表现为某些零点，并且减弱附近的某些共振峰，降低总的能量，有时还会导致外加的共振峰出现（Fant，1960）。同时，因为外加共振峰和零点具有不稳定性，所以单独看"l"的嗓音段还不足以辨认它，需要根据后接元音的连接方式和它特殊的音渡来辨认（吴宗济、林茂灿主编，1989）。具体表现为："l"在"除阻"的时候舌尖下降，声道敞开，且这时开始向第一个元音过渡；而除阻声道突变，在频谱上会出现一个共振峰的"断层"现象，其中最明显的突变是第一共振峰的频率突然由低向高跳跃，与此同时，各共振峰的能量皆猛然增强，有时在断层的地方还会看到有类似于爆破的冲直条。声母"r"起始稳定段的声源有两种：一种是噪声声源，另一种是嗓音声源，两者频谱表现各异。但是，"r"作为卷舌音，其典型特点就是F3低到与F2重合。

5.1.1.2 过渡段（transition）

吴宗济、林茂灿主编（1989）将过渡段定义为声母和韵母之间、跟韵母共振峰平滑衔接的一段具有高度动态性的浊音音段。在普通话里，声母和韵母的音征常常有可能跨越两者的边界，而并不总是存在于各自的音段之内。假如从元音起始就开始算作韵母的话，那么音渡同样也是韵母中载带的辅音音征。以前人们主要通过主观感觉来分析汉语普通话语音，把每个音节都分为声母和韵母两个部分；而 Fant（1986）发现语音单元是离散的，跟生理量和物理量并非一一对应的关系，也就是说，往往需要好几种生理和物理参数才能表现一个语音单元。而"音征"即为与一个语音单元或一个语音特征相关的物理或生理参量（吴宗济、林茂灿主编，1989），它是元辅音之间的一小段过渡，也就是"辅音—过渡段—元音"，这点音的征兆正是识别辅音不可或缺的一种信息。音征一般分为两种：第一种是辅音后接元音时嗓音的起始时间，简称 VOT（Voice Onset Time）；第二种就是辅音的过渡音征，简称 T（Transition）。VOT 可以用来反映辅音的清浊与送气等问题，T 的走势反映的是辅音的发音部位和方式（沈霖霖等，1993）。而语音信号中元辅音之间一小段的过渡——声韵过渡段，与语音中其他信息相比，往往变化更快（吴霁、侯伯亨，1993）。从信息论的角度看，变化快的地方所负载的信息量越大，对感知也就越重要。Delattre et al.（1955）提出，过渡段是从音轨到元音稳定部分的运动变化着的一个参量，对鼻音和塞音的感知起着重要的作用。

  O'Connor et al.（1957）考察英语中通音 /w/、/j/、/r/、/l/ 的感知线索时，通过共振峰个数（numbers of formants needed）、起始稳定段的时长（duration of steady-state onset）、起始稳定段和过渡段的频率（frequency of steady-state onset and transition）及过渡段的时长（duration of transition）这四个部分的参数来合成音节让被试听辨，然后分析究竟哪个部分在感知中起主要作用。实验结果表明，过渡段的 F3 在 /w/、/j/、/r/、/l/ 的区分中起到主要作用，即关键的区分线索为过渡段的 F3。Idemaru & Holt（2009）的实验中得到的结果是，与 F3 相比，F2 是相对次要的感知线索。Fant & Lindblom（1961）在对连续的言语进行切分时，曾将过渡段作为一个特征。他们认为共振峰过渡段作为用于识别元音开始前的辅音的线索，完全是由辅音段的模式和元音段的模式共同调节的。利用声韵母过渡段的信息也是识别声母的一种方法，这是因为有些声母的部分区别特征携带在其后接的韵母身上，而并不完全由该声母携带，这就是"音征互载"现象（徐秉铮、邱伟，1993）。在识别任务中，把"音征互载"现象考虑进来，声母识别率可高达94%。陈肖霞（1992）通过对普通话中"l"声母音节的感知实验，考察其感知时域，听辨结果表明，对"l"的感知长度通常在15—20ms之间，也就是说，对声母的感知时长不需要太长，过渡段成为感知的重要来源。

同时，由于辅音除阻后声道形状迅速过渡到韵母中第一个元音上，因此从频谱上观察，过渡段的特征表现为动态变化的一段。由于辅音的发音部位决定了共振峰过渡的起点，所以声母"l"的发音部位决定了音渡的起点为断层右边的共振峰起点，音渡的终点则是后边第一个元音的目标值。此外，"l"的音渡有两个显著的特点：其一是时长比较长，或者说音渡的移动范围比较大且移动速度很慢，从而导致该时长较长；其二是F1音渡的起点较高（吴宗济、林茂灿主编，1989）。声母"r"作为一个卷舌音，其F2、F3往往距离较近甚至重合，所以"r"的过渡段以F3变化范围比较大为特点，一般与相邻元音的F3之间有一个很明显的上升或下降的过渡状态。边卫花（2009）曾系统测量过"r"声母T2、T3的过渡音征的走势，结果表明，"r"的T2音征走势在音节"ri"中是平渡，在其余音节中均为降渡。T3的音征走势统一为升，这是卷舌音造成的结果。吴宗济、林茂灿主编（1989）也对"l"声母的音渡做过测量，结果发现，在各例字中，除"lu"的音征走势为降外，一般都是升。

5.1.2 汉语母语者和二语学习者鼻音韵母音节的感知对比

语言经验在感知机制中起着重要作用，汉语母语者和二语学习者在准确区分普通话前后鼻音韵母音节方面存在显著差异（Chen et al., 2020）。

5.1.2.1 对鼻音韵母音节各分段的依赖程度

综合前人的研究结果，可以发现汉语母语者在感知普通话前后鼻音时，对纯元音段、鼻化元音段、鼻音尾段的依赖程度有所不同，会更依赖于某些部位提供的鼻音位置线索。大部分研究均认为汉语母语者对鼻化元音段的依赖程度最高。

汪航（2012）研究发现，中国被试在区分前后鼻音韵母音节时，更倾向于依赖鼻化元音段，此外，鼻音尾时长对中国被试感知鼻音类型几乎没有影响。王祖燕（2014）发现，中国被试感知鼻音韵母音节时，鼻化元音段起到决定性作用。当纯元音段和鼻音尾段提供的鼻音信息一致时，用来判断鼻音的信息非常丰富；但当二者提供的鼻音位置信息冲突时，中国被试会略倾向于依赖纯元音段。冯罗多（2015）发现，鼻化元音段在汉语母语者判断前鼻音音节连续统上起到重要作用，纯元音段与鼻化元音段在汉语母语者判断前后鼻音音节连续统上起到重要作用。

相比之下，日本学习者更倾向于结合各分段的信息来实现鼻音感知。汪航（2012）发现，鼻音尾段对汉语母语者感知鼻音类型基本上没有影响，但日本学习者在判断音节是否为鼻音韵母音节时，一定程度上会依赖鼻音尾时长。张劲松等（2013）的实验表明，日本学习者判断鼻音类型时，基本上是综合鼻音韵母音节各段的信息来进行鼻音感知的，对纯元音段、鼻化元音段均没有明显的依赖倾向性。

5.1.2.2 元音类型对鼻音韵母音节感知的影响

Chen（1991）研究发现，新加坡人和我国台湾居民产出的普通话"in/ing"对和"en/eng"对音节中前后鼻音差异很不稳定，这表明他们感知"in/ing"对和"en/eng"对中的鼻音存在困难。Tse（1992）研究了台湾年轻人对汉语前后鼻音韵母音节的感知情况，发现鼻音类型对感知结果的影响并不显著，而元音类型对感知起到显著作用，感知准确性的顺序为：a 组 > e 组 > i 组。

王韫佳（2002）研究发现，日本学习者区分普通话前后鼻音韵母音节时，在很大程度上依赖于韵母中的元音音色。另外，韵腹音值相差较大的前后鼻音韵母对比韵腹音值接近的前后鼻音韵母对更易区分，感知错误率由高到低的顺序为：/i/ 组 >/a/ 组和 /ua/ 组 >/e/ 组 >/ia/ 组。此外，日本学习者对后鼻音韵母的辨认能力高于前鼻音韵母。王祖燕（2014）研究发现，元音类型对汉语母语者感知鼻音韵母音节的正确率没有显著影响。对日本被试来说，韵母对的元音声学差异越大，越容易形成前后鼻音韵母的范畴感知。这在一定程度上证实了王韫佳（2002）的结论。

5.1.2.3 鼻音韵母音节的范畴感知模式

语音的范畴感知即音位，指的是连续的语音声学参数变化被感知为离散的、数量有限的范畴（Repp，1984），听音人虽然往往难以察觉范畴之内的语音差别，但却对范畴之间的差异非常敏感（Liberman et al.，1957；Peng et al.，2010）。当声学参数沿着声学连续统发生变化时，如果辨认曲线出现了陡峭的上升或下降，而范畴内部的辨认曲线保持平稳，且范畴内部的辨认率维持在高位，那么对这两个范畴的感知就是范畴感知，这个特定的位置就被称为范畴边界（Liberman et al.，1957；Cutting et al.，1976）。

在判定范畴化程度高低方面，学界普遍认为范畴边界的陡峭程度和宽度是重要的判断指标。范畴边界的陡峭程度通过辨认曲线的斜率来衡量，而范畴边界的宽度则通过识别辨认曲线上 25% 辨认率和 75% 辨认率来衡量，两者所在位置之间的线性距离即为宽度。辨认曲线的斜率越大，就代表范畴化程度越高，反之越低；而范畴边界的宽度越大，则说明范畴化程度越低，反之越高（覃夕航，2012）。

关于普通话前后鼻音音节的范畴感知情况，只有冯罗多（2015）进行过初步研究。

5.1.3 鼻音尾音节感知研究

5.1.3.1 自然音节感知实验

董玉国（1997）按照单项对立原则，选取 54 对声调和声母相同而只有鼻音尾不同的自然音节组成了 108 个双音节词，将其作为听辨语料，并选取 10 名日本学生参加听辨实验。其中最高听辨正确率与最低听辨正确率分别为82%和50%，总平均正确率为63%，说明日本学习者在鼻音韵母音节的听辨上存在较大困难。进一步的研究表明，经过20周的系统学习，正确率仅仅提高了1%。

王韫佳（2002）选取的感知实验语料有两类：一类为两名发音人产出的160个韵尾为鼻音的单音节词，另一类为某一音节的韵母为鼻音韵母的双音节词。实验分析表明，学习者鼻音感知的正确率与发音正确率之间有显著的正相关关系。从被试的角度看，感知中对鼻音的区分率比发音中的区分率更高，但在项目分析中，感知与发音之间并没有表现出显著的关系。这说明在成人的二语习得中，语音感知与产出之间的关系是错综复杂的。

Aoyama（2003）将一个发音人产出的50个单音节英语单词作为听辨语料，研究日韩被试英语音节首和音节尾的鼻音感知情况。实验要求日本被试用日语片假名拼写法写出听到的英语单词。实验表明，日本被试在拼写 /n/ 和 /ŋ/ 时采用了两种以上的写法，也就是说，其在英语 /n/、/ŋ/ 两类鼻音尾的辨认上存在明显混淆，对这两类鼻音的感知模式属于非范畴化（uncategorizable）。

Lai（2009）邀请两位在台湾工作的汉语教师对缅甸学习者产出的鼻音韵母音节进行感知判断，语料是元音为 /a/、/ə/、/i/ 的前后鼻音韵母音节对，声调为阳平。结果表明，鼻化程度是汉语教师判断前后鼻音最主要的依据。

Niikura & Hirschfeld（2015）邀请一名受过培训的德国语音学家产出德语语料，对日本德语学习者的德语鼻音尾感知情况进行研究，发现日本被试对鼻音尾时长敏感，即时长是其感知鼻音的重要线索。

5.1.3.2 合成语料感知实验

Liberman et al.（1957）较早使用连续统进行研究，分析被试在感知英语爆破音和鼻辅音时鼻化元音段的作用。在研究鼻辅音的实验中，他们添加了一条稳定的第一共振峰，通过修改第二共振峰，并在相应位置增加鼻音共振，研究被试分别将 [m]、[n]、[ŋ] 和哪些辅音判断为一类。感知结果表明，第二共振峰会影响被试对合成鼻音的感知：原先被听辨为 [p] 和 [b] 的音被听辨为 [m]，原先被听辨为 [t] 和 [d] 的音被听辨为 [n]，原先被听辨为 [k] 和 [g] 的音被听辨为 [ŋ]。这与这些辅音的发音位置相符，说明辅音也会受共振峰的影响。在研究元音的实验中，他们通过修改第二共振峰来控制元音开口度大小，用"-"过渡表示收紧，"+"过渡表示扩大，同时在合成的元音前添加不同辅音，从而完成 CV 音节的合成。结果显示，第二共振峰是被试区别不同被动发声位置的清辅音（/p/-/t/-/k/）和浊辅音（/b/-/d/-/g/）的重要线索。

Malécot（1956）对原始语料进行剪切与拼接，形成了无鼻化元音段的鼻音尾音节、切除了鼻音的元音与切除了元音的鼻音拼接合成的新语料。实验结果表明，鼻化元音段是感知鼻音类型的重要线索。

Nakata（1959）采用终端模拟技术合成器合成鼻音尾音节，结果表明，第二共振峰是感知鼻音类型的声学线索。

Miller & Eimas（1977）采用合成的英语语音刺激考察被试感知辅音发音位置和方式的情况。实验表明，被试对唇音-齿音、鼻音-爆破音两组语料的感知基本上都呈现出范畴感知的特点。此外，被试对感知范畴边界内刺激的区分能力要比跨边界刺激对的区分能力弱很多。

Larkey et al.（1978）通过合成含鼻音的 CV 音节（/mæ/-/næ/-/ɲæ/）和 VC 音节（/æm/-/æn/-/æɲ/），研究当鼻音发音的位置不同时，仅调整鼻化元音段第二共振峰和第三共振峰，美国被试的感知是否为范畴感知。实验表明，被试对熟悉的音位范畴表现出了非常一致且边界清晰的范畴感知；第二共振峰和第三共振峰是英语母语者判断鼻音类型的重要声学参数，鼻化元音段提供了较重要的音段位置信息。

Recasens（1983）对加泰罗尼亚语的鼻音 [n]、[ŋ]、[ɲ] 做了两个连续统的感知实验。在鼻音尾连续统中，分别保持 [n]、[ŋ]、[ɲ] 的鼻化元音段不变，只修改其鼻音尾的四个共振峰；鼻化元音段连续统则只改变鼻化元音段的第二共振峰和第三共振峰，保持鼻音尾不变。结果发现，尽管鼻化元音段的鼻音位置信息比鼻音尾的位置信息更明显，但鼻音尾在 [n]-[ŋ] 的判断上也起到了非常重要的作用。

汪航（2012）先对普通话鼻音尾进行剪切和拼接，然后合成语料，让中日被试进行听辨，结果发现日本被试区分前后鼻音韵母音节的感知正确率较低，只有50%左右，这表明日本被试尚未对前后鼻音形成范畴化感知。鼻音尾时长对日本被试感知前后鼻音韵母音节有着重要作用，鼻音尾时长越短，日本被试越倾向于将音节判断为非鼻音韵母音节，但对中国被试来说，鼻音尾时长对感知鼻音韵母音节几乎没有影响。在此基础上，王祖燕（2014）对原始语料进行六种拼接处理，对纯元音段、鼻化元音段、鼻音尾段进行不同组合。结果发现，对中国被试来说，各段所包含的鼻音位置信息数量从多到少的排序为：鼻化元音段＞纯元音段＞鼻音尾段；对日本被试来说，在感知普通话鼻音韵母音节时需要整合各段信息后才能做出判断。

冯罗多（2015）通过修改普通话鼻音韵母音节"fān、fāng"纯元音段和鼻化元音段的第二共振峰和第三共振峰，合成前后鼻音连续统，让中日被试进行听辨实验。结果发现，鼻化元音段在汉语母语者判断前鼻音音节连续统上起到重要作用，听辨结果呈范畴感知；纯元音段及鼻化元音段在汉语母语者判断前后鼻音音节连续统上起到重要作用，听辨结果呈现范畴感知。

在研究语言知觉范畴化问题时，研究者通常用改变某个语音物理参数的方法来构建音位变化的连续体，实现从一个音位到另一个音位的逐步变化（Liberman et al.，1957）。研究者通过被试对连续变化的语料刺激的感知结果，分析其感知模式是范畴感知还是连续感知。

5.2 普通话声母"r、l"连续统数据实验

以母语为日语的汉语学习者为例，针对其在普通话声母"r、l"习得中的困难，通过声学分析与听觉感知实验等提取数据，我们可以找出其中关键

的声学线索，并进一步研究该线索对汉语学习者感知、习得声母"r、l"的影响。

5.2.1　普通话声母"r、l"声学分析

在对日本学习者学习普通话"r、l"声母的研究中发现，日语中闪音 [ɾ] 的音值会随着后接元音的不同而发生变化（谭董妍，2011），其与普通话的"r、l"声母存在一定的差异，这可能是导致日本学习者难以习得普通话"r、l"音节的原因之一。为了探究普通话"r、l"声母与日语中闪音 [ɾ] 音节的具体差异，我们先对各语言内部音节的声学表现进行比较分析，然后再进行日语和普通话的对比分析。

我们分别选取 13 名水平相当的中日发音人作为被试。实验语料分为两类：一类是普通话"r、l"声母，另一类是日语闪音 [ɾ] 音节，这两类声母的后接韵母尽量保持一致。普通话语料来自北京语言大学智能语音习得实验室中介语语音语料库中的单音节子库，日语语料包括 13 名日本发音人（6 男 7 女）产出的ラ行辅音。

5.2.1.1 实验过程

1. 录音

本实验的录音是在北京语言大学智能语音习得语音实验室完成的。本次实验中的普通话语料是从已有的语料库中选取的，因此只录制了日语部分的语料。录音时，要求被试用东京口音来录音。录音设备与中介语语料库设备一样，录音都是在专业录音室进行的，采样率为16000Hz，量化精度为16bit，单声道，录音保存为波形文件（*.wav）。

2. 语料标注及参数提取

录音结束后，我们首先运用 Praat 软件对所有音节进行标注。音节共标注两层：第一层为拼音层，第二层标注音节的声母、韵母和过渡段。标注人是语音专业背景的硕士研究生。

然后根据标注结果，运用 Praat 软件提取各音节的声学参数：

F1：每个音节起始稳定段及过渡段部分的第一共振峰；

F2：每个音节起始稳定段及过渡段部分的第二共振峰；

F3：每个音节起始稳定段及过渡段部分的第三共振峰；

D_I：各音节起始稳定段的时长；

D_T：各音节过渡段的时长；

Slope_S：各音节起始稳定段的斜率；

Slope_T：各音节过渡段的斜率。

通过 Praat 提取的时长、共振峰数据都通过 Z-score 公式进行规整，其中 z 是标准分数，x 为某一个具体的分数，μ 为平均数，σ 为标准差。

5.2.1.2 实验结果分析

1. 时长

根据标注结果，我们运用 Praat 软件提取了普通话音节和日语音节的时长参数，即 D_I（起始稳定段时长）和 D_T（过渡段时长），见表 5.1 和图 5.2，表中还列出了每类音节绝对和相对时长的各参数的平均值和标准差，其中相对时长是用各段的长度比上整个音节的时长得到的，单位均为 ms（毫秒）。

表 5.1　每类声母各参数时长的平均值和标准差

语言	声母	声学参数	D_I（绝对）	D_T（绝对）	D_I（相对）	D_T（相对）
普通话	r	平均值	102.69	68.18	0.227	0.152
		标准差	35.08	22.64	0.066	0.047
	l	平均值	83.07	42.31	0.196	0.099
		标准差	23.36	14.10	0.06	0.03
日语	R	平均值	67.87	40.19	0.037	0.022
		标准差	26.96	18.45	0.015	0.012

首先，就起始稳定段来讲，普通话声母"r"的时长比声母"l"长 19.62ms，

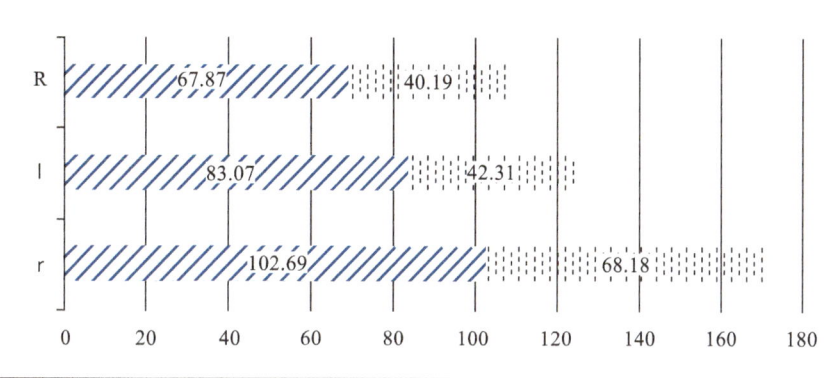

声学参数	r	l	R
D_I（ms）绝对	102.69	83.07	67.87
D_T（ms）绝对	68.18	42.31	40.19

图 5.2　汉日音节各组成部分的平均时长分布

普通话声母"r、l"的时长也都长于日语ラ行辅音（R），并且相对于"l"来说，"r"的时长与日语ラ行辅音的差异更大。以声母类型为自变量、稳定段的时长为因变量的单因素方差分析（One-way ANOVA）结果表明，普通话声母"r、l"的起始稳定段时长差异显著（p=0.000<0.05）。以国别为自变量、稳定段的时长为因变量的单因素方差分析结果表明，"r"与日语ラ行辅音时长差异显著（p=0.002<0.05），"l"与日语ラ行辅音时长差异不显著。

其次，就过渡段来讲，普通话声母"r"的时长比声母"l"长 25.87ms，普通话声母"r、l"的时长也长于日语ラ行辅音，"l"的平均时长和日语ラ行辅音的差异很小，"r"的时长与日语ラ行辅音的差异更大一些。以声母类型为自变量、过渡段的时长为因变量的单因素方差分析结果表明，普通话声母"r、l"的过渡段时长差异显著（p=0.000<0.05）。以国别为自变量、过渡段的时长为因变量的单因素方差分析结果表明，"r"与日语ラ行辅音时长差异显著（p=0.000<0.05），"l"与日语ラ行辅音时长的差异接近显著（p=0.047<0.05）。

总的来说，普通话声母"r、l"在各部分的时长差异都很显著，虽然两者都是浊音，发音时声带振动，但是由于单音节声母"r"发音时更倾向于擦音的表现(廖荣容、石锋,1985),其时长要比边音"l"的长。相对时长和绝对时长的趋势是一致的。朱川(1981)曾提到,虽然汉语"r、l"与日语ラ行辅音发音很相近,但由于"l"与日语词头的ラ行辅音在除阻的部分都存在着相似的破裂感,"l"的听感也就比"r"更接近日语ラ行辅音。根据我们的实验结果,在时长方面,相较于"r",普通话声母"l"与日语ラ行辅音差异较小。

2. 共振峰

(1) 普通话声母"r、l"共振峰分析

图5.3显示了普通话声母"r、l"起始稳定段和过渡段的共振峰趋势。从图中可以看到,在起始稳定段部分,声母"l"F2、F3趋势的走向几乎是两条平行的线,F1有上升的趋势。声母"r"的F1没有太大的变化,但是F2和F3中间有部分曲折,趋势不是特别稳定,可能是由于取点过于紧密。声母"r、l"的F1几乎重合,差异很小;F2和F3的差异则较大,声母"r"的F2要高于"l",而声母"r"的F3却比"l"的低。除此之外,在该段,声母"r"F2和F3之间的距离要比"l"的距离小,这验证了前人的研究结果,即对于卷舌音而言,其F3会降低,甚至会低到与F2重合。

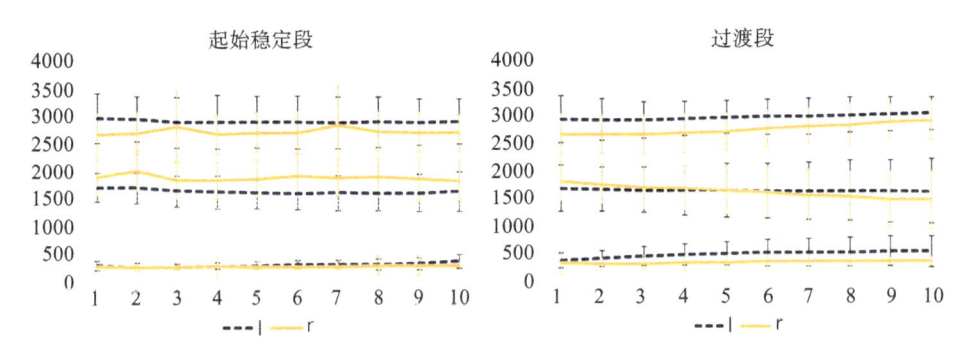

图5.3 普通话声母"r、l"起始稳定段和过渡段共振峰趋势

在过渡段部分,声母"l"的F2、F3趋势依然没有太大的变化,其F1有慢慢上升的趋势,频率值从起始段的小于500慢慢接近甚至大于500。声母"r"的F1无太大变化,但F2和F3分别有下降和上升的趋势,F2和F3

之间的距离也慢慢拉大。在该段，声母"r、l"的F1的差异慢慢开始拉大，"r"的F2逐渐下降，与"l"的F2接近重合，F3虽然后三个点开始慢慢靠拢，但是前面的差异还是较大。

为了进一步分析普通话声母"r、l"在稳定段和过渡段共振峰值（如表5.2所示）的区别，我们对中国人所发的声母"r、l"在各段的共振峰均值进行了独立样本T检验，考察各个共振峰均值差异的显著性。检验结果表明，在起始稳定段，F1的差异不显著（p=0.463>0.05），F2和F3均有显著性差异（p=0.000<0.05）；在过渡段，F1和F3均有显著性差异（p=0.000<0.05），F2差异不显著（p=0.799>0.05）。由此可以看出，在不同段内，F1与F2显示出不太一致的差异性，而F3在两段均有显著差异，可以推测，相较于F1和F2来说，F3是相对可靠的区分这两个声母的声学线索。

表5.2 普通话声母"r、l"的共振峰均值及其标准差

声学参数	l 起始稳定段	l 过渡段	r 起始稳定段	r 过渡段
F1 均值	323.74	487.39	300.27	352.4
F1 标准差	81.25	214.75	88.39	128.01
F2 均值	1636.51	1649.09	1890.97	1634.16
F2 标准差	299.36	490.29	355.89	444.42
F3 均值	2892.16	2971.26	2718.5	2762.13
F3 标准差	442.75	329.55	422.79	344.34

（2）汉日辅音共振峰分析

图5.4显示了普通话声母"l"与日语ラ行辅音起始稳定段和过渡段的共振峰趋势。在起始稳定段部分，从F1的情况来看，声母"l"与日语ラ行辅音在此段表现出一致的趋势，且两条线几乎重合，在稳定段的末尾两者皆有微升的趋势。从F2的情况来看，两者表现迥异，日语ラ行辅音的F2要高于声母"l"，且变化甚微，声母"l"在第三个点处呈现微降的趋势。观察

F3 的数据，两者皆无太大变化，且两条线几乎重合。在过渡段部分，观察 F1 的数据，声母"l"和日语ラ行辅音同时出现上升的趋势。从 F2 的情况看，依然延续了在稳定段的情况。观察 F3 的数据，声母"l"要略微高于日语ラ行辅音，且声母"l"呈现出略微上升的趋势。

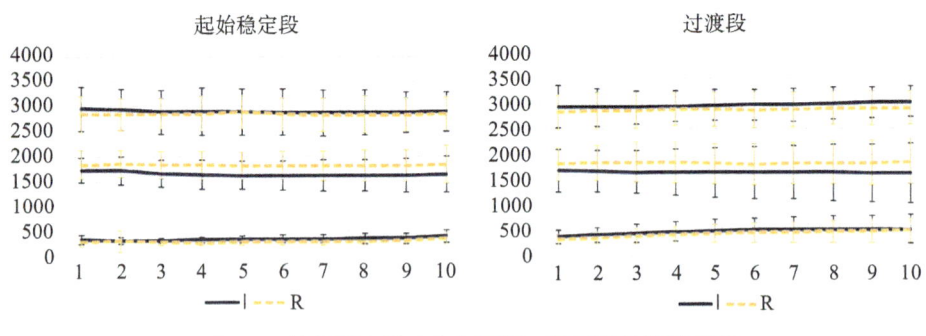

图 5.4　普通话声母"l"与日语ラ行辅音共振峰趋势

图 5.5 显示了普通话声母"r"与日语ラ行辅音起始稳定段和过渡段的共振峰趋势。在起始稳定段部分，从 F1 的情况来看，两者几乎重合为一条直线。观察 F2 和 F3 的数据，日语ラ行辅音皆表现出较为平稳的趋势，无太大变化，而声母"r"的 F3 有一定程度的局部抖动，且 F2 和 F3 之间的距离相较于日语来说较小。在过渡段部分，从 F1 来看，声母"r"无太大变化，而日语ラ行辅音呈现微升趋势。观察 F2 和 F3 的情况，声母"r"的 F2 和 F3 分别出现很明显的下降和上升趋势，日语ラ行辅音的 F2 和 F3 则无太大变化。

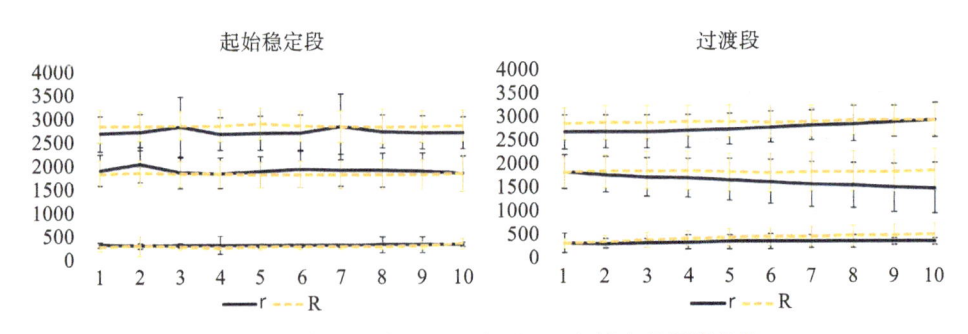

图 5.5　普通话声母"r"与日语ラ行辅音共振峰趋势

为了进一步探究普通话声母"r、l"与日语ラ行辅音在稳定段和过渡段共振峰值（如表5.3所示）的区别，我们对汉日音节各段共振峰均值进行了独立样本T检验，分析各个共振峰均值是否有显著性差异。检验结果表明，对于声母"l"与日语ラ行辅音来说，在起始稳定段，其F1、F2有显著性差异（P=0.000），F3差异不显著（p=0.611）；在过渡段，F1、F2有显著性差异（P=0.000），F3无显著差异（p=0.220）。对于声母"r"与日语ラ行辅音来说，在起始稳定段，F1、F2和F3均有显著性差异（p=0.000）；在过渡段，F1、F2和F3差异显著（p=0.000）。虽然普通话声母"l"的听感接近日语ラ行辅音，但是由于发音部位不同，两者的F1、F2值有较大的差异。前文提到F3可用来判断是否出现卷舌，很明显，声母"l"和日语ラ行辅音无卷舌情况出现，所以其F3无显著差异。相较于"l"来说，普通话声母"r"和日语ラ行辅音的区别就更加明显了，在F1、F2和F3同时表现出显著差异；此外，这两组音起始稳定段和过渡段的检验结果都一致。

表5.3 普通话声母"r、l"和日语ラ行辅音的共振峰均值及其标准差

声学参数	l 起始稳定段	l 过渡段	r 起始稳定段	r 过渡段	R 起始稳定段	R 过渡段
F1 均值	323.74	487.39	300.27	352.4	279.99	446.48
F1 标准差	81.25	214.75	88.39	128.01	87.42	177.87
F2 均值	1636.51	1649.09	1890.97	1634.16	1824.82	1838.06
F2 标准差	299.36	490.29	355.89	444.42	298.81	400.31
F3 均值	2892.16	2971.26	2718.5	2762.13	2844.81	2890.7
F3 标准差	442.75	329.55	422.79	344.34	338.97	338.86

5.2.2 普通话声母"r、l"知觉实验

5.2.2.1 声母"r、l"连续统数据产出

本次实验的语料分为两种类型：自然语料和合成语料，下面分别详细介绍。

1. 自然语料

本实验自然语料选自北京语言大学中介语语料库中的单音节字库，选择的是普通话一级乙等的女性发音人产出的声母为"r、l"的音节。实验中用到的音节组合的韵母包括开口呼和合口呼两种，因为该实验要求音节组合是成对的，所以对那些不成对的音节予以排除（如现代汉语中的"ri4"和"li4"，"ri"的"i"是舌尖后音，"li"的"i"是舌面音），韵母相同的音节尽可能囊括自然音节所有的声调（轻声除外）。最后我们选取了20对"r-l"音节。

筛选语料需要满足两个条件：一是"r-l"音节声韵母对应且声调一致；二是发音清晰，便于合成。

关于普通话声母"r"的音值描写及其音系地位的确立，历来都存在大量争议，前文在文献综述部分已列举了一些主要观点。我们在观察"r"语谱图的过程中发现的现象与廖荣容、石锋（1985）发现的相似，即"r"随着后接元音的不同，有浊擦音和通音两种不同的变体。在这两种变体中，"r"大多属于浊擦音，少数属于通音性质。具体情况如表5.4所示：

表5.4　自然音节选取情况

l-	r-	r-具体表现
lan2	ran2	浊擦音
lan3	ran3	浊擦音
lang2	rang2	浊擦音
lang3	rang3	通音
lang4	rang4	浊擦音
lao2	rao2	浊擦音
lao3	rao3	浊擦音
lao4	rao4	浊擦音
le4	re4	通音
leng1	reng1	通音

续表

l-	r-	r-具体表现
leng2	reng2	通音
long3	rong3	浊擦音
lou2	rou2	通音
lou4	rou4	通音
lu2	ru2	浊擦音
lu3	ru3	浊擦音
lu4	ru4	浊擦音
luan3	ruan3	通音
lun4	run4	浊擦音
luo4	ruo4	浊擦音

2. 合成语料

本实验中的合成语料采取的是拼接合成的方法，其原始语料来自本实验的自然语料。本实验对语料进行了六种拼接处理，具体切分方法如下：（1）原始音节互换过渡段；（2）原始音节互换起始稳定段；（3）切掉过渡段；（4）切掉过渡段，互换起始稳定段；（5）切掉起始稳定段；（6）切掉起始稳定段，互换过渡段。为了尽可能提高合成音节的自然度，保证合成的效果，在确定起始稳定段和过渡段的边界时，综合考虑了共振峰、波形和频谱三类要素。剪切的时候，在波形的峰值处进行剪切，拼接时也尽量注意波形的拼接。通过拼接，我们一共得到720（2×20×6×3）个语音刺激（张劲松等，2013）。

（1）原始音节互换过渡段。如图5.6所示，左边两个分别是发音人原始声音文件的语图，右边两个是按照第一种切分方法修改后得到的声音文件的语图。

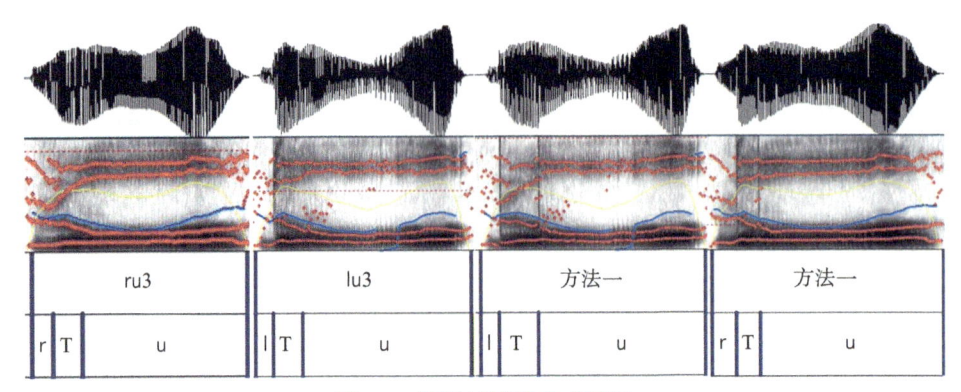

图 5.6　互换过渡段合成示例

（2）原始音节互换起始稳定段。如图 5.7 所示，左边两个分别是发音人原始声音文件的语图，右边两个是按照第二种切分方法修改后得到的声音文件的语图。

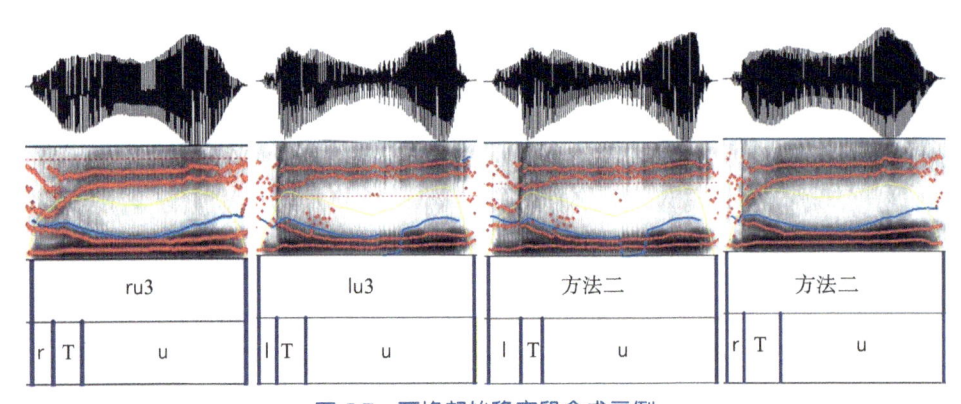

图 5.7　互换起始稳定段合成示例

（3）原始音节切掉过渡段。如图 5.8 所示，左边两个分别是发音人原始声音文件的语图，右边两个是按照第三种切分方法修改后得到的声音文件的语图。

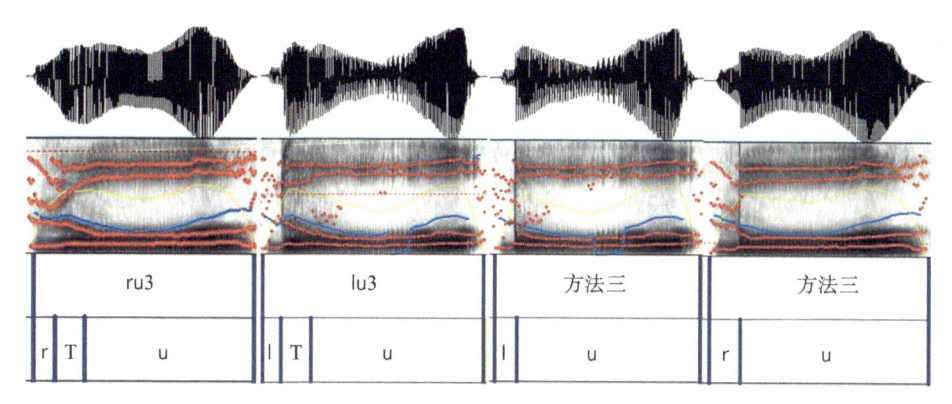

图 5.8 切掉过渡段合成示例

（4）原始音节切掉过渡段，互换起始稳定段。如图 5.9 所示，左边两个分别是发音人原始声音文件的语图，右边两个是按照第四种切分方法修改后得到的声音文件的语图。

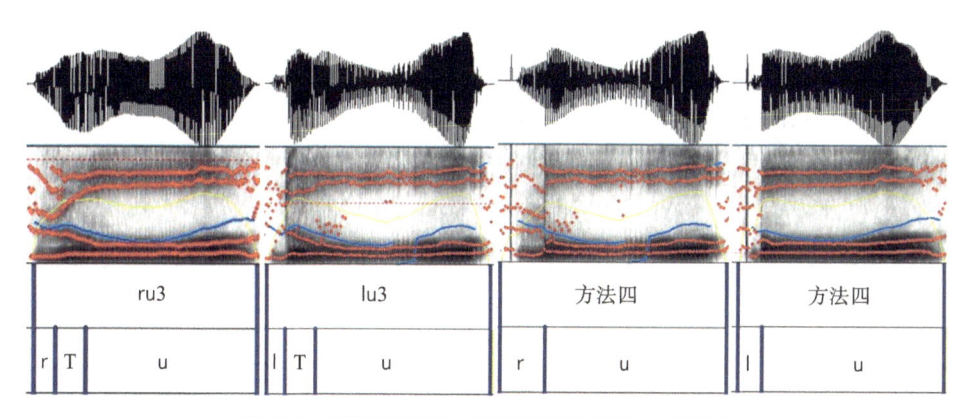

图 5.9 切掉过渡段、互换起始稳定段合成示例

（5）原始音节切掉起始稳定段。如图 5.10 所示，左边两个分别是发音人原始声音文件的语图，右边两个是按照第五种切分方法修改后得到的声音文件的语图。

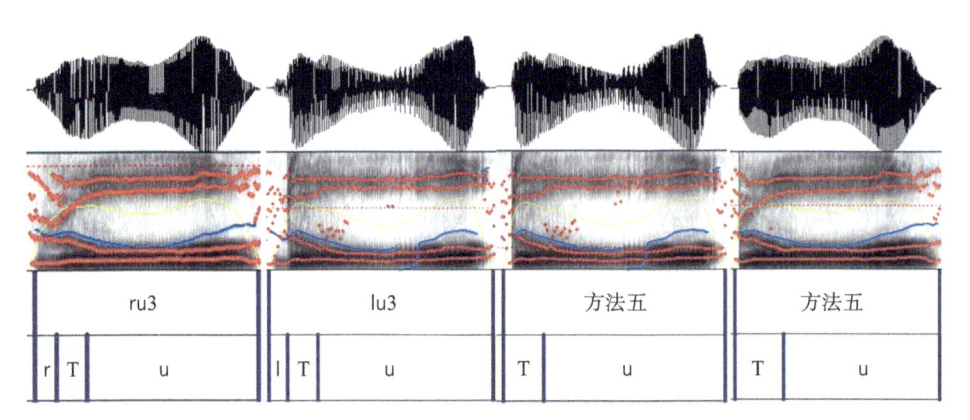

图 5.10 切掉起始稳定段合成示例

（6）原始音节切掉起始稳定段，互换过渡段。如图 5.11 所示，左边两个分别是发音人原始声音文件的语图，右边两个是按照第六种切分方法修改后得到的声音文件的语图。

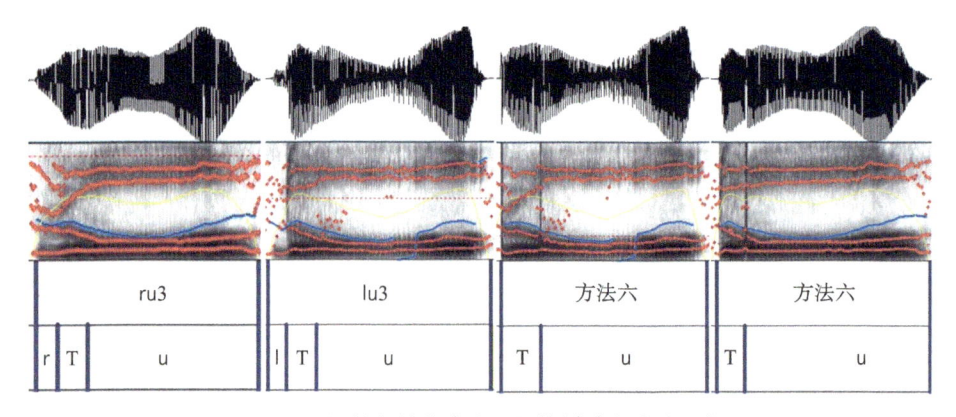

图 5.11 切掉起始稳定段、互换过渡段合成示例

5.2.2.2 声母"r、l"连续统数据听辨实验

1. 实验过程

听辨实验的语料以一个类似于 E-Prime 的程序呈现。实验语音材料采取随机出现的方式，为避免误判，每个刺激随机播放三次。被试对听到的音节进行判断，进行三选一强制选择。供被试选择的候选项有：（1）"r-"音节，

如"ru3";(2)"l-"音节,如"lu3";(3)既不属于"r"也不属于"l"。实验正式开始前有一个练习,目的是让被试了解和熟悉实验过程。在实验过程中,被试听到一个音节后需尽快判断该音节属于哪一种类型,并在键盘上按下相对应的键。被试选择后会出现"滴"的一声,然后播放下一个音频。为减少被试的误操作现象,键盘上贴有相应的标签,"r-"音节用"r"表示,"l-"音节用"l"表示,其他用"x"表示(张劲松、王祖燕,2017)。

2. 实验结果分析

(1)自然音节的知觉结果

中国被试对自然音节的听辨结果显示,中国人基本上能够完全区分普通话声母"r、l"。统计发现,中国被试听辨"r-"音节的正确率为98.4%,听辨"l-"音节的正确率为96.6%。听辨结束后,被试反馈,在听辨实验的选择过程中难免有一些手误,但是数据很少。据此我们可以认为,中国被试感知声母"r、l"没有困难。

日本被试感知自然音节的正确率总体来说不是很高,听辨"r-"音节的正确率为63.6%,听辨"l-"音节的正确率为71.2%。森田尚子(2011)曾调查过日本学生的汉语声母学习情况,发现声母"r、l"的平均错误率分别约为34%和35%,这与本实验的听辨结果基本一致。盖苏珊、塞林克(2011)指出,如果学习者母语中的两个音(如"r、l")没有音位之别,但这两个音的差别在所学语言中却是强制性存在的,那么学习者在学习该语言的过程中就会遇到困难。由于日语中不存在汉语"r、l"两个音位,只有ラ行辅音这个与两者较为相似的音,所以对于日本学习者来说,感知普通话"r、l"存在困难。

(2)合成音节的知觉结果

①互换过渡段

直接互换过渡段部分的语料知觉结果如图5.12所示。中国被试将"r-"音节判断为"l"的占74%,将"l-"音节判断为"r"的占75.6%。也就是说，原音节为"r"开头的，当其过渡段换成"l"时，有74%的被试认为此音节为"l-"；原音节为"l"开头的，当其过渡段换成"r"时，有75.6%的被试认为此音节为"r-"。日本被试将"r-"音节判断为"l"的占55.0%，将"l-"音节判断为"r-"的占48.1%。

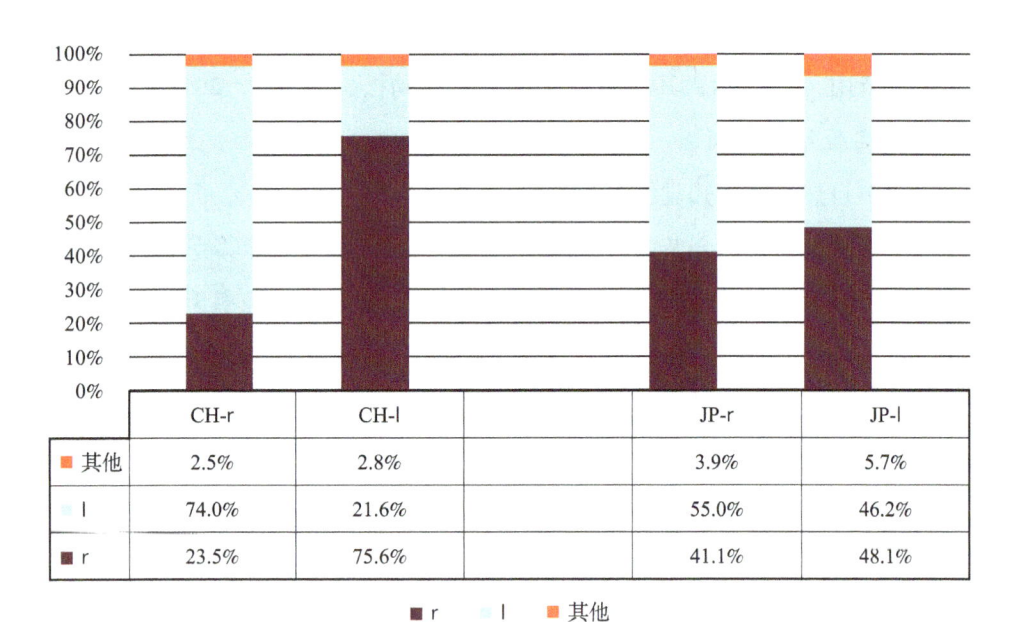

	CH-r	CH-l	JP-r	JP-l
其他	2.5%	2.8%	3.9%	5.7%
l	74.0%	21.6%	55.0%	46.2%
r	23.5%	75.6%	41.1%	48.1%

图 5.12　中日被试互换过渡段的听辨结果

从图 5.12 可以看出，随着过渡段的互换，中国被试的选择相应地也发生了变化。也就是说，对于中国被试而言，过渡段包含了更多的辨识声母"r、l"的关键信息。而日本被试的选择没有表现出很明显的倾向性。由此可以推测，过渡段可能在中国被试感知声母"r、l"上起着关键作用，而日本被试还未能很好地利用该线索来感知声母"r、l"。

②互换起始稳定段

直接互换起始稳定段部分的知觉结果如图 5.13 所示。中国被试将"r-"音节判断为"r"的占 86.1%，判断为"l"的占 12.7%；将"l-"音节判断为"l"的占 85.5%，判断为"r"的占 12.2%。日本被试将"r-"音节判断为

"r"的占54.7%，判断为"l"的占41.7%；将"l-"音节判断为"l"的占55.6%，判断为"r"的占42.0%。

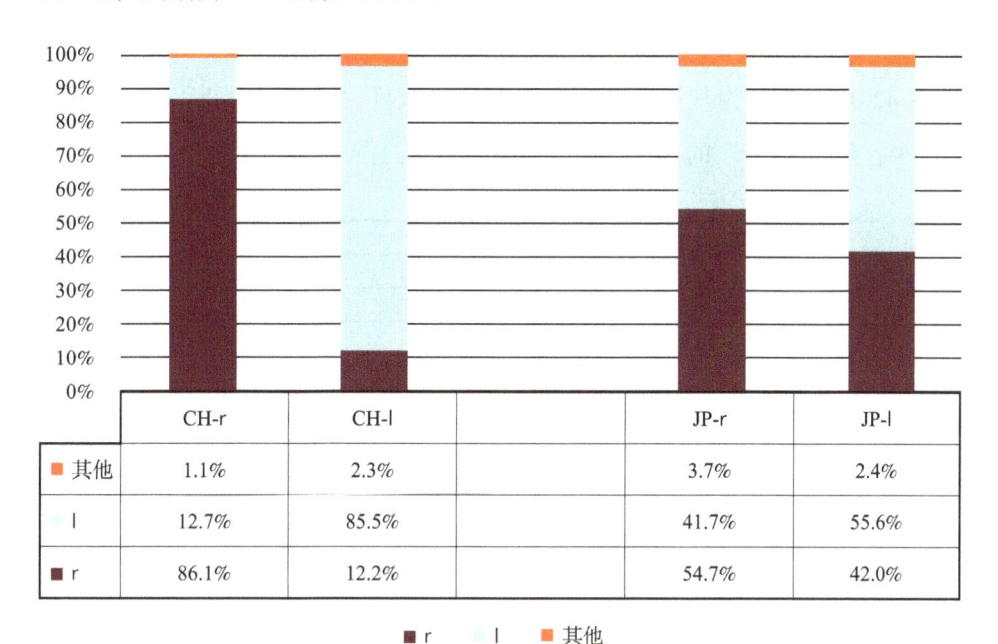

	CH-r	CH-l	JP-r	JP-l
其他	1.1%	2.3%	3.7%	2.4%
l	12.7%	85.5%	41.7%	55.6%
r	86.1%	12.2%	54.7%	42.0%

图 5.13 中日被试互换起始稳定段的听辨结果

将中日被试互换起始稳定段的结果加以对比可以看出，就中国被试而言，原来是"r-"音节的绝大部分仍被感知为"r"，原来是"l-"音节的绝大部分仍被感知为"l"。相较于自然音节的感知，该结果虽然有10%左右的下降，但是选择倾向性依然很明确。而日本被试将"r-"开头的音节感知为"r"的比例略高于"l"，将"l-"开头的音节感知为"l"的比例略高于"r"，说明日本被试的感知有接近中国被试的趋势。但是日本被试的感知结果基本在50%上下浮动，说明这一趋势并不是特别明显。因此，中国被试对于起始稳定段这一线索并没有很强的依赖性，因为即使该段音节互换，中国被试对原音节的感知正确率依然达到85%以上。

③切掉过渡段

切掉过渡段的知觉结果如图5.14所示。中国被试将"r-"音节判断为

"r"的占50.9%，判断为"l"的占35.5%，判断为其他的占13.5%；中国被试将"l-"音节判断为"l"的占82.6%，判断为"r"的占8.0%，判断为其他的占9.4%。日本被试将"r-"音节判断为"r"的占50.3%，判断为"l"的占42.0%，判断为其他的占7.7%；日本被试将"l-"音节判断为"l"的占55.6%，判断为"r"的占37.4%，判断为其他的占7.0%。

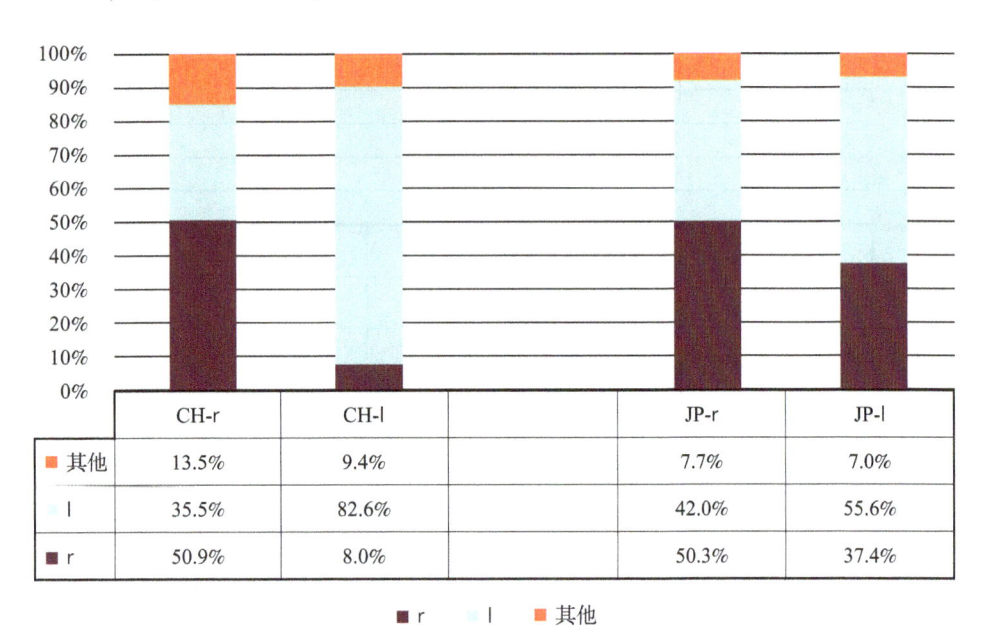

	CH-r	CH-l	JP-r	JP-l
其他	13.5%	9.4%	7.7%	7.0%
l	35.5%	82.6%	42.0%	55.6%
r	50.9%	8.0%	50.3%	37.4%

图 5.14 中日被试切掉过渡段的听辨结果

可以看出，切掉过渡段这部分信息明显影响了中国被试对于声母"r"的判断，表现为："其他"的选择率相较于其他切分方法明显上升，且选择"r"的人数和选择"l"的人数差不多。但比较奇怪的是，这一方法并未严重影响中国被试对声母"l"的判断，依然有82.6%的被试将原音节为"l-"的选择为"l"，关于这一点目前我们尚未找到原因，且待后文方法讨论结束后再进行分析。日本被试的整体选择率依然是50%左右，并未有太明显的趋势。

④切掉过渡段，互换起始稳定段

此方法的知觉结果见表5.15。中国被试将"r-"音节感知为"r"的占16.9%，感知为"l"的占74.4%，感知为其他的占8.8%；中国被试将"l-"音节感知为"l"的占61.3%，感知为"r"的占26.8%，感知为其他的占12.0%。日本被试将"r-"音节感知为"r"的占39.5%，感知为"l"的占56.6%，感知为其他的占3.9%；日本被试将"l-"音节感知为"l"的占46.8%，感知为"r"的占47.4%，感知为其他的占5.9%。

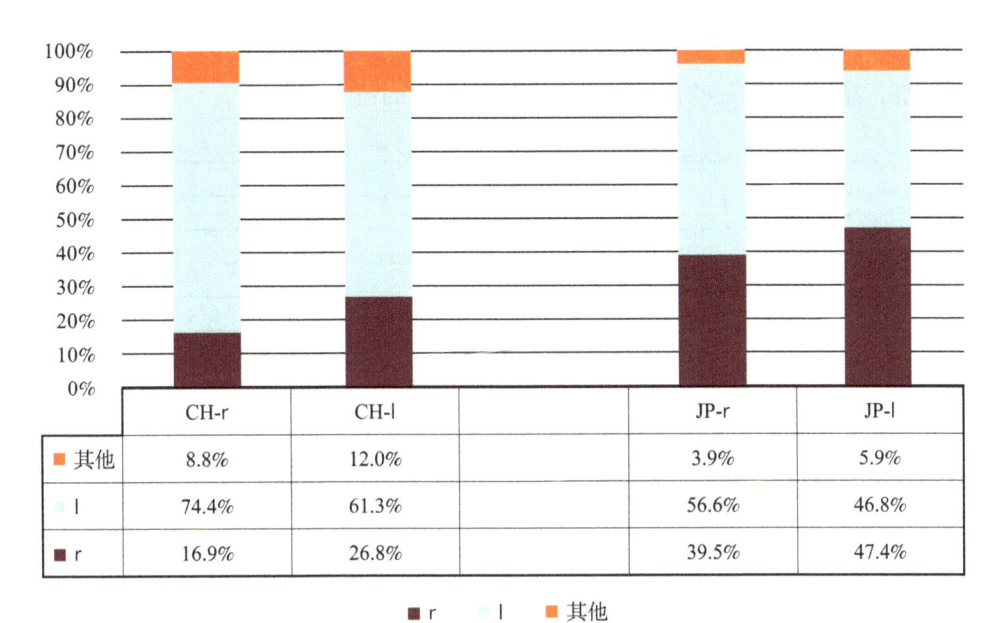

	CH-r	CH-l	JP-r	JP-l
其他	8.8%	12.0%	3.9%	5.9%
l	74.4%	61.3%	56.6%	46.8%
r	16.9%	26.8%	39.5%	47.4%

图 5.15　中日被试切掉过渡段、互换起始稳定段的听辨结果

可以看出，切除过渡段并把起始稳定段互换，"r-"音节大部分被感知为"l"，但"l-"音节的感知结果却没变，依然大部分被感知为"l"。另外，结合两部分的结果来看，不论是"r-"开头的音节还是"l-"开头的音节，总的来说，中国被试感知为"l"的占了很大比例。这是由于音节切分后会留下一个断层，这个断层听起来有点类似于塞音，Stevens（1972）指出，"l 类似一个塞音"。"l"在发音时确实和塞音有相似的除阻阶段，这就有可能导致被试把这样的音感知为"l"。

⑤切掉起始稳定段

如图 5.16 所示，切掉起始稳定段后，中国被试将"r-"音节感知为"r"的占 96.8%，感知为"l"的占 2.6%，感知为其他的占 0.6%；中国被试将"l-"音节感知为"l"的占 88.6%，感知为"r"的占 7.4%，感知为其他的占 4%。日本被试将"r-"音节感知为"r"的占 60.7%，感知为"l"的占 37.3%，感知为其他的占 2.0%；日本被试将"l-"音节感知为"l"的占 55.4%，感知为"r"的占 41.5%，感知为其他的占 3.1%。

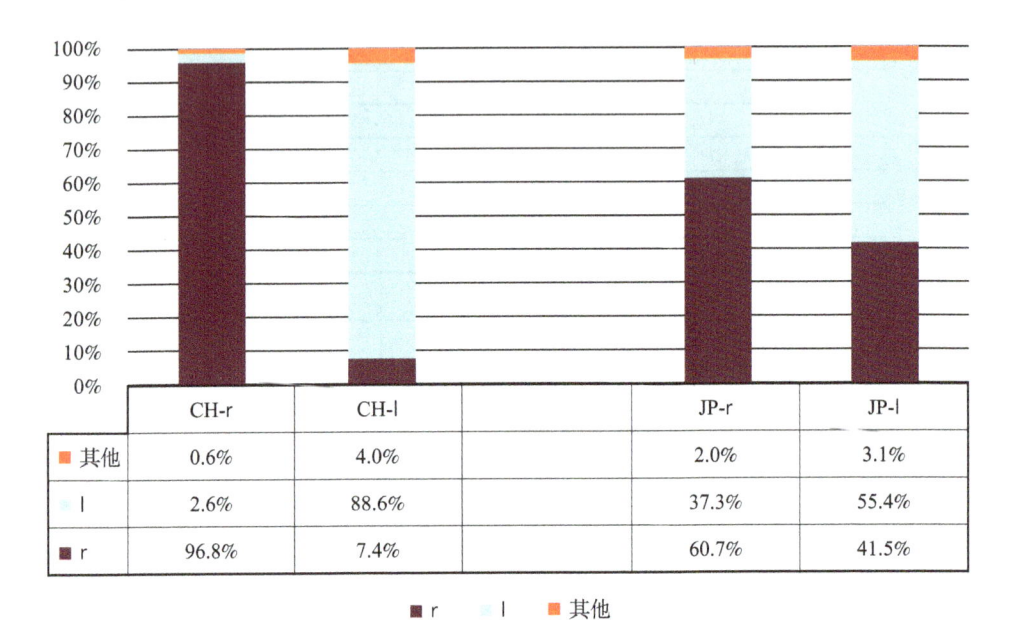

	CH-r	CH-l	JP-r	JP-l
其他	0.6%	4.0%	2.0%	3.1%
l	2.6%	88.6%	37.3%	55.4%
r	96.8%	7.4%	60.7%	41.5%

图 5.16　中日被试切掉起始稳定段的听辨结果

可以看出，切掉起始稳定段后，中国被试对音节感知的正确率依然很高，只不过"l"的正确率略微低于"r"的，说明这段信息的缺失对于中国被试的感知并无太大影响。日本被试的感知结果出现了和中国被试相似的趋势，尤其是"r-"音节感知的正确率（60.7%）与自然音节感知的正确率（63.6%）几乎相当；但是"l-"音节的感知情况比自然音节的要差一些，自然音节中"l"的感知正确率为 71.2%，合成音节中的只有 55.4%。可见，听辨合成音节时日本被试随机选择的倾向性较强，尚没有很明确的判断依据。

⑥切掉起始稳定段，互换过渡段

如图 5.17 所示，中国被试将"r-"音节感知为"r"的占 15.3%，感知为"l"的占 79.1%，感知为其他的占 5.6%；中国被试将"l-"音节感知为"l"的占 12.1%，感知为"r"的占 85.2%，感知为其他的占 2.4%。日本被试将"r-"音节感知为"r"的占 38.5%，感知为"l"的占 55.3%，感知为其他的占 6.2%；日本被试将"l-"音节感知为"l"的占 39.8%，感知为"r"的占 53.6%，感知为其他的占 6.7%。

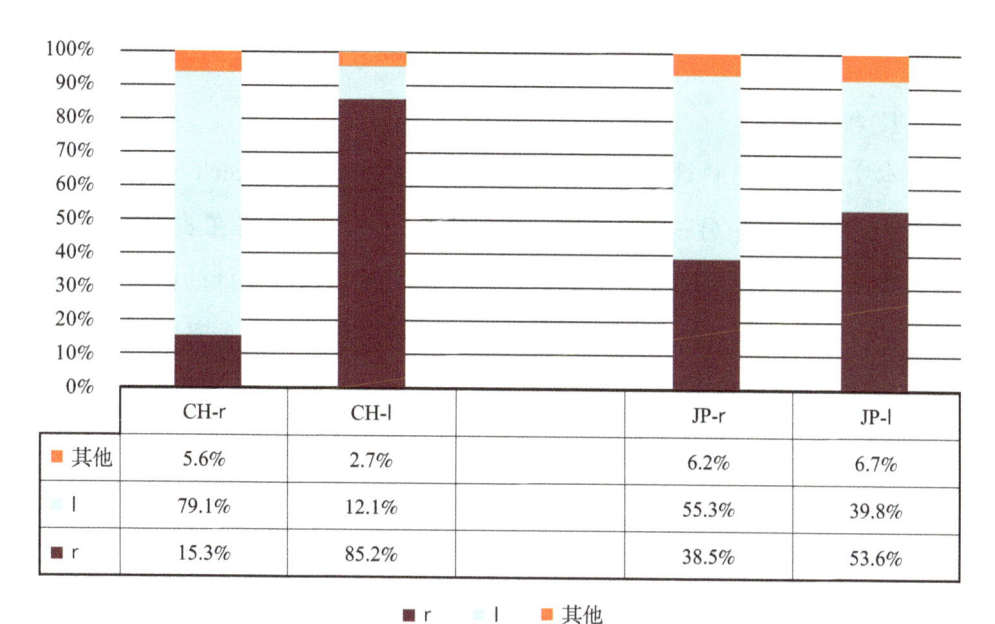

	CH-r	CH-l	JP-r	JP-l
其他	5.6%	2.7%	6.2%	6.7%
l	79.1%	12.1%	55.3%	39.8%
r	15.3%	85.2%	38.5%	53.6%

图 5.17　中日被试切掉起始稳定段、互换过渡段的听辨结果

从知觉结果来看，中国被试在没有起始稳定段且各音节过渡段互换的情况下，过渡段被换到哪个音节，被试就相应地感知为哪个音节，显然，过渡段对于中国被试判断声母"r、l"起到了关键作用。对于日本被试而言，虽然有类似趋势，但由于最高占比只有 50% 左右，所以尚不明确是否为随机的概率事件，还有待后文详细讨论。

5.3 中日被试普通话前后鼻音韵母感知

5.3.1 普通话前后鼻音韵母切分替换实验

本实验通过被试感知听辨自然音节和合成的鼻韵尾音节，探究其感知"an/ang"对、"en/eng"对前后鼻尾韵母时对鼻化段和元音稳定段的依赖程度，同时将日本学习者的感知结果同母语对照组进行比较，探究中日被试在感知鼻韵尾韵母时对元音部分依赖程度的不同（张劲松等，2013）。

5.3.1.1 前后鼻音韵母切分替换连续统数据产出

本次实验的语料分为两种类型：自然语料和合成语料，下面分别详细介绍。

1. 自然语料

本实验自然语料选自语音合成语料库（Corpus of Speech Synthesis-1，简称 CoSS-1）中一男一女的语料，用于实验一。CoSS-1 是在 863-306 领导和支持下完成的，是一个科学的语音语料库，包括精心设计的语料、精细的录音、科学的语料管理系统。录音时，在消声的环境下，完成高信噪比（SNR > 60dB）的数字录音。采用计算机屏幕提示系统，最大限度降低发音人工作强度，减少人为噪声。声音采样率为 16000Hz，双声道，量化精度为 16bit，录音保存为波形文件（*.wav）。

本研究所选取的语料是韵母为"an/ang"或"en/eng"的单音节，之所以没有选择韵母为"in/ing"的音节，是因为前人研究证明，普通话鼻韵母"ing"的发音过程为发完"i"之后舌头后移并降低，实际音值为 [iəŋ]（Mou，2006；覃凤余、褚俊海，2007），也就是说，"ing"存在过渡段，难以划分元音稳定段与鼻化段的界限。在挑选音节时遵循以下原则：前后鼻韵尾音节对应且声调一致（如现代汉语中没有"tin"，则"ting"就相应被排除）；发音部位相同的声母的音节尽可能有 4 个不同的声调（轻声除外）。最后每个发音人各选取 26 对"a"组音节和 20 对"e"组音节（张劲松等，

2013），具体情况见表 5.5：

表 5.5　自然音节选取情况（1 个发音人）　　　　单位：对

音节组别	发音部位							
	双唇	唇齿	舌尖前	舌尖中	舌面前	舌面后	零声母
a 组	4	4	4	4	4	4	2
e 组	4	4	3	0	4	4	1

2. 合成语料

用于拼接合成的原始语料是实验一中的自然语料，本研究对语料进行三种拼接处理，并将其运用于实验二、实验三和实验四。林茂灿、颜景助（1994）提到，虽然难以找到并确定纯元音部分和鼻化元音之间的界限，但鼻辅音的起点通常是可以确定的。因为鼻辅音起点即为口腔通道开始完全关闭、口腔通过完全受阻之时，在语图上可以观察到其频谱和 / 或振幅的跃变显示。为保证拼接效果，我们在确定元音稳定段与鼻化段、鼻化段与鼻韵尾的分界点时综合考虑了共振峰、频谱和波形三类要素。当三要素中有两个表现一致时，即确定此处为分界点；当三要素表现各异时，以波形来确定分界点；若三要素全部一致，则是最好的情况（张劲松、王祖燕，2017）。通过拼接，共得到 552（2×3×92）个语音刺激。

三种拼接处理方法如下：

（1）原始音节切除鼻韵尾后交换前后鼻音鼻化段（IV+t-N）。如图 5.18 所示，左边两个分别为发音人原始声音文件"ban1"和"bang1"的语图，右边两个为按照第一种方法修改后得到的声音文件的语图。

（2）原始音节切除鼻化段（IV-T+N）。如图 5.19 所示，左边两个分别为发音人原始声音文件"ban1"和"bang1"的语图，右边两个为按照第二种方法修改后得到的声音文件的语图。

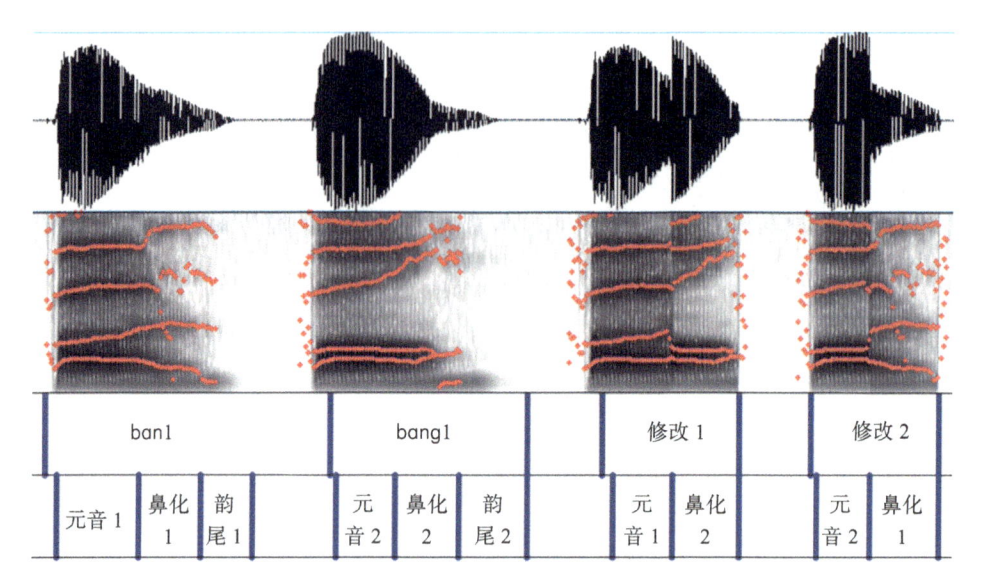

图 5.18　语料合成方法一示例

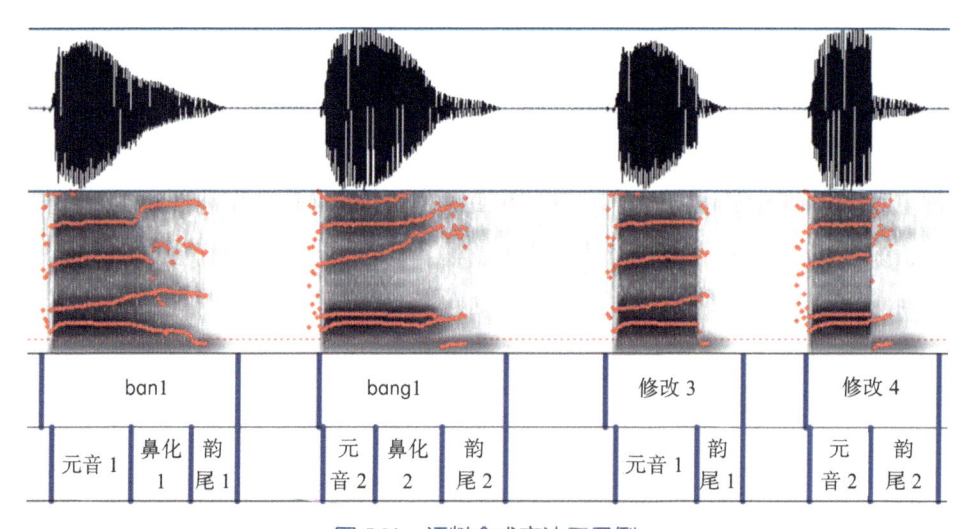

图 5.19　语料合成方法二示例

（3）原始音节切除鼻化段后交换前后鼻韵尾（IV-T+n）。如图 5.20 所示，左边两个分别为发音人原始声音文件"ban1"和"bang1"的语图，右边两个为按照第三种方法修改后得到的声音文件的语图。

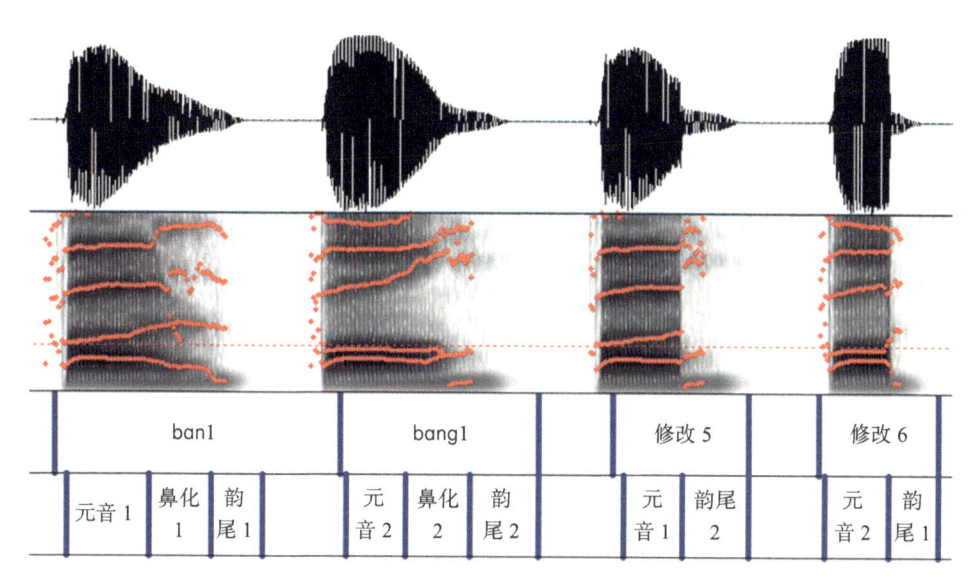

图 5.20　语料合成方法三示例

为了使拼接后的声音更自然，在拼接时会特别注意声波的对接。需要指出的是，在听辨中，声音在拼接段有时会出现些许不自然的情况，但是正常来说，不会影响到听辨人的听辨结果。本次研究的实验语料包括自然语料和合成语料共 736（2×4×92）个语音刺激（张劲松等，2013）。

5.3.1.2 前后鼻音韵母切分替换听辨实验

1. 被试

参加实验的被试共 30 人，分为两组。一组为实验组，共 15 名日本人，在中国学习汉语的平均时间为 5 个月，其中男生 7 人、女生 8 人，男女比例均衡，平均年龄 22 岁，听力皆正常。另一组为对照组，共 15 名中国人，男生 7 人、女生 8 人，男女比例均衡，平均年龄 25 岁，皆无听力障碍。15 名中国被试中，1 名女生为南方人，但普通话标准（普通话水平考试一级乙等），其余 14 人都是北方人（张劲松等，2013）。

2. 实验过程

听辨实验的语料采用 E-Prime 软件呈现。实验语音材料采取随机出现的方式。被试对所有语料听辨结果进行三选一的强制选择,即对听到的音节进行 A/B/C 判断,可选项为:(1)前鼻音,如"tan";(2)后鼻音,如"tang";(3)无韵尾音节,如"ta"。实验正式开始前有一个练习,目的是帮助被试了解和熟悉实验过程。在选择过程中,被试需尽快判断所听到的音节属于哪一种类型,并在键盘上按下相对应的键。被试选择之后屏幕上将出现 500ms 的星形图案,然后直接播放下一个声音文件。为尽量减少被试手误,键盘的选择键上贴有相应的标签,前鼻音用"n"表示,后鼻音用"ng"表示,无韵尾音节用"x"表示(张劲松等,2013)。

3. 实验结果

(1)实验一:自然音节的感知听辨

中国被试对自然音节的听辨结果显示,中国被试基本上能够区分前后鼻音。统计发现,中国被试听辨"an"的正确率为 99%,"ang"的正确率为 96%,"en"和"eng"的正确率均为 97%(如图 5.21 所示)。被试反馈,在听辨选择过程中难免会出现一些手误,但数据不多。因此可以认为,中国被试感知鼻韵母没有问题。

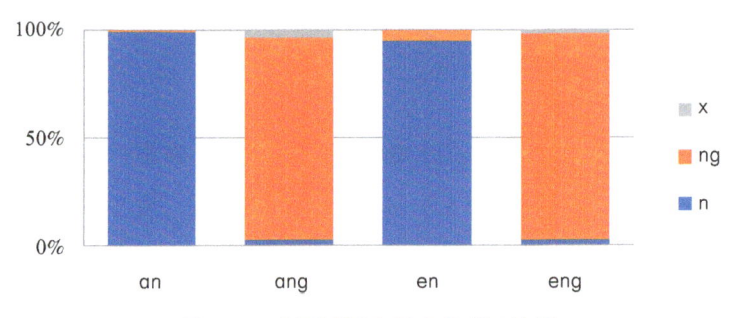

图 5.21 中国被试自然音节感知结果

日本被试对自然音节的听辨结果总体来说不太理想,尤其是"an/ang"对。如图 5.22 所示,日本被试听辨"an"的正确率为 42%,"ang"的正确率为 55%;"en"和"eng"的正确率均为 66%。日本学习者将听到的音节听辨成无韵尾音节的比例也不低，"ang"组听成无韵尾音节的比例最高，达到21%，比例最低的"en"组也有10%。根据汪航（2012）的研究结果，日本学习者在感知一个音节是否为鼻韵尾音节时对鼻韵尾有较强的依赖性，鼻韵尾时长越短，越容易将听到的音节判断为无韵尾音节。日本被试在此实验中出现这种情况，与普通话鼻韵尾较短有关。综合"a"组和"e"组的感知结果，我们发现日本学习者倾向于将音节判断为后鼻音韵尾音节。具体是：日本被试将37%的音节判断为前鼻音音节，将48%的音节判断为后鼻音音节，将15%的音节判断为无韵尾音节。

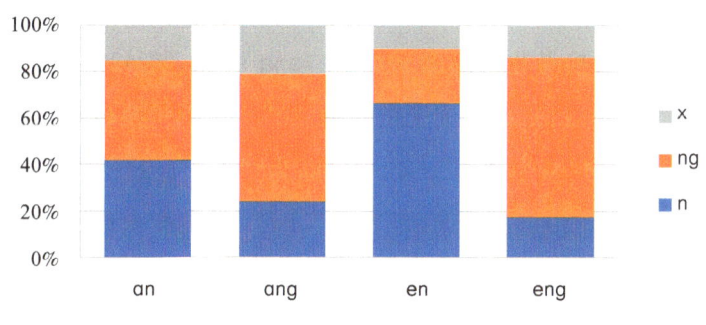

图 5.22　日本被试自然音节感知结果

比较中日被试的听辨结果，不难发现日本学习者不能像汉语母语者那样很好地区分前后鼻音，他们还未能形成如汉语母语者一样的前后鼻音感知范畴（张劲松、王祖燕，2017）。

（2）实验二：原始音节切除鼻韵尾后交换前后鼻音鼻化段（IV+t-N）的感知听辨

中国被试的听辨结果一致性较高，如图 5.23 所示，中国被试主要根据鼻化元音来选择听到的声音属于前鼻音韵尾还是后鼻音韵尾，前面的元音稳定段对中国被试区分前后鼻韵尾没有太大影响（张劲松等，2013）。

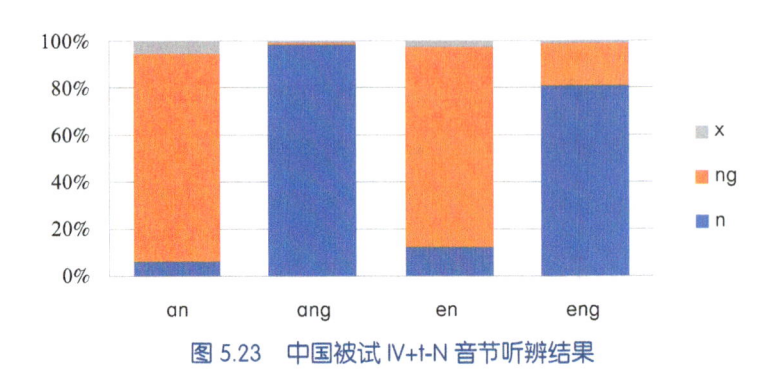

图 5.23　中国被试 IV+t-N 音节听辨结果

日本被试的听辨结果显示（见图 5.24），被试在听辨换鼻化段后的前鼻音"an"时，将 30% 判断为前鼻音，44% 判断为后鼻音，26% 判断为无韵尾的"a"。在听辨换鼻化段后的后鼻音"ang"时，将 42% 判断为"ang"，37% 判断为"an"，21% 判断为无韵尾的"a"。在听辨换鼻化段后的前鼻音"en"时，将 31% 判断为"en"，42% 判断为"eng"，27% 判断为无韵尾的"e"。在听辨换鼻化段后的后鼻音"eng"时，将 35% 判断为"eng"，44% 判断为"en"，21% 判断为无韵尾的"e"。

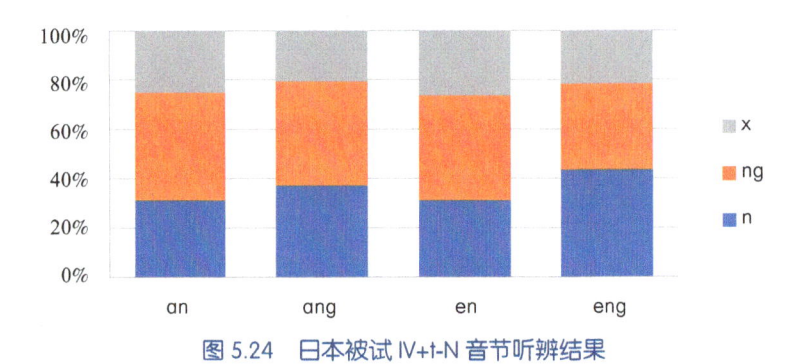

图 5.24　日本被试 IV+t-N 音节听辨结果

中国被试基本上都是根据鼻化元音段来选择所听音节的鼻音类型的，相较于中国被试一致的倾向性，日本被试对鼻音类型的判断就像是随机选择一样，对鼻化元音段和元音稳定段的依赖基本持平，没有明显的倾向性（张劲松等，2013）。

(3) 实验三：原始音节切除鼻化段（IV-T+N）的感知听辨

从感知结果的数据来看（见图 5.25），中国被试在没有鼻化段的情况下，依然能够正确判断鼻音类型，且此时的正确率与自然音节的正确率没有太大的差距，最多相差 10%。中国被试能够结合元音稳定段和鼻韵尾的信息正确判断鼻音类型，说明元音稳定段和鼻韵尾包含着鼻音发音位置信息和发音方式信息（张劲松等，2013）。

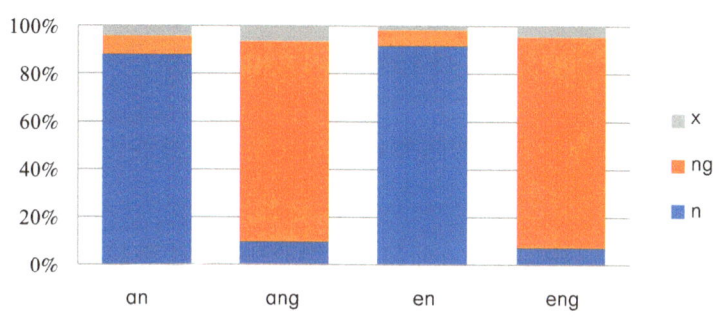

图 5.25 中国被试 IV-T+N 音节听辨结果

日本被试的听辨结果（见图 5.26）显示，被试在听辨切除鼻化段后的前鼻音"an"时，依旧将 51% 判断为前鼻音"an"，22% 判断为后鼻音"ang"，27% 判断为无韵尾的"a"。在听辨无鼻化段的后鼻音"ang"时，将 34% 判断为"ang"，42% 判断为"an"，24% 判断为无韵尾的"a"。在听辨无鼻化段的前鼻音"en"时，将 70% 判断为"en"，20% 判断为"eng"，10% 判断为无韵尾的"e"。在听辨无鼻化段的后鼻音"eng"时，将 49% 判断为"eng"，29% 判断为"en"，22% 判断为无韵尾的"e"。

与中国被试听辨结果所呈现出的一致性相比，日本被试的听辨结果呈现出多样性。在感知"e"组音节时，日本被试较多地依据元音稳定段与鼻韵尾的综合信息来进行鼻音类型的判断（张劲松等，2013）；但在听辨"a"组音节时，日本被试倾向于依据元音稳定段来进行鼻音类型的判断。此外，在没有鼻化段的情况下，日本被试将听到的音节判断为无鼻韵尾音节的比例较高，几乎与无韵尾音节的听辨率一样。

图 5.26　日本被试 IV-T+N 音节听辨结果

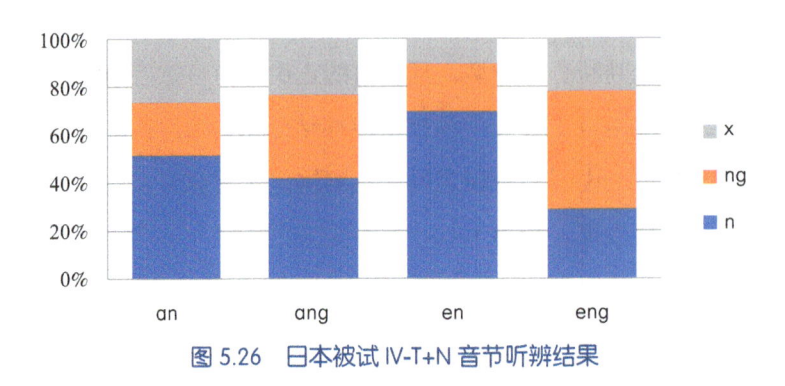

（4）实验四：原始音节切除鼻化段后交换前后鼻韵尾（IV-T+n）的感知听辨

如图 5.27 所示，中国被试在听辨切除鼻化段后交换鼻韵尾的前鼻音"an"时，将 58% 判断为前鼻音"an"，37% 判断为后鼻音"ang"，5% 判断为无韵尾的"a"。在听辨无鼻化段换韵尾的后鼻音"ang"时，将 56% 判断为"ang"，37% 判断为"an"，7% 判断为无韵尾的"a"。在听辨无鼻化段换韵尾的前鼻音"en"时，将 85% 判断为"en"，12% 判断为"eng"，3% 判断为无韵尾的"e"。在听辨无鼻化段换韵尾的后鼻音"eng"时，将 74% 判断为"eng"，24% 判断为"en"，2% 判断为无韵尾的"e"。总的来说，中国被试倾向于依靠元音稳定段来区分鼻音类型，但是"a"组音节不如"e"组音节明显。

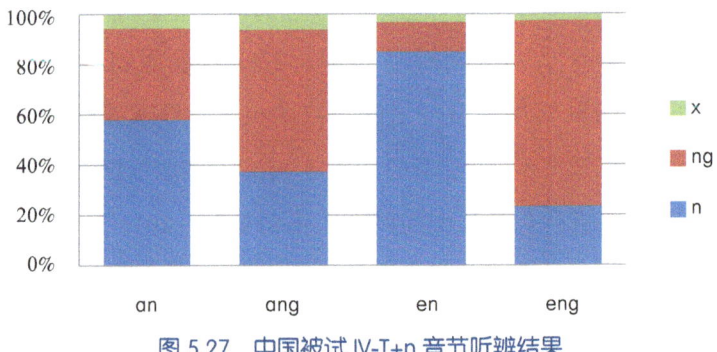

图 5.27　中国被试 IV-T+n 音节听辨结果

如图 5.28 所示，日本被试在听辨切除鼻化段后交换鼻韵尾的前鼻音"an"时，将 57% 判断为前鼻音"an"，21% 判断为后鼻音"ang"，22% 判断为无韵尾的"a"。在听辨无鼻化段换韵尾的后鼻音"ang"时，将 30% 判断为"ang"，44% 判断为"an"，26% 判断为无韵尾的"a"。在听辨无鼻化段换韵尾的前鼻音"en"时，将 58% 判断为"en"，19% 判断为"eng"，23% 判断为无韵尾的"e"。在听辨无鼻化段换韵尾的后鼻音"eng"时，将 48% 判断为"eng"，39% 判断为"en"，13% 判断为无韵尾的"e"。从数据来看，日本被试在感知判断"e"组音节时，主要依赖元音稳定段来判断鼻音类型；在判断"a"组音节时，倾向于将听到的音节判断为前鼻音韵母。

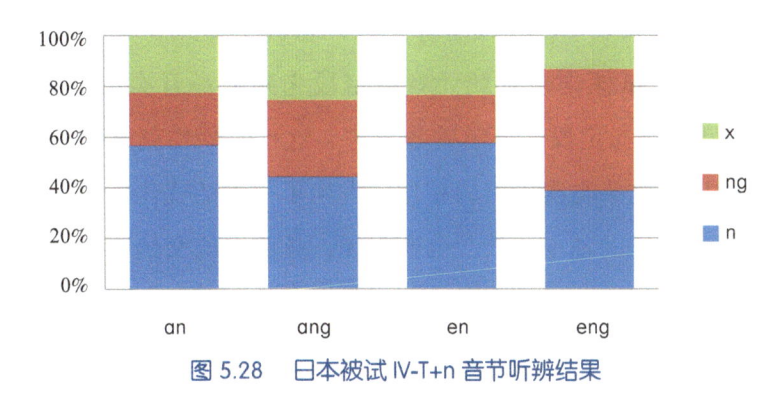

图 5.28　日本被试 IV-T+n 音节听辨结果

4. 实验讨论

实验一的结果表明，鼻韵母确实是日本学习者普通话语音习得的一大难点，日本学习者不能像汉语母语者那样很好地区分前后鼻音；尤其是对元音声学差异较小的"an/ang"组，日本学习者更是难以掌握。正如王韫佳（2002）所发现的，元音的声学差异影响着日本学习者普通话前后鼻韵母的感知正确率，声学差异越大，感知正确率越高。

实验二的结果显示，在元音稳定段与过渡段冲突的情况下，汉语母语者基本上都是依赖鼻化段来进行鼻音类型判断的。但是日本被试并没有这样的依赖性，他们在判断鼻音类型时呈现出随机选择的现象，对任何部分都没有明显的依赖倾向性。可能对日本被试来说，元音稳定段和鼻化段都包含一定的鼻音位置信息（张劲松等，2013）。在没有鼻韵尾的情况下，日本被试将听到的音节感知为无韵尾音节的比例比原始音节要高，这再次证实了鼻韵尾对日本学习者感知一个音节是否为鼻韵尾音节具有较大的作用（张劲松、王祖燕，2017）。

实验三的结果显示，在没有鼻化段的情况下，中国被试几乎都是通过综合元音稳定段和鼻韵尾的信息来进行鼻音类型判断的。而日本被试对"a"组音节倾向于将其判断为前鼻音，对"e"组音节倾向于综合运用元音稳定段和鼻韵尾的信息来判断（张劲松等，2013）。

实验四的结果表明，在没有鼻化段的情况下，元音稳定段与鼻韵尾冲突时，中国被试倾向于依赖元音稳定段来判断鼻音类型（张劲松等，2013），而且元音稳定段的声学差异越大，这种依赖性就越强。中国被试在实验四的感知结果与实验三的相比，发生了很大的变化，而日本被试的感知结果与实验三的基本一致。也就是说，鼻韵尾的交换不影响日本学习者对鼻音类型的判断，反而会影响汉语母语者的判断。由此可知，日本学习者在元音稳定段与鼻韵尾冲突时，也是依靠元音稳定段来进行鼻音类型判断的。

综合实验一、二、三、四的数据，可以看到，只要有鼻化段，不管其他部分怎么变化，汉语母语者都会依赖鼻化段进行鼻音类型的判断，也就是说，鼻化段对汉语母语者正确感知和判断鼻韵母起到决定作用。此外，对于母语者来说，元音稳定段和鼻韵尾都包含一定的鼻音位置信息，但是元音稳定段的鼻音位置信息比其后的鼻韵尾丰富，且元音稳定段的声学差异越大，其位置信息就越丰富。本实验再次揭示了鼻韵母各个部分所包含的位置信息的多寡，以及对母语者正确感知鼻韵尾音节所做的贡献。鼻韵母各部分所包含的鼻音位置信息由多到少的排序（同时也是贡献大小的排序）为：鼻化元音段＞元音稳定段＞鼻韵尾（张劲松等，2013）。但要注意的是，元音稳定段不能单独对感知鼻韵尾音节起作用。

从日本被试的实验数据（见图 5.29）来看，在有鼻化段的情况下，日本被试倾向于将所听音节判断为后鼻音；在没有鼻化段的情况下，日本被试倾向于将所听音节判断为前鼻音。这说明对日本学习者来说，元音稳定段和鼻化段包含不同的鼻音位置信息：元音稳定段包含更多的前鼻音位置信息，鼻化段则包含更多的后鼻音位置信息。但随着元音稳定段声学差异的增大，元音稳定段的前鼻音位置信息减少，鼻化段的后鼻音信息随之增多。此外，我们还可以在实验二、三、四中看到，日本被试将所听到的音节判断为无韵尾音节的比例没有太大区别。这也说明鼻化段对日本被试感知一个音节是否为鼻韵尾音节同样很重要，这可能是因为普通话鼻韵尾较短，鼻音发音方式信息也随着发音位置信息的前移而前移。我们在查看被试实验数据时发现，被日本被试判断为无韵尾的无鼻化段的音节大多是去声音节。去声音节里的鼻韵尾时长相对而言比较短，容易脱落（吴宗济、林茂灿主编，1989；汪航，2012），这时鼻音信息就主要靠鼻化段来表现了（林茂灿、颜景助，1994）。

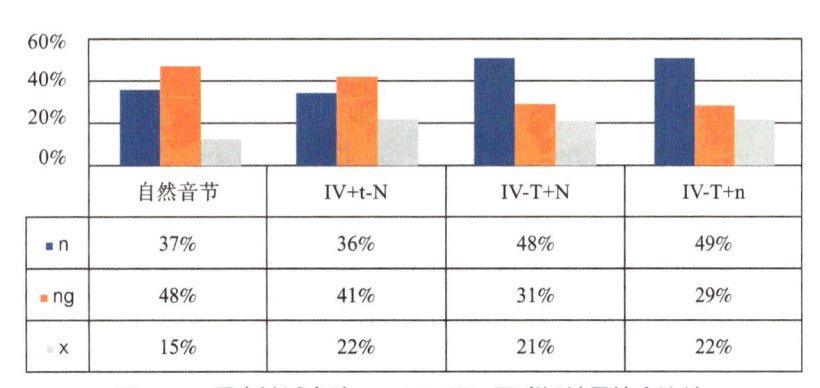

	自然音节	IV+t-N	IV-T+N	IV-T+n
■ n	37%	36%	48%	49%
■ ng	48%	41%	31%	29%
■ x	15%	22%	21%	22%

图 5.29　日本被试实验一、二、三、四感知结果综合比较

5.3.2　普通话前后鼻音韵母关键元音共振峰感知听辨实验

前人研究结果表明，元音共振峰是被试感知鼻音的关键声学线索（李艳萍等，2016），本实验通过听辨实验寻找中国被试前后鼻音韵母感知的关键

元音共振峰线索，旨在验证元音共振峰的感知作用，并考察不同元音共振峰对鼻音感知是否存在交互影响；同时单独修改纯元音段与鼻化元音段第二共振峰合成鼻音连续统，以分析对中日被试感知前后鼻音起关键作用的是纯元音段还是鼻化元音段。

本实验的原始语料选自北京语言大学 CAPL 汉语中介语语音语料库中的单音节字库，挑选原则为：发音清晰的女发音人语料；前后鼻音音节对应，声调为阴平；元音共振峰稳定。综合以上因素，实验选取了 CF5 号女发音人产出的四对自然音节作为原始语料：fān/fāng、fēn/fēng、shēn/shēng、shān/shāng。

5.3.2.1 前后鼻音韵母元音段变动鼻音连续统

1. 元音共振峰变动的鼻音连续统

综合考虑共振峰、频谱、波形三方面的特征，我们对原始语料的首辅音段、纯元音段、鼻化元音段、鼻音尾段进行标注。如果三者的特征表现一致，那么音节各分段之间的分界点清晰明确；当三者中有两者表现一致时，则可以确定此处为分界点；当三者表现各异时，首先参考波形来确定分界点。标注示例见图 5.30（a-：纯元音段，a~：鼻化元音段）：

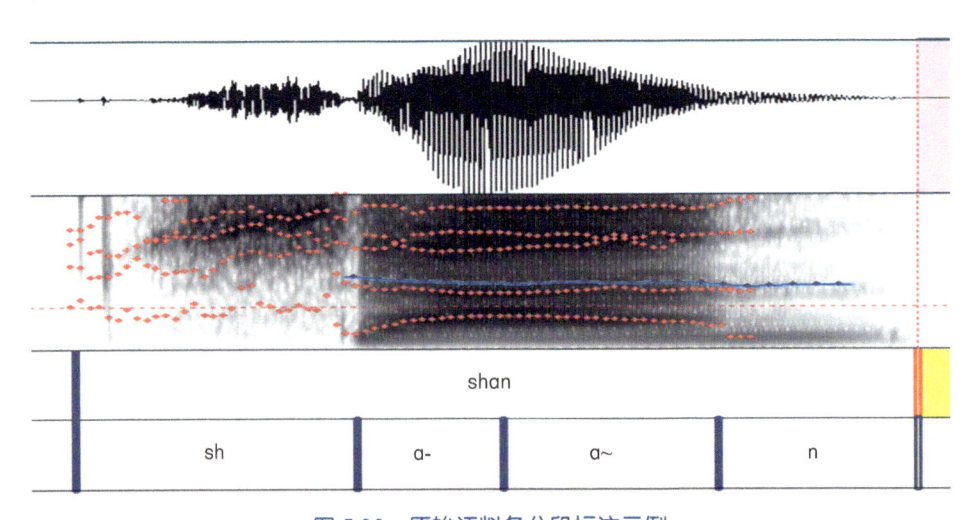

图 5.30　原始语料各分段标注示例

实验一对元音第一共振峰（F1）、第二共振峰（F2）、第三共振峰（F3）三个声学参数及其不同组合进行修改，共有 7 种方法，如表 5.6 所示：

表 5.6　实验一语料合成方式的 7 种方法

方法	内容
方法 1	只修改 F1，F2、F3 不变
方法 2	只修改 F2，F1、F3 不变
方法 3	只修改 F3，F1、F2 不变
方法 4	同时修改 F1、F2，F3 不变
方法 5	同时修改 F1、F3，F2 不变
方法 6	同时修改 F2、F3，F1 不变
方法 7	同时修改 F1、F2、F3

连续统语料合成以"fān/fāng"音节对为例，其他音节对的连续统合成方法相同。下面先介绍从前鼻音"fān"向后鼻音"fāng"合成"fān-fāng"连续统的方法。在"fān-fāng"连续统中，"fān"称为原始音节，"fāng"称为目标音节。

第一步，分别将发音人"fān、fāng"两个自然音节中的元音（包括纯元音段与鼻化元音段）水平分成 10 个等分点，计算出每个等分点上的 F1、F2、F3 值。

第二步，对每个等分点进行从"fān"到"fāng"共振峰值的十步逼近，即在垂直方向上分 10 个等分点进行标记并连接成线。具体结果见表 5.7：

表 5.7　"fān-fāng"连续统 F1 的 10 个水平等分点及十步逼近对应关系

时间等分点 拟合的第二共振峰	P1	P2	P3	P4	P5	P6	P7	P8	P9	P10
Line1	555.55	719.1	798.76	858.22	862.95	837.95	819.02	751.89	712.12	602.49
Line2	564.42	725.46	803.83	864.39	867.37	842.54	822.67	759.54	721.91	620.1
Line3	573.29	731.82	808.89	870.57	871.79	847.13	826.33	767.19	731.7	637.71
Line4	582.16	738.17	813.96	876.75	876.21	851.72	829.99	774.84	741.49	655.32

续表

时间等分点 拟合的第二共振峰	P1	P2	P3	P4	P5	P6	P7	P8	P9	P10
Line5	591.02	744.53	819.03	882.93	880.62	856.31	833.65	782.48	751.28	672.93
Line6	599.89	750.88	824.1	889.11	885.04	860.9	837.3	790.13	761.07	690.54
Line7	608.76	757.24	829.17	895.29	889.46	865.49	840.96	797.78	770.86	708.15
Line8	617.63	763.6	834.24	901.47	893.88	870.08	844.62	805.42	780.65	725.76
Line9	626.5	769.95	839.31	907.65	898.3	874.66	848.28	813.07	790.44	743.37
Line10	635.37	776.31	844.37	913.83	902.72	879.25	851.93	820.72	800.23	760.98

表中 Line1 对应的 10 个值是原始语料"fān"第一共振峰上 10 个水平等分点对应的共振峰值（Hz），Line10 是原始语料"fāng"第一共振峰上 10 个水平等分点对应的共振峰值（Hz）。每个点分别进行相应的十步逼近，减去或加上相同的单位差值，得出中间 8 个第一共振峰线（即表中 Line2—Line9），如图 5.31 所示：

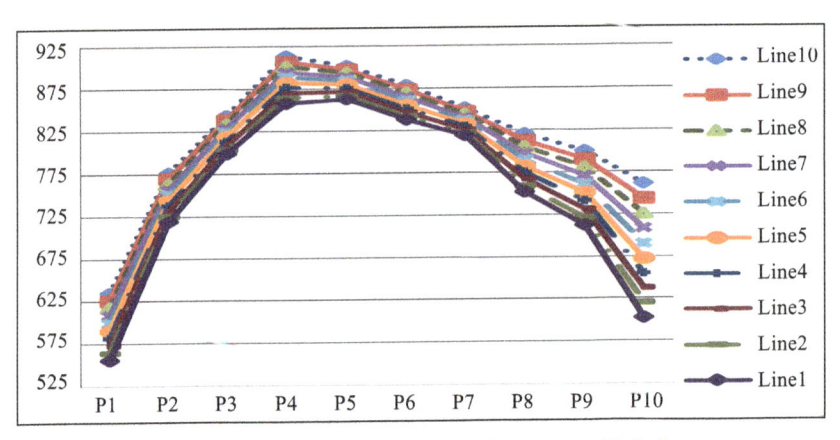

图 5.31 "fān-fāng"连续统元音第一共振峰合成

第二共振峰、第三共振峰采用相同的方法进行十步逼近，结果见图 5.32 和图 5.33。Line1 对应的是原始语料"fān"的值，Line10 对应的是原始语料

"fāng"的值。

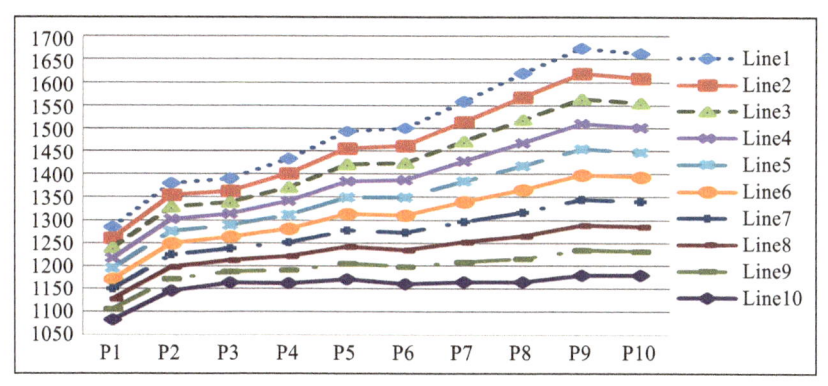

图 5.32 "fān-fāng"连续统元音第二共振峰合成

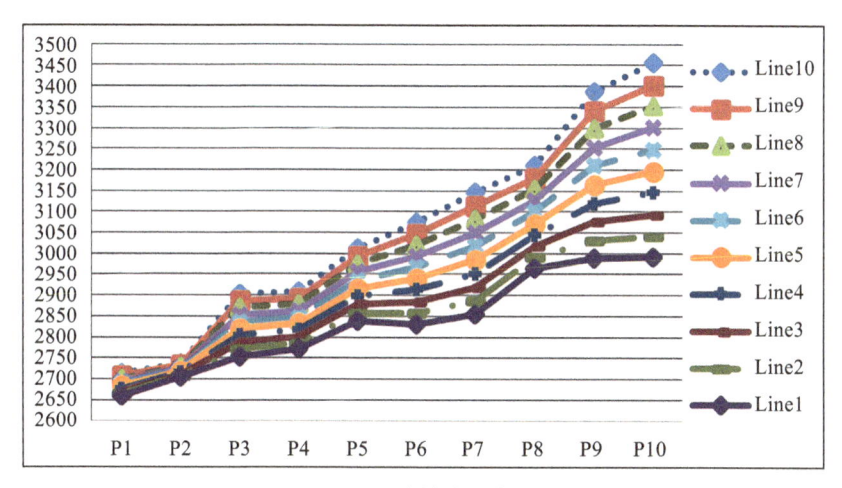

图 5.33 "fān-fāng"连续统元音第三共振峰合成

第三步，按照合成方法进行操作，比如按照方法 4 进行合成，要求同时修改 F1、F2，保持 F3 不变。那么在前两步确定"fān-fāng"连续统中每个刺激语料的 F1、F2 值后，对第一共振峰、第二共振峰进行拟合，保留原始音节"fān"的第三共振峰，拼接"fān"的首辅音 /f/ 和鼻音尾 /n/，最后形成相应的语料刺激，同一种合成方法共产生 10 个语料刺激。图 5.34 为按照方法 4 合成的"fān-fāng"连续统第 5 个语料刺激的元音共振峰示意图，从图中可以看出，F3 仍为原始语料"fān"的 F3，F1 和 F2 均为合成示意图中 Line5 的共振峰值。

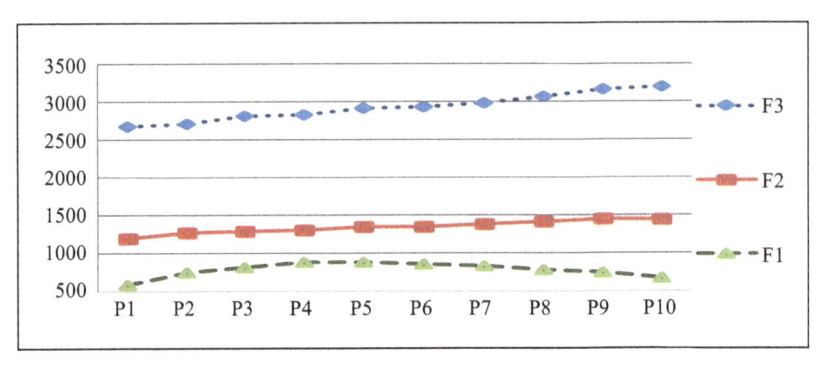

图 5.34　F1、F2 变动的"fān-fāng"连续统第 5 个刺激

再根据其他 6 种方法修改共振峰的方法合成语料刺激，最终产生包括 70 个语料刺激的"fān-fāng"连续统。

合成"fāng-fān"连续统（从后鼻音"fāng"向前鼻音"fān"方向合成）时，同样对每个等分点上的共振峰值进行从"fāng"到"fān"的十步逼近，拼接"fāng"的首辅音 /f/ 和鼻音尾 /ŋ/，需要保留的共振峰则为"fāng"的原始共振峰。图 5.35 为从"fāng"到"fān"F2 的逼近，Line1 上的 10 个值就是原始语料"fāng"的 F2 上 10 个水平等分点对应的值（Hz），Line10 上的 10 个值是"fān"的 F2 上 10 个水平等分点对应的值（Hz）。

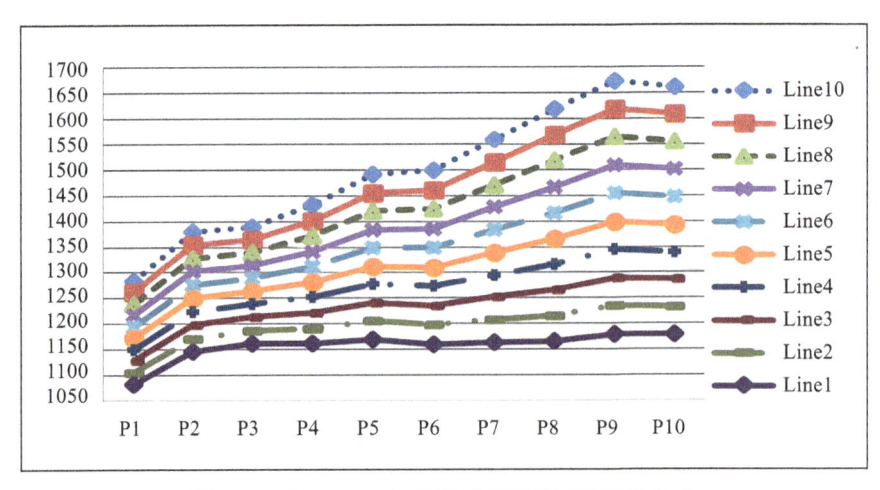

图 5.35　"fāng-fān"连续统元音第二共振峰合成

按照同样的方法合成"fēn-fēng、fēng-fēn、shān-shāng、shāng-shān、shēn-shēng、shēng-shēn"的鼻音连续统，共得到 70×8=560 个语料刺激。

本实验的原始语料标注、共振峰值提取与计算、语料合成都通过 Praat 脚本实现。语料合成采用 LPC 方法，达到了较为自然的效果。

2. 纯元音段、鼻化元音段第二共振峰单独变动的鼻音连续统

原始语料与前一连续统相同。语料合成以"fān-fāng"连续统为例，其他音节组的合成方法相同。下面先介绍只修改纯元音段第二共振峰的"fān-fāng"连续统的合成方法。

将发音人"fān、fāng"原始音节纯元音段水平分成 10 个等分点，对每个等分点上的共振峰值进行从"fān"到"fāng"的十步逼近。修改后的纯元音段第二共振峰与原始音节"fān"鼻化元音段第二共振峰连接，如图 5.36 所示。合成只改变鼻化元音段 F2 连续统时，将原始音节"fān"纯元音段 F2 与修改了的鼻化元音段 F2 进行拼接，如图 5.37 所示。在确定纯元音段与鼻化元音段的 F2 值之后，对其进行拟合，保留原始音节"fān"的 F1、F3，再拼接上"fān"的首辅音和鼻音尾，形成相应刺激。

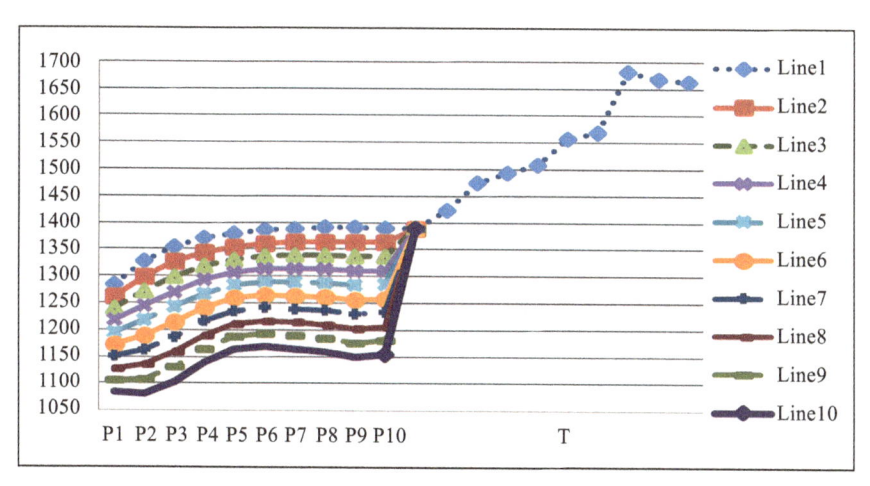

图 5.36 "fān-fāng"连续统合成的纯元音段与原始鼻化元音段 F2 拼接

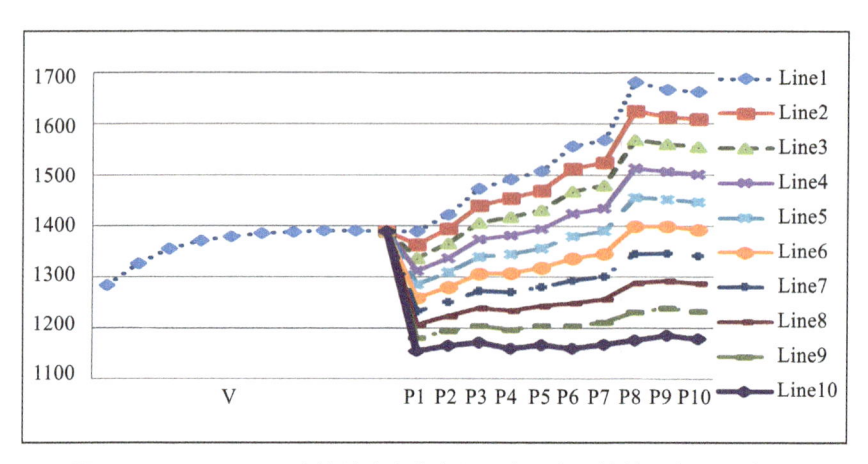

图 5.37 "fān-fāng" 连续统合成的鼻化元音段与原始纯元音段 F2 拼接

按照同样的方法合成单独修改纯元音段、鼻化元音段 F2 的 "fāng-fān、fēn-fēng、fēng-fēn、shān-shāng、shāng-shān、shēn-shēng、shēng-shēn" 连续统，共得到 20×8=160 个语料刺激。

5.3.2.2 元音段变动连续统听辨实验

1. 元音共振峰变动连续统听辨实验

（1）实验过程

本次实验共有 12 名（6 男 6 女）中国被试参加。所有被试的普通话水平等级均为二级甲等及以上，听力正常，能准确感知并产出普通话前后鼻音韵母音节。实验过程主要是将 "fān-fāng、fāng-fān" 两个连续统编为第一组，"fēn-fēng、fēng-fēn" 连续统编为第二组，"shān-shāng、shāng-shān" 连续统编为第三组，"shēn-shēng、shēng-shēn" 连续统编为第四组。每组内的 140 个刺激随机排列，并重复 3 次，4 组刺激共 1680 个。

语料刺激通过 E-Prime 2.0 软件呈现，所有语料刺激的呈现规则如下：正式测试开始前，通过 8 个自然音节（4 个前鼻音音节、4 个后鼻音音节）的练习帮助被试熟悉测试方法，并据此检测被试区分前后鼻音韵母的准确度，8 个测试音节全部感知正确才能进行正式实验；实验过程中有操作方法的文字提示；正式测试中每次呈现一个刺激，被试按键选择听到的是前鼻音韵母还是后鼻音韵母，两个按键分别标记了"n"（代表前鼻音音节）与"ng"（代表后鼻音音节）；4组实验间设置休息时间，由被试自行掌握和调整；每两个刺激之间显示一张图片，持续时间为2秒，以确保被试不受前摄干扰。

听辨实验在北京语言大学语音实验室进行，使用AKG K272HD监听式耳机。

（2）实验结果分析

① "fān-fāng"连续统感知结果

实验结果表明，在"fān-fāng"连续统中，听辨采用方法1（只修改F1）、方法3（只修改F3）、方法5（同时修改F1、F3）合成的连续统时，被试不会把原始音节"fān"感知成"fāng"，只有听辨采用方法2（只修改F2）、方法4（同时修改F1、F2）、方法6（同时修改F2、F3）、方法7（同时修改F1、F2、F3）合成的连续统时，被试才会出现鼻音的感知变化。以连续统合成方式为自变量、感知结果为因变量进行单因素方差分析，$F(6, 63)=4.413$，$p=0.001$，说明这7种合成方式的感知结果差异显著（$p<0.01$）。进一步进行Post Hoc检验，结果表明，没有修改F2的连续统（即方法1、3、5）与其他4种修改了F2的连续统的感知结果差异显著，但是4种修改了F2的连续统彼此之间差异并不显著。由此证明，只有F2改变才会引起感知结果的变化。具体结果见表5.8：

表5.8 7种方式合成的"fān-fāng"连续统感知结果方差分析（**：$p<0.01$）

共振峰修改方式		Sig.	共振峰修改方式		Sig.	共振峰修改方式		Sig.
1	2	0.004**	2	4	0.722	3	7	0.011**
1	3	1	2	5	0.004**	4	5	0.011**
1	4	0.011**	2	6	0.906	4	6	0.813
1	5	1	2	7	0.722	4	7	1

续表

共振峰修改方式		Sig.	共振峰修改方式		Sig.	共振峰修改方式		Sig.
1	6	0.006**	3	4	0.011**	5	6	0.006**
1	7	0.011**	3	5	1	5	7	0.011**
2	3	0.004**	3	6	0.006**	6	7	0.813

② "fāng-fān、fēn-fēng、fēng-fēn、shān-shāng、shāng-shān、shēn-shēng、shēng-shēn"连续统感知结果

"fāng-fān、fēn-fēng、fēng-fēn、shān-shāng、shāng-shān、shēn-shēng、shēng-shēn"连续统感知的结果特征与"fān-fāng"连续统一致：分别修改F1、F3时，每组连续统中的语料刺激均被100%感知为连续统初始音节，感知结果没有波动；只有修改F2时，感知结果才会出现从一种鼻音到另一种鼻音的突变。我们分析每一组音节修改了F2的四种方式合成的连续统感知结果差异的显著性，以连续统合成方式为自变量、感知结果为因变量进行单因素方差分析，结果见表5.9：

表5.9 F2变动的连续统感知结果方差分析（**: p<0.01）

音节	Sig.	音节	Sig.
fāng-fān	0.912	shān-shāng	1
fēn-fēng	0.989	shāng-shān	0.993
fēng-fēn	0.994	shēn-shēng	0.999
—		shēng-shēn	0.986

实验结果说明，元音第二共振峰是汉语母语者感知普通话前后鼻音的关键声学线索（李艳萍等，2016）。

2. 纯元音段、鼻化元音段第二共振峰单独变动连续统听辨实验

（1）实验过程

本实验被试分为三组。第一组为36名中国被试，听力正常，均为北京

语言大学在读本科生，平均年龄 19 岁，无实验语音学方面的学习背景，普通话水平均为二级甲等及以上，能准确感知并产出普通话前后鼻音韵母音节。第二组为初级汉语水平的日本被试，共 10 人，到中国的时间不满一年，学习汉语的时间均在半年到一年之间，HSK 等级为三级或四级。第三组为中高级汉语水平的日本被试，共 10 人，到中国的时间在一年以上，学习汉语的时间均为两年半，HSK 等级为五级或六级。日本被试均为北京高校的留学生（包括北京语言大学的留学生），都出生在日本，平均年龄 23 岁，母语及父母的第一语言皆为日语。

实验过程与前一实验相同，8 个连续统分为 4 组，且每组内的刺激随机排列，并重复 3 次，共 480 个语料刺激。语料呈现规则及实验环境均与前一实验相同。

（2）实验结果

①中国被试的感知结果

中国被试感知实验的结果表明，在听辨单独修改纯元音段或鼻化元音段第二共振峰的"fān-fāng、fāng-fān、fēn-fēng、fēng-fēn、shān-shāng、shāng-shān、shēn-shēng、shēng-shēn"连续统时，中国被试均将单独修改纯元音段第二共振峰连续统中的语料刺激感知为原始音节，而单独修改了鼻化元音段连续统的感知结果出现了从一种鼻音到另一种鼻音的突变。这说明鼻化元音段第二共振峰为汉语母语者感知普通话前后鼻音提供了关键信息，而纯元音段第二共振峰提供的鼻音信息并不显著。

②初级汉语水平日本被试的感知结果

初级汉语水平日本被试的感知实验结果见图 5.38 至图 5.53。总体上看，在单独修改纯元音段第二共振峰连续统的感知结果中，初级汉语水平的日本被试将同一个连续统中的 10 个音节感知为原始音节的辨认率没有保持在 75% 以上，辨认曲线有波动，说明纯元音段第二共振峰会影响初级日本被试的鼻音感知。听辨单独修改纯元音段第二共振峰的"shān-shāng、shēng-shēn"连续统时,初级水平的日本被试将同一个连续统内的 10 个音节感知为原始音节的辨认率均保持在 75% 以上,可以认为纯元音段第二共振峰不是初级水平日本被试感知"shān-shāng、shēng-shēn"连续统中鼻音的关键声学线索。值得注意的是,除了"shāng-shān"连续统外,初级水平日本被试的两条辨认曲线没有出现交叉,说明对同一个连续统中音节的感知结果不会出现从一种鼻音到另一种鼻音的突变。

总体上看,单独修改鼻化元音段第二共振峰连续统的感知结果均出现了前后鼻音辨认曲线交叉的现象,说明被试对同一个连续统中音节的感知结果出现了从一种鼻音到另一种鼻音的突变,可见鼻化元音段第二共振峰对初级水平日本被试的鼻音感知产生了较大影响,它提供的鼻音信息多于纯元音段。"shān-shāng"连续统感知结果在第 10 个刺激处出现了两条感知曲线相接近的趋势,可能是由于连续统中 F2 下边界不够充足,减小 F2 值之后,感知曲线可能相交。

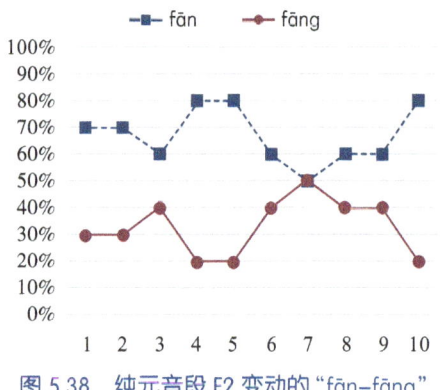

图 5.38　纯元音段 F2 变动的"fān-fāng"连续统听辨结果

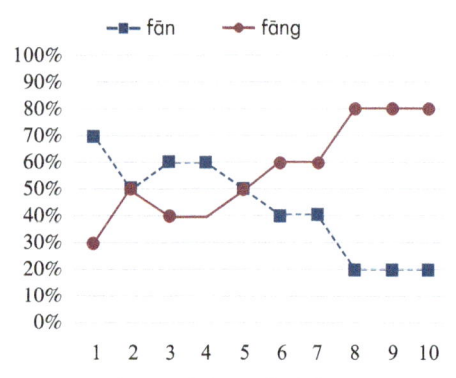

图 5.39　鼻化元音段 F2 变动的"fān-fāng"连续统听辨结果

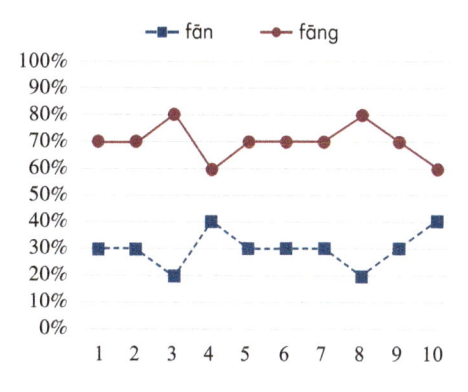

第五章 普通话声母"r、l"与前后鼻音韵母的连续统 | 173

图 5.40 纯元音段 F2 变动的"fāng-fān"连续统听辨结果

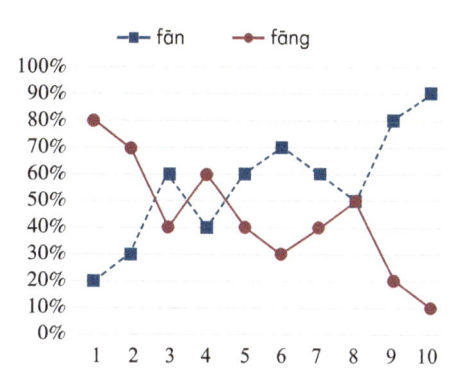

图 5.41 鼻化元音段 F2 变动的"fāng-fān"连续统听辨结果

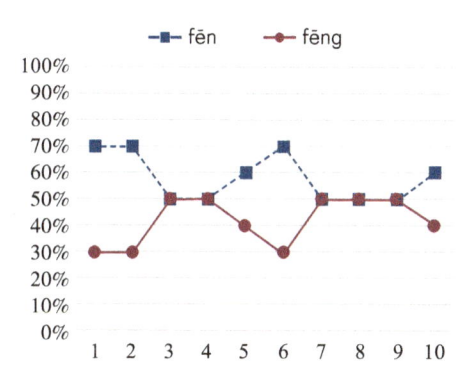

图 5.42 纯元音段 F2 变动的"fēn-fēng"连续统听辨结果

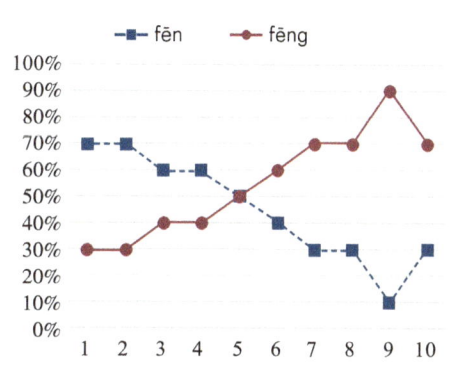

图 5.43 鼻化元音段 F2 变动的"fēn-fēng"连续统听辨结果

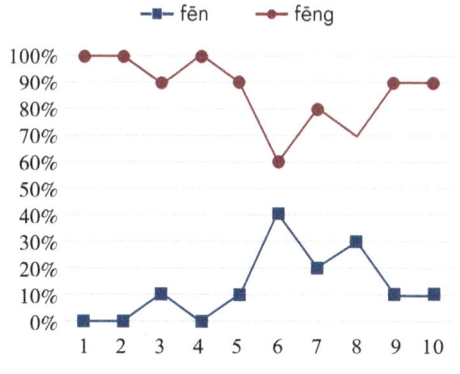

图 5.44 纯元音段 F2 变动的"fēng-fēn"连续统听辨结果

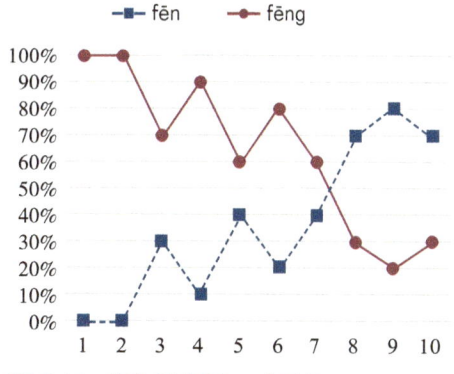

图 5.45 鼻化元音段 F2 变动的"fēng-fēn"连续统听辨结果

图 5.46 纯元音段 F2 变动的"shān-shāng"连续统听辨结果

图 5.47 鼻化元音段 F2 变动的"shān-shāng"连续统听辨结果

图 5.48 纯元音段 F2 变动的"shāng-shān"连续统听辨结果

图 5.49 鼻化元音段 F2 变动的"shāng-shān"连续统听辨结果

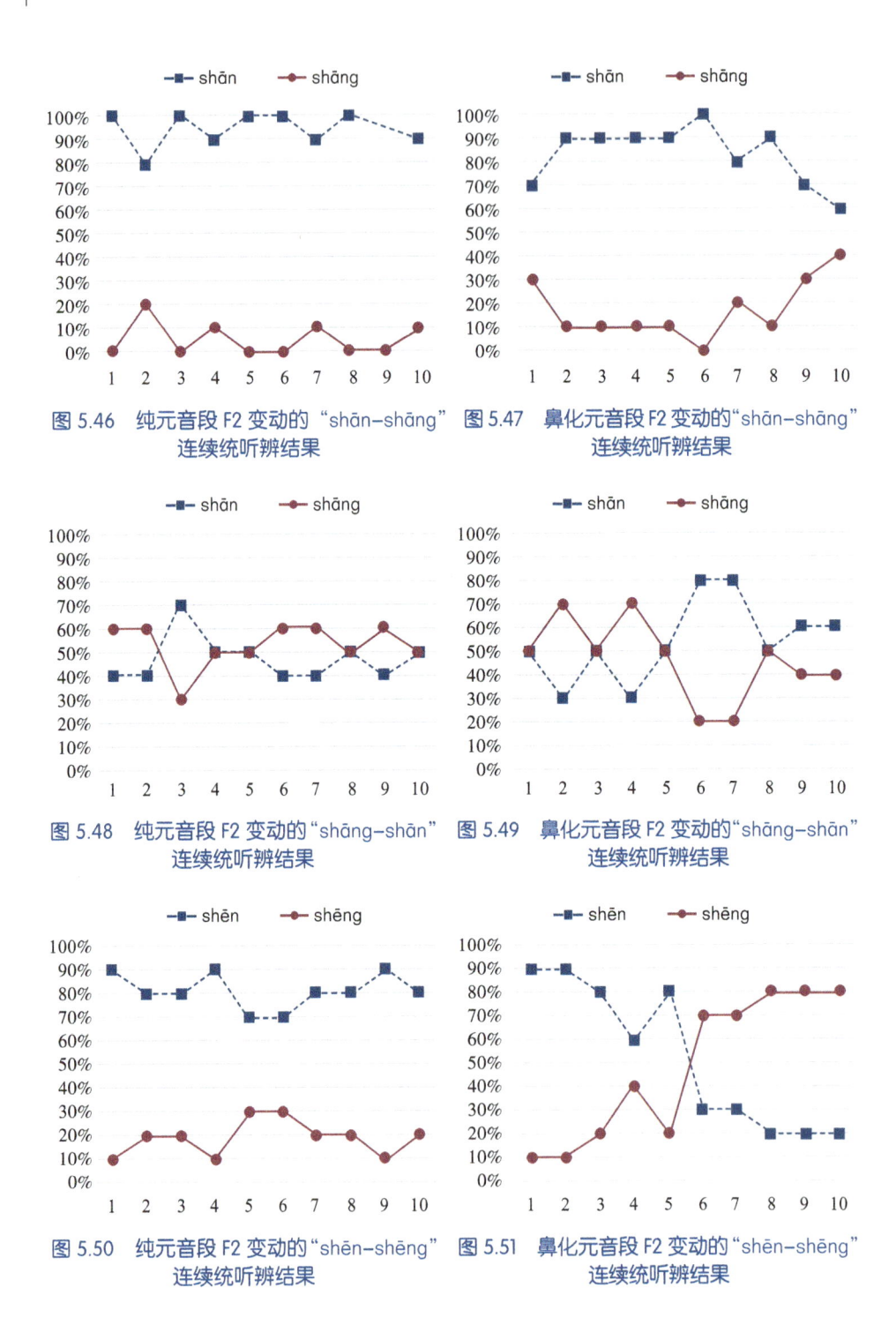

图 5.50 纯元音段 F2 变动的"shēn-shēng"连续统听辨结果

图 5.51 鼻化元音段 F2 变动的"shēn-shēng"连续统听辨结果

图 5.52　纯元音段 F2 变动的"shēng–shēn"连续统听辨结果

图 5.53　鼻化元音段 F2 变动的"shēng–shēn"连续统听辨结果

③中高级汉语水平日本被试的感知结果

中高级汉语水平日本被试的感知实验结果见图 5.54 至图 5.69。单独修改纯元音段第二共振峰时，除了"fān-fāng"连续统外，中高级汉语水平的日本被试将同一个连续统中的 10 个音节感知为原始音节的辨认率基本保持在 75% 以上，辨认曲线总体波动不剧烈，只有个别被试的感知结果出现波动，可以认为纯元音段第二共振峰不是中高级水平日本被试感知鼻音类型的关键声学线索。

单独修改鼻化元音段第二共振峰连续统的感知结果均出现了前后鼻音辨认曲线交叉的现象（"shān-shāng"除外，猜测与共振峰边界有关），说明鼻化元音段第二共振峰对中高级水平日本被试的鼻音感知会产生较大影响。

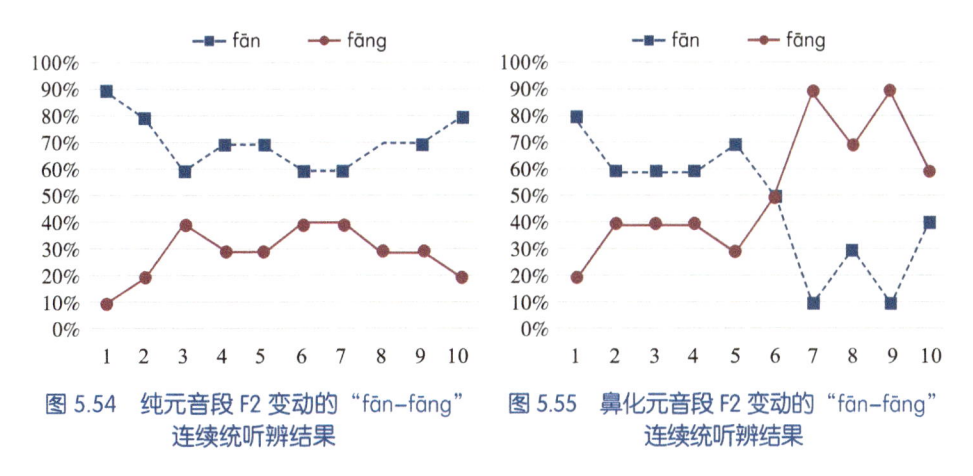

图 5.54　纯元音段 F2 变动的"fān–fāng"连续统听辨结果

图 5.55　鼻化元音段 F2 变动的"fān–fāng"连续统听辨结果

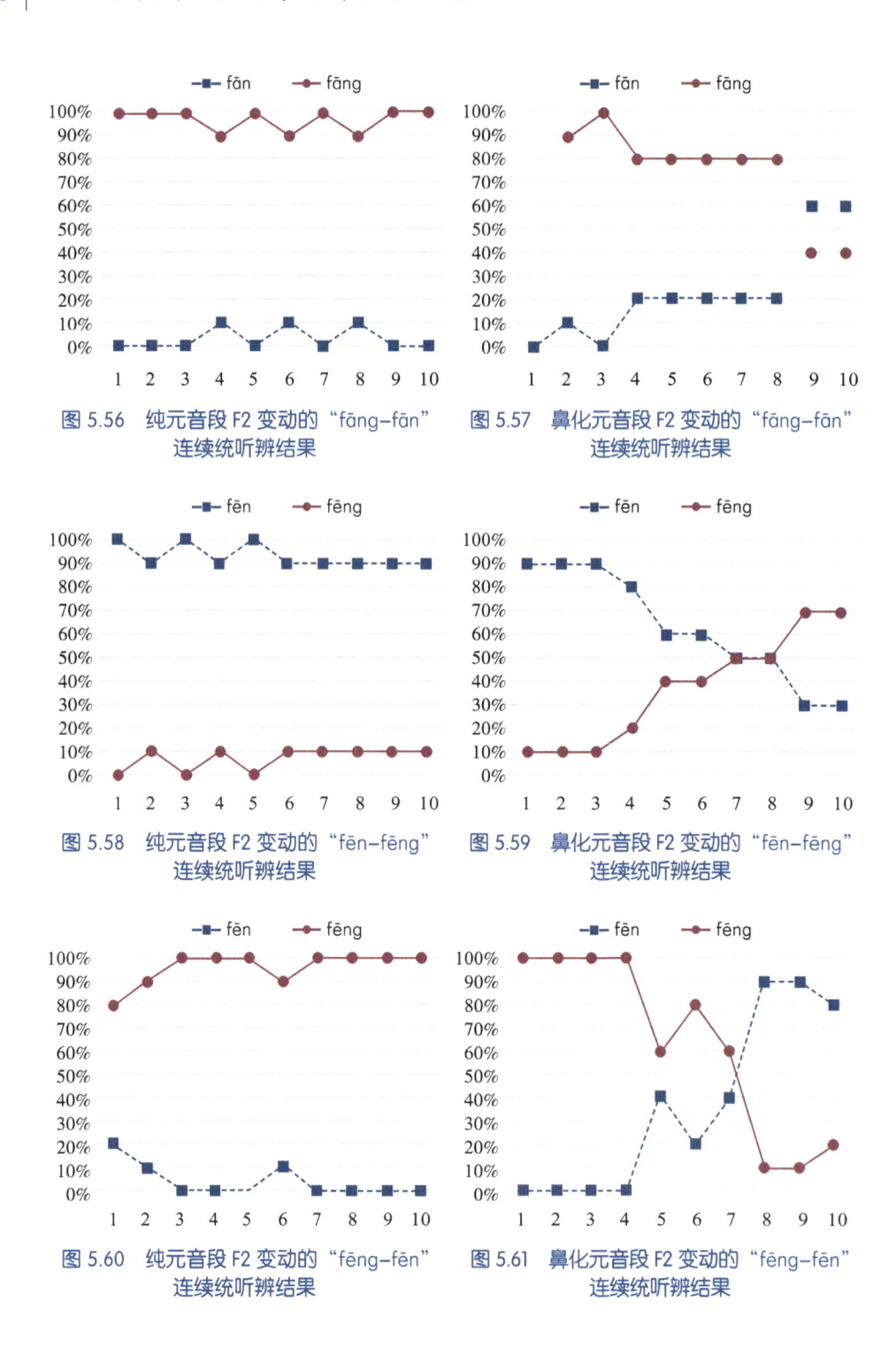

图 5.56　纯元音段 F2 变动的 "fāng–fān" 连续统听辨结果

图 5.57　鼻化元音段 F2 变动的 "fāng–fān" 连续统听辨结果

图 5.58　纯元音段 F2 变动的 "fēn–fēng" 连续统听辨结果

图 5.59　鼻化元音段 F2 变动的 "fēn–fēng" 连续统听辨结果

图 5.60　纯元音段 F2 变动的 "fēng–fēn" 连续统听辨结果

图 5.61　鼻化元音段 F2 变动的 "fēng–fēn" 连续统听辨结果

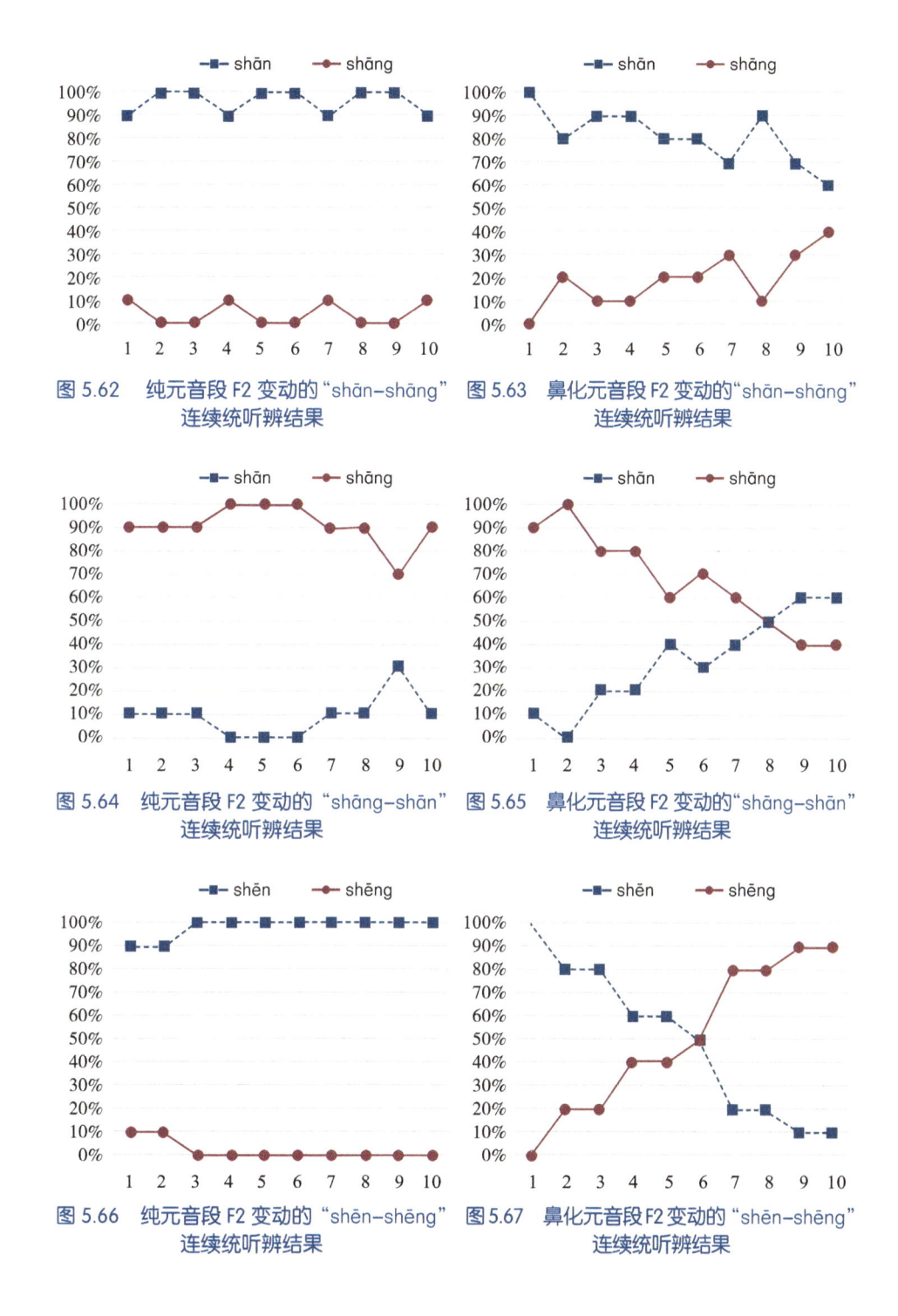

第五章 普通话声母"r、l"与前后鼻音韵母的连续统 | 177

图 5.62 纯元音段 F2 变动的"shān-shāng"连续统听辨结果

图 5.63 鼻化元音段 F2 变动的"shān-shāng"连续统听辨结果

图 5.64 纯元音段 F2 变动的"shāng-shān"连续统听辨结果

图 5.65 鼻化元音段 F2 变动的"shāng-shān"连续统听辨结果

图 5.66 纯元音段 F2 变动的"shēn-shēng"连续统听辨结果

图 5.67 鼻化元音段 F2 变动的"shēn-shēng"连续统听辨结果

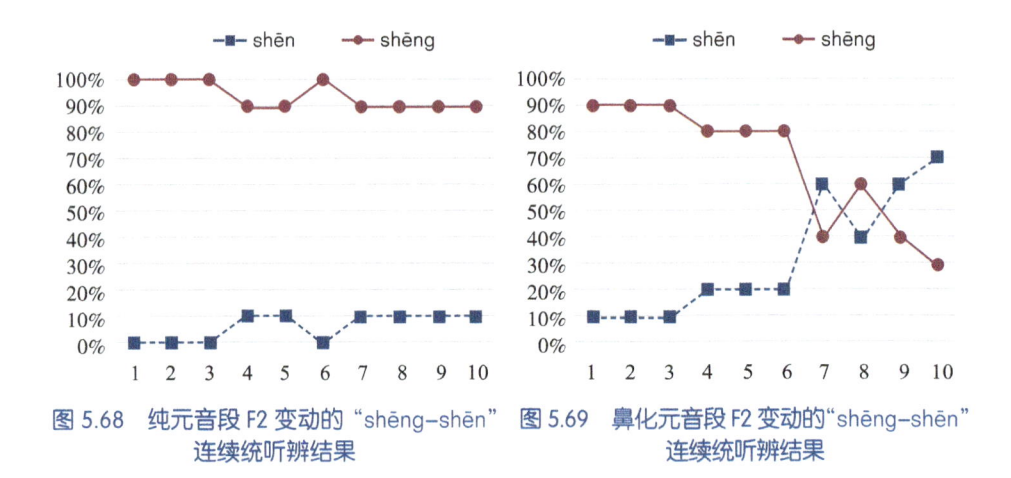

图 5.68　纯元音段 F2 变动的"shēng–shēn"连续统听辨结果

图 5.69　鼻化元音段 F2 变动的"shēng–shēn"连续统听辨结果

5.3.3　普通话前后鼻音韵母感知模式

在感知实验中，我们通过修改元音第二共振峰合成鼻音连续统，以此研究汉语母语者与日本学习者的鼻音类型感知情况；通过切除鼻音尾合成无鼻音尾音节的连续统，以此研究鼻音尾对连续统感知结果的影响。

5.3.3.1　前后鼻音韵母元音第二共振峰变动的鼻音连续统

（1）元音第二共振峰变动的鼻音连续统

本实验的原始语料与听辨实验相同。为得到更加准确的范畴感知曲线与范畴边界，避免受到发音人个人发音特点的影响，本实验扩大了连续统中元音第二共振峰的上下边界范围，将连续统中语料刺激的第二共振峰上下边界各增加了两个标准差。

语料合成以"fān-fāng"连续统为例。第一步，计算"fān、fāng"原始音节中元音（纯元音段与鼻化元音段）10 个等分点上的 F2 值。将合成语料的 F2 下边界设为原始音节"fāng"的 F2 值减去两个标准差，F2 上边界设为原始音节"fān"的 F2 值加上两个标准差，进行十步逼近，结果如图 5.70 所示。Line1 对应第二共振峰上边界 10 个水平等分点的值（Hz），Line10 对应第二共振峰下边界的 10 个值（Hz）。

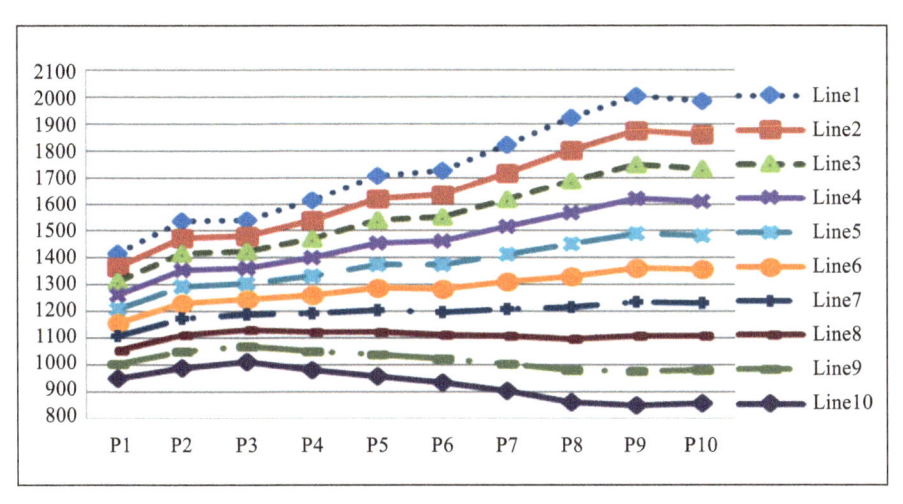

图 5.70 "fān-fāng" 连续统元音 F2 合成

第二步，确定元音第二共振峰 F2 值之后，对其进行拟合，保留原始音节"fān"的第一共振峰与第三共振峰，再拼接上"fān"的首辅音和鼻音尾，最后形成相应刺激。

按照同样方法合成"fāng-fān、fēn-fēng、fēng-fēn、shān-shāng、shāng-shān、shēn-shēng、shēng-shēn"连续统，共得到 80 个语料刺激。

（2）切除鼻音尾的元音第二共振峰变动的鼻音连续统

切除鼻音尾的语料就是将前一小节中合成的每个语料刺激的鼻音尾进行切除，产生新的语料刺激，共 80 个。

5.3.3.2 中日被试普通话前后鼻音韵母连续统感知实验

1. 实验过程

本实验的被试同样包括中国被试、初级和中高级汉语水平的日本被试三组。语料按照"fān/fāng、fēn/fēng、shān/shāng、shēn/shēng"音节分成 4 组。每组内的刺激随机排列，并重复 3 次，4 组刺激共 480 个。语料呈现规则及实验环境与本节实验一相同。

2. 实验结果分析

（1）中国被试的感知结果

我们对从前鼻音到后鼻音和从后鼻音到前鼻音两种合成方式的感知结果进行统计分析，结果表明，这两种合成方式感知结果的差异并不显著，见表5.10：

表5.10　前鼻音-后鼻音、后鼻音-前鼻音连续统的感知结果统计检验 (**：p<0.01)

连续统		F 值	Sig.
fān-fāng	fāng-fān	2.097	0.155
fēn-fēng	fēng-fēn	0.487	0.489
shān-shāng	shāng-shān	1.689	0.201
shēn-shēng	shēng-shēn	0.000	1.000

虽然两种合成方式感知结果的差异并不显著，但从范畴感知边界的共振峰图可以看到，四对音节都出现了一致的范畴边界第二共振峰特征。对于同样一对前后鼻音音节，从后鼻音向前鼻音合成连续统的感知结果的范畴边界F2值比从前鼻音向后鼻音合成连续统的感知结果的范畴边界F2值更大。产生这一现象的原因可能是，当鼻音尾提供的鼻音信息与元音共振峰提供的鼻音信息相矛盾时，需要增强元音第二共振峰在前后鼻音音节中的特点来判断鼻音类型。也就是说，要将音节感知为前鼻音音节，音节就需要有更大的F2值；要将音节判断为后鼻音音节，音节就需要更小的F2值。当切除鼻音尾时，这种特点又被缩小。可见，当得不到鼻音尾提供的鼻音信息时，可以依靠元音共振峰提供的鼻音信息来判断鼻音类型，那么进行感知时就不需要增强的共振峰特点了。

进一步考察研究段（首辅音、元音）对中国被试感知普通话前后鼻音的影响，进行多因素方差分析检验（见表5.11），结果表明，首辅音、元音对汉语母语者感知前后鼻音没有显著影响，且两两之间的交互作用并不显著（李艳萍等，2016）。

表 5.11　中国被试感知结果受音段影响的显著性检验 (**：p<0.01)

因子		F 值	Sig.
首辅音	/f/	0.253	0.615
	/ʂ/		
元音	/a/	0.352	0.553
	/ə/		
首辅音 × 元音	/f/ × /a/	0.658	0.418
	/f/ × /ə/		
	/ʂ/ × /a/		
	/ʂ/ × /ə/		

　　以鼻音尾处理方式（是否切除）为自变量、感知结果为因变量进行单因素方差分析，研究鼻音尾是否切除对连续统感知结果的影响，结果见表5.12。统计检验表明，是否切除鼻音尾对中国被试的鼻音感知没有显著影响，说明鼻音尾对汉语母语者感知鼻音类型没有显著作用。

表 5.12　中国被试感知结果受鼻音尾影响的统计检验 (**：p<0.01)

连续统	F 值	Sig.	连续统	F 值	Sig.
fān-fāng	0.006	0.937	fāng-fān	0.149	0.701
fēn-fēng	0.001	0.978	fēng-fēn	0.008	0.931
shān-shāng	1.471	0.232	shāng-shān	0.01	0.922
shēn-shēng	0.005	0.944	shēng-shēn	0.007	0.934

（2）日本被试的感知结果

　　以被试为自变量、感知结果为因变量，对中国被试、初级与中高级汉语水平日本被试的感知结果进行单因素方差分析。统计结果显示，三组被试之间的感知结果差异显著，$F(2, 478)=3.581$，$p=0.028$（$p<0.05$）。进行

Post Hoc 检验，结果显示，中高级汉语水平日本被试与汉语母语者的感知结果差异不显著，初级水平日本被试与汉语母语者、中高级汉语水平日本被试的感知结果差异均显著（见表 5.13）。实验结果可以证明，初级水平的日本被试尚未形成标准的、清晰的范畴感知，中高级水平的日本被试对元音为 /ə/ 的鼻音韵母音节的感知模式趋近于汉语母语者，已形成标准的、清晰的 X 型范畴感知模式。

表 5.13　三组被试切除鼻音尾连续统的感知结果统计分析 (*：p<0.05)

被试		Sig.
中国被试	初级水平日本被试	0.004*
中国被试	中高级水平日本被试	0.344
初级水平日本被试	中高级水平日本被试	0.048*

对中高级水平的日本被试而言，其"fēng-fēn"连续统感知边界的 F2 值大于"fēn-fēng"连续统，"shēng-shēn"连续统感知边界的 F2 值大于"shēn-shēng"连续统；切除后鼻音尾后，日本被试的范畴边界 F2 值比没有切除鼻音尾的"fēng-fēn"连续统的边界 F2 值更小，这与汉语母语者的感知特点是一致的。

将中高级水平的日本被试与中国被试"fēn-fēng、fēng-fēn、shēn-shēng、shēng-shēn"连续统感知的范畴化程度进行对比，结果见表 5.14。可见对于相同的连续统，日本被试的范畴边界宽度更大，曲线斜率更小，说明其范畴化程度比中国被试低。中国被试的范畴边界均包含于日本被试的范畴边界之内，说明中国被试对于元音 F2 提供的鼻音类型信息更敏感。

表 5.14　中国被试和中高级汉语水平日本被试"fēn-fēng、shēn-shēng"
连续统的感知范畴化程度对比

连续统	范畴边界宽度	曲线斜率	连续统	范畴边界宽度	曲线斜率
中国被试 fēn-fēng 连续统	1.042	−2.1086	中高级水平日本被试 fēn-fēng 连续统	2.0903	−1.0512

续表

连续统	范畴边界宽度	曲线斜率	连续统	范畴边界宽度	曲线斜率
中国被试 fēng-fēn 连续统	0.166	13.2354	中高级水平日本被试 fēng-fēn 连续统	2.21	0.9942
中国被试 shēn-shēng 连续统	0.8119	−2.7061	中高级水平日本被试 shēn-shēng 连续统	2.3741	−0.9255
中国被试 shēng-shēn 连续统	1.0285	2.1363	中高级水平日本被试 shēng-shēn 连续统	2.7091	0.8111

进一步研究音段（首辅音、元音）、是否切除鼻音尾对日本被试感知普通话前后鼻音的影响，进行多因素方差分析，结果见表 5.15 和表 5.16。

表 5.15 初级汉语水平日本被试感知结果受其他因素影响的显著性检验 (**：$p<0.01$)

因子		F 值	Sig.
首辅音	/f/ /ʂ/	3.285	0.071
元音	/a/ /ə/	14.031	0.000**
是否切除鼻音尾	是 否	8.51	0.004**
首辅音 × 是否切除鼻音尾	/f/ × 是 /ʂ/ × 是 /f/ × 否 /ʂ/ × 否	2.255	0.134
元音 × 是否切除鼻音尾	/a/ × 是 /ə/ × 是 /a/ × 否 /ə/ × 否	0.036	0.85
首辅音 × 元音	/f/ × /a/ /f/ × /ə/ /ʂ/ × /a/ /ʂ/ × /ə/	2.36	0.125

表 5.16　中高级汉语水平日本被试感知结果受其他因素影响的显著性检验 (*：p<0.05)

因子		F 值	Sig.
首辅音	/f/ /ʂ/	2.493	0.115
元音	/a/ /ə/	4.988	0.026*
是否切除鼻音尾	是 否	0.704	0.402
首辅音 × 是否切除鼻音尾	/f/ × 是 /ʂ/ × 是 /f/ × 否 /ʂ/ × 否	0.34	0.56
元音 × 是否切除鼻音尾	/a/ × 是 /ə/ × 是 /a/ × 否 /ə/ × 否	0.17	0.68
首辅音 × 元音	/f/ × /a/ /f/ × /ə/ /ʂ/ × /a/ /ʂ/ × /ə/	0.12	0.274

结果表明，对于初级汉语水平的日本被试而言，元音及是否切除鼻音尾对其感知结果均产生了显著影响，但是首辅音对其影响不显著，且这三个因素之间的两两交互作用均不显著。对于中高级水平的日本被试而言，元音对其感知结果产生显著影响，但是是否切除鼻音尾及首辅音对其影响不显著，且这三个因素之间的两两交互作用均不显著。这说明在音段层面，元音对日本被试感知鼻音类型具有较大影响。结合日本被试的感知结果曲线可以发现，他们对元音为 /ə/ 的鼻音韵母音节连续统的感知范畴化程度比对元音为 /a/ 的连续统明显更高。初级水平的日本学习者倾向于将切除后鼻音尾的音节感知为前鼻音音节，而切除前鼻音尾音节对被试感知结果没有显著影响。

5.3.4 中日被试普通话前后鼻音韵母感知实验总结

为研究普通话前后鼻韵尾音节之间的声学差异及其对中日被试感知普通话鼻韵母的影响，本节设计了三个实验。第一个实验通过让中日被试感知听辨自然语料和合成的鼻韵尾音节语料，来分析被试感知"an/ang"对和"en/eng"对前后鼻音韵母对鼻化段和元音稳定段的依赖程度；同时将日本学习者的感知结果同汉语母语对照组进行比较，分析中日被试在感知鼻韵尾韵母时对元音部分依赖程度的不同（张劲松等，2013）。然后在此基础上，分别对普通话前后鼻音韵母中元音段与鼻音尾部分进行感知听辨实验。通过修改元音共振峰进行听辨实验，来找到前后鼻音韵母感知的关键元音共振峰线索，验证元音共振峰的感知作用，并分析不同元音共振峰对鼻音感知是否存在交互影响；同时通过切除鼻音尾合成无鼻音尾音节的连续统，来分析鼻音尾对连续统感知结果的影响。

通过对中日被试进行普通话前后鼻音韵母中元音稳定段、鼻化段与鼻韵尾切分替换的实验，可以得出结论：鼻化段对汉语母语者正确感知、判断鼻韵母起决定作用，鼻韵母各部分所包含的鼻音位置信息由多到少的排序（同时也是贡献大小的排序）为：鼻化元音段＞元音稳定段＞鼻韵尾（张劲松等，2013）。而对日本学习者来说，元音稳定段包含更多的前鼻音位置信息，鼻化段包含更多的后鼻音位置信息，鼻化段对日本被试感知一个音节是否为鼻韵尾音节同样很重要。这一实验验证了鼻化段在前后鼻音韵母感知中的重要地位。

第二、三两个实验，也均通过元音段共振峰的变化，验证了鼻化元音段第二共振峰为汉语母语者和中高级汉语水平的日本学习者感知普通话前后鼻音提供了关键声学线索，纯元音段第二共振峰对其感知鼻音类型没有显著影响；而对初级汉语水平的日本学习者来说，纯元音段与鼻化元音段第二共振峰均会影响其听辨前后鼻音音节。

是否切除前后鼻音尾音节的感知实验也验证了鼻音尾是否存在对汉语

母语者和中高级水平日本学习者的鼻音感知没有显著影响；而后鼻音尾对初级水平的日本学习者感知前后鼻音存在显著影响。不同元音对汉语母语者的鼻音感知没有显著影响，但对两类水平的日本学习者均有显著影响。

∷ 参考文献 ∷

边卫花（2009）中日发音人普通话声母的声学特征，北京语言大学硕士学位论文。

陈肖霞（1992）对普通话中边音的感知时域分析，载《第二届全国人机语音通讯学术会议（NCMMSC 1992）论文集》。

董玉国（1997）对日本学生鼻韵母音的教学，《世界汉语教学》第4期。

冯罗多（2015）基于连续统的普通话前后鼻音范畴感知研究，北京语言大学硕士学位论文。

盖苏珊（Gass, S）、塞林克（Selinker, L.）（2011）《第二语言习得》（第3版），赵杨译，北京：北京大学出版社。

黄伯荣、廖序东主编（2007）《现代汉语》（增订四版），北京：高等教育出版社。

李艳萍、解焱陆、冯罗多、张劲松（2016）基于连续统的汉语普通话前后鼻音关键声学线索初探，《中国语音学报》第2期。

廖荣容、石 锋（1985）对外汉语教学中r声母音质的实验研究，载《第一届国际汉语教学讨论会论文选》。

林茂灿、颜景助（1994）普通话带鼻尾零声母音节中的协同发音，《应用声学》第1期。

覃凤余、褚俊海（2007）普通话韵母ing的音值，《暨南大学华文学院学报》第1期。

覃夕航（2012）母语经验对汉语普通话声调范畴化感知的影响——基于北京

话母语者和粤方言母语者的研究,北京大学硕士学位论文。

森田尚子(2011)针对日本学生汉语语音教学研究,上海外国语大学硕士学位论文。

沈霖霖、金雷、蒋有铭(1993)正常儿童汉语浊辅音的过渡音征分析,《生物医学工程学杂志》第4期。

石杨(2019)非平行文本条件下基于文本编码器、VAE和ACGAN的多对多语音转换研究,南京邮电大学硕士学位论文。

谭董妍(2011)日美留学生汉语语音习得的偏误对比分析,西安外国语大学硕士学位论文。

汪航(2012)日本留学生对汉语普通话鼻音尾韵母的感知,北京语言大学硕士学位论文。

王韫佳(2002)日本学习者感知和产生普通话鼻音韵母的实验研究,《世界汉语教学》第2期。

王祖燕(2014)汉日鼻韵尾音节声学差异及其对中日被试的知觉影响,北京语言大学硕士学位论文。

吴霁、侯伯亨(1993)利用声韵过渡段特征的说话人识别实验及系统设计,《西安电子科技大学学报》第3期。

吴宗济、林茂灿主编(1989)《实验语音学概要》,北京:高等教育出版社。

徐秉铮、邱伟(1993)汉语普通话声母的分类与识别,《中文信息学报》第1期。

张劲松、汪航、王祖燕、解焱陆、曹文(2013)元音部分对日本学习者感知普通话鼻韵母的影响,载《第十二届全国人机语音通讯学术会议(NCMMSC 2013)论文集》。

张劲松、王祖燕(2017)元音部分对中日被试汉语普通话鼻韵母知觉的影响,《清华大学学报(自然科学版)》第2期。

朱川(1981)汉日语音对比实验研究(节选二),《语言教学与研究》第4期。

Aoyama, K. (2003) Perception of syllable-initial and syllable-final nasals in English by Korean and Japanese speakers. *Second Language Research*, 19(3): 251-265.

Chen, C.-Y. (1991) The nasal endings and retroflexed initials in Peking Mandarin: Instability and the trend of changes. *Journal of Chinese Linguistics*, 19(2): 139-171.

Chen, H., Lee, D. T., Luo, Z., Lai, R. Y., Cheung, H. & Nazzi, T. (2020) Variation in phonological bias: Bias for vowels, rather than consonants or tones in lexical processing by Cantonese-learning toddlers. *Cognition*, 213: 104486.

Cutting, J. E., Rosner, B. S. & Foard, C. F. (1976) Perceptual categories for musiclike sounds: Implications for theories of speech perception. *Quarterly Journal of Experimental Psychology*, 28(3): 361-378.

Delattre, P. C., Liberman, A. M. & Cooper, F. S. (1955) Acoustic loci and transitional cues for consonants. *The Journal of the Acoustical Society of America*, 27(4): 769-773.

Fant, G. (1960) *Acoustic Theory of Speech Production*. The Hague: Mouton.

Fant, G. (1986) Glottal flow: Models and interaction. *Journal of Phonetics*, 14: 393-399.

Fant, G. & Lindblom, B. (1961) Studies of minimal speech sound units. *Speech Transmission Laboratory: Quarterly Progress and Status Report*, 2(2): 1-11.

Idemaru, K. & Holt, L. L. (2009) Production and perception of English /l/ and /r/ by native-speaking children. *The Journal of the Acoustical Society of America*, 126(4): 2311.

Lai, Y.-H. (2009) Acoustic correlates of Mandarin nasal codas and their contribution to perceptual saliency. *Concentric: Studies in Linguistics*, 35(2): 143-166.

Larkey, L. S., Wald, J. & Strange, W. (1978) Perception of synthetic nasal consonants in initial and final syllable position. *Perception & Psychophysics*, 23(4): 299-312.

Liberman, A. M., Harris, K. S., Hoffman, H. S. & Griffith, B. C. (1957) The discrimination of speech sounds within and across phoneme boundaries. *Journal of Experimental Psychology*, 54(5): 358-368.

Malécot, A. (1956) Acoustic cues for nasal consonants: An experimental study involving a tape-splicing technique. *Language*, 32(2): 274-284.

Miller, J. L. & Eimas, P. D. (1977) Studies on the perception of place and manner of articulation: A comparison of the labial-alveolar and nasal-stop distinctions. *The Journal of the Acoustical Society of America*, 61(3): 835-845.

Mou, X.-M. (2006) Nasal codas in Standard Chinese: A study in the framework of the distinctive feature theory. Ph.D. dissertation, Massachusetts Institute of Technology.

Nakata, K. (1959) Synthesis and perception of nasal consonants. *The Journal of the Acoustical Society of America*, 31(6): 661-666.

Niikura, M. & Hirschfeld, U. (2015) Perception of assimilated and non-assimilated coda nasal by Japanese learners of German. https://www.internationalphoneticassociation.org/icphs-proceedings/ICPhS2015/Papers/ICPHS0241.pdf.

O'Connor, J. D., Gerstman, L. J., Liberman, A. M., Delattre, P. C. & Cooper, F. S. (1957) Acoustic cues for the perception of initial /w, j, r, l/ in English. *WORD*, 13(1): 24-43.

Peng, G., Zheng, H.-Y., Gong, T., Yang, R.-X., Kong, J.-P. & Wang, W. S.-Y. (2010) The influence of language experience on categorical perception of pitch contours. *Journal of Phonetics*, 38(4): 616-624.

Recasens, D. (1983) Place cues for nasal consonants with special reference to Catalan.

The Journal of the Acoustical Society of America, 73(4): 1346-1353.

Repp, B. H. (1984) Effects of temporal stimulus properties on perception of the [sl]-[spl] distinction. *Phonetica*, 41(3): 117-124.

Stevens, K. N. (1972) The quantal nature of speech: Evidence from articulatory-acoustic data. In E. E. David & P. B. Denes (Eds.), *Human Communication: A Unified View*, 51-66. New York: McGraw-Hill.

Tse, J. K.-P. (1992) Production and perception of syllable final [n] and [ŋ] in Mandarin Chinese: An experimental study. *Studies in English Literature and Linguistics*, 18: 143-156.

第六章　基于深度学习的声学连续统合成

本章的研究主要是将基于深度学习技术合成的语音刺激和基于传统信号处理方法合成的语音刺激做对比，以检验用我们提出的方法合成的声学连续统是否音质更好、更自然。根据当前深度学习在语音合成上的应用，我们首先对声学线索建模，分别使用在隐空间采样代替手工插值和在语谱图上直接修改声学参数的方法，然后利用神经网络声码器还原语音信号。我们希望用这两种方案提高合成声学连续统的音质和自然度。

本章以普通话声调与共振峰两种常见的声学线索为例，先通过对抗训练解耦合出关键声学线索，即修改区分两个音位的主要声学线索，合成出从一个音位到另一个音位逐渐变化的一组声音，即声学连续统刺激；再通过听辨实验，验证合成刺激的自然度。

6.1 声学连续统

6.1.1 研究背景

语言是人类最重要的交流媒介，也是一套独特的符号系统。它本质上是人类感知和理解世界的结果。通过心理活动，人类对所体验的外部现实进行概念化认识和编码。实现语言交际功能的关键在于人类对语音的感知。语音感知是指大脑识别通过听觉器官传输的声波的过程。就言语知觉的理论意义和实践价值而言，语音感知是语言交际功能的关键，是语言习得的重要阶段。对它的研究不仅可以揭示大脑对语音信号的解码和编码机制，还可以为人类的语言学习提供重要的理论知识。因此，语音感知研究是语言研究领域的一项重要内容。

语音感知研究中一个非常重要的方向就是范畴性感知（Categorical Perception）研究。目前的语音感知研究大部分是建立在语音范畴性感知研究基础之上的。范畴性感知的定义是对声学连续统（acoustic continuum）中的实验刺激进行辨认与区分两种不同的任务，是人类判断声学连续统的范围或类别时出现的一种非连续性现象（Liberman et al., 1957）。范畴性是言语知觉中一个非常明显的特征，在语音的感知和学习过程中扮演着非常重要的角色。之前范畴性知觉一直是言语知觉研究的热门方向。在研究人的感知机理的实验过程中，经常会用到一些人工合成的声学连续统帮助完成实验。实验材料都是基于源-滤波器思想合成的，虽然能够在输入自然的声学参数时重构出音质不错的语音，但是在输入修改后的声学参数时重构出来的语音质量较差，且仍存在谱细节丢失、语音相位考虑不完善等问题，导致重构语音自然度下降，与原始录音存在一定的差距，因此实验结果受到了一些研究者的质疑。常见的合成方法是手动修改自然语音的关键声学参数，即先从口语中提取相关的声学参数；然后根据数学公式在相关声学参数之间进行插值操作；最后使用声码器将插值得到的参数序列转换回语音信号。但这一传统方法直接修改关键的声学线索，较难实现两个语音范畴之间全局的、平滑的过渡，生成的语音听起来可能不自然。

21世纪以来，随着深度学习和语音技术（Tan et al., 2021）的快速发展，研究者们对语音合成算法的研究越来越多。其中，基于深度学习的神经网络声码器合成语音的质量几乎已达到与人类语音质量相同的地步，但是在实验语音学尤其是在范畴感知的语音合成中，还是将基于信号处理的算法合成的语音刺激用作感知实验的材料，而这样合成的刺激的音质大大降低了后续工作及结论的可靠性。基于此，本章将基于深度学习的语音合成技术用于声学连续统的合成，希望为语音学家提供高质量的语音刺激，也为声学连续统的合成提供新的技术路线。

6.1.2 常见声学连续统简介

根据研究内容的不同，语音的范畴性感知分为多个不同的方向，如元音、辅音、韵律、声调及重音等方面的感知。元音感知研究以元音音位为主，声学参数以共振峰为载体；辅音感知研究主要以 /r/、/l/ 以及浊音起始时间（Voice Onset Time，VOT）为主，声学参数分别以共振峰和时间为载体；韵律和声调的感知研究主要以音节的音高和时长为声学线索进行感知实验，声学线索以基频为载体。

6.1.2.1 声调连续统

在粤语声调感知的相关研究中（Francis et al., 2003），研究人员首先选出种子音节（即多个音频中听起来最自然的声音），以它们的声学特征为基础，来确定与音高无关的声学参数（如合成音节的共振峰频率、音节时长和振幅包络），然后结合这些既定的参数，在给定一个中间基频包络的情况下合成一个特定的音节。在汉语普通话声调感知研究中（Hallé et al., 2004），声调连续统是用自然音节作为连续统的两个端点来构建的，中间的基频包络通过在端点之间的每个时间点上插值关键声学参数（即强度和 f0 维度）来获得。在探究不同共振峰分布下元音对声调感知影响的研究中（Skuk & Schweinberger, 2014），实验刺激（一个从低元音到高元音的元音连续统，该连续统中的每一个元音刺激承载三个不同的声调连续统）都是通过人工设定声学参数和手动插值获得的。

6.1.2.2 /r/、/l/ 连续统

在日语学习者对英语流音 /r/、/l/ 的感知实验中（Strange & Dittmann, 1984），研究者以 "rock" 和 "lock" 作为连续统的两个端点，通过改变第三共振峰的起始频率和过渡段频率、第二共振峰的起始频率和过渡段频率，以及第一共振峰在起始段和过渡段的变化模式，合成 /r/、/l/ 的连续统，探

究日语学习者的语音感知习得问题。

6.1.2.3 辅音 VOT 连续统

嗓音起始时间指某一辅音从除阻的一刻到声带开始震动的时间。人们对 VOT 的声学、产出和感知等方面进行了广泛的研究，包括对不同语言中 VOT 差异的描述、对二语习得中音素感知和产出的研究等。Skuk & Schweinberger（2014）讨论了基频、元音时长以及共振峰、呼吸强度等因素对 VOT 的影响；Boersma & Van Heuven（2001）提供了合成 VOT 连续统的 Praat 脚本；Iverson（2003）和 Gordon-Salant et al.（2006）通过在浊塞音初始段逐步增加送气段来合成连续统，或者在清塞音初始段逐步缩短送气段时长来合成连续统。

6.2　语音合成声码器

在语音范畴感知研究中，合成的声学连续统的质量对实验结果具有重要影响。合成步骤是：先手动修改自然语音的关键声学参数，然后使用声码器将修改后的参数序列转换回语音信号。语音声码器主要包含两类：基于信号处理的声码器和基于深度学习的声码器。

6.2.1　基于信号处理的语音合成方法

6.2.1.1 语音产生的生理机理

语音合成技术其实就是模仿人类发音的从心理到生理再到物理的一系列过程，它能使机器发出清晰易懂且自然的语音。基于此，我们首先回顾一下人类语音产生的生理机理。在人类产生语音信号的过程中，生理方面会涉及三个系统：声门下系统、喉系统及声门上系统（凌震华，2008）。

声门下系统俗称呼吸器官。人的呼吸器官有鼻、咽、喉、气管、支气管和肺。其中，肺为人类发音过程提供动力，是人类发音过程中的动力器官。

喉系统又称喉头，位于气管顶端，是由甲状软骨、环状软骨、杓状软骨、会厌软骨组成的室状器官。声带处于喉室的中央。喉室内软骨之间由肌肉前后纵横地联结着，肌肉的放松或收缩可以控制声带的松紧，也可以控制声门的开合。

声门上系统又称共鸣腔，是指起共鸣器作用的声腔。人体声道中的共鸣腔有四个，分别是口腔、鼻腔、咽腔和胸腔。发音时，口腔、鼻腔和咽腔的空气容量能与喉中声带发生共鸣。

以上就是人类的发音系统，它可以产生最基本的两种语音信号，即浊音和清音。浊音包含全部的元音及部分辅音，其发音是通过提高肺部气压强迫空气通过声门，使声带振动而产生的。清音包括摩擦音和爆破音。摩擦音（如辅音中的"s、sh"）也称擦音，是由发音器官的缝隙使气流产生摩擦而发出的声音。爆破音（如塞音"p、b"）指发音器官在口腔中形成阻碍，然后气流冲破阻碍而发出的音。在某些情况下，发爆破音时不必有气流冲破阻碍，而只是发音器官在口腔中形成阻碍并稍做停顿即可。

了解了人类的发音器官和以发音器官为基础的语音产生生理机理后，我们可以进一步将语音信号的产生分成三个部分：声门（声带）以下的声门下系统负责产生激励振动，是"激励系统"；从声门到嘴唇的呼气通道是"声道系统"；口腔和嘴唇将语音辐射出去，是"辐射系统"。

6.2.1.2 源-滤波器理论

源-滤波器语音合成的声学理论基础是：声音由激励和相应的滤波器形成。其中激励分为两种：一种是类似噪声的激励，主要形成非浊音语音信号；另一种是周期性的激励，主要产生浊音信号。这两种激励有时也会共同使用，如产生某些浊辅音信号。采用这种方式时，音库中预先存放各种语音合成单元的声道参数，这些参数根据控制规则的要求进行修正，以合成各种语言环境下的语音，如图 6.1 所示：

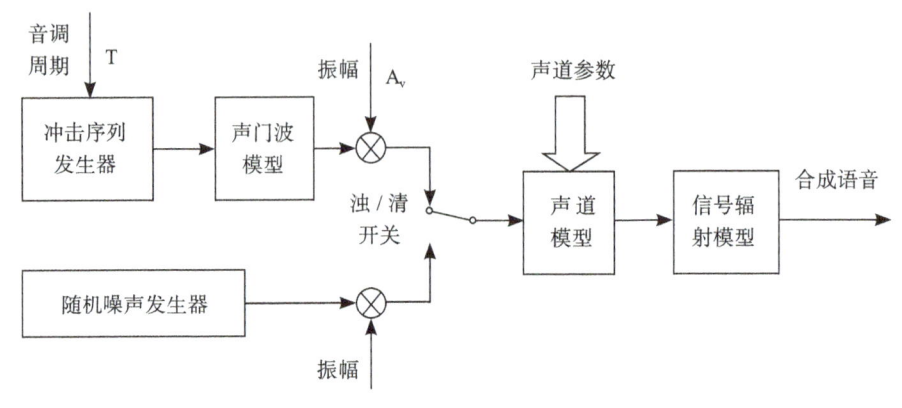

图 6.1　源-滤波器原理

在基于源-滤波器的参数合成中，合成器的工作流程可分为三步：

（1）根据待合成音节的声调特性构造出相应的声门波激励源；

（2）根据协同发音、速度变换时长参数等音变信息，在原始声道的基础上构造出新的声道参数模型；

（3）将声门波激励源送入新的声道模型中，其输出就是符合给定韵律特性的合成语音。

共振峰合成和线性预测分析（LPC）合成是上述源-滤波器型结构两种最常用的参数合成器。它们的实现原理基本类似，只是所用声道模型不同；此外，针对声道模型的特性，在源的选取上也略有差别。下面分别对这几种参数合成器进行简单介绍。

6.2.1.3 线性预测分析合成

线形预测分析（Atal & Hanauer，1971）以数学中的线形预测假设和误差滤波器为基础来模拟人类的声道。因为语音信号在时域上存在相关性，所以就可以考虑用信号 $x(n)$ 过去的 p 个样本来预测当前值 $x(n)$：

$$x^n = \sum a_i x(n-i) \qquad 式（6-1）$$

对应的线性误差为：

$$e(n) = x(n) - x^n \qquad 式（6-2）$$

然后根据最小均方误差准则，即最小化 $E[e^2(n)]$，就可以计算得到对应的 LPC 系数 a_i，$i = 1,...,p$。

根据最小均方误差准则，可得 LPC 系数应该满足如下公式：

$$\partial E[e^2(n)]/\partial a_i = -2E[e(n) x(n-1)] = 0, \quad i = 1,...,p. \tag{6-3}$$

将式（6-2）带入式（6-3）可得：

$$\varphi(i,0) - \sum a_j \varphi(i,j) = 0, \quad i = 1,...,p. \tag{6-4}$$

通过直接求解式（6-4）的线性方程组，就可以得到所有的预测系数 a_j。需要注意的是，由于语音信号的短时平稳性，实际操作中一般采用加窗分帧的方式处理。如果已知 $e(n)$，那么通过传递函数 $1/A(z)$ 的滤波器，就可以在最小均方误差意义下把 $x(n)$ 恢复出来。实际中的 LPC 语音合成器正是由下式构造其声道模型的：

$$H(z) = \frac{G}{A(z)} = \frac{G}{1 - \sum a_i z^{-i}} \tag{6-5}$$

其中 G 为增益因子。由此只要输入一个单位方差的白噪声序列就可以恢复出原始语音信号。在实际合成系统中，激励源要根据实际语音的清浊不同来生成，而非简单的单位方差的白噪声序列。由于声门波激励源绝大部分时间都很小，可以在最小均方误差准则下，使其逼近实际的激励源，因而从原理上仍是相洽的。

6.2.1.4 共振峰合成

一个系统的共振频率由系统的各个方面共同决定。比如吹笛子，通过手指改变空气柱的长度，改变系统的共振频率，可以发出不同的音高。而改变喉头、舌头等的位置，就改变了各个共鸣腔的结构，使得腔体产生共振的频率发生了改变。多个腔体产生的不同的共振频率，便形成了共振峰（formant）。共振峰合成也是对声源-声道模型的模拟，但它更关注对声道谐振特性的模拟。它把人的声道视为一个谐振腔，腔体的谐振特性决定了所发出的语音信号的频谱特性及共振峰特性。音色各异的语音有不同的共振峰模式，以每个共振峰及其带宽为参数，就可以构成一个共振峰滤波器。将多个共振峰滤波器组合起来，模拟声道的传输特性，根据这个特性对声源发声器产生的激励信号进行调制，经过辐射模型后，就可以得到合成语音（Klatt，1980）。这种方法可以改变滤波器参数，近似地模拟出实际语音信号的共振峰特性；同时，这种合成方法具有很强的韵律调整能力，无论是音长、短时能量、基音轮廓线还是共振峰轨迹，都可以自由地修改。语音感知的声学特征主要取决于语音的共振峰。

语音信号谱中的谐振特性完全由声道的形状所决定，与激励源的位置无关。而语音谱中的反谐振特性可能在以下两种情况中出现：第一种情况是激励源的位置不在喉部，发摩擦音时激励源处于口腔内部，从激励源处向声门方向看去呈现的声道阻抗，在某些频率上会变得无穷大，湍流的压力波无法形成输出体速度波，导致信号谱中出现反谐振特性。第二种情况是发鼻音时，鼻腔和口腔互耦合造成谐振支路，这同样会产生零点特性。

从语音建模的角度看，大多数辅音和鼻音采用零极点模型。声道模型中包含多个共振峰，各共振峰之间可以用三种方式来连接：级联型、并联型和混合型。级联型结构是一个全极点模型，模拟激励源在喉部时的声道谐振特性，能很好地逼近元音的频谱特性。它只有一个幅度控制参数，共振峰特性主要由各共振峰的频率和带宽决定。并联型结构中，各个共振峰的二阶滤波器之间保持并联的关系，数学上用加法表示。典型的零极点模型中，并联型模型可以模拟谐振和反谐振的特性，所以可以用来合成大部分的辅音和鼻音。混合型结构既有并联的也有串联的，可根据不同的情况切换使用，以达到最佳的效果。合成鼻音的声道模型一般比合成元音的多用一个谐振器，这是由于鼻腔参与谐振后，声道的等效长度增加，在同样的语音信号带宽范围内，谐振峰的个数也相应增加。发音时声道中器官变化导致谐振特性变化，因此声道模型应该是时变的。具体实现时，根据不同语种语音的发音情况，合成语音的基元选择及合成规则等要做必要的调整。

共振峰合成方法有一个很大的优点，就是共振峰特性与基音轮廓线所包含的信息是完全分离的。无论基音频率如何改变，共振峰特性几乎不受影响。共振峰合成方法有很强的韵律修改能力，特别是针对基音轮廓线变化比较复杂的情况，这种合成方法很有潜力。当然，共振峰合成方法难免存在明显的人造语音的感觉，即所谓的机器腔。

6.2.1.5 波形拼接 PSOLA 合成

基音同步叠加（Pitch Synchronous Overlap and Add，PSOLA）（Valbret et al.，1992）是一种将语音信号在频域（FD-PSOLA）或者时域（TD-PSOLA）进行调整的算法，经常用于语音波形合成。其具体原理是：通过快速傅立叶变换（FFT）改变基频间隔的时间长度来调整音高；通过重复或省略一些基音片段来调节音长，从而达到变速和变调的效果。

基频同步分析和标注是为了确定语音信号单元基因周期的位置，语音分为清音段和浊音段，对于不同的语音段，其标注方式也不同。对浊音段进行正常的标注，对清音段则直接将其基音周期设定为一个确定的常数。进行基音标注首先要求基音周期，然后一般会用中值滤波进行平滑处理。至此，基音同步分析过程就结束了。在求出基音标注位置后，就可以对基音进行修改。音长可以通过插入、删除语音单元的同步标注点来实现；音高可以通过增加、减少语音单元同步标注点的间距来实现。如果不修改音高和音长，只是单纯地叠加，就可以得到和原始语音波形相近的波形。如果减少一个周期，在时间维度上，波形变长就意味着语音时间减少。如果减少基音标注的间距，会使得基音变高，反之则会变低。基音同步叠加经过上述两个步骤之后，就可以开始最后的基音同步叠加了。

6.2.1.6 STRAIGHT 合成

STRAIGHT 算法（Kawahara，2006）的原理来源于以 VOCODER（Dudley，1940）为原型的源-滤波器思想，其做法是：将语音分解为不同的参数，包括基频参数、声道参数和非周期性参数，用这些参数来表征语音信号。因此 STRAIGHT 模型可将语音信号看作激励信号通过时变线滤波器的输出结果。该模型一方面利用补偿窗来消除时域信号的周期性干扰，另一方面在频域中进行逆滤波操作来消除频率干扰，因此很大程度上提升了合成语音的质量。

STRAIGHT 的参数提取包括三个步骤：基频轨迹提取、平滑功率谱提取及非周期性参数提取。基频参数提取是根据语音信号中的基频信息，通过解析计算出相应的瞬时基频值，最后提取基频 f0 的值。STRAIGHT 模型在分析阶段中的一个关键步骤是进行自适应频谱分析，从而获得无干扰的平滑功率谱。具体步骤大致如下：先对语音信号进行快速傅立叶变换（FFT），之后通过一系列方法进行修正和补偿，最终得到平滑的功率谱。要用通过固定时窗函数与基频自适应滤波器产生的可变基频的尺寸匹配消除时域的周期干扰。与此同时，要对频域的相位干扰进行处理，利用补偿时间窗消除相位失真引起的频谱空洞。非周期性成分可以大致描述为周期能量和噪声能量之间的比例关系，其中周期能量和噪声能量分别由功率谱的上包络和下包络决定。由于非周期性成分的提取过程中包含许多复杂的非线性运算，因此很难精确地用公式对非周期性成分进行表示。STRAIGHT 的合成算法采用 PSOLA 技术和最小相位脉冲响应相结合的方式，在合成语音信号时输入带合成语音信号的基频轨迹，同时去除周期性的二维短时谱包络及非周期性成分，合成最终的语音信号。

6.2.2 基于隐马尔可夫模型的参数语音合成

与从数据库中选择实际语音实例形成鲜明对比的是，统计参数语音合成可以简单地描述为生成一些听起来相似的语音片段集的平均值。这与单元选择合成中保留自然未修改语音单元的需要形成了直接对比，但使用参数模型也有一些好处。在典型的统计参数语音合成系统中，首先从语音数据库中提取语音的参数表示，包括频谱和激励参数，然后使用一组生成模型（HMM）对其进行建模。最大似然（ML）准则通常用于估计模型参数，其公式为：

$$\tilde{\lambda} = argmax\{p(O|W,\lambda)\} \qquad 式（6-6）$$

其中，λ 是需要训练的模型参数，O 是训练数据，W 是训练数据对应的文本序列。然后根据式（6-6），通过给定的需要合成的文本序列 W 及对应的语音数据 O，估计需要训练的模型参数 λ，运用最大化公式（6-7）：

$$\tilde{O} = argmax\{p(O|W,\lambda)\} \qquad 式（6-7）$$

最后，从语音的参数表示中重建语音波形。尽管可以使用其他生成模型，但 HMM 已被广泛使用。使用 HMM 的统计参数语音合成之所以众所周知，是因为它是基于 HMM 的语音合成（Yoshimura et al.，1999）。Yoshimura 等人的这篇综述概述了统计参数语音合成中使用的技术。可以看到，统计参数合成提供了广泛的技术来提高口语输出。与单元选择合成相比，更复杂的模型允许通用解决方案，而不必在任何语音或韵律上下文中记录语音。单元选择合成的纯粹观点需要非常大的数据库来涵盖所有需要的韵律、语音和文体变化实例。相比之下，统计参数合成使模型能够进行组合和调整，因此不需要任何可能的上下文组合的实例。当然，它也有自己的缺点，比如采用数学模型来模拟生成过程，并且使用基于参数合成器的方式来重构最终的语音信号，合成效果特别是生成语音的音质与原始录音对比存在一定的差距。

6.2.3 基于深度学习的语音合成方法

近年来，基于深度学习的神经网络声码器合成的语音几乎可以达到与人类语音相近的水平，它主要分为自回归和非自回归两大类别。

自回归以 WaveNet（Oord et al.，2016）为代表，WaveNet 是第一个基于神经的声码器，它利用扩张卷积自回归生成波形点。WaveNet 几乎不包含有关音频信号的先验知识，完全依赖于端到端的学习，生成以语言特征为条件的语音波形。WaveNet 实现了良好的语音质量，但它的推理速度较慢。因此，很多研究者（如 Kalchbrenner et al.，2018）研究了轻量级的、快速的声码器。

非自回归以生成对抗网络（Goodfellow et al.，2014）为代表，GAN 已广泛用于数据生成任务，如图像生成、文本生成和音频生成。GAN 由一个生成数据的生成器和一个判断生成数据真实性的判别器组成。许多声码器利用 GAN 来确保音频生成质量，包括 MelGAN（Kumar et al.，2019）、Parallel WaveGAN（Yamamoto et al.，2020）、HiFi-GAN（Kong et al.，2020）等。

6.3 基于变分自编码器的声学连续统合成

在现有的语音感知研究中，通常使用手动修改种子音节声学参数的方法合成两个语音范畴间的连续统，由此来探究语音的范畴感知机制。但这种方法有一些局限性：首先，当两个语音范畴在多个声学维度上有所不同时（例如，英语中 /r/ 和 /l/ 在第一、第二和第三共振峰都不同），合成的语音连续统听起来可能不自然。其次，由于声学参数是连续变化的物理量，直接对关键的声学特征进行手工插值可能会掩盖细微但重要的动态变化特征，而这些动态变化可能是听者辨别两个语音范畴的重要线索，由于合成的连续统质量上的缺陷，这些线索都不会出现在随后的感知实验中。而深度生成模型则可以学习数据的分布，这一节我们尝试使用 VAE 对声学线索进行建模，在学习到数据隐藏空间的分布后，用采样代替手工插值的方式生成连续统刺激。

6.3.1 VAE 模型

变分自编码器（Variational Auto-Encoder，VAE）是以标准自编码器（Auto-Encoder，AE）为基础的深度生成模型，是自编码器的正则化约束版本（Kingma & Welling，2013）。自编码器有很多应用场景，如可在数据降维和特征提取等方面广泛使用。其基本架构由两部分组成：第一部分通过编码器（encoder）将原始数据样本编码到低维空间的隐变量；第二部分则通过解码器（decoder）将隐变量解码为符合原始数据空间的重构样本。VAE 生成模型的基本结构与自编码器相似，两者的不同点可总结为如下三点。

（1）隐变量 z 是随机变量。一般的自编码器没有生成能力，为了使

VAE 在解码过程（生成模型）中能够生成新的样本，而不仅仅是唯一的映射关系，VAE 假设隐变量 z 是一种服从概率分布的随机变量，如比较常用的高斯分布。

（2）构造似然函数的变分下界。VAE 的损失函数希望原始数据样本的概率分布和 VAE 重构样本的概率分布尽可能地接近，然而原始数据样本的概率分布是未知的，因此引入似然函数，用变分下界将原始数据概率分布的数学期望转化为似然分布的数学期望。

（3）重参数化技巧。变分推理需要在后验分布中随机抽样，由于抽样获得的是离散的变量，不能进行反向梯度传播，变分自编码器对 Encoder 输出的均值和方差进行线性变换，解决了训练过程的最后一个问题。

6.3.2 基于 VAE 模型的关键声学线索建模

在这种方法中，我们使用基于变分自编码器 VAE 的方法对原始语音信号关键声学线索的生成过程进行建模，而不是手动修改自然语音的关键声学参数。VAE 将数据（原始空间）压缩成低维变量（隐空间），同时保留尽可能多的信息，且隐空间中相邻的样本点与对应的原始空间十分相似，这就为连续统刺激的生成奠定了理论基础。

在语音刺激连续统合成中，给定一组关键声学线索（如基频），就可以在隐空间中得到动态声学线索（基频变化）的关键信息。此外，VAE 对隐空间进行了约束，使得原始数据不是由单点编码，而是编码为隐空间的标准正态分布。这样一来，训练的模型能够在学习到的分布中重新采样，从而产生原始数据中不存在的新样本。这一数据驱动的方法不直接对关键声学线索进行操作，而是在学习了关键声学线索的分布后重新进行取样，从而避免了人工插值可能造成的信息损失和不自然等问题。

6.3.3 实验过程

1. 数据集

本实验使用的是北京语言大学录制的 BLCU-SAIT 数据集（王玮、张劲松，2019）。该语料库由具有单音节和双音节单词及多音节句子的母语和非母语语音组成。我们选取了母语为汉语的女性产生的单音节语音数据，共计 1520 个单音节词，涵盖普通话中所有可能的声调和声母。

2. 模型结构

模型基于基本的 VAE 结构，其中的编码器 Encoder 和解码器 Decoder 使用的是 Gated CNN（Yuan et al., 2020）的机制。这是一种非循环的方法，最早用于大规模的语言模型任务上，而且这种带有门控机制的卷积结构被证明在建模各类序列任务上都取得了不错的效果。模型的参数如表 6.1 和表 6.2 所示。

表 6.1　Encoder 参数

Layer	Channel	Stride × Kernel	GLU
Input	1	—	—
Cov2d	128	(1, 1) × (5, 9)	GLU
Cov2d	256	(2, 2) × (5, 5)	GLU
Cov2d	128	(2, 2) × (5, 5)	GLU
Latent	1	—	—
Cov2d	128	(1, 1) × (1, 1)	GLU
Cov2d	256	(2, 2) × (5, 5)	GLU
Cov2d	128	(2, 2) × (5, 5)	GLU
Output	1	—	—

表 6.2　Decoder 参数

Layer	Channel	Stride × Kernel	GLU
Input	1	—	—
Cov2d	128	(1, 1) × (5, 9)	GLU
Cov2d	256	(2, 2) × (5, 5)	GLU
Cov2d	128	(2, 2) × (5, 5)	GLU

续表

layer	channel	Stride × Kernel	GLU
Latent	1	—	—
Cov2d	128	(1, 1) × (1, 1)	GLU
Cov2d	256	(2, 2) × (5, 5)	GLU
Cov2d	128	(2, 2) × (5, 5)	GLU
Output	1	—	—

3. 实验步骤

主要实验步骤如下：首先从原始语音信号中提取关键声学线索，然后基于变分自编码器进行关键声学线索建模及训练，最后利用训练好的关键声学线索模型合成语音连续统。

声调连续统合成实验具体过程如下：

（1）给定两个语音刺激范畴（如 tone A 和 tone B），使用 WORLD 声码器（Morise et al.，2016）提取基频作为关键声学线索，并对提取的基频包络进行归一化预处理。

（2）将提取的两个关键声学线索送入训练好的基于变分自编码器的关键声学线索模型，变分自编码器的编码和解码都采用带有门控结构 GLU（Gated Linear Unit）的全卷积神经网络对所述关键声学线索进行建模，通过所述关键声学线索模型学习两个关键声学线索对应的隐空间分布。

（3）在两个隐空间分布之间进行连续重采样，得到两个关键声学线索之间逐渐过渡的语音刺激样本。

（4）通过 WORLD 声码器将所述语音刺激样本还原回波形信号。

除了声调连续统的合成外，这种方法使用数据驱动的方式，通过在隐空间中重采样合成所需要的连续统刺激，建模部分具有通用性，适用于语音信号中的各种声学线索。

6.3.4 实验结果

图 6.2 显示了使用经过训练的 VAE 重建普通话四种词汇声调的潜在表示。与原始数据相比，生成的 f0 轮廓具有几乎相同的形状。从图中还可以观察到，生成的 f0 轮廓保留了原始 f0 轮廓的细微变化。

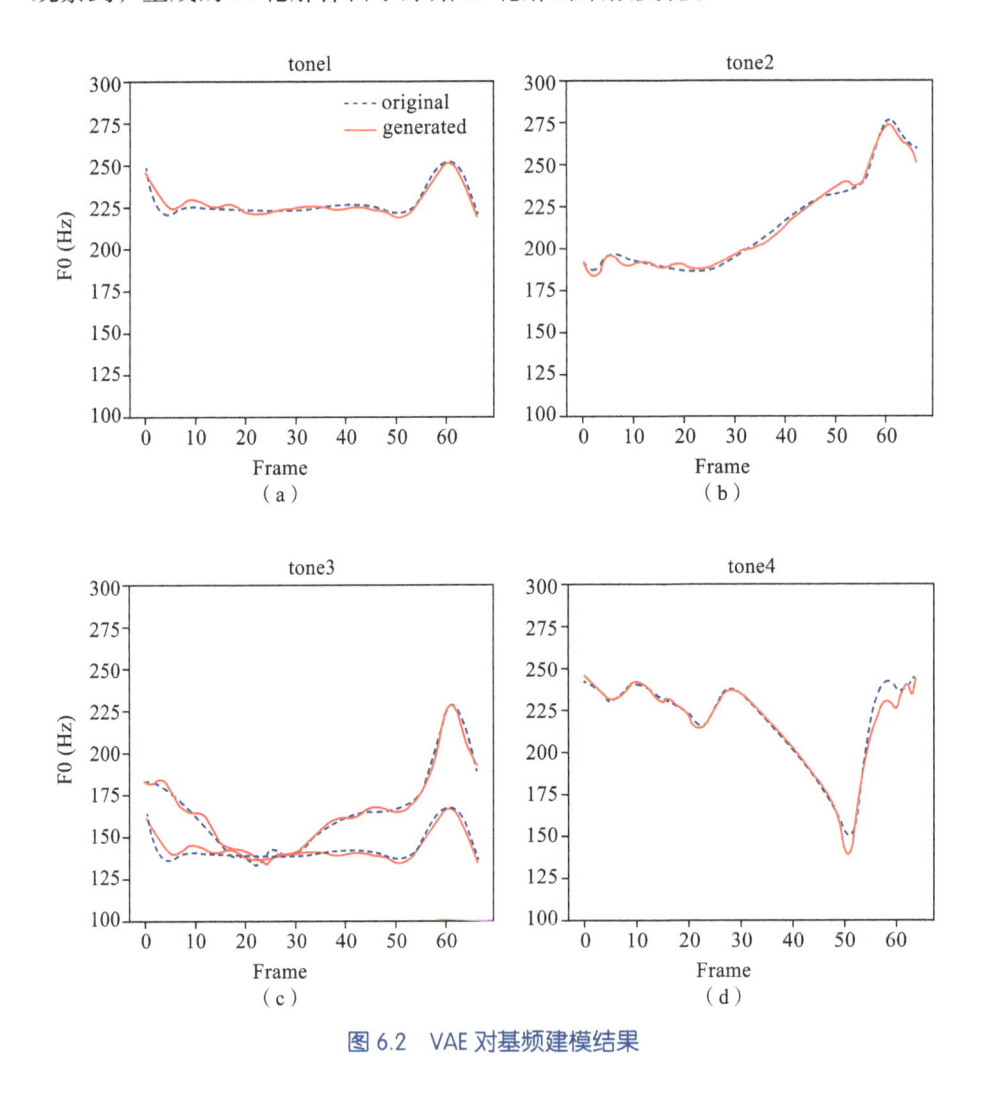

图 6.2　VAE 对基频建模结果

图 6.3 显示了 tone1-tone2 连续体的 f0 轮廓。在两个参考轮廓之间，通过在 VAE 的潜在空间中重新采样获得的音高轮廓比手动方法生成的过渡

更平滑、更平缓。

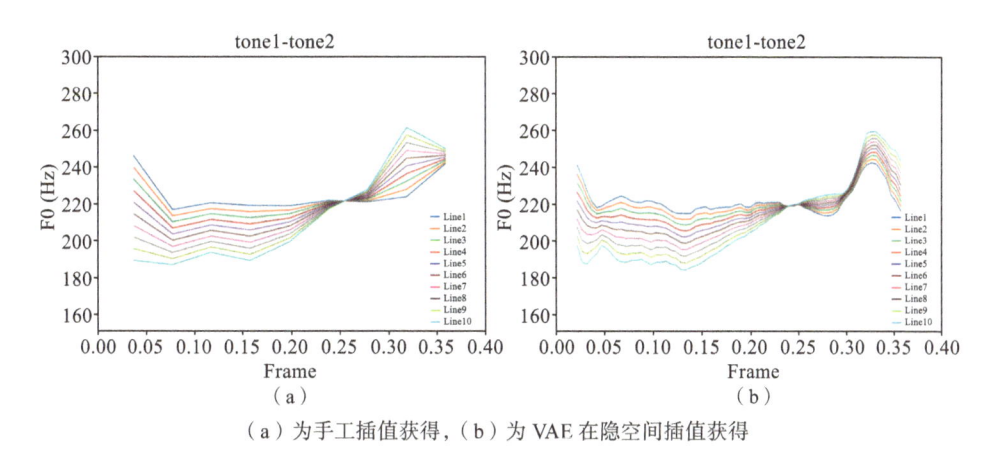

图 6.3 基频曲线对比
（a）为手工插值获得，（b）为 VAE 在隐空间插值获得

图 6.4 提供了训练数据和重建数据的梅尔谱示例。生成的数据是使用 VAE 获得的，该 VAE 是用光谱包络训练的。可以看出，重构后的 /re1/ 和 /le1/ 保留了频谱包络的细粒度细节。

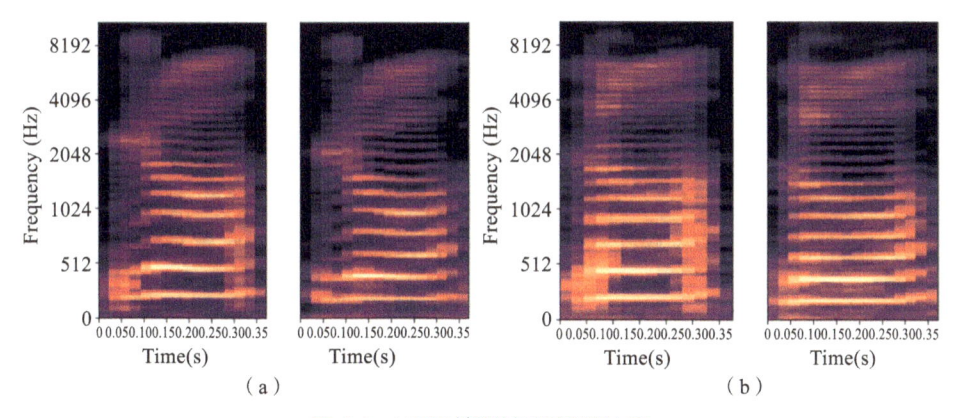

图 6.4 VAE 对频谱包络建模结果

图 6.5 说明了使用数据驱动方法与手动操作声道参数生成刺激连续体的差异。值得注意的是，共振峰频率之间的一些微小细节（图 6.5 中的绿色箭头）在顶部梅尔频谱图中被遮挡，但这些信息保留在了底部梅尔频谱图中。

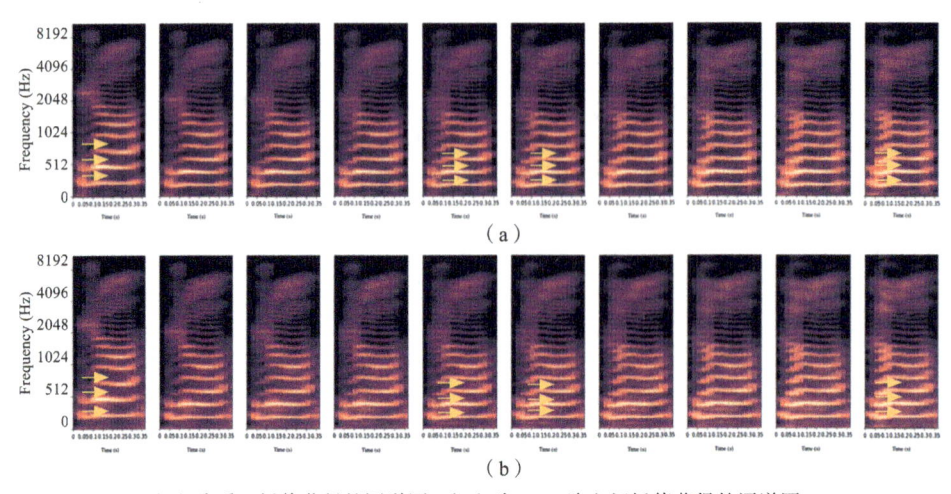

(a)为手工插值获得的语谱图,(b)为 VAE 隐空间插值获得的语谱图

图 6.5　频谱包络连续统合成对比

本实验分别使用我们提出的方法和手动操作的方式生成刺激样本（沿音高维度的 9 间隔 tone1-tone2 连续体和沿声道参数维度的 /r/-/l/ 连续体），主观评价实验是通过在线行为研究平台进行的。

为了将我们提出的数据驱动方法与直接调整声学参数的传统方法进行比较，我们还进行了识别实验，以使用这两种技术创建的刺激连续体来探索分类边界位置和宽度是否存在差异。实验以 8 名母语为汉语且普通话水平在二级甲等以上的人为受试（8 名受试参加了 tone1-tone2 感知研究，其中 5 名参加了 /r/-/l/ 感知研究）。在测试开始时，向受试两次播放两种参考声音（分别编码为"sound1"和"sound2"），并要求他们尽可能熟悉这两种具有代表性的声音。每个连续体的刺激样本随机呈现给受试。要求受试在认为自己听到"声音 1"时按"1"键，在认为自己听到"声音 2"时按"2"键。10 个刺激在 1 个测试块中随机播放。每个由两种方法生成的连续体有 5 个这样的测试块。图 6.6 显示了 tone1-tone2 连续体和 /r/-/l/ 连续体的识别曲线。这两条曲线显示出一些相似的趋势，特别是对 tone1-tone2 连续体的感知情况。然而，一些细微的差异值还需进一步探索。例如，对于 /r/-/l/ 连续体的感知情况，当我们把基于 VAE 方法生成的刺激用于测试时，类别边界更接近中间刺激。此外，过渡部分有一条更长、更平缓的曲线。一种可能的解释是，我们所提出的方法生成的过渡更平滑，更有渐进效果。但是，这些模式在 tone1-tone2 示例中并不明显。

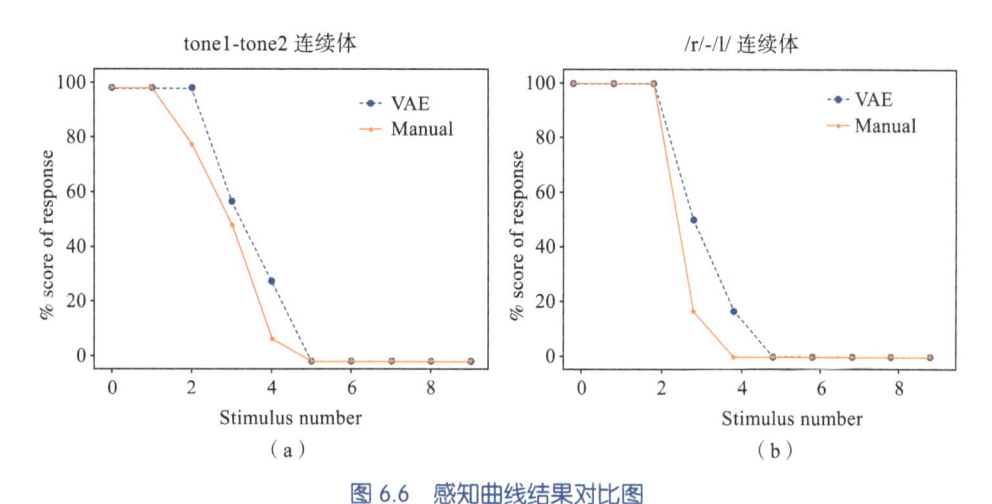

图 6.6 感知曲线结果对比图

接下来使用平均意见得分（MOS）评估这两种方法生成的刺激样本的整体质量。我们招募了 8 名母语为普通话的人，他们都没有参加过之前的实验。首先要求听者对刺激样本的整体自然度进行评分（分数等级为 1—5）。总共 80 个语音刺激（8 个连续音）被混合在一起并以随机顺序呈现给听者。然后根据识别结果，将产生的声音分为类别内刺激和类别间刺激。对于音调连续体，第三至第七个刺激被视为类别间；对于 /r/-/l/ 连续体，第四和第五个刺激被视为类别间。最后按照此分类，计算整体 MOS、类内 MOS 和类间 MOS。图 6.7 总结了听者对合成刺激的评价结果。

使用配对 Mann-Whitney U 检验的成对比较表明，总体 MOS 的组间差异不显著（$p>0.05$）。可见，一般而言，使用数据驱动方法生成的刺激的质量与手动操作方法的质量相当。值得注意的是，基于 VAE 模型的 tone1-tone2 连续体的类间 MOS 和 /r/-/l/ 连续体的类间 MOS 略高。这些结果表明，这两

图 6.7 连续统刺激 MOS 评分

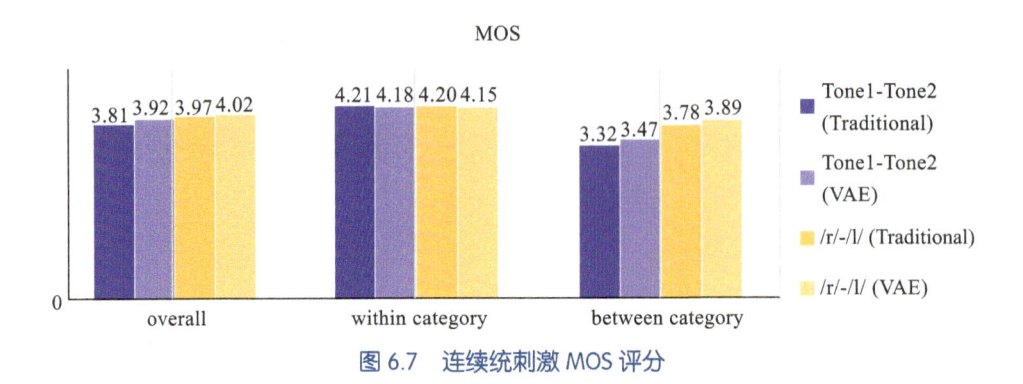

种方法都可以生成具有可接受音质的相对自然的刺激样本，但对于那些接近类别边界的刺激，相较于手动操作的方法，基于 VAE 的方法把生成语音的自然度略微提高了一些。

6.4　基于对抗训练的声学连续统合成

范畴性是言语知觉的一个显著特点，在言语感知和学习过程中起着重要作用，在过去 50 年中，范畴性知觉一直是言语知觉研究的热点问题。在研究人的感知机理的实验过程中，经常会利用一些人工合成的声学连续统来帮助完成实验。随着深度学习的发展，其在语音合成方向上的应用在特定场景已经达到了与原始录音几乎一样的水准，尤其是在 TTS（Text-To-Speech）（Chen et al., 2020）和 VC（Voice Conversion）（Sisman, 2019）两个领域。但是实验语音学中的语音刺激合成还在广泛使用信号处理的方法。因此将基于深度学习的语音合成技术用于声学连续统合成，将为语音的范畴感知研究提供高质量的实验材料，同时对实验语音学研究具有一定的参考价值。

6.4.1　GAN 模型

GAN 中的博弈方是一个生成器和一个判别器（如图 6.8 所示）。生成器的目标是生成逼真的伪样本，让判别器无法判别出真伪；判别器的目标是正确区分数据是真实样本还是来自生成器的伪样本。在博弈过程中，两个竞争者需要分别不断优化自身的生成能力和判别能力，而博弈的结果是找到两者之间的纳什均衡。当判别器的识别能力达到一定程度却无法正确判断数据来源时，就获得了一个学习到真实数据分布的生成器。

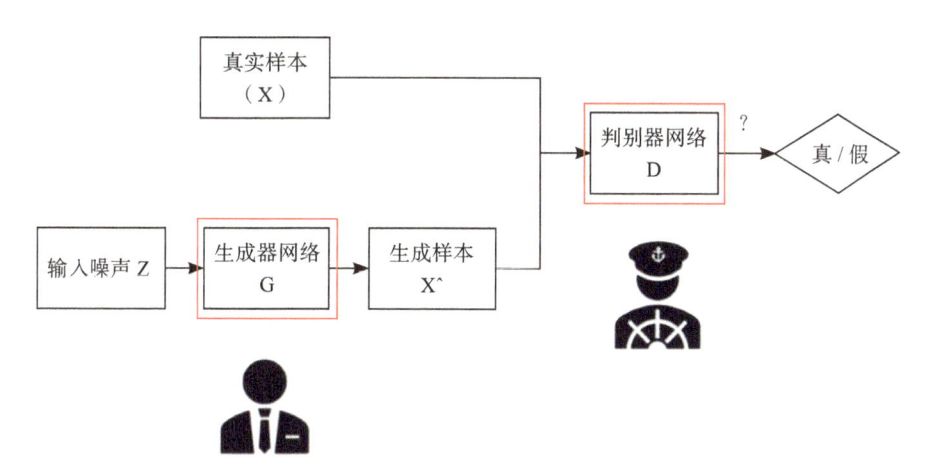

图 6.8 GAN 结构示意

GAN 中的生成器和判别器可以是任意可微函数，通常用多层的神经网络表示。生成器 $G(z; \theta)$ 是输入为随机噪声、输出为伪样本、参数为 θ 的网络，判别器 $D(x; \varphi)$ 是输入为真实样本和伪样本、输出为 0 或 1（分别对应伪样本和真实样本）、参数为 φ 的二分类网络。GAN 根据生成器和判别器不同的损失函数分别优化生成器和判别器的参数，避免了计算似然函数的过程。

6.4.2 GAN 训练

GAN 的训练机制由生成器优化和判别器优化两部分构成。下面分析两者的目标函数和优化过程。

1. 优化判别器

固定生成器 $G(z; \theta)$ 后优化判别器 $D(x; \varphi)$。由于判别器是二分类模型，目标函数选用交叉熵函数：

$$maxV(D) = E_{\{x \sim P_r\}}[logD(x)] = E_{\{x \sim P_x\}}[log(1-D(x))] \qquad 式（6-8）$$

其中，P_r 表示真实样本分布，P_g 表示由生成器产生的样本分布。判别器的目标是正确分辨出所有样本的真伪。该目标函数由两部分组成：

（1）对于所有的真实样本，判别器应该将其判定为真样本，使输出 $D(x)$ 趋近 1，即最大化 $E_x \sim P_r[logD(x)]$；

（2）对于生成器伪造的所有假样本，判别器应该将其判定为假样本，使输出尽量接近 0，即最大化 $E_x \sim P_g[log(1-D(x))]$。

2. 优化生成器

固定训练好的判别器参数，考虑优化生成器模型参数。生成器希望学习到真实样本分布，因此优化目的是生成的样本可以让判别器误判为 1，即最大化 $E_x \sim P_g[logD(x)]$，所有生成器的目标函数为：

$$minV(G)E_x \sim P_g[log(1-D(x))] \qquad 式（6-9）$$

从该目标函数可以看出，生成器的梯度更新信息来自判别器的结果而不是来自数据样本，相当于用神经网络拟合出数据分布和模型分布之间的距离，这就从根本上回避了似然函数的难点。这一思想对深度学习领域产生了深远的影响，也是 GAN 模型的优势。然后固定最优判别器 D 参数，训练好的生成器参数就是最优生成器。此时 $P(x) = P(x)$，判别器认为该样本是真样本还是假样本的概率均为 0.5，说明此时的生成器可以生成足够逼真的样本。

6.4.3 基于对抗训练的解耦合框架

在这种方法中，我们采用对抗学习的框架，将特定的声学特征与语音信号中的其他内容分开。经过训练，模型可以通过合并独立于关键声学参数的语音内容及来自声学参数隐空间的采样隐表征来生成高度自然的中间语音刺激。与传统的基于变分自编码器的语音刺激连续统合成方法相比，这种方法不是直接对关键声学线索进行操作，而是在分解关键声学特征后对潜在空间进行插值，避免了人工插值可能造成的信息损失和不自然等问题。

基于对抗训练的解耦合框架，使用对抗训练从梅尔谱中分离出关键声学线索的框架如图 6.9 所示。模型的输入是梅尔谱 x，输出是预测的梅尔谱 x'。其目的是生成给定声学线索 y 条件下的梅尔谱。模型包含两个大的模块，即自编码器（Encoder 和 Decoder）和判别器（Discriminator）。自编码器中编码器 Encoder 的任务是学习到给定梅尔谱的隐藏编码 z；解码器 Decoder 的任务是将学习到的隐藏编码解码回梅尔谱。判别器的任务是判别编码器学到的隐藏编码 z 中是否包含声学线索 y。模型的训练过程分为三个步骤。

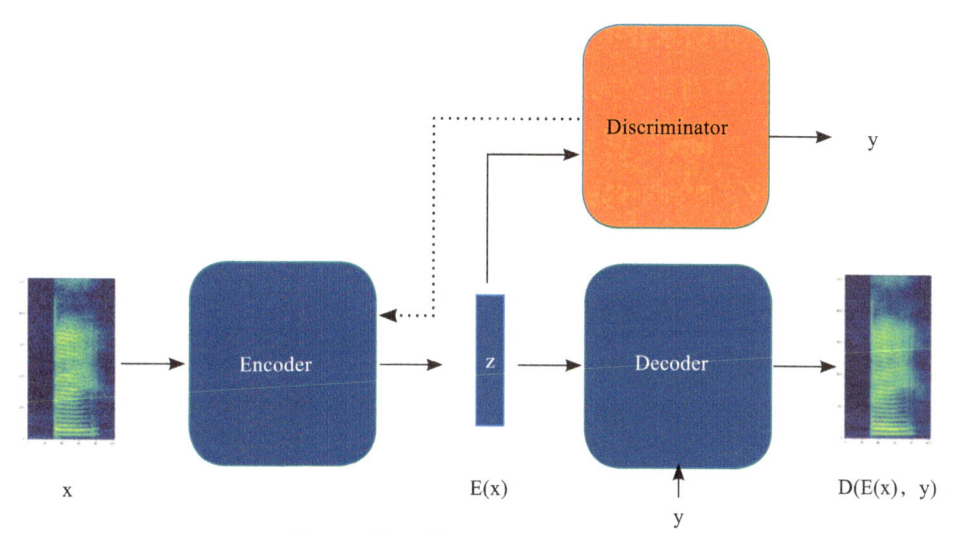

图 6.9 基于对抗训练下的解耦合框架

（1）训练自编码器（Auto-Encoder）

编码器 Encoder 训练将输入 x 映射到潜藏表征 z；解码器 Decoder 训练将隐藏表征 z 在给定声学线索为 y 的条件下重构 x'：

$$x' = dec(enc(x), y) \qquad \text{式（6-10）}$$

平均绝对误差（MSE）作为训练自编码器的损失函数，通过反向传播优化模型参数。损失函数公式如下：

$$L_{AE}(\theta_{enc}, \theta_{dec}) = \left| D_{\theta_{dec}}(E_{\theta_{enc}}(x), y) - x \right|^2 \qquad \text{式（6-11）}$$

其中 θ 为编码器和解码器的参数。自编码器可以完成修改声学线索的功能。

给定一个梅尔谱和对应的声学线索 y 及需要修改的声学线索 y'，$dec(enc(x), y)$ 即是我们需要的在声学线索为 y' 时重构出的梅尔谱。在训练阶段，解码器接收到的是原先的声学线索 y；而在推断过程中，接收到的是需要修改的声学线索 y'。

（2）训练判别器（Discriminator）

我们考虑到仅仅使用 MSE 作为损失函数约束自编码器，不能使得输入 x 的隐藏表征 z 中不含有声学线索 y 的信息。输入 x 的隐藏表征 z 中存在的有关声学线索 y 的信息会不可避免地降低在修改阶段的性能。所以这里我们额外训练一个判别器来规范编码器，使得编码器学到的隐藏表征 z 中不含有声学线索 y 的信息。判别器的输入是隐藏表征 z，输出是每一帧对应到声学线索的概率，即判别器训练的目标是：

$$L_{dis}(\theta_{dis}|\theta_{enc}) = logP_{\theta_{dis}}(y|E_{\theta_{enc}}(x)) \qquad 式（6-12）$$

其中，θ_{dis} 是判别器的模型参数，判别器通过降低与真实声学线索之间的交叉熵损失去优化训练模型参数。

（3）对抗训练自编码器（Auto-Encoder）和判别器（Discriminator）

在这一阶段，将第一阶段训练好的自编码器作为 GAN 中的生成器（Generator），判别器为第二阶段训练好的模型（Discriminator），训练准则如下：

$$L_{AE}(\theta_{enc},\theta_{dec},\theta_{dis}) = L_{rec}(\theta_{enc},\theta_{dec}) - \lambda * L_{dis}(\theta_{dis}|\theta_{enc}) \qquad 式（6-13）$$

其中，$L_{AE}(\theta_{enc},\theta_{dec},\theta_{dis})$ 和 $L_{dis}(\theta_{dis}|\theta_{enc})$ 分别为自编码器和判别器损失函数，我们对抗地去训练生成器和判别器，最终达到的效果是判别器也不知道隐藏表征 z 中是否含有声学线索 y，此时我们已经完成了关键声学线索的解耦合工作。

6.4.4 实验过程

1. 数据集

本实验所用数据与 6.3.3 相同。

2. 模型结构

本实验采用的是 CBHG 模块（Wang et al.，2017）的模型架构。我们没有使用跨时间步长的全连接层来处理可变长度输入。卷积库旨在捕获有关声学特征的局部信息。我们使用像素混洗层来生成更高分辨率的光谱。p 表示解耦合中关键声学线索的嵌入，因为网络在每一层中可能需要不同的信息。我们通过在特征图上添加隐藏向量 p 来插入嵌入。除了鉴别器之外，我们对每个网络都使用了 $1d$ 卷积，鉴别器则是用 $2d$ 卷积构建的，以便更好地捕获纹理。

3. 实验步骤

（1）基准的信号处理方法

在本控制实验中，我们以基于数字信号处理（DSP）方法的词汇声调连续刺激合成作为基线系统。与深度学习方法类似，我们选择"bei1、bei4"作为两个参考刺激，并使用 WORLD 声码器从两个语音中提取 f0、sp、ap 参数，然后在提取的 f0 的两个序列之间进行线性插值。最后，使用 WORLD 声码器将插值后获得的一组新的 f0、sp 和 ap 恢复回语音信号。

（2）深度学习方法

①训练阶段

我们按照上一节基于对抗训练的解耦合框架的三个步骤在提取好的数据集上训练模型。

②生成阶段

我们提出的用于合成连续体刺激的基于 DL 方法的流程如图 6.10 所示。首先，训练阶段的训练模型用于给出两类语音（$x1$ 和 $x2$）；$x1$ 经过 mel-encoder 处理，获得与基音无关的 enx($x1$)；插值是在两个类别的音高表示上完成的（即使用 f0-encoder 获得的 $x1$ 和 $x2$ 的潜在空间）。然后，将和基音无关的 $x1$~$x2$ 连续体刺激的梅尔谱图一起发送到解码器来合成，最后使用声码器将其简化为波形。

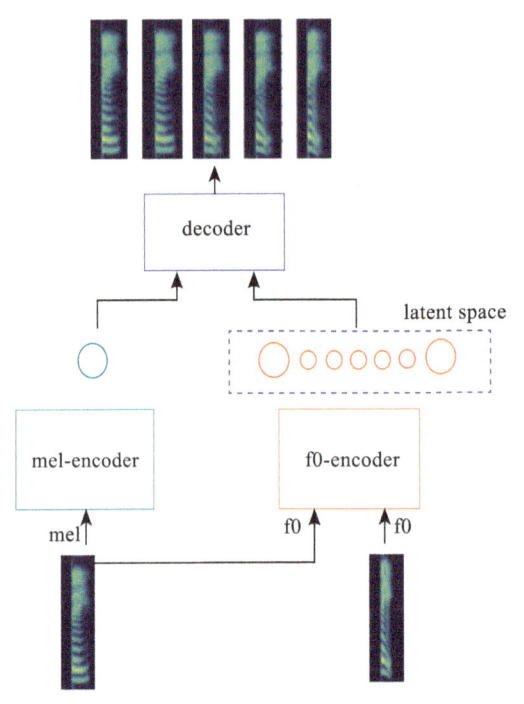

图 6.10 基于对抗训练的声调连续统合成

6.4.5 实验结果

为了证明本节所提方案的可行性，我们首先了把 f0 作为关键的声学线索，探究在梅尔谱上使用对抗训练出解耦合基频的效果。预实现结果如图 6.11 所示：分为上下两部分，分别对应不使用对抗训练的自编码器和使用对抗训练的自编码器重构给定基频条件下生成对应梅尔谱的能力。从左到右四列分别表示：原始"bei1"、重构"bei1"、使用"bei4"基频重构的"bei1"及重构"bei4"。从两个红框圈出来的部分可以看出，在对抗训练之前，虽然使用"bei4"的基频重构"bei1"，但由于没有解耦合出基频信息，重构出的梅尔谱上仍然显示的是"bei1"的基频；反观下面经过对抗训练后梅尔谱图，可以看到重构出的梅尔谱上显示的是"bei4"的基频。由此可以得出以下结论：经过对抗训练后，可以从梅尔谱中解耦合出基频信息，这也就意味着我们可以在梅尔谱上直接修改基频。

图 6.11　基频解耦合结果

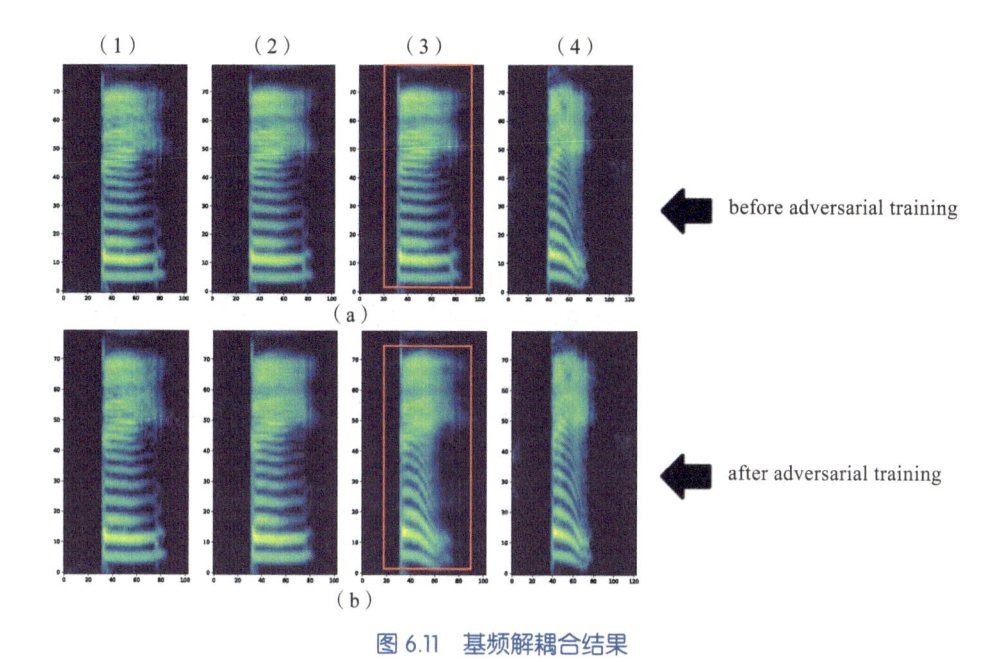

图 6.12（a）是由基线方法合成的从"bei1"到"bei4"的连续刺激谱图，图 6.12（b）是用深度学习方法合成的连续刺激谱图。可以很容易地观察到，使用我们的方法在"bei1"和"bei4"之间生成的样本更自然，因为它们在所有频率上都包含多样化的分布。

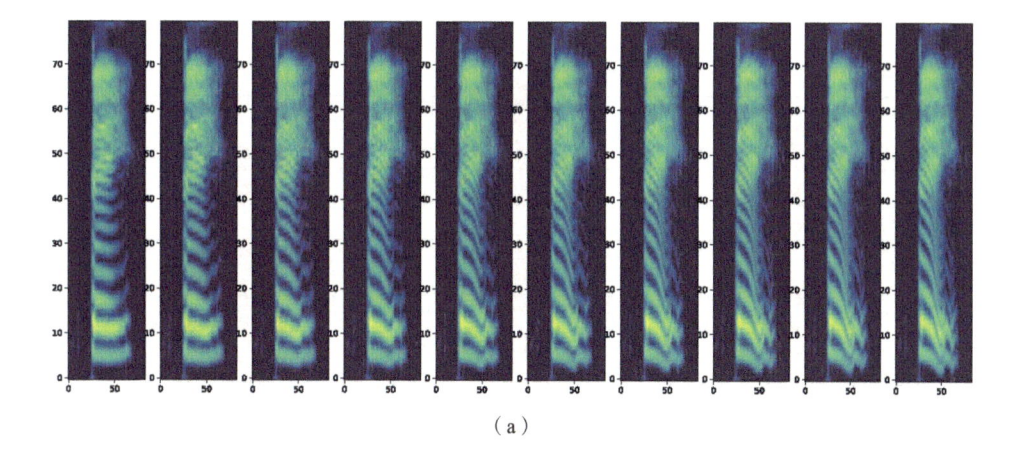

(b)

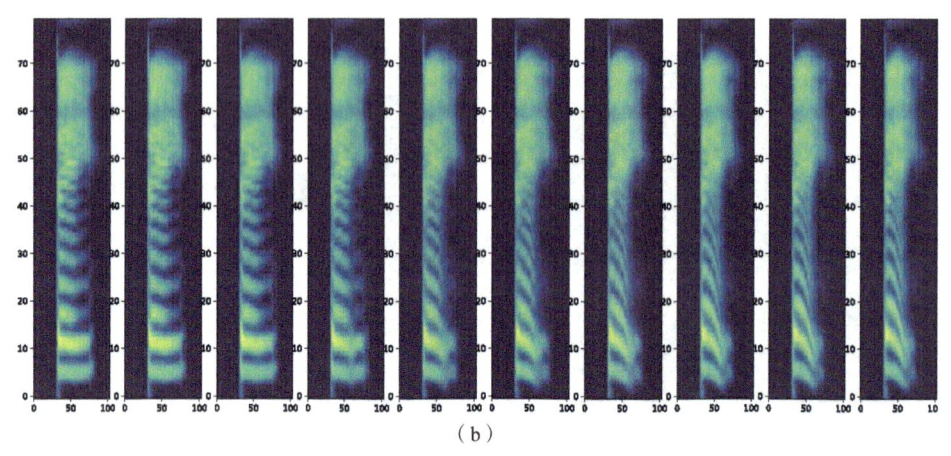

图 6.12　合成声调连续统梅尔谱图对比

图 6.13 总结了听者对合成刺激的评价结果。这表明一般来说，使用本实验所用方法生成的刺激的质量与 DSP 方法的质量相当。值得注意的是，基于深度学习方法的 tone1-tone4 连续体的类别间 MOS 略高。这些结果表明，两种方法都可以生成相对自然的刺激样本，且具有可接受的音质，但对于那些接近类别边界的刺激，相较于 DSP 深度学习方法，本实验把生成语音的自然度略微提高了一些。

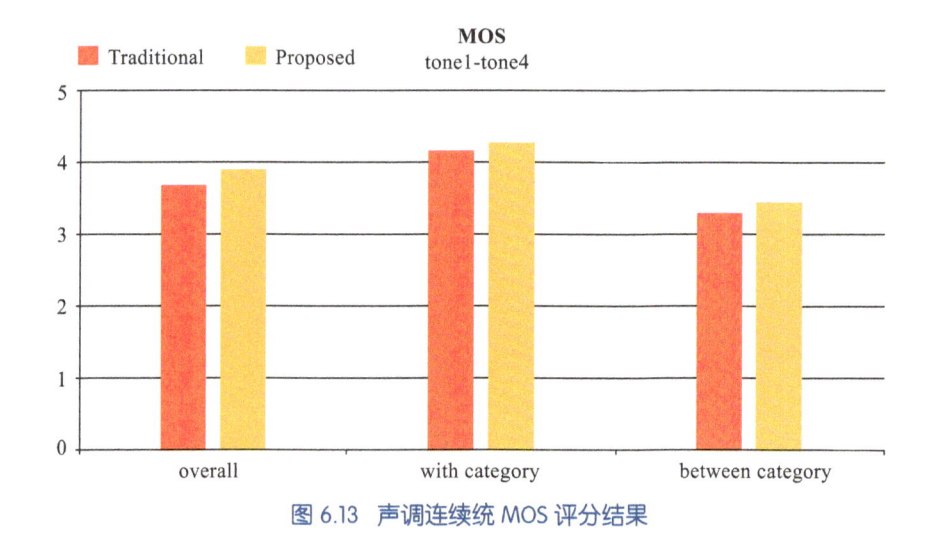

图 6.13　声调连续统 MOS 评分结果

:: 参考文献 ::

凌震华（2008）基于统计声学建模的语音合成技术研究，中国科学技术大学博士学位论文。

王　玮、张劲松（2019）汉语中介语语音库的文本设计，《世界汉语教学》第 1 期。

Atal, B. S. & Hanauer, S. L. (1971) Speech analysis and synthesis by linear prediction of the speech wave. *The Journal of the Acoustical Society of America*, 50(2B): 637-655.

Boersma, P. & Van Heuven, V. (2001) Speak and unSpeak with PRAAT. *Glot International*, 5(9/10): 341-347.

Chen, M., Tan, X., Ren, Y., Xu, J., Sun, H., Zhao, S. & Qin, T. (2020) MultiSpeech: Multi-speaker text to speech with transformer. *INTERSPEECH*, 4024-4028.

Dudley, H. (1940) The vocoder—electrical re-creation of speech. *Journal of the Society of Motion Picture Engineers*, 34(3): 272-278.

Francis, A. L., Ciocca, V. & Chit Ng, B. K. (2003) On the (non)categorical perception of lexical tones. *Perception & Psychophysics*, 65(7): 1029-1044.

Goodfellow, I. J., Pouget-Abadie, J., Mirza, M., Xu, B., Warde-Farley, D., Ozair, S., Courville, A. & Bengio, Y. (2014) Generative adversarial nets. *Proceedings of the 27th International Conference on Neural Information Processing Systems*, 2: 2672-2680.

Gordon-Salant, S., Yeni-Komshian, G. H., Fitzgibbons, P. J. & Barrett, J. (2006) Age-related differences in identification and discrimination of temporal cues in speech segments. *The Journal of the Acoustical Society of America*, 119(4): 2455-2466.

Hallé, P. A., Chang, Y.-C. & Best, C. T. (2004) Identification and discrimination of

Mandarin Chinese tones by Mandarin Chinese vs. French listeners. *Journal of Phonetics*, 32(3): 395-421.

Iverson, P. (2003) Evaluating the function of phonetic perceptual phenomena within speech recognition: An examination of the perception of /d/–/t/ by adult cochlear implant users. *The Journal of the Acoustical Society of America*, 113(2): 1056-1064.

Kalchbrenner, N., Elsen, E., Simonyan, K., Noury, S., Casagrande, N., Lockhart, E., Stimberg, F., Oord, A., Dieleman, S. & Kavukcuoglu, K. (2018) Efficient neural audio synthesis. *Proceedings of the 35th International Conference on Machine Learning*, 80: 2410-2419.

Kawahara, H. (2006) STRAIGHT, exploitation of the other aspect of VOCODER: Perceptually isomorphic decomposition of speech sounds. *Acoustical Science and Technology*, 27 (6): 349-353.

Kingma, D. P. & Welling, M. (2013) Auto-encoding variational bayes. *arXiv preprint arXiv: 1312.6114*.

Klatt, D. H. (1980) Software for a cascade/parallel formant synthesizer. *The Journal of the Acoustical Society of America*, 67(3): 971-995.

Kong, J., Kim, J. & Bae, J. (2020) HiFi-GAN: Generative adversarial networks for efficient and high fidelity speech synthesis. *arXiv preprint arXiv: 2010.05646*.

Kumar, K., Kumar, R., Boissiere, T., Gestin, L., Teoh, W. Z., Sotelo, J., Brebisson, A., Bengio, Y. & Courville, A. (2019) MelGAN: Generative adversarial networks for conditional waveform synthesis. *arXiv preprint arXiv: 1910.06711*.

Liberman, A. M., Harris, K. S., Hoffman, H. S. & Griffith, B. C. (1957) The discrimination of speech sounds within and across phoneme boundaries.

Journal of Experimental Psychology, 54(5): 358-368.

Morise, M., Yokomori, F. & Ozawa, K. (2016) WORLD: A vocoder-based high-quality speech synthesis system for real-time applications. *IEICE Transactions on Information and Systems*, 99(7): 1877-1884.

Oord, A., Dieleman, S., Zen, H., Simonyan, K., Vinyals, O., Graves, A., Kalchbrenner, N., Senior, A. & Kavukcuoglu, K. (2016) WaveNet: A generative model for raw audio. *arXiv preprint arXiv: 1609.03499*.

Sisman, B. (2019) Machine learning for limited data voice conversion. Ph.D. dissertation, National University of Singapore.

Skuk, V. G. & Schweinberger, S. R. (2014) Influences of fundamental frequency, formant frequencies, aperiodicity, and spectrum level on the perception of voice gender. *Journal of Speech, Language, and Hearing Research*, 57(1): 285-296.

Strange, W. & Dittmann, S. (1984) Effects of discrimination training on the perception of /r-l/ by Japanese adults learning English. *Perception & Psychophysics*, 36(2): 131-145.

Tan, X., Qin, T., Soong, F. & Liu, T.-Y. (2021) A survey on neural speech synthesis. *arXiv preprint arXiv: 2106.15561*.

Valbret, H., Moulines, E. & Tubach, J. P. (1992) Voice transformation using PSOLA technique. *Speech Communication*, 11: 175-187.

Wang, Y., Skerry-Ryan, R. J., Stanton, D., Wu, Y., Weiss, R. J., Jaitly, N., Yang, Z., Xiao, Y., Chen, Z., Bengio, S., Le, Q., Agiomyrgiannakis, Y., Clark, R. & Saurous, R. A. (2017) Tacotron: Towards end-to-end speech synthesis. *INTERSPEECH*, 4006-4010.

Yamamoto, R., Song, E. & Kim, J. M. (2020) Parallel WaveGAN: A fast waveform generation model based on generative adversarial networks with multiresolution spectrogram. *2020 IEEE International Conference on Acoustics, Speech and Signal Processing (ICASSP)*, 6199-6203.

Yoshimura, T., Tokuda, K., Masuko, T., Kobayashi, T. & Kitamura, T. (1999) Simultaneous modeling of spectrum, pitch and duration in HMM-based speech synthesis. *EUROSPEECH*, 2347-2350.

Yuan, J., Xiong, H., Xiao, Y., Guan, W., Wang, M., Hong, R. & Li, Z. (2020) Gated CNN: Integrating multi-scale feature layers for object detection. *Pattern Recognition*, 105: 107131.

第七章　发音偏误自动检测方法

发音偏误检测是二语学习中的一项重要技术，能为学习者提升口语能力提供有效的途径。常见的音素偏误包括替换错误、插入错误及删除错误。检测出发音偏误后，学习者可以针对自身的发音问题，逐步改善发音。本章将介绍发音偏误自动检测的通用方法，既有传统的基于语音识别技术的发音偏误自动检测，又有我们所提出的基于发音良好度、基于孪生网络、基于发音属性、基于注意力机制的发音偏误检测方法，同时还将对比这些方法的有效性，以及它们在汉语习得中的作用。

7.1 发音偏误检测的评价指标

本研究使用的母语语料实验数据为国家 863 项目汉语语音识别语料库，二语语料实验数据为北京语言大学中介汉语语音语料库。实验的检测结果有四种：正确接受（TA）、正确拒绝（TR）、错误接受（FA）和错误拒绝（FR），如表 7.1 所示：

表 7.1　四种检测结果

符号	描述
TA	正确发音检测为正确发音个数
TR	偏误发音检测为偏误发音个数

续表

符号	描述
FA	偏误发音检测为正确发音个数
FR	正确发音检测为偏误发音个数

最终使用下面三个评价指标来衡量模型在发音偏误检测任务中的表现：

（1）错误接受率（False Acceptance Rate，FAR）：指错误发音被检测为正确发音的百分比。

（2）错误拒绝率（False Rejection Rate，FRR）：指正确发音被检测为错误发音的百分比。

（3）诊断正确率（Detection Accuracy，DA）：指正确发音被检测为正确、错误发音被检测为错误的百分比。

$$\text{FAR} = \frac{\text{FA}}{\text{FA} + \text{TR}} \qquad 式（7\text{-}1）$$

$$\text{FRR} = \frac{\text{FR}}{\text{FR} + \text{TA}} \qquad 式（7\text{-}2）$$

$$\text{DA} = \frac{\text{TA} + \text{TR}}{\text{TA} + \text{TR} + \text{FA} + \text{FR}} \qquad 式（7\text{-}3）$$

7.2 基于高斯混合-隐马尔可夫（GMM-HMM）的发音偏误检测

20世纪六七十年代，HMM被提出并被成功地应用到语音信号处理的建模中，语音识别技术也逐渐从传统的规则识别方式转变为统计识别方式，基于HMM的统计语音识别取得了一系列进展。今天，HMM在语音识别中依然扮演着重要角色。HMM能够很好地描述人类语音这种时序信号，当前一些主流的发音偏误自动检测技术也都采用基于HMM的语音识别检测方法。

7.2.1 马尔可夫模型（Markov Model，MM）简介

MM 可以用来表示如下过程：随着时间的推移或进程的推进，一个有 N 个状态 S_1，S_2，…，S_n 的系统会从某一状态 S_i 转移到另一状态 S_j，且系统在时间 t 处于状态 S_j 的概率只取决于其在时间 1，2，…，t-1 时所处的状态，用概率可以表示为：$P(q_t=S_j | q_{t-1}=S_i, q_{t-2}=S_k, \cdots)$。其中，$q_t$ 表示系统在时间 t 所处的状态。

如果对此进行简化，假设系统在 t 时刻所处的状态只与其在 t-1 时刻所处的状态有关，那么该系统可以用一阶马尔可夫链来表示，如下式：

$$P(q_t=S_j | q_{t-1}=S_i, q_{t-2}=S_k, \cdots) = P(q_t=S_j | q_{t-1}=S_i) = a_{ij} \qquad 式（7-4）$$

其中，a_{ij} 表示状态 S_i 转移到状态 S_j 的概率，且满足 $a_{ij} \geq 0$ 及 $\sum_{i=1}^{N} a_{ij} = 1$。这样的随机过程称为马尔可夫模型。

7.2.2 隐马尔可夫（Hidden Markov Model，HMM）简介

与 MM 不同，HMM 是一个双重随机过程。在 HMM 中，状态与状态之间的转移是随机的，每个状态的观测值也是随机的。具体而言，在 MM 中，每一个状态的输出代表可以观察到的一个事件；而在 HMM 中，每一个状态的输出是一个随机函数，也就是说，观察到的事件是不确定的。此外，HMM 中状态的转移过程也是不可观察的，无法事先知道状态之间是如何跳转的，因此 HMM 适合模拟多个有相关性的隐式状态之间产生的一组观测数据。我们可以对观测数据建模，从中挖掘出状态之间的跳转关系和每个状态的具体发射函数。HMM 通常表示为链式结构，如图 7.1 所示。

HMM 常用以下五个参数来进行描述。

（1）每一个状态可观察的离散值总数 M。观测符号集合表示为 $O = \{o_1, o_2, \cdots, o_M\}$。如果对过程的输出量也就是训练数据集进行矢量编码，离散值总数就是编码数大小。

（2）模型的隐状态总数 N。通常情况下，要么事先知道状态总数 N，要么对其进行猜测。

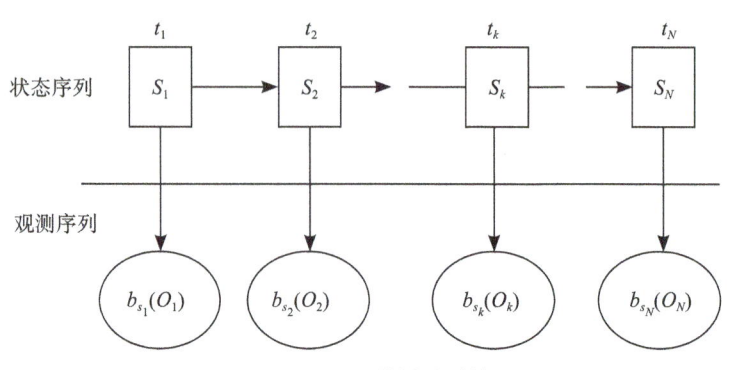

图 7.1　HMM 的链式结构

（3）初始状态的概率分布 $\pi = \{\pi_j\}$，$1 \leq j \leq N$。初始状态分布用来描述过程初始时系统处于每个状态的概率。$\pi_j = P(\pi_j = S_j)$ 表示在初始时刻（t = 1）状态为 S_j 的概率。其中，模型状态集合 $S = \{S_1, S_2, \cdots, S_n\}$。用 q_t 表示系统在时间 t 所处的状态。

（4）隐藏状态之间的转移概率矩阵 $A_{N \times N}$。其中 $A = \{a_{ij}\}$，$a_{ij} = P(q_t = S_j | q_{t-1} = S_i)$，$i \geq 1$，$j \leq N$。表示系统在 t−1 时刻处于状态 S_i，在 t+1 时刻由状态 S_i 转移到状态 S_j 的概率。

（5）观测值的混淆矩阵 $B_{N \times M}$，它描述了每个状态产生不同观测值的概率。其中，$B = \{b_j(k)\}$，$b_j(k) = P(O_k(t) | q_t = S_j)$，$1 \leq j \leq N$，$1 \leq k \leq M$。上式表示，在 t 时刻状态是 S_j 条件下，观察符号为 $O_k(t)$ 的概率。

用上述五个参数（两个模型参数 M、N 及三个概率分布参数 π、A、B）可以完整描述一个 HMM。但实际上，当参数 A、B 确定后，M、N 也就随之确定了。此外，在隐藏状态转移矩阵和观测值混淆矩阵中的概率都是与时间无关的，即当系统不断推进时，这些矩阵的分布并不随时间改变。所以，对于一个固定了 M、N 的系统，只需使用 $\lambda = \{\pi, A, B\}$ 表示一个 HMM 模型即可。一般情况下，参数 π 是随机初始化的一些值。通常一个 HMM 系统是各状态遍历的，初始状态的选取并不重要。各个隐藏状态之间的关系可以通过状态转移概率矩阵 A 来反映。因此，状态转移概率矩阵 A

对于序列相关的建模问题十分重要，而观测符号概率分布矩阵 B 的选择与输出观测符号相联系。

使用 HMM 时，需要解决下面三个基本问题。

（1）概率估计。给定观测序列 $O = \{o_1, o_2, \cdots, o_M\}$ 和 HMM 模型参数 $\lambda = \{\pi, A, B\}$ 后，如何计算序列的似然概率 $P(O|\lambda)$？这个问题的本质是动态规划或者前向算法，对所有可能产生 $o_1, o_2, \cdots, o_M$ 观测序列的路径的概率求和。

（2）状态解码。给定观测序列 $O = \{o_1, o_2, \cdots, o_M\}$ 和 HMM 模型参数 $\lambda = \{\pi, A, B\}$ 后，如何确定状态序列 $S = \{S_1, S_2, \cdots, S_n\}$，使得概率 $P(O|\lambda)$ 最大？这个问题其实也是动态规划问题，被称为维特比（Viterbi）算法。与概率估计不同的是，这里不是求和，而是求概率最大的路径。

（3）参数学习。给定观测序列 $O = \{o_1, o_2, \cdots, o_M\}$ 后，如何调整 HMM 模型参数 $\lambda = \{\pi, A, B\}$，使得概率 $P(O|\lambda)$ 最大？

问题（1）和问题（2）主要涉及 HMM 的测试阶段；问题（3）属于 HMM 模型训练问题，实际的训练通常是通过迭代方法来估计参数的，如 Bawn-Welch 法。

7.2.3 声学模型中的 HMM

HMM 是语音信号处理中最常用的统计模型。它使用马尔可夫链来模拟语音信号的短时统计特性，是一个双重的随机过程。而人的发音过程正是这样一种双重的随机过程。语音信号是一个可观察的序列，通常认为它是由大脑根据言语需要等特点产出的音素的特征参数流。虽然语音信号本身会因为各种因素的干扰而表现得有些不确定，但是，语音声学信号中隐含了语法与语义的指导，所以语音信号可以在此假设下使用 HMM 进行较为准确的描述。

在语音识别系统中，需要根据语音本身的特点（短时不变性、协同发音等）及模型的可训练性（足够的训练数据）来确定建模单元。目前，

HMM 的主要建模语音单元有音素、音节、字、词、整个语句等。其中，在 LVCSR 中，音素层级的建模单元（三音子 triphone）是首选。对于 HMM 的拓扑结构，通常选择 3—7 个状态，其中包含两个非发射（non-emitting）状态。图 7.2 展示的是一个从左至右的五状态 HMM，中间三个为发射状态，转移矩阵共 5 行 5 列。

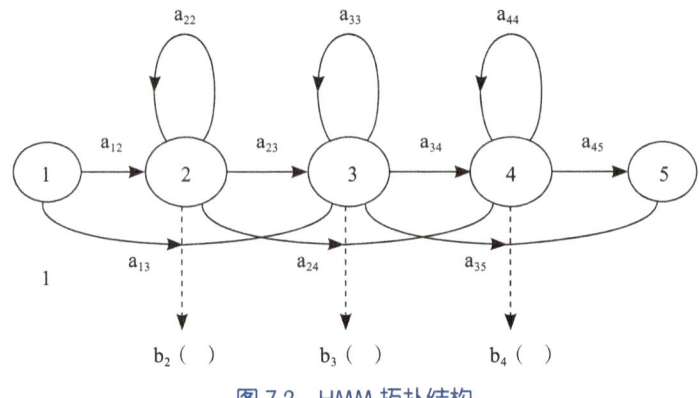

图 7.2 HMM 拓扑结构

对每个 HMM 状态的输出概率，通常用 GMM 来表示：

$$b_j(o_t) = \prod_{s=1}^{S}[\sum_{m=1}^{M_{js}}C_{jsm}N(O_{st}; \mu_{jsm}, \Sigma_{jsm})]^{\gamma_s} \qquad 式（7-5）$$

$$N(o; \mu, \Sigma) = \frac{1}{\sqrt{(2\pi)^n|\Sigma|}} e^{-\frac{1}{2}(o-\mu)^T\Sigma^{-1}(o-\mu)} \qquad 式（7-6）$$

其中，$b_j(o_t)$ 表示状态 j 产生观测向量 o_t 的概率；指数 γ_s 是流的权重，一般情况为 1；M_{js} 是流 s 中状态 j 的混合总数；c_{jsm} 是状态 j 中第 m 个高斯项的权重。$N(o; \mu, \Sigma)$ 是多变量高斯分布，μ 和 Σ 分别是均值向量和协方差矩阵，n 是观测向量 o 的维度。

7.2.4 基于 GMM–HMM 的发音偏误检测方法

HMM 是一种生成式模型，用来描述目标的产生分布情况。基于生成模型的发音偏误检测任务可以视为统计学中的假设检验问题。统计假设检验方法需要获得原假设 H_0 及对立假设 H_1 的概率密度函数。前面已经介绍了 HMM 的定义及如何对人类语音信号进行建模，这里着重说明在发音偏误检测任务中如何建立假设检验中的两种对立模型 H_0 和 H_1。对于音素级别的发音偏误检测任务来说，这里 H_0 模型和 H_1 模型都是定义在音素级别的 HMM。H_0 模型可以根据对应的音素在训练数据集中的样本进行 HMM 模型参数估计得到。H_1 模型的获得比较麻烦，它需在训练集中先剔除属于 H_0 模型的样本，然后使用剩下的样本进行模型参数估计。在基于 HMM 的后验概率的发音偏误检测算法中，一般将每一种音素当作一类进行模型参数估计，然后用与类别相关的概率密度函数进行后验概率计算。

在目前的发音偏误检测方法中，常用的检测依据有 HMM 解码时的对数似然概率（log-likelihood）及一些基于似然概率的变形分数，如对数似然比（Log-Likelihood Ratio，LLR）、后验概率（Posterior Probability，PP）和发音良好度（Goodness of Pronunciation，GOP）等。这些得分通常都是通过母语者的发音模型得到的，因此，此类方法可以在不限制学习者母语背景的情况下将其应用到所有的二语学习中。学生通过这类系统给出的得分等反馈信息可以知道自己发音水平的高低及具体的错音位置。

长期以来，语音识别系统大多使用高斯混合模型（Gaussian Mixture Mode，GMM）作为描述每个建模单元的统计概率模型。这种模型由于估计简单，适合海量数据训练，且有成熟的区分度训练技术支持，一直在语音识别应用中占有垄断性地位。为提高从传统 GMM-HMM 模型提取的置信分数质量，发音偏误检测借鉴了语音识别中的一些区分性训练准则，如最大互信息准则（Maximum Mutual Information，MMI）、最小分类错误准则（Minimum Classification Error，MCE）、最小音素错误准则（Minimum Phone Error，MPE）、最小词错误准则（Minimum Word Error，MWE）等。Song & Liang（2011）和 Yan & Gong（2011）等采用最小化音素错误训练方法提高易混淆音素间的区分性，他们分别在各自的计算机辅助语言学习任务中实现了性能改善。Qian et al.（2013）通过最小词错误准则训练声学模型，用于英语二语学习的发音偏误检测。此外，严可等（2013）采用最小化机器分与人工分均方误差准则训练声学模型，并进一步提出一种基于检测性映射变换的无监督声学模型自适应算法，取得了更好的实验结果。但高斯混合模型本质上是一种浅层网络建模，无法充分描述特征的状态空间分布。此外，GMM 建模的特征维数一般是几十维，无法充分描述特征之间的相关性；GMM 建模实际上是一种似然概率建模，虽然区分度训练能够模拟一些模式类之间的区分性，但能力有限。而语音识别本质上是一个模式分类问题，模型的区分能力与最终的识别性能有直接的关系。研究者们早期也考虑过使用区分性模型对语音信号进行建模。多层感知器（Multi-Layer Perceptron，MLP）曾被认为是模式分类和语音识别问题中一个可以替代 GMM-HMM 的工具。人工神经网络的区分能力若能够很好地与隐马尔可夫模型时序结构建模能力结合，会给语音识别技术带来巨大的启发。但基于浅层 MLP 的 Hybrid 混合方法并没有显示出明显优于 GMM-HMM 的性能。直到深层神经网络出现，Hybrid 方法才将神经网络自身的区分性优势与语音识别分类特性很好地结合起来，显示出明显优于 GMM 的建模能力，也因此受到了学者们的广泛关注。基于深度神经网络的发音偏误检测方法将在下文进行介绍。

7.3 基于扩展识别网络的发音偏误检测

有学者从跨语言学的角度出发，对比两种语言的差异，进而总结出发音错误规律，并由此生成识别过程使用的扩展发音词典或扩展识别网络（Extended Recognition Network，ERN），实现了最终的发音偏误检测。

王岚等（2009）通过对比分析美式英语和广东话之间的差异，生成了一个包含所有可能的错误发音的发音扩展词典，并利用混淆网络在训练数据上对扩展词典进行自动修剪，去除词典中的不合理发音，进而实现对学习者发音错误的快速准确检测。Zhang et al.（2010）通过对比分析非母语语音和标准母语口音，得到粤语发音人说英语的典型错误，进而构建出含有错误模式的扩展识别网络，实现了发音错误的定位和诊断；同时，该方法可进一步提供纠正发音的建议。Luo et al.（2011）通过统计语料库得出了错误发音规则和相应频次，再用先验概率来构建能够反映错误发音可能性的扩展发音词典，使其在中国人学英语的发音偏误检测性能上得到了显著改善。

在偏误检测任务中，发音文本是已知的，且偏误类型存在一定的规律。例如，一些研究表明，汉语中平翘舌是容易相互混淆的；在声调学习中，很多研究工作也都表明，阳平和上声是最容易混淆的。首先，可以将这种先验知识加入解码过程（图 7.3 为扩展识别网络的解码图）。然后，采用两种方法搜集偏误类型：一种是采用专家知识制定发音规则；另一种是采用机器学习方法，从正确发音和偏误标注中自动学习声学语音规则来生成声学音系模型，或者从语料库中统计发音规则和相应频次，再用先验概率拓展发音词典（Luo et al., 2011）。

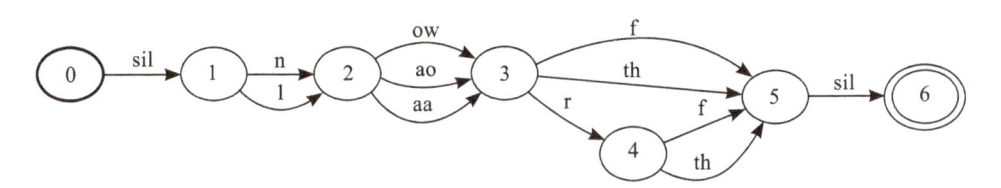

图 7.3　扩展识别网络"north"

7.4　基于 DNN 的发音偏误检测

人工神经网络（Artificial Neural Network，ANN）主要用于机器学习及认知科学等领域，其目的是对函数进行估计。ANN 的主要构成部分是：神经元、网络拓扑和学习算法，也就是权重迭代更新方式。人工神经网络具有非常强的学习能力，因此神经元之间的连接权重及网络的结构均可通过自学习获取。ANN 与生物神经网络类似，不需要描述每一个单元的特定任务，而是集体地、并行地计算函数的各个部分。在实际的实现过程中，常用的是基于统计学或者信号处理的方法。

人工神经网络的研究起源于20世纪初期，到四五十年代达到了第一次高潮。掀起这次人工神经网络学习热潮的是一个由神经元组成的神经网络，也就是感知器（perceptron），这是当时首个可以学习的ANN。其提出者是Rosenblatt。感知器的提出使得许多学者和研究机构纷纷投入神经网络的研究中。随后Minsky在自己的书中否定了单层感知器，认为单层感知器连简单的逻辑异或（xor）功能都无法实现。除此之外，如果将任务增加到两层以上，就会导致计算量过大。Minsky的论述导致该研究陷入第一次低谷。

直到1985年左右，Hopfield提出新的神经网络模型——联想记忆神经网络后，神经网络的研究才又一次迎来热潮。该模型的成功应用有力地推动了神经网络的发展，尤其是Rumelhart等人在多层感知器（Multi-Layer Perceptron，MLP）上做出的突破性研究，使得神经网络的研究在20世纪90年代前后再次受到越来越多学者的关注。与此同时，自动语音识别（Automatic Speech Recognition，ASR）领域开始采用人工神经网络与隐马尔可夫模型相结合的训练方法，称作ANN-HMM。早期基于ANN-HMM的研究通常使用上下文无关的音素作为ANN训练的标注信息，并且只用于小词汇任务。随后，Bourlard等人将ANN-HMM拓展到上下文相关（context-dependent）的音素建模，Robinson等人又将ANN-HMM应用到中型和大词表的自动语音识别任务中，都取得了更好的检测结果。

尽管这些上下文相关的混合模型在一些任务中性能优于GMM-HMM，但改善并不大，仍存在较大的局限性。由于计算能力的限制，人们很少能够使用两个以上隐层的ANN模型，而且这个上下文相关的模型不能利用很多在GMM-HMM框架下很有效的技术。而且，由于当时的神经网络优化较为困难，隐层节点数需要调参，使用上不太简便。而与之相反的是，同时期出现并受到关注的支持向量机（Support Vector Machine，SVM）不需要调参，性能高效且全局最优。与 SVM 相比，神经网络在很多方面都显现出了劣势，因此，神经网络的研究又一次跌入低谷。

直到 2006 年，神经网络才在学术界和工业界掀起第三次热潮，而这一次要归功于 Hinton et al.（2006）提出的深度置信网络（Deep Belief Network，DBN）的概念。与传统的训练方式不同，DBN 有一个预训练（pre-training）的过程，这使得在神经网络的权值中寻找最优解变得很方便，之后可再使用调优（fine-tuning）技术来优化整个网络的训练。这两种方法的应用大幅度减少了训练多层神经网络的时间，同时 Hinton 给多层神经网络的学习方法赋予了一个新名词——深度学习（Deep Learning，DL）。很快，DL 就在语音识别领域崭露头角，多伦多大学和微软研究院分别于 2009 年和 2010 年成功将 DNN 应用到语音识别中，识别效果取得了显著提升。2012 年，DL 技术又在图像识别领域取得成果，Hinton 与其学生在 ImageNet 比赛中用多层的卷积神经网络（Convolutional Neural Network，CNN）训练了一个包含 100 万张图片的网络，最后的分类错误率为 15%，比第二名高了近 11%（Krizhevsky et al.，2012）。识别效果的巨大提升充分证明了多层神经网络识别效果的优越性。随着 DNN 的崛起，神经网络再次成为研究热点，在语音识别、图像识别等多领域掀起了新的研究热潮并延续至今。

7.4.1 深度神经网络基本原理

7.4.1.1 单层感知器

单层感知器是最简单的神经网络，仅包含一个输入层和一个输出层，且输入层和输出层直接相连。输入层包含多个输入，而输出层只有一个输出。单层感知器具有内部门限值，其特性是非线性激活函数。其结构如图 7.4 所示：

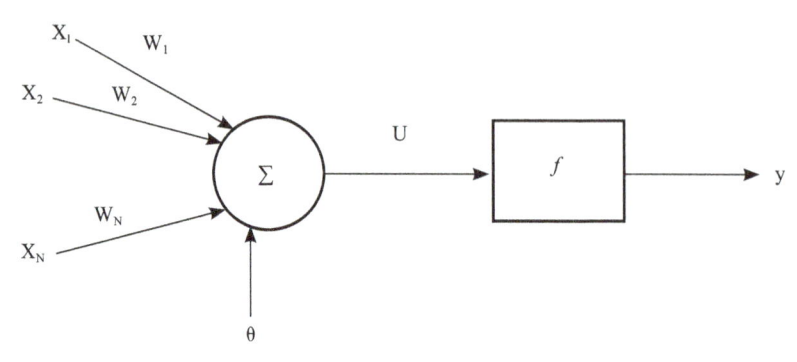

图 7.4 单层感知器

在图 7.4 中，X_1 到 X_N 是感知器的 N 个输入，W_1 到 W_N 是每个输入对应的权值，θ 是偏置量，f 是非线性的激活函数，y 是神经元的输出，因此输入的总量和神经元的输出为：

$$u = \sum_{i=1}^{N} W_i x_i + \theta \qquad \text{式（7-7）}$$

$$y = f(u) \qquad \text{式（7-8）}$$

常用的激活函数有 Sigmod 函数（也叫"S 型生长曲线"）、tanh 函数（也叫"双曲正切函数"）、ReLU 函数（也叫"线性整流函数"）等。其中，Sigmod 函数可以将一个实数映射到（0，1）的区间，用来做二分类。tanh 函数可以将实数映射到 [-1，+1]，与 Sigmod 函数的区别在于 tanh 函数是 0 均值，因此在实际应用中，tanh 函数会比 Sigmod 更好。ReLU 函数的输入信号小于 0 时，对应的输出都是 0；当输入大于 0 时，输出等于输入。

Sigmod 函数：

$$f(x) = \frac{1}{1 + \exp(-x)} \qquad \text{式（7-9）}$$

tanh 函数：

$$f(x) = \tanh(x) = \frac{e^x - e^{-x}}{e^x + e^{-x}} \qquad \text{式（7-10）}$$

ReLU 函数：

$$f(x) = \max(0, x) \qquad \text{式（7-11）}$$

单层感知器的目的是按照规则把输入量 $x_1, x_2, \cdots x_N$ 分为 L_1 和 L_2。分类规则是：如果感知器的输出是 +1，就将输入分配给 L_1；反之，如果感知器的输出是 −1，则分配给 L_2。为了使感知器能正确工作，必须保证 L_1 和 L_2 两类是线性可分的。单层感知器虽然可以用于模拟逻辑函数，但是不能用于模拟逻辑异或，这也是 Minsky 质疑单层感知器的一个主要原因。近十年之后，研究者提出了多层感知器的网络结构来解决这一问题。

7.4.1.2 多层感知器

如前文所述，单层感知器无法处理非线性可分的问题，多层感知器 MLP 的提出正是为了弥补单层感知器这方面的不足。MLP 是多个单层感知器和可修正的权值连接而成的多层前馈网络。MLP 通常由三层或三层以上的前馈神经网络组成，包含输入层、隐层和输出层。除了隐层是多层结构外，输入层和输出层都只有一个。此外，每一层都包含多个神经元，且神经元的数量根据网络复杂程度的不同而不同。

MLP 网络中同层节点之间没有连接，只有相邻层节点之间有连接。MLP 的输入层并不做任何运算，它只负责将输入量传输到各个输入节点进行运算。MLP 网络训练阶段会使用一个有监督的反向传播算法。MLP 网络训练的目标是寻找一组与期望输出相关联的权重数值。每次训练结束后，网络通过计算期望输出和实际输出之间的均方差来调整权值并反向传递，从而完成学习过程。此外，MLP 中每层神经元的数量及隐层数的优化过程对整个网络的性能具有巨大影响，因此合适的神经元数量和隐层数可以训练出更好的 MLP 网络。图 7.5 就是一个三层的 MLP 神经网络：

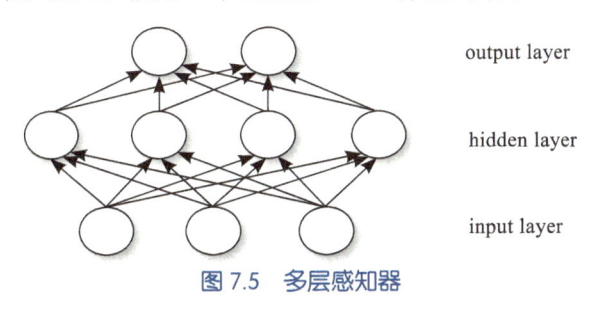

图 7.5　多层感知器

7.4.1.3 反向传播算法

反向传播（Backpropagation，BP）是"误差反向传播"的简称，其主要特点是神经网络的误差从输出节点向后传播到输入节点。严格地讲，BP算法根据网络的可修改权重计算网络误差的梯度，这个梯度在简单随机梯度下降法中用于最小化误差的权值。BP算法会对网络中所有的权值计算损失函数（Loss Function）的梯度，之后最优化方法会根据计算得到的梯度来更新权重以最小化损失函数，从而在参数空间寻找到一组最优解。BP算法要求对每个输入量明确想得到的已知输出量，也就是期望值，并根据期望值来计算损失函数的梯度。因此，通常将反向传播算法归入有监督的学习算法中，虽然它也用于自动编码之类的无监督网络中。

多层感知器可以创建内部表示，并在每一层学习不同的特征，因此解决了单层感知器只能处理线性可分的问题。BP算法的目标就是找到一种训练多层神经网络的方法，使其可以学习合适的内部表达，学习任意的输入到输出的映射。在使用BP算法的网络中，多层感知器通常可以快速收敛到令人满意的极小值。

BP算法主要分为两个阶段：激励传播与权值更新。两个阶段可反复循环迭代，直至网络对输入的响应达到预定目标范围为止，即寻找到一组最优解。神经网络每次迭代包含以下两个传播阶段：

（1）前向传播阶段。在此阶段，网络的权值固定不变，将训练输入送入神经网络以获得激励响应，这一步会保存各节点的输出值用于权值更新。

（2）反向传播阶段。在此阶段，对训练输入所对应的输出目标即期望值和激励响应求差，从而获得隐层的响应误差。响应误差从与输入相反的方向逐层向前传递。

对于每个神经元上的权值，按照以下步骤进行更新：

（1）求响应误差和输入激励之间的乘积，从而获得权值的梯度。

（2）将这个梯度乘上一个比例并取反后加到权值上。

7.4.2 基于 DNN-HMM 的发音偏误检测

在 DNN-HMM 系统中，声学模型中的 GMM 用 DNN 来代替。相较于传统的 GMM，DNN 具有如下优点：

（1）DNN 不需要对声学特征的分布进行高斯假设。

（2）其输入可以采用拼帧的方式，因此能利用的上下文更长。

（3）DNN 用大规模语料进行高效的训练，因此得到的声学模型比较精确。

7.4.2.1 DNN-HMM 混合模型

图 7.6 给出了典型的混合模型 DNN-HMM（Dahl et al., 2012）。DNN 的输出常用三音子音素的绑定状态。当 DNN 训练完成后，可以得到每一帧数据所对应的在各绑定状态上的后验概率（一般是输出层的 softmax 输出）。

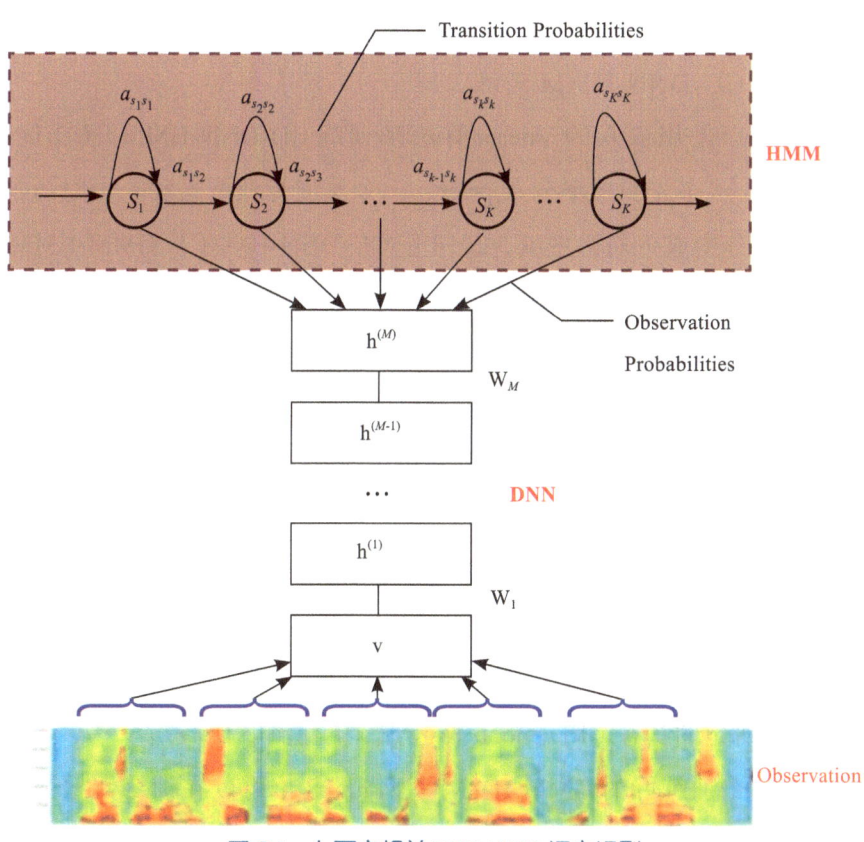

图 7.6 上下文相关 DNN-HMM 语音识别

在早期基于上下文相关的 ANN-HMM 混合构架研究中，对上下文相关音素的后验概率建模为：

$$P(s_i, c_j | x_t) = P(s_i | x_t) P(c_j | s_i, x_t) \qquad 式（7-12）$$

或者是：

$$P(s_i, c_j | x_t) = P(c_j | x_t) P(s_i | c_j, x_t) \qquad 式（7-13）$$

其中，x_t 为 t 时刻的声学观察值，c_j 是聚类后的上下文种类 $\{c_1, c_2, \cdots, c_j\}$ 中的一种，音素中上下文无关的音素和状态则用 s_i 来表示。先通过神经网络来计算 $P(s_i | x_t)$ 和 $P(s_i | c_j, x_t)$ 的大小；而后基于贝叶斯公式，利用从训练集估计得到的各绑定状态的先验概率将后验概率转换成各状态的输出概率。计算出各绑定状态的输出概率后，结合 HMM，与 GMM-HMM 模型解码类似，得到最终的识别结果。

7.4.2.2 CD-DNN-HMM 训练过程

我们可以使用嵌入的 Viterbi 算法来训练 CD-DNN-HMM。CD-DNN-HMM 由一个状态先验概率分布 prior、一个深度神经网络和一个隐马尔可夫模型三部分构成（刘鹏主编，2018）。CD-DNN-HMM 与 GMM-HMM 系统共享音素绑定结构，因此训练该模型首先需用训练数据训练一个 GMM-HMM 模型。以一个性能优秀的 GMM-HMM 作为初始模型，对于深度神经网络的训练非常重要，因为深度神经网络的训练标注是由该模型利用 Viterbi 算法得到的，而且标注的质量会对深度神经网络的效果产生影响。

GMM-HMM 模型 hmm0 训练完成，便可创建一个从状态名字到 senoneID 的映射（statcTosenoneIDMap）。创建这个映射并不容易，因为每个逻辑三音素的 HMM 是由经过聚类后的一系列物理三音素 HMM 代表的。也就是说，若干个逻辑三音素可能映射到相同的物理三音素，每个物理三音素有若干个绑定的状态（用 senone 表示）（刘鹏主编，2018）。

利用一个训练好的 GMM-HMM 模型 hmm0，可以在训练数据上采用 Viterbi 算法生成一个状态层面的强制对齐（forced alignment），利用状态到 senoneID 的映射，可以将其状态名转变为 senoneIDs，然后生成从特征到 senoneID 的映射对（featuresenoneIDPairs）来训练 DNN 模型。相同的 featuresenoneIDPairs 也用于计算 senone 的先验概率。

通过 GMM-HMM 模型 hmm0，也可以生成一个新的 HMM，这个模型中包含与 hmm0 相同的状态转移概率。一个简单的方法是用一个（假的）一维单高斯代替 hmm0 中的每个 GMM（即每个 senone 的模型）。GMM 的方差可以设为任意的正整数，通常设为 1，均值设置成其对应的 senoneID。这样，计算每个 senone 的后验概率就相当于从 DNN 的输出向量中查表，找到索引是 senoneID 的输出项（对数概率）（俞栋、邓力，2016）。

在此过程中，senone 的对齐结果通过一个假定存在的 GMM-HMM 模型来获取。在这种情况下，用于对三音素状态进行聚类的决策树也是在该模型的训练过程中构建的。不过这并不是必需的，可通过均匀地将每个句子分段（flat-start）来构建一个单 GMM，并将这个信息作为训练标注来移除 GMM-HMM 这一部分。该方法可形成一个单音素的 DNN-HMM，用其重新对句子进行对齐。然后可对每个单音素估计一个单 GMM，并使用传统方法构建决策树（俞栋、邓力，2016）。

7.4.2.3 CD-DNN-HMM 解码过程

在解码过程中，由于 HMM 需要似然度 $p(x_t | q_t)$，所以需将后验概率转换为似然度，其公式如下：

$$p(x_t | q_t = s) = p(q_t = s | x_t) p(x_t) / p(s) \qquad 式（7-14）$$

其中，$p(s) = T_s / T$ 是聚类后每个状态的先验概率，T 是帧的总数，T_s 是某一个状态 s 所对应的帧数。$p(x_t)$ 在计算时可以忽略，与字词序列无关。这样就得到了一个经过缩放的似然度，其公式如下：

$$\overline{p}(x_t | q_t) = p(q_t = s | x_t) / p(s) \qquad 式（7-15）$$

在一些情况下，除以先验概率 p(s) 可能无法提高识别率，但在缓解标注不平衡问题中是非常重要的。

CD-DNN-HMM 解码出的字词序列 $\overline{\omega}$ 由以下公式确定：

$$\overline{\omega} = argmax_{\omega}p(x|\omega)p(\omega) = \frac{argmax_{\omega}p(x|\omega)p(\omega)}{p(x)}$$
$$= argmax_{\omega}p(x|\omega)p(\omega)$$

式（7-16）

其中，$p(\omega)$ 计算的是 LM 的概率，$p(x|\omega)$ 计算的是 AM 的概率。

$$p(x|\omega) = \sum_q p(x,q|\omega)p(q|\omega)$$
$$= max\pi(q_o)\prod_{t=1}^T a_{q_{t-1}q_t}\prod_{t=0}^T p(q_t|x_t)/p(q_t)$$

式（7-17）

其中，$p(q_t|x_t)$ 由 DNN 计算，$p(q_t)$ 为状态先验概率，$\pi(q_o)$ 和 $a_{q_{t-1}q_t}$ 分别为初始状态概率及状态转移概率，均由 HMM 决定。与 GMM-HMM 模型类似，语言模型权值系数通常用于平衡声学和语言模型分数，因此可以得到解码路径为：

$$\hat{\omega} = argmax_{\omega}[logp(x|\omega) + \lambda logp(\omega)]$$

式（7-18）

7.5 基于 CNN 和 RNN 的发音偏误检测

对于在连续语流中的语音相关任务来说，一般采用的建模方法都是上下文相关的，因为语音是时序序列，如何利用上下文信息使得声学模型具有对时序序列的建模能力，对于识别性能有十分重要的意义。尤其是对于发音偏误检测任务来说，它需要比语音识别任务更为精确的声学模型。因为发音偏误可从发音位置和发音方法的角度定义，它描述的发音有可能是两种标准发音的一个过渡过程或中间过程，如果声学模型的精度不够高，不仅可能漏掉这个错误，而且还有可能产生词或句子级别的歧义，比如前后鼻音混淆产生的歧义：金鱼（jīnyú）——鲸鱼（jīngyú）。

对于神经网络模型来说，要使其能够利用上下文信息，具有对时间序列的建模能力，可以有两种方法。一种方法是对神经网络的输入特征进行拼接操作，构成一个超向量（supervector），然后作为神经网络的输入。这一般是通过拼接当前帧和邻近的前向或者后向的帧来实现的，但是这种方式需根据所要解决的不同任务做出相应的调整，而调整也是一个基于经验的较为费时费力的过程。如果拼接的帧太短，有可能会丢失比较重要的上下文相关信息；如果拼接的帧太长，则会使得特征向量维度过高，造成过拟合（overfitting），而且拼帧操作也无法让神经网络处理时间轴上的复杂变化。另一种方法是在隐藏层加入递归的连接，即循环神经网络（Recurrent Neural Network，RNN）。循环神经网络的结构可以描述为后面时间步的隐藏层的输入接受前面时间步的隐藏层的输出，这个结构表示信息在时间轴上从前往后的传递过程中有一个积累的过程，也使得网络具有时序建模能力，可以直接对时间序列进行建模（Pascanu et al., 2013）。但是简单的循环神经网络无法处理随着序列长度的增长而引起的参数指数级爆炸（exponential explosion）和梯度消失（vanishing gradient）问题。长短时记忆网络（Long Short-Term Memory，LSTM）通过引入记忆单元和"门"（gate）机制，使得循环神经网络能够处理较长的序列。

本节对长短时记忆网络进行了深入研究，将长短时记忆网络应用到发音偏误检测中，并结合卷积神经网络的特点提取平移不变性的特征，将卷积层提取到的良好特征作为输入送进长短时记忆网络层中，期望得到一个比传统的神经网络模型性能更好的发音偏误趋势检测系统。

7.5.1 循环神经网络

与前馈神经网络类似，循环神经网络的结构由输入层、输出层和隐藏层组成，输入层和输出层的功能与其在前馈神经网络中的功能没有差别。图7.7即是一个典型的循环神经网络：

图 7.7　循环神经网络

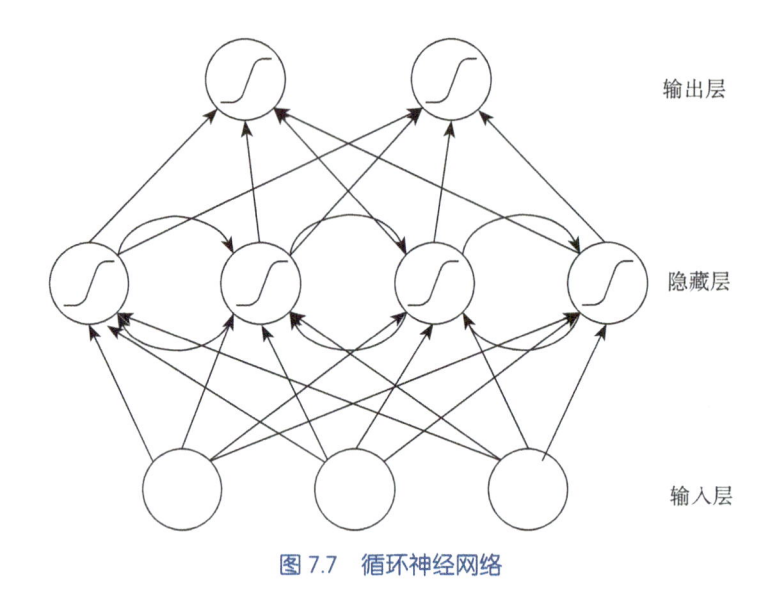

从图中可知，相较于前馈神经网络，循环神经网络最大的不同之处在于它除了层与层之间的连接之外，在隐藏层之间也允许添加连接。这种连接方式使得循环神经网络能够对时间域上的信息进行建模，具体表现为：网络会对上一个时间步的信息进行记忆并引用于当前输出的计算中。比如求解当前时间步隐藏层时，不仅要考虑当前时间步输入层的输出，还要考虑上一时刻隐藏层的信息。理论上，循环神经网络具有对任意长度的序列进行建模的能力，但是这样会使计算的复杂度大大上升，因此通常假设当前的状态只与前面若干个时间步的状态相关。基于其序列建模特性，循环神经网络更加适合处理序列型的数据（Sundermann & Ney，2003），比如语音信号，这是因为语音信号本身就具有时序性（Sak et al.，2014）。

图 7.8 是循环神经网络在时间轴上展开（unfold）的示意图。从图中不难看出，循环神经网络中每一个时刻隐藏层的计算都考虑了前面若干个时刻的信息。在前馈计算中，循环神经网络按照时间顺序计算；在反向传播计算中，从最后一个时刻的梯度反向逐层向前累计，即时间轴反向传播算法（Backpropagation Through Time，BPTT）。

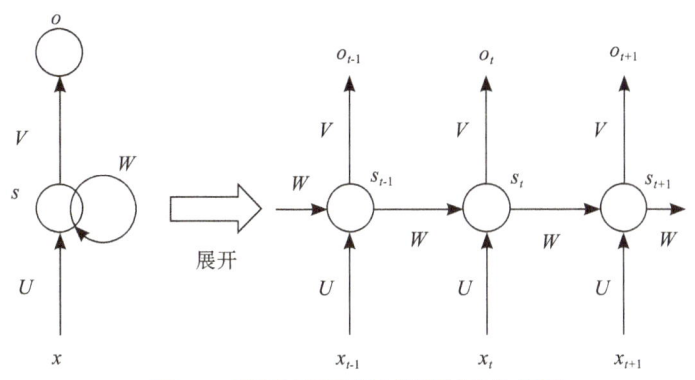

图 7.8　循环神经网络在时间轴上的展开

循环神经网络前馈计算的数学描述如下：

$$z_k^t = \sum_{h=1}^{H} W_{hk} a_h^t \qquad 式（7-19）$$

$$z_h^t = \sum_{i=1}^{H} W_{ih} x_i^t + \sum_{h'=1}^{H} W_{h'h} a_{h'}^{t-1} \qquad 式（7-20）$$

$$a_h^t = \varphi(z_h^t) \qquad 式（7-21）$$

反向传播计算的数学描述如下：

$$\delta_h^t = \varphi'(z_h^t) \left(\sum_{k=1}^{K} \delta_k^t W_{hk} + \sum_{h'=1}^{H} \delta_{h'}^{t+1} W_{hh}' \right) \qquad 式（7-22）$$

$$\delta_j^t = \frac{\partial J}{\partial z_j^t} \qquad 式（7-23）$$

$$\frac{\partial J}{\partial w_{ij}} = \sum_{t=1}^{T} \frac{\partial J}{\partial z_j^t} \frac{\partial z_j^t}{\partial w_{ij}} = \sum_{t=1}^{T} \delta_j^t a_i^t \qquad 式（7-24）$$

其中，z 代表的是感受野，即神经元线性操作后的输出；a 代表经过激活函数后的输出；φ 表示激活函数；t 表示时刻；J 代表目标函数或代价函数；δ 代表残差。

从上面几个公式可以看出，循环神经网络允许当前时刻接受前面几个时刻的输出，所以其序列建模能力较好。但 BPTT 算法无法解决长时依赖问题，若当前的输出与前面很长一段序列具有依赖关系，循环神经网络就无法处理这种情况了，因为 BPTT 会带来梯度消失的问题。其原因是，在 BPTT 算法中，求偏导的过程链式法则太长，过长的连乘使得最终求得的梯度为 0，结果就是在 t 时刻的计算中无法学习到 $t-N$ 时刻的信息。因此有学者提出长短时记忆网络，即通过引入"门"的机制来解决梯度消失问题。

7.5.2 长短时记忆网络

循环神经网络在前馈神经网络的基础上加入了时间域的信息，因而可以描述序列上的时间行为，但是长时依赖问题使得循环神经网络无法对特别长的序列进行建模，时间上维度过深导致的直接问题就是梯度消失。长短时记忆网络于 1997 年提出，作为一种特殊的循环神经网络，它在传统循环神经网络的基础上增加了记忆单元和门结构，更适合处理和预测时间序列中间隔和延迟特别长的重要信息（Hochreiter & Schmidhuber，1997）。

图 7.9 为长短时记忆网络的结构图。虚线包含的部分即为典型的长短时记忆网络结构，一般包括记忆单元（memory cell）、输入门（input gate）、输出门（output gate）和遗忘门（forget gate）。记忆单元可以储存数值（或状态），表示不定时间长度的数值。名为"门"机制的单元，其作用是控制区块中信息的传递。输入信息会通过输入门，输入门决定着该输入信息是否能够传入区块；输出门决定着信息是否能够传出区块；遗忘门的作用是决定某些信息是否能够被记住，当其产生的值接近 0 时，区块内所保存的信息将被遗忘掉（Gers et al.，2000；Graves et al.，2009）。

给定输入序列（$x_1, x_2, \cdots, x_T$），长短时记忆网络从时间 $t=1$ 到 $t=T$ 计算各单元的激活信息。计算过程可用公式描述如下：

$$i_t = \sigma_g(W_{ix}x_t + W_{ih}h_{t-1} + W_{ic}c_{(t-1)} + b_i) \qquad 式（7-25）$$

$$f_t = \sigma_g(W_{fx}x_t + W_{fh}h_{t-1} + W_{fc}c_{(t-1)} + b_f) \qquad 式（7-26）$$

$$c_t = i_t \cdot \sigma_c(W_{cx}x_t + W_{ch}h_{t-1} + b_c) + f_t c_{t-1} \qquad 式（7-27）$$

图 7.9 长短时记忆网络结构

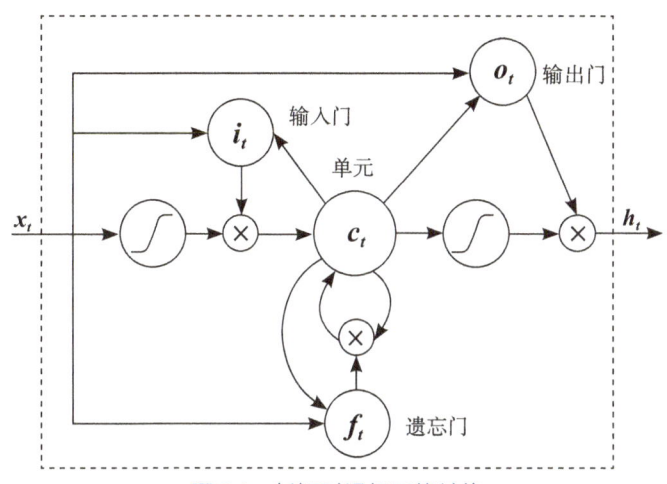

$$o_t = \sigma_g(W_{ox}x_t + W_{oh}h_{t-1} + W_{oc}c_t + b_o) \qquad 式（7-28）$$
$$h_t = o_t \cdot \sigma_h(c_t) \qquad 式（7-29）$$

其中，i_t、f_t、o_t、c_t 代表输入门、遗忘门、输出门、记忆单元的输出，W_{ix}、W_{ih}、W_{ic}、b_i 表示输入门的参数，即权值矩阵和偏置项，W_{fx}、W_{fh}、W_{fc}、b_f 表示遗忘门的参数，即权值矩阵和偏置项，W_{ox}、W_{oh}、W_{oc}、b_o 代表输出门的权值矩阵和偏置项。σ_g、σ_c、σ_h 分别表示各个门、记忆单元、隐藏层的激活函数（一般情况下，门的激活函数为 sigmoid 函数，记忆单元和隐藏层的激活函数为 tanh 函数），h_{t-1} 表示上一个时间步隐层的状态。从公式中可以看出，各种门也可以将记忆单元输出作为输入，这种连接方式称为"窥视孔连接"（peephole connection）。长短时记忆网络的训练方式和循环神经网络类似，都是采用前馈算法计算各个单元的输出，然后利用 BPTT 算法进行误差反传。

7.5.3 卷积神经网络

卷积神经网络 CNN 是在生物学局部感受野（Local Receptive Field）的基础上提出的，典型的卷积神经网络结构如图 7.10 所示。它与全连接的神经网络最大的区别在于层与层之间并不是全连接的，而是多个卷积层和池化层交替出现。相较于全连接的神经网络，卷积神经网络能够从大量的训练数据中提取有效且泛化能力强的特征，非常适合分类任务（LeCun et al.，2004）。此外，卷积神经网络的特殊机制——权值共享（weight sharing）和池化（pooling）显著降低了网络的计算复杂度（Bouvrie，2006；Abdel-Hamid et al.，2012、2014）。

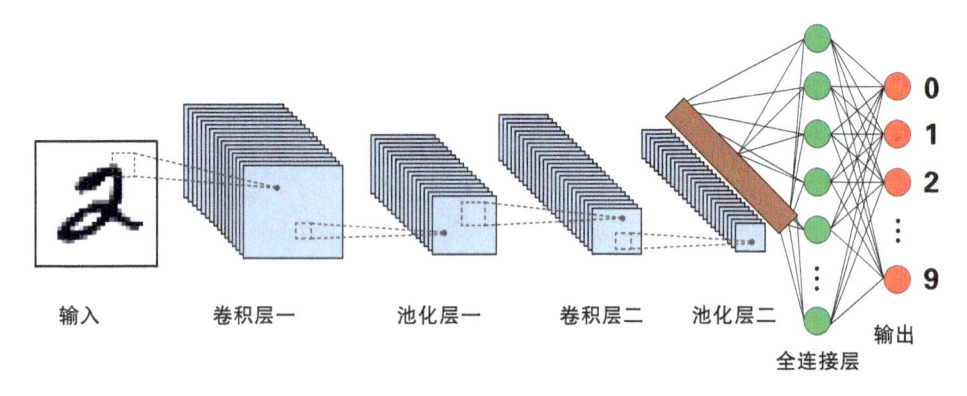

图 7.10　典型卷积神经网络结构

卷积层是卷积神经网络的核心部分，它执行的操作是卷积操作。这里所说的卷积操作与信号处理领域的不同，而是和数字图像处理中空间滤波的卷积操作类似，即利用一个卷积核（kernel），一般是一个每个位置上都是参数的矩阵，对所输入图像的每个像素点及其邻域的像素点进行相应的线性加权运算，如图 7.11 所示：

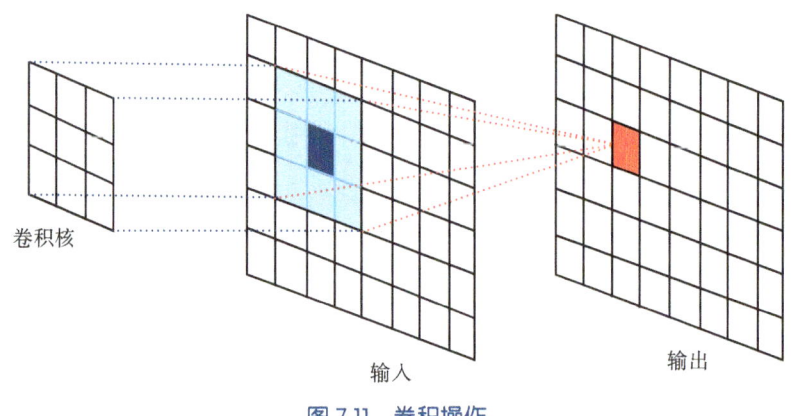

图 7.11　卷积操作

一般卷积核的大小会远远小于输入的大小。从公式（7-30）可以看出，对于输出，卷积核会在输入的特征图上滑动，对所有输入的点和邻域都使用同一个参数矩阵执行相应的线性加权操作，称为权值共享。卷积层的输出称为特征图（Feature Map）。如图 7.11 所示，卷积层的每个神经元都接收上一层输入的每个特征图中某个局部区域的输入，即卷积神经网络具有局部感受野，所以卷积神经网络具有很强的捕捉局部特征的能力。

假设第 l 层为卷积层，则第 l 层的计算公式如下：

$$x_j^l = \varphi \left(\sum_{i \in M_i} x_i^{l-1} * k_j^l + b_j^l \right) \qquad 式（7-30）$$

其中，x_j^l 表示的是第 l 层的第 j 个特征图，M_i 表示第 l–1 层输出的特征图的集合。等式右边表示的是对 l–1 层所有关联的特征图 x_i^{l-1} 和第 l 层的第 j 个卷积核 k_j^l 做卷积运算并求和（这里用 k，以便和全连接的权值相区分；在后面反向传播公式推导中仍用 W），*表示卷积运算，然后加上第 l 层第 j 个卷积核对应的偏置项 b_j^l，最后经过激活函数输出 $\varphi(\cdot)$。

局部连接和权值共享最初应用于图像处理中，即用一个相同的卷积核和整幅图像做卷积操作，相当于对图像进行滤波操作。图像的局部统计特征在整幅图像上具有重复性，也称位置无关性，即如果图像中存在某个基本图像，那么该基本图像可能出现在任意位置，如此一来，不同位置共享相同权值可以实现在不同位置检测相同的模式。比如，假设在第一个窗口卷积后得到的特征是边缘，那么该卷积核就可以看作边缘提取器，于是可以利用此卷积核在别的位置提取边缘特征。这种方式适合对一些具有层次结构性的输入（如语音、文本和图像等）进行特征提取（Sainath et al., 2013；Shuai et al., 2016）。局部连接和权值共享使得卷积神经网络能够在较低的层学到基本特征，即使发生仿射变化，这些基本特征是不变的，即具有平移不变性；而在高层，可将这些基本特征组合成高层特征。此外，权值共享还降低了卷积神经网络的参数数量，从而有效降低了过拟合的可能性。

池化层所做的工作是下采样（down-sampling），即对上一层得到的特征图再次进行采样。应用较多、较普遍的池化方法有以下两种：

（1）最大池（max pooling）：取一个区域的最大值，当特征发生平移、缩放或旋转等较小的变化时，依然很有可能在同一位置取到最大值。

（2）均匀池（average pooling）：取一个区域的均值，当特征发生平移、缩放或旋转等较小的变化时，其均值可能保持不变。

由此可以看出，池化的意义在于实现了仿射不变性，即当发生了较小的仿射变化（如平移、缩放等）时，其区域的均值和最大值有可能保持不变。此外，池化操作还对池化层的输入特征进行了降维处理，降低了计算的复杂度，同时也降低了过拟合的可能性。图7.12为最大池池化操作示意图，其中标红的是最大值的位置。对于最大池来说，记住最大值的位置是很重要的，因为在反向传播计算时需要根据最大值的位置进行计算。

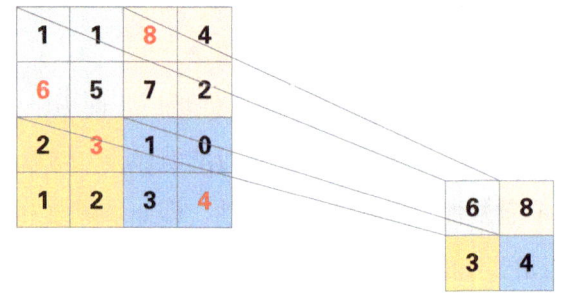

图 7.12　最大池池化操作

在实际计算中，假设第 l 层为池化层，则第 l 层的计算公式如下：

$$x_j^l = down(x_j^{l-1})\qquad\text{式（7-31）}$$

其中，x_j^l 为第 l 层中第 j 个特征图，$down(\cdot)$ 为下采样函数，x_j^{l-1} 表示第 $l-1$ 层中的第 j 个特征图。一般而言，池化层权值固定，且没有偏置项及激活函数。

卷积神经网络含有卷积层和池化层两种操作，因此其反向传播算法与全连接的神经网络的反向传播算法略有不同，主要包括：

（1）池化层没有激活函数；

（2）前向传播时，池化层对前面的特征图进行了下采样，所以输出的特征图与输入的特征图大小不一样；

（3）卷积层的输入由前一层多个特征图计算而来；

（4）对于卷积层，由于 W 使用的运算是卷积，那么从残差推导出该层所有卷积核的 W、b 的方式也不同。

因此，我们需要分情况来讨论卷积神经网络的反向传播算法。

1. 已知池化层的残差 δ^{l+1}，推导上一隐藏层的残差 δ^l

当第 $l+1$ 层为池化层，计算前向传播时，池化层一般会采用最大池或均匀池对输入进行池化，池化的区域大小已知；计算反向传播时，要从下采样后较小区域的误差 δ^l 还原上一层较大区域所对应的误差。计算反向传播时，首先要把 δ^l 的大小还原成在池化操作前的输入特征的大小，如果池化层选用的是最大池操作，则需要把各个池化局部域值放在做前向计算中最大值的位置；如果选用的是均匀池，则需要取池化后各个局部区域的值的平均值，放在还原后的子矩阵的位置。这个过程叫作上采样（up-sampling）。最大池上采样示例见图 7.13，其中标红的位置即前向计算过程中最大值的位置。

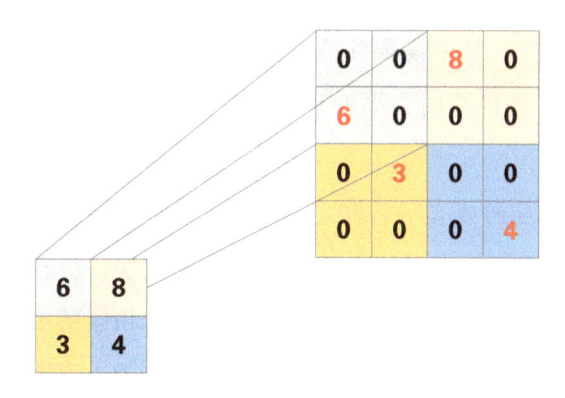

图 7.13 最大池上采样操作

这样就得到了上一层 $\frac{\partial}{\partial a_j^l} J(W, b)$，计算 l 残差 δ_j^l 的公式如下：

$$\delta_j^l = \frac{\partial J(W, b)}{\partial a_j^l} \frac{\partial a_j^l}{\partial z_j^l} = upsample(\delta_j^{l+1}) \odot \varphi'(z_j^l) \qquad 式（7-32）$$

其中，$upsample(\cdot)$ 函数完成了池化残差矩阵放大与残差重新分配。

2. 已知卷积层的残差 δ^{l+1}，推导上一个隐藏层的残差 δ^l

卷积层前向计算公式为：

$$a_j^{l+1} = \varphi(z_j^{l+1}) = \varphi(W_j^{l+1} * a_i^l + b_j^{l+1}) \qquad 式（7-33）$$

δ_j^l 和 δ_j^{l+1} 的递推关系为：

$$\delta_j^l = \frac{\partial J(W, b)}{\partial z_j^l} = \frac{\partial J(W, b)}{\partial z_j^{l+1}} \frac{\partial z_j^{l+1}}{\partial z_j^l} = \delta_j^{l+1} \frac{\partial z_j^{l+1}}{\partial z_j^l} \qquad 式（7-34）$$

注意到 z_j^l 和 z_j^{l+1} 的关系为：

$$z_j^{l+1} = a_i^l * W_j^{l+1} + b^{l+1} = \varphi(z_j^l) * W_j^{l+1} + b_j^{l+1} \qquad 式（7-35）$$

因此可以推出：

$$\delta_j^l = \delta_j^{l+1} \frac{\delta_j^{l+1}}{\delta_j^l} = \delta_j^{l+1} * rot180(W_j^{l+1}) \odot \varphi'(z_j^l) \qquad 式（7-36）$$

这个公式与传统的全连接神经网络（Dense Neural Network，DNN）最大的区别在于 $rot180(\cdot)$，即卷积核被旋转了 180 度，表示先上下翻转一次，然后再左右翻转一次。其中需要注意的是，由于第 $l+1$ 为卷积层，其对于第 l 层是局部连接，在计算时，第 $l+1$ 层的误差矩阵 δ^{l+1} 需在周围进行 0 填充（zero padding）。

3. 已知卷积层的残差 δ^l，推导该层 W 和 b 的梯度

递推出每一层的梯度误差 δ^l 后，对于全连接层，可按照全连接神经网络的反向传播算法求该层的 W 和 b。但是对于卷积层的 W 和 b，需要不同的计算过程；对于池化层，由于它并没有 W 和 b，所以不用求相应的梯度。

注意到卷积层中 z 与 W 和 b 的关系为：

$$z_j^l = a_j^{l-1} * W_j^l + b_j^l \qquad 式（7-37）$$

因此：

$$\frac{\partial J(W, b)}{\partial W_j^l} = \frac{\partial J(W, b)}{\partial z_j^l} \frac{\partial z_j^l}{\partial W_j^l} = \delta_j^l * rot180(a^{l-1}) \qquad 式（7-38）$$

由于 δ^l 为一个三维张量，b 是一个向量，故不能直接计算 b。一般将 δ^l 的各个子矩阵的项分别求和，得到一个误差向量，即为 b 的梯度：

$$\frac{\partial J(W, b)}{\partial b_j^l} = \sum_{u, v} (\delta_j^l)_{u, v} \qquad 式（7-39）$$

综上所述，以批量梯度下降法为例，CNN 的求解过程如下：

（1）随机初始化各隐藏层和输出层的 W 和 b；

（2）设定迭代次数 $iter$ 从 1 到 MAX，样本索引 i 从 1 到 m；

（3）对于层数 $l = 2$ 到 $l = L-1$，分情况进行前向传播计算（为表述方便，省略下角标）：

  a. 如果当前层是全连接层，计算 $a^{i, l} = \varphi(z^{i, l}) = \varphi(W^l a^{i, l-1} + b^l)$

  b. 如果当前层是卷积层，计算 $a^{i, l} = \varphi(z^{i, l}) = \varphi(W^l * k^{i, l-1} + b^l)$

  c. 如果当前层是池化层，计算 $a^{i, l} = pool(a^{i, l-1})$

（4）计算输出层 L 层输出：$a^{i, L} = softmax(z^{(l, L)}) = softmax(W^L a^{i, L-1} + b^L)$

（5）通过损失函数（或目标函数）计算输出层的残差 $\delta^{l, L}$；

（6）对于层数 $l = L-1$ 到 $l = 2$，分情况进行反向传播算法计算：

  a. 如果当前层是全连接层，计算 $\delta^{i, l} = (W^{l+1})^T \delta^{l, l+1} \odot \varphi'(z^{i, l})$

  b. 如果当前层是卷积层，计算 $\delta^{i, l} = \delta^{l, l+1} * rot180(W^{l+1}) \odot \varphi'(z^{i, l})$

  c. 如果当前层是池化层，计算 $\delta^{i, l} = upsample(\delta^{l, l+1}) \odot \varphi'(z^{i, l})$

（7）对于层数 $l = 2$ 到 $l = L$，分情况更新第 l 层的 W^l 和 b^l：

  a. 如果当前层是全连接层，计算：

$$W^l = W^l - a \sum_{i=1}^{m} \delta^{i,l} (a^{i,l-1}) T$$

$$b^l = b^l - a \sum_{i=1}^{m} \delta^{i,l}$$

b. 如果当前层是卷积层，对于每一个卷积核，计算：

$$W^l = W^l - a \sum_{i=1}^{m} \delta^{i,l} * rot180 (a^{i,l-1})$$

$$b^l = b^l - a \sum_{i=1}^{m} \sum_{u,v} (\delta^{i,l})_{u,v}$$

（8）如果所有 W、b 变化的值都小于阈值 $\in$，跳出迭代循环到步骤9；

（9）输出各隐藏层和输出层的 W、b。

7.5.4　实验与结果

本节首先训练了全连接神经网络和长短时记忆网络的基线模型，然后将 CNN 与 LSTM 结合到一个模型中，将卷积层的输出作为长短时记忆网络的输入。如前文所述，卷积层学到的特征对于某些变化具有较强的鲁棒性（Robustness，也称"稳健性"），如平移、缩放、仿射及其他形式的变化。这些变化在语音信号中通常是由噪声、通道失配或不同说话人、不同说话环境引起的，而卷积层提取的特征具有高度的不变性。此外，卷积层还可以有效降低输入特征的维数，且由于自身参数数量较少，所以避免了过拟合的出现。同时，长短时记忆网络具有强大的对序列建模的能力，相较于传统的神经网络，它能够更有效地利用时序信息。

1. 实验配置

（1）基线系统

为了缓解数据稀疏（data sparsity）问题，避免过拟合，获得鲁棒性更强的模型，我们首先对训练集采取数据增强，这主要是通过对原始的语音信号进行扰乱（perturbation）实现的，扰乱之后产生的语音信号是较为"扭曲"的语音信号。采用的软件是命令行工具 sox，主要从三个方面进行扰乱：改变语音的速度；对语音进行拉伸变换，即在不改变说话人音高的情况下改变语音的速度；在语音信号中加入颤音。把上述几种扰乱后的数据与原始训练数据组合成一个规模更大的训练集，一方面提高了训练数据的多样性，另一方面也扩大了训练数据的规模。

在训练神经网络之前，我们先训练了高斯混合-隐马尔可夫模型（GMM-HMM），用来对训练数据进行强制对齐。训练 GMM 模型所使用的特征为 39 维的 MFCC 特征，包括 12 维的对数能量参数，以及其一阶、二阶差分参数。MFCC 特征提取时窗为汉明窗，窗口长度为 20ms，帧移为 10ms。在神经网络训练过程中，输入一般是连续多帧经过拼接的高维超向量，输出一般为对应的具有不同粒度的声学单元，在 GMM 强制对齐后得到每一帧的三音素绑定状态级标注。

本实验采用的 DNN 基线系统含有 3 个隐藏层，每层含有 1024 个神经元，层与层之间是全连接结构，隐藏层的激活函数为 ReLU 函数，输出层采用 softmax 激活函数。神经网络的输入特征是相邻帧进行拼接（splicing）操作后的一个超向量，由当前帧、前面的 4 帧和后面的 4 帧组成，每一帧是 40 维的 MFCC 特征，包括 13 维的 MFCC 系数及其一阶、二阶差分系数和 1 维的对数能量参数。DNN 模型有监督训练的帧级别的状态标注是从上述 GMM-HMM 模型的强制对齐获得的。DNN 的参数利用反向传播算法，基于语音信号帧级别的状态标签和输出层输出的交叉熵（Cross Entropy）目标函数进行优化。正则化项系数采用 L2 范式，系数为 0.00005。区分性训练采用最小音素错误准则。实验选用小批量随机梯度下降法（mini-batch Stochastic Gradient Descent，mini-batch SGD）进行模型的训练，最小批量设定为 256 帧，初始学习率为 0.001，停止学习率为 0.0001，并在后续迭代过程中逐渐缩小为上一次学习率的一半。为保证实验结果的可靠性，我们采用 5 折交叉验证。

本实验采用的 CNN 基线系统含有 3 个卷积层和 2 个全连接层，卷积层每层分别含有 64、128、256 个大小为 3、步长为 1 的卷积核。卷积操作只在频率轴上进行，如有需要，都会进行边界 0 填充。每层卷积层后都跟有一层池化层，池化层采用的是大小为 2、步长为 2 的最大池，池化操作同样只在频率轴上进行。卷积层和全连接层的隐藏函数为 ReLU。卷积层的输入特征、训练算法与 DNN 基线系统相同。

本实验采用的 LSTM 模型由 3 个 LSTM 层组成，每个 LSTM 层含有 1024 个神经元，并且增加了一个仿射层（projection layer），连接到 LSTM 的输入。仿射层的作用是控制 LSTM 层的总参数。LSTM 对历史信息的记录不超过 20 帧，输出相对于输入的延迟时间为 3 个时间步。LSTM 的输入为未进行相邻帧拼接的单帧的 40 维 MFCC 特征。训练过程与前两个模型的相同。

（2）CNN-LSTM 网络配置

卷积-长短时记忆网络的结构如图 7.14 所示：

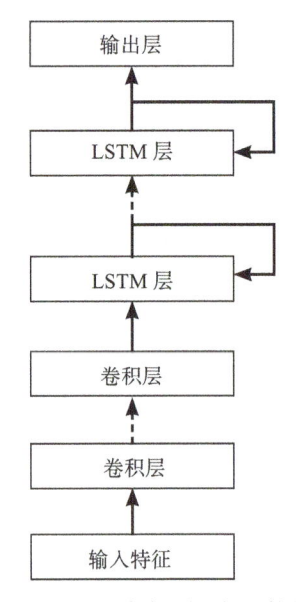

图 7.14　卷积–长短时记忆网络结构

本实验采用卷积-长短时记忆网络。输入特征先通过卷积层，其作用相当于一个特征提取器，卷积层提取具有不变性的特征，同时跟着的池化层还可以对卷积层提取到的特征进行降维处理，避免过拟合；随后卷积特征被送到 LSTM 层，LSTM 对时间序列具有强大的建模能力，能够处理时间轴上的多种变化；最后产生输出。本实验中使用 3 层的卷积层结构，分别含有 64、128、256 个尺寸为 3 的卷积核。卷积操作只在频率轴上进行，如有需要，会在卷积层进行 0 填充操作。卷积层后面跟有大小为 2、步长为 2 的最大池化层，同样，池化操作也只在频率轴上进行。后面跟着的 LSTM 层含有 3 个 LSTM 层，每个 LSTM 层含有 1024 个神经元，后面跟着一个仿射层，连接到 LSTM 层的输入。LSTM 层对历史信息的记录不超过 20 帧，输出相对于输入的延迟时间为 3 个时间步。CNN-LSTM 的输入为未进行相邻帧拼接的单帧的 40 维 MFCC 特征。模型训练算法的配置与基线系统训练算法的配置相同。

2. 实验结果

发音偏误检测的目的是检测学习者发音中的错误发音，而一般情况下，错误发音的数量会远远小于正确发音的数量。本实验采用召回率（Recall）和准确率（Precision）来衡量系统的性能。召回率反映的是发音人所有错误发音被检测到的比例，准确率反映的是系统检测到的错误发音与人工标注的偏误一致的比例。使用 F1 分数（F1 score）是考虑到对于计算机辅助发音训练系统来说，召回率和准确率同等重要。另外，诊断正确率（Detection Accuracy，DA）反映的是所有音素检测（包括正确发音和错误发音）与人工标注一致的比例。相关数学描述如下：

$$Recall = \frac{N_D}{N_H} * 100\% \qquad \text{式（7-40）}$$

$$Precision = \frac{N_D}{N_M} * 100\% \qquad \text{式（7-41）}$$

$$F1\ score = 2 * \frac{Recall * Precision}{Recall + Precision} \qquad 式（7-42）$$

$$DA = \frac{C}{T} * 100\% \qquad 式（7-43）$$

前三个公式中，N_D 表示人工标注和系统检测一致的标记为发音偏误的音素的数量；N_H 表示人工标注的发音偏误的总数量；N_M 表示系统检测出的发音偏误的总数量。式（7-43）中，C 表示系统识别的正确音素的数量，包括正确发音的音素和发音偏误，T 为音素的总数。

实验结果如表 7.2 所示：

表 7.2　不同声学模型的检测结果

声学模型	召回率（%）	准确率（%）	F1 分数	诊断正确率（%）
DNN 基线系统（数据增强前）	48.4	62.6	54.6	87.8
DNN 基线系统	50.9	64.8	57.0	88.3
CNN 基线系统	52.8	63.4	57.6	88.8
LSTM	53.5	66.5	59.2	89.2
CNN-LSTM	54.2	69.5	60.9	89.8

在选用的实验数据中，总共有 65 种音素级别的发音偏误类型，但是有些偏误类型样本过少，因此选取 16 类样本数较多的偏误类型进行统计。为方便分析，我们从发音方式和方法的角度将这 16 类发音偏误类型分为如下四大类。

（1）圆展唇：指发某些音时嘴唇的形状不对，如发圆唇音时嘴唇的形状展开，或者发展唇音时嘴唇的形状较圆。

（2）前后化：指在发某些元音时，舌头的位置靠前或靠后，从而导致前后鼻音不分。

（3）长短化：指在发某些送气音时，送气段的时长过长或过短。

（4）舌叶化：指在发诸如 sh 这类音时出现了舌叶化。

对于这四大类发音偏误类型的统计结果见图 7.15 至图 7.18：

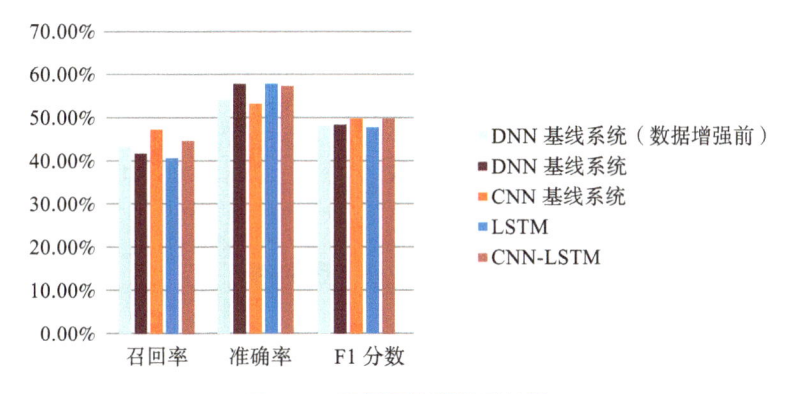

图 7.15　圆展唇偏误检测结果

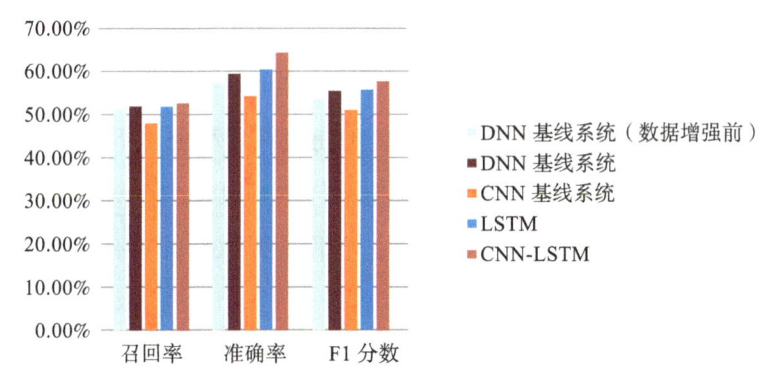

图 7.16　前后化偏误检测结果

图 7.17　长短化偏误检测结果

图 7.18　舌叶化偏误检测结果

如上面各图所示，整体来看，数据增强作用对于发音偏误检测系统性能的提升是有积极作用的。通过对几种不同模型的对比可以发现，对于舌叶化、长短化和前后化这三类偏误检测类型，使用基于 LSTM 的模型可以有效提升系统的检测性能；但是对于圆展唇类的发音偏误，基于 LSTM 的模型虽然在检测准确率上有较大提升，但是在召回率上却不如 CNN。这可能是因为在样本数据集中，圆展唇类偏误样本数量较少，对这一类偏误的建模还不够精确。从图中也可以看出，卷积层提取到的具有某种不变性的特征对于 LSTM 模型有一定的提升。

7.6　基于 GOP 方法的发音偏误检测

在实际的连续语音识别中，一般有几千个 HMM，每个 HMM 至少有三个状态，每个状态又包括十几个高斯分量。数量如此之大，使得模型的训练难度很高，所以需要对模型参数进行压缩。我们利用聚类算法对 triphone 进行分类，分到同一类别里的 triphone 共享模型参数，聚类后的每个类别称为"senone"。

现阶段的发音质量评估主要采用语音识别的框架，即使不使用语音识别，也需要提供声韵母的对齐边界，所以其性能会受到语音识别及声韵母切分性能的影响。基于 GOP 的方法与语音识别有一些不同，虽然在训练声学模型时采用的方法一致，但是在测试阶段不需要语言模型，而是直接采用声学模型输出的似然度概率进行计算。

前面提到，声学模型的建模单元为 senones，所以得到的似然概率需要通过 transition-id 进行合并（见图 7.19），合并后每帧的似然概率为本帧对于每个音素的概率。

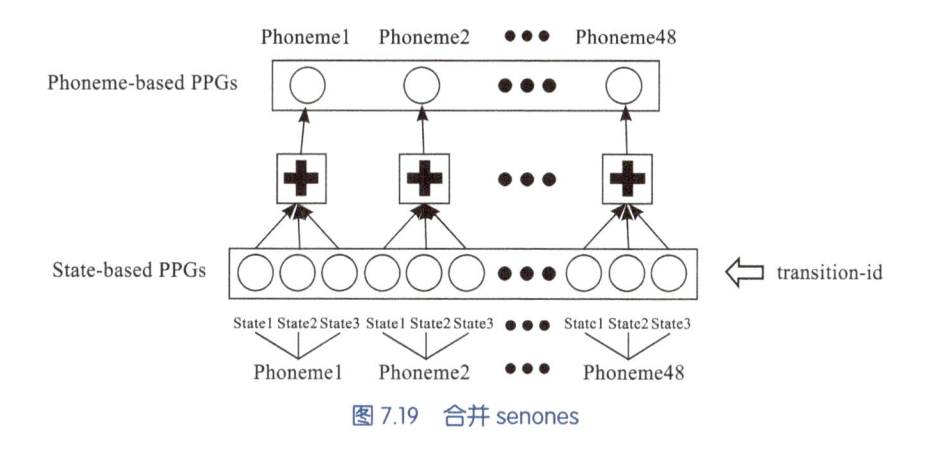

图 7.19　合并 senones

前面已经通过强制对齐得到每个音素对应于语音中的哪几帧，将一个音素中所有的帧进行合并，即可得到一个音素的后验概率序列。Witt & Young（2000）提出的音素层级 GOP 方法需要知道发音文本，对于给定语音段 X，其目标发音为 P，GOP 公式为：

$$\text{GOP}(p) = \frac{1}{d} \log \frac{P(X|p) P(p)}{\max_{\{q \in Q\}} P(X|q) P(q)} \qquad 式（7-44）$$

其中，d 为发音持续时间；$P(q)$ 为除目标发音音素外，后验概率最大的音素 q 的先验概率；$P(X|q)$ 为语音特征相对于 q 的似然度值，它是在时间段 d 内所有帧的似然度的加和；Q 为所有音素的集合。

在计算完 GOP 的值后，设定一个阈值 k，用来决定发音的对错：

$$\text{GOP}(p) > k \begin{cases} \text{yes} & \text{正解发音} \\ \text{no} & \text{错误发音} \end{cases} \qquad 式（7-45）$$

在实际应用中，对于不同水平的学习者可以采用不同的阈值。

Hu et al.（2015）在使用 DNN 模型时对 GOP 做出了改进，假设了所有音素的先验概率是相同的。改进后的 GOP 计算公式为：

$$\text{GOP}(p) = \frac{P(p|X)}{max_{\{q \in Q\}} P(q|X) + P(p|X)} \qquad 式（7-46）$$

图 7.20 为基于 TDNN 声学模型框架的偏误检测。前期训练过程与语音识别相同，提取特征先进行单音素、三音素的训练。训练好后，将语音做强制对齐，之后将声学特征和标签送入 TDNN 声学模型中，训练声学模型。在测试阶段，当采用 GOP 方法时，会得到发音音素的分数，并通过阈值判断发音正误；而采用扩展识别网络的方法时，会得到识别结果，将其与原目标发音文本对比，出现音素不一致时，便可认为出现了发音偏误。

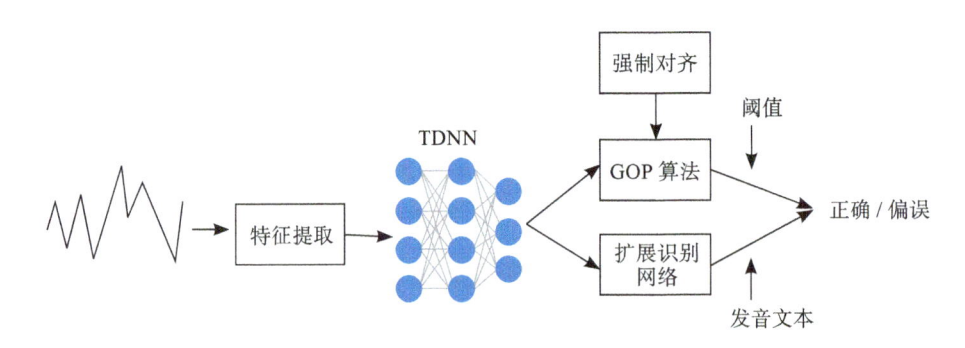

图 7.20　基于识别及 GOP 的偏误检测框架

7.6.1　基于汉语特点改进的发音良好度算法

本实验探究面向汉语发音偏误检测的高性能 GOP 算法，在原有方法的基础上，根据汉语的特点加入先验知识，采用分开声韵母及用母语者分数规整的方法，提高汉语发音偏误检测的性能。

语音识别任务本身和偏误检测存在差异。语音识别的主要目的是音素分类，并不要求所有正确分类音素的后验概率接近 1；而发音评估是利用分类置信度计算分数，对后验概率更加敏感，所以需要设置一些变换来对分数做规整。

7.6.1.1 分开声韵母进行发音评估

针对用母语数据训练的模型对齐二语者数据所存在的对齐误差问题，最直接的方法是训练一个针对二语者的对齐模型，并进行改进。由于二语者语料有限，本小节尝试从 GOP 计算中解决这个问题。在汉语中，大部分拼音都是由一个声母和一个韵母构成的，就没有声母的拼音而言，其韵母开头也比其他韵母的时长要长。所以在语音识别的训练过程中，对于零声母音节，通常会将其首个音素进行扩展，这样做能够保证音素建模单元足够准确，也为前面所提声韵母交替出现提供了基础。此外，根据以往的标注和教学经验，汉语学习者容易将声母和声母的读音、韵母和韵母的读音相混淆。很多二语习得研究都是将声母与声母做成易混淆对来进行训练的。传统的 GOP 算法将音素边界内每一帧的后验概率均值作为整个音素的后验概率向量，但是由于对齐模型不够准确，所以在取均值的时候有可能包含了待评估音素前后音素的帧的后验概率。理论上，计算声母的得分时，在进行声母发音评估时，最具竞争力的后验概率应该是声母的，但实际情况中会变成韵母。那么声母的得分就会被影响，韵母也是如此。

如图 7.21 所示，评估一个汉语学习者的句子"ni hao"时，实线是音素本身的边界，虚线是模型对韵母"i"的对齐结果，其位置偏向了声母"n"。

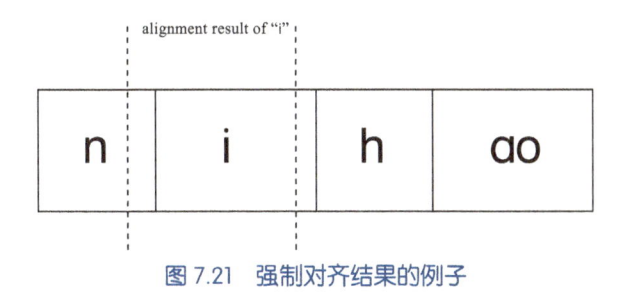

图 7.21 强制对齐结果的例子

这时对虚线内的每一帧取平均值时，由于对齐的错误，"i"的得分就会受到影响，其最具竞争力的音素后验概率变为了"n"。所以在计算 GOP 时，我们采用分开声韵母计算的方法，声母的 GOP 是目标声母的后验概率和最具竞争力的声母的后验概率比，韵母亦如是。任意音素 p 的 GOP 计算公式变为：

$$\text{GOP}_1(p) = \begin{cases} p \in Q_i & \dfrac{1}{d}\log\dfrac{P(p|X)}{max_{\{q \in Q_i\}}P(q|X) + P(p|X)} \\ p \in Q_f & \dfrac{1}{d}\log\dfrac{P(p|X)}{max_{\{q \in Q_f\}}P(q|X) + P(p|X)} \end{cases} \quad 式（7-47）$$

其中，Q_i 代表声母的集合，Q_f 代表韵母的集合。

7.6.1.2 用母语者分数做规整

根据 Witt & Young（2000）的研究，用一个单一的阈值来判断所有音素的正误是不合适的，例如，擦音的似然概率要比元音的低，这时同一个阈值对于所有音素的正误判断就会出现偏差。所以 Witt 和 Young 通过设置音素相关的阈值来提升准确率。但是这种方法需要对每个音素进行阈值计算，导致计算量很大。GOP 方法的主要思想是以母语者的发音作为标准来评估二语者的发音，计算母语者音素和二语者音素的声学距离。因此，其前提假设就是母语者音素的得分应该接近于满分。但是在实际情况中，很难将母语者的得分训练到满分，总会有一定的分类错误。在评估二语者时，如果母语者对于某一个音素的得分是 0.6，那么二语者能得到 0.5 分就已经很不错了。因此，在本小节研究中，我们将母语者每个音素得分的均值作为模板来规整二语者的得分：

$$\text{GOP}_2(p) = \frac{\text{GOP}_{\text{non-native}}(p)}{\text{GOP}_{\text{native}}(p)} \quad 式（7-48）$$

这种规整的方法一定程度上可以弥补模型训练不足、不同的音素需要不同的阈值等问题。

在使用上述公式时，将 GOP 算法应用到母语数据上，可以得到不同发音人每个音段的 GOP 分数；对相同音素的不同发音人分数取平均值，就得到了 GOP 算法在母语上的音素分数模板。

7.6.2 实验与结果

1. 实验配置

图 7.22 为本节所使用的偏误检测框架。首先训练好声学模型，之后将测试集送入声学模型，得到的后验概率通过上节介绍的两种 GOP 算法进行偏误检测。

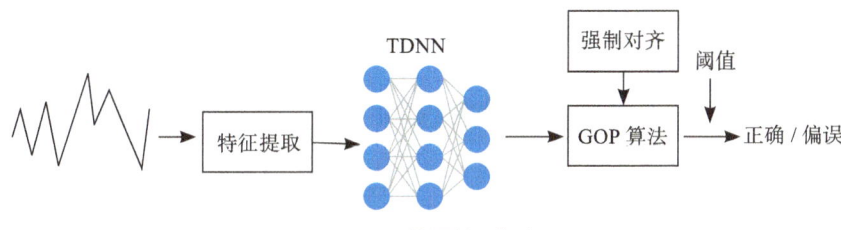

图 7.22　偏误检测框架

本实验采用 27 维的输入特征，其中包括 23 维的 FBANK、3 维的 pitch 及 1 维的能量；同时采用 CMVN 减少说话人的差异。声学模型采用 TDNN，每层 850 个节点；对齐模型采用 GMM-HMM 模型。模型训练与测试在开源工具 Kaldi 中完成。

2. 实验结果

（1）母语者语料实验结果

如图 7.23 所示，我们先将模型在母语者语料上做测试，发现在阈值为 0.1 时，偏误检测准确率仅为 92%，由此可推知，模型在二语者语料上的表现会更差。这是由于声学模型训练本身会存在一定的识别错误率；另外，采用分类置信度方法进行分数计算时，分数也会有一定的偏差。

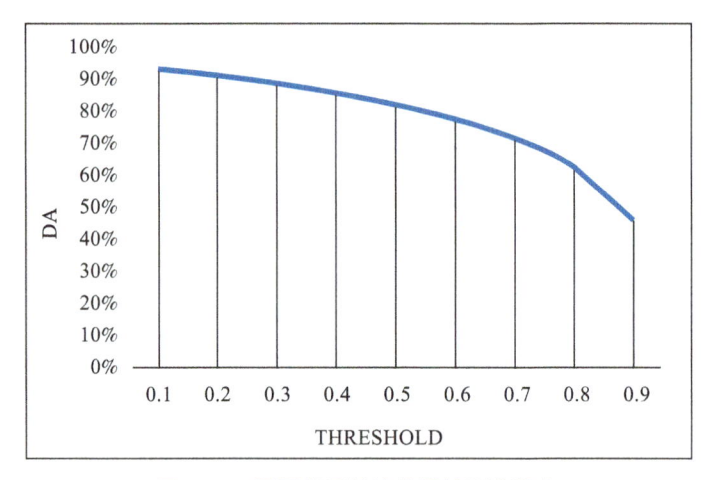

图 7.23　母语者语料的偏误检测准确率

之后我们统计母语者不同音素的 GOP 得分，选取所有母语者不同音素得分的均值，结果如图 7.24 所示。从图中可以看出，不同音素的 GOP 是不同的，所以用同一个阈值去判断音素的正误是不合理的。在前人的研究中，一般通过机器学习算法训练得到音素相关的阈值来对每个音素进行正误评估，但是这种方法增加了很多计算量。

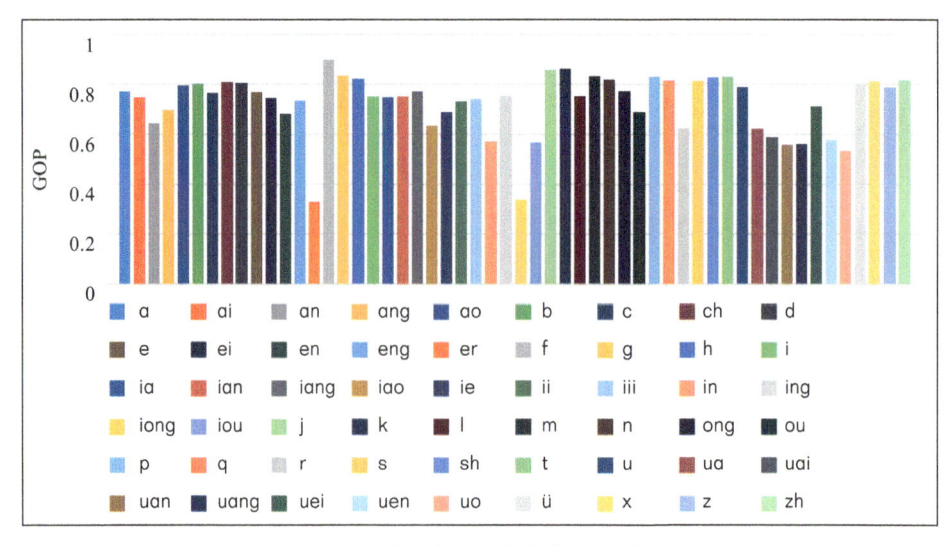

图 7.24　母语者不同音素的 GOP 分数

（2）不同 GOP 计算方法的实验结果

本实验基于 TDNN 声学模型，采用三种方法计算分数。GOP 为目标音素的后验概率和最具竞争力音素后验概率比；GOP1 采用目标声母后验概率和最具竞争力声母后验概率比；GOP2 统计用母语者不同音素 GOP 得分的均值去规整二语者音素得分的结果；GOP3 将 GOP1 和 GOP2 两种方法相结合。（见图 7.25）

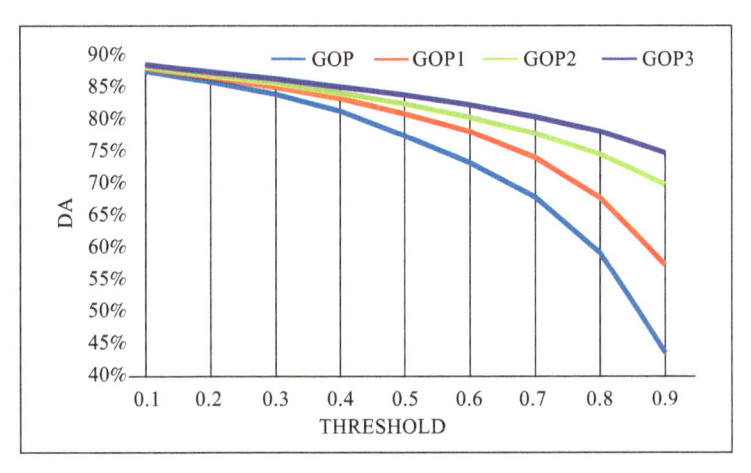

图 7.25　不同 GOP 计算方法的偏误检测准确率

结果表明，GOP3 的准确率最高，适合各个层次的学习者。GOP1 的方法在阈值 0.9 处比基线方法提升了 26.08%，在不同阈值处平均提升了 4.53%，相对提升了 16.90%。可见，GOP1 分开声韵母评估的方法确实可以在一定程度上缓解对齐不足带来的差距。GOP2 是用母语者分数作为模板规整二语者分数的方法，平均检测准确率提升了 7.71%，相对提升了 28.70%，一定程度上可以弥补声学模型训练不足带来的打分结果偏差问题，同时减少了不同音素需要的不同阈值的计算量。GOP3 将两种方法合并，平均提升了 9.62%，比起基线方法，相对提升了 35.90%。

FAR 和 FRR 是两个需要互相平衡的值。在图 7.26 中可以看到，当 FAR 小于 33% 时，GOP 方法的 ROC 曲线要高于其他方法的，所以错误率更高。

GOP1 和 GOP2 方法的 ROC 曲线都要短于 GOP 的，这说明相对于传统方法，本节采用的两种改进方法在所有的阈值范围内都更加稳定，分数的区分性也更好。

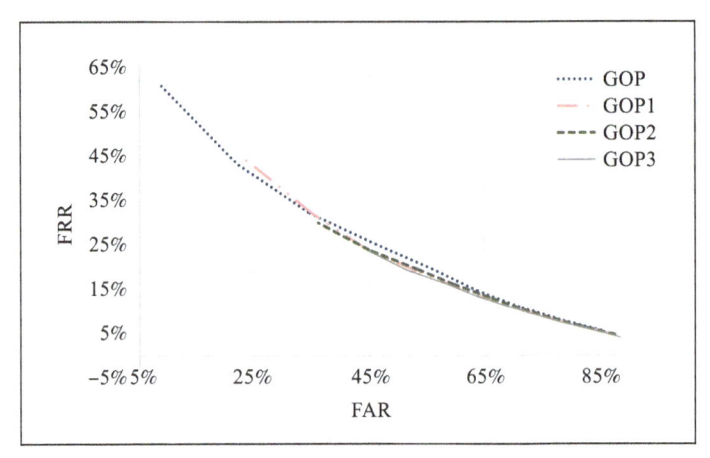

图 7.26　不同 GOP 计算方法的 ROC 曲线

用 FAR 和 FRR 的算术均值 DCF（Detection Cost Function，即"检测代价"）来对不同方法中的这两个错误率进行评估对比：

$$DCF(\tau) = C_{FR} \times FRR(\tau) \times P_{Target} + C_{FA} \times FAR(\tau) \times (1-P_{Target}) \quad 式（7-49）$$

其中，τ 是 GOP 的阈值，C_{FR} 是 FRR 的检测代价，C_{FA} 是 FAR 的检测代价，P_{Target} 是 FAR 和 FRR 在评价时的重要性比重。

本实验中，机器打分的范围是 0—1，计算 DCF 值时设置阈值为 0.6，因为在考试中 0.6 是及格分。实际应用中则更关注 FRR 值，因为它代表把学习者正确音判断为偏误音的百分比。在实际偏误检测中，如果出现太多这样的错误，会使学习者失去对机器偏误检测的使用兴趣，因此本实验设置 P_{Target} 为 0.7。

本节采用的两种改进方法的检测代价均低于基线方法：用母语者规整的方法（GOP2）优于基线（GOP）方法，DCF 减少了 2.25%；GOP2 也优于分开声韵母的方法（GOP1），DCF 减小了 0.23%；两种方法相结合

（GOP3）的结果使得错误率最低，DCF 整体相对于 GOP 减小了 2.91%（见表 7.3）。目前在发音评测任务中，GOP 方法被广泛使用。

表 7.3 不同 GOP 计算方法的 DCF 值

方法	DCF（%）
GOP（基线）	31.30
GOP1	29.28
GOP2	29.05
GOP3	28.39

7.7 基于孪生网络的发音偏误检测

本节主要介绍基于孪生网络和音素向量的发音偏误检测方法及传统的发音良好度方法，并比较两者的检测性能。

二语者发音和母语者发音的相似性可以用来评价二语者的发音良好度。本节实验的基线系统为发音良好度评价系统。首先，使用孪生网络将原始音段级别的语音特征映射为音素向量，其中，原始音段级别的语音特征是成对输入的，并带有配对信息。网络最终的学习目标是从带有配对信息的原始语音特征中学习音素的相似性，并在高维表示空间中形成有较好区分性的发音模板，即来自相同类别的音素向量之间的距离较近，而来自不同类别的音素向量之间的距离较远。然后，将来自二语者的测试语音段输入网络，生成对应的音素向量，通过该音素向量与其对应的标准发音的音素向量（即发音模板）之间的距离来衡量二语者和母语者在音素级别的发音相似性。最后，设定合理的阈值判定测试语音段的发音正误。

7.7.1 音素向量和孪生网络结构

传统的发音良好度方法在训练过程中通常需要偏误数据来对模型进行相应的矫正，使模型适应测试集中的二语者发音样例，但是此方法的诊断准确率还有较大的提升空间，训练集中的偏误数据也需要进行标注。本实验探究机器学习中弱监督学习的方法，此方法利用成对音素声学样例来学习音素发音之间的区别和相似性，同时在训练过程中以比较损失函数作为目标函数来指导更新模型参数。其中成对的音素声学样例既包括相同的音素对，也包括不同的音素对，且正负例总数是均衡的。样例的配对标签是基于文本给出的，在训练过程中，每一批文本已知的数据进来之后，依照文本标签生成配对信息。相同置为1，视为正例；不同置为0，视为负例。样例标签制作方法见表7.4。

表7.4 配对信息生成

音素	n	i	h	ao	m	a
w	0	0	0	0	0	0
o	0	0	0	0	0	0
h	0	0	1	0	0	0
en	0	0	0	0	0	0
h	0	0	1	0	0	0
ao	0	0	0	1	0	0

例如，在一个256个数据的批处理进程中可以得到6万个配对，那么从中抽取等量的正例对和负例对，总共约为1.5万对，这样做的另一个好处是可以增大数据量，提升神经网络的训练效果。这种标签可以看作一种间接的信息，指示配对数据是来自同一类音素还是来自不同类别的音素，而且这种信息在数据稀疏的情况下更易获得。前人在研究工作中使用弱监督的目标发现机制来搜索未定义的配对数据（Park & Glass，2008；Jansen & Van Durme，2011），这种基于配对信息的弱监督学习方法通常通过一种叫孪生网络的网络结构来对数据进行相似性学习。孪生网络最早由Bromly在1993年提出，并在计算机视觉领域（Hadsell et al.，2006）和关于语义词向量的工作（Huang et al.，2013；Mikolov et al.，2013；Wieting et al.，2015）中

得到了较为广泛的应用。网络结构由三个权值共享的神经网络构成，我们分别给每一个神经网络输入三段语音特征数据。特征数据由神经网络的最后一层全连接层输出，在这里，全连接层输出的是一个向量，这个向量正是高层表示空间中的声学音素向量。训练目标是优化音素向量间的距离，使得来自同类音素的音素向量距离彼此更近，聚为一类，而来自不同音素的音素向量彼此远离，从而做到对不同的音素加以区分。由于双向 LSTM 网络更适合处理时序数据，每个神经元都能包含上下文信息，所以将双向 LSTM 作为孪生网络中的神经网络组件。图 7.27 描述了以两个或三个声学特征矩阵作为输入的孪生网络结构。

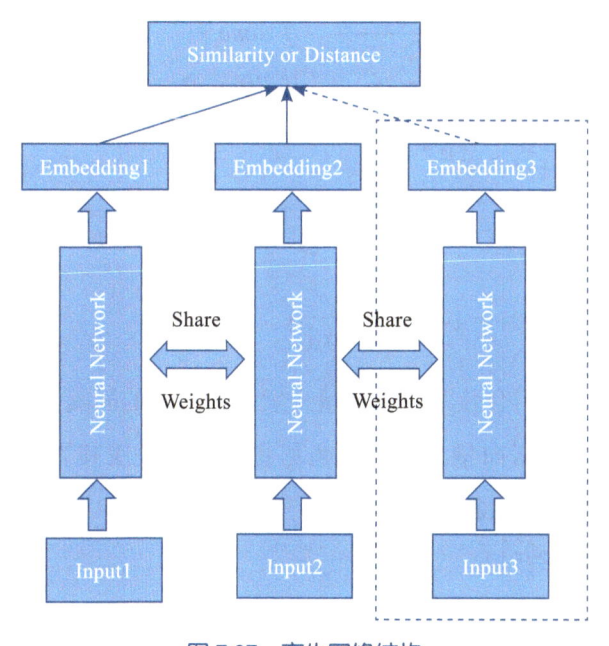

图 7.27　孪生网络结构

对于两个输入的孪生网络来说，本节所涉及的方法用到两种损失函数，包括基于欧式距离的损失函数〔见式（7-50）〕和基于余弦距离的损失函数〔见式（7-51）〕。基于欧氏距离的损失函数由 Hadsell et al.（2006）提出并用于图片相似性识别，易于结合任务目标来理解。但是在语音相似度任务中，其效果比基于余弦距离的损失函数要差一些，尤其是处理不同类别之间差别的时候，其缺点会更为明显。在有三个输入的孪生网络中，输入 1 和输入 2 来自同一类音素，而输入 3 则来自与前两者类别不同的音素。为了达到对不同音素进行区分的目的，这里目标函数选用比较损失函数，Wieting et al.（2015）提到过此函数，具体公式见式（7-52）。

$$Loss_{euc}(x_1, x_2) = \begin{cases} euc(x_1, x_2) & if\ same \\ 1-euc(x_1, x_2) & if\ different \end{cases} \quad 式（7\text{-}50）$$

$$With\ euc(x1, x2) = \frac{\|x_1, x_2\|}{\|x_1\|\|x_2\|}$$

$$Loss_{euc}(x_1, x_2) = \begin{cases} \dfrac{1-cos(x_1, x_2)}{2} & if\ same \\ cos^2(x_1, x_2) & if\ different \end{cases} \quad 式（7\text{-}51）$$

$$With\ cos(x1, x2) = \frac{\langle x_1, x_2 \rangle}{\|x_1\|\|x_2\|}$$

$$Loss_{contrast} = \max\{0, m + d_{cos}(x_1, x_2) - d_{cos}(x_1, x_3)\} \quad 式（7\text{-}52）$$

$$With\ dcos(x1, x2) = 1 - \left(\frac{\langle x_1, x_2 \rangle}{\|x_1\| \cdot \|x_2\|}\right)^2$$

此损失函数使用余弦距离来衡量音素向量之间的间隔，优化目标是使得来自相同类别的音素向量之间的夹角尽量小（最好使其为 0），而来自不同类别的音素向量的夹角趋近于正交。

7.7.2 实验与结果

1. 实验配置

（1）基于 GOP 的基线系统

本实验使用 Kaldi 工具训练上下文相关的基于深度神经网络和隐马尔可夫模型（CD-DNN-HMM）的声学模型来实现基于 GOP 的评价系统。实验用到了梅尔倒频谱系数（MFCC）及其一阶导数和二阶导数及音高共 48 维声学特征。声学模型中的 DNN 网络包括 6 个隐藏层，每一层由 1024 个节点组成。输出层使用 softmax 函数来产生 2943 个类别的概率分布方程（Probability Density Function，PDF），这些类别个数在训练三音素模型时就已经确定。DNN 网络的输入是一个包含 11 帧语音信息的向量，这 11 帧包括当前帧 1 帧和前后各 5 帧。整个基于 GOP 评价系统的声学模型的输入是帧级别的声学特征，然后输出帧级别对数似然概率，最后根据强制对齐的结果，取对应帧位置的对数似然概率来计算当前音段的发音良好度。

（2）基于孪生网络的实验数据预处理

基于孪生网络的评价系统的目的在于将任意长度的语音音段层级的声学特征映射成高层表示空间中的音素向量，且音素向量是定长的，以便计算距离。为此就需要对经过强制对齐后长短不一的音段进行规整，使其拥有相同的长度（即帧数）。这里同时用到了动态时间规整（Dynamic Time Wrapping，DTW）算法和补零的方法，即给较长的音段特征计算每一帧的 DTW 距离再将其截短成需要的长度，给较短的音段特征进行补零操作。最终将所有的音段特征规整到 28 帧（即 0.28 秒），因为提取声学特征时窗长是 20 毫秒，帧移是 10 毫秒，所以一帧对应 0.01 秒。动态时间规整方法的缺点在于计算量比较大，因为要计算很多 DTW 距离，而补零操作会造成一定程度上的信息扭曲。为了尽可能保证信息的真实，我们尝试将两种方法结合起来，做特征长度的规整。这里用倒谱均值方差归一化（Cepstral Mean and Variance Normalization，CMVN）进行话者层级的规整，以消除话者差异带来的影响。

在实验中，语音特征序列被切分成音段级别的样例，切分方法是使用待切分数据训练语音识别声学模型，并用音素错误率（Phone Error Rate，PER）作为系统评价指标，默认音素错误率越低，音素边界就越准确，同时只进行集内测试。最终结果为，在 30ms 误差范围内的音素错误率为 1.84%，即边界准确率为 98.26%，也就是说，在可以接受的范围内取得了较为准确的边界信息。由于本实验数据都是文本已知的，所以可以进行强制对齐来得到带有音素标签的语音特征样例,从而根据音素标签生成最终的配对信息。由于训练集用到的 863 语料库中发音人的整体发音水平良好且发音标准,杂音较少,语音相对干净,因此可以用这些来自标准发音人的音素训练孪生网络,最后得到可以产生发音模板的模型,即标准发音人的音素经过训练好的模型后产生的音素向量,这就大大减少了人工切分和标注的工作量。

实验中使用 100 个小时左右的语音数据来生成训练集中的配对样例,所有数据共产生约 235.1 万个音素。每个原始音素的声学特征都会经过 DTW 或补零的预处理过程,规整为 48×28 的输入向量。训练过程将数据以批处理的方式输入模型,每一批数据的数量为 512 个,由此可生成 6 万个配对,从中选取 3 万个配对样例供模型学习。在这 3 万个样例中,正负样例数需保持均等。我们使用母语者数据来测试模型的有效性和训练充分程度,因为依据训练目标,对于母语者数据来说,模型应该认为所有样例都与发音模板非常相似,最好让准确率达到 100%。然后使用二语者数据对模型进行测试,观察模型在真正的二语偏误检测任务中的效果。本实验的测试数据带有偏误信息的标注,且经过了声学模型自动切分边界。

(3)孪生网络配置

本实验使用以 TensorFlow 为后端的 Keras 工具实现孪生网络模型,同时采用 Adadelta 方法(Zeiler,2012)来调整模型的学习率,该算法是一种自适应的随机优化函数。在学习过程中,学习率随着梯度的倒数而增长,以此解决随机梯度下降方法(Stochastic Gradient Descent,SGD)学习率始终不变的问题。网络结构描述如下:

• DNN SIA:包括 1024 个节点的全连接层,激活函数为 ReLU;包括 256 个节点的全连接层,激活函数为 ReLU;包括 128 个节点的全连接层,激活函数为最简单的线性激活函数。目标函数是距离损失函数〔见式(7-50)和式(7-51)〕。

• CNN SIA:包含 96 个滤波器的一维卷积层,步长为 9 帧,激活函数为 ReLU；步长为 3 帧的最大池化层；包含 96 个滤波器的一维卷积层，步长为 8 帧，激活函数为 ReLU；步长为 3 帧的最大池化层；包括 256 个节点的全连接层，激活函数为 ReLU；包括 128 个节点的全连接层，激活函数为线性激活函数。目标函数为距离损失函数〔见式（7-50）和式（7-51）〕。

• CNN TRI：单个网络的结构和 CNN SIA 的结构完全相同，只是有三个输入，相应地就有三个网络。目标函数是比较损失函数〔见式（7-52）〕。

• BLSTM TRI：两个在每个方向每层都包含 512 个隐藏单元的双向 LSTM 层，在最后一个 LSTM 层的每个方向的输出后面接包括 256 个节点的全连接层，激活函数为 ReLU；包括 128 个节点的全连接层，激活函数为线性激活函数。目标函数为比较损失函数〔见式（7-52）〕。

在实验过程中，每个网络在确定网络结构之前都在小数据集上进行了简单的调参，以确定能达到效果较好的隐层节点数等超参数。比较损失函数的间隔 m 设定为 0.5。

（4）测试方法

由于本实验使用母语者数据来训练音素区分模型，所以每一个母语者对于二语者来说都是"标准话者"（golden speaker）。先将母语者切分好的音素特征送入音素区分模型，得到的音素向量就相当于发音模板；再将二语者音素特征送入网络，计算得到的音素向量与发音模板的距离，对于这一个音素来说，这个距离就是二语者发音与母语者发音的相似性。为了进一步减少母语者数据中的误差给对比结果准确性带来的影响，对于每一个来自二语者发音的音素，都会从母语者训练集中随机找到 100 个与其类型相同的样例，也就是说，每个二语者音素测试样例都会与 100 个发音模板进行比对。为了降低随机误差，最后将这 100 个对比结果排序，对中间的 80 个结果取平均值，得到最后的相似性打分。

2. 实验结果

我们用母语者数据来衡量模型的训练充分程度，评价指标是确认准确率，指的是模型预测结果和数据真实标签一致的数量占样本总数的比例。表 7.5 是在母语测试数据上的模型对音素区分效果的统计。

表 7.5　在母语测试数据上的测试结果统计

方法	准确率（%）
GOP	86.32
DNN SIA (euc loss)	83.37
CNN SIA (euc loss)	86.46
CNN SIA (cos sim loss)	87.83
CNN TRI (hinge cos loss)	89.93
BLSTM TRI (contrastive loss)	**91.56**

从表 7.5 可以看出，基于双向 LSTM 的三输入孪生网络效果最好，在音素区分的准确率上达到了 91.56%，比第二高的使用 CNN 的三输入孪生网络的准确性高出 1.63%，比基于 GOP 的基线系统更是提高了 5.24%。将使用上述各种方法的模型应用到发音偏误检测任务中，模型效果统计见表 7.6。

表 7.6　模型效果统计

方法	FRR（%）	FAR（%）	DA（%）
GOP	23.80	32.81	74.67
DNN SIA (euc loss)	10.48	43.29	82.61
CNN SIA (euc loss)	8.44	37.89	85.52
CNN SIA (cos sim loss)	7.31	34.88	87.13
CNN TRI (contrastive loss)	5.40	32.48	89.19
BLSTM TRI (contrastive loss)	5.30	30.29	90.69

从表 7.6 不难看出，基于 GOP 的基线系统偏误检测准确率明显下滑：从 86.32% 降到 74.67%，绝对下降了 11.65%。训练数据和测试数据的较大差别也是造成这一明显下滑的原因。相反，基于孪生网络的所有方法，其准

确率的下降都不太明显。在基于孪生网络的方法中，模型将与训练样本差异过大的样本或是没有在训练样本中出现过的类别视为异类，这正好符合了偏误检测任务的目的，所以模型的鲁棒性较好。BLSTM TRI 的诊断准确率从 91.56% 下降到了 90.69%，绝对下降了 0.87%，相对而言，下降并不明显。这证明基于双向 LSTM 和比较损失函数的三输入孪生网络对于偏误检测任务来说是一种相对有效的网络架构。我们又对音素向量的输出维数进行了调参，对比不同输出维度对模型效果的影响，调参结果见图 7.28：

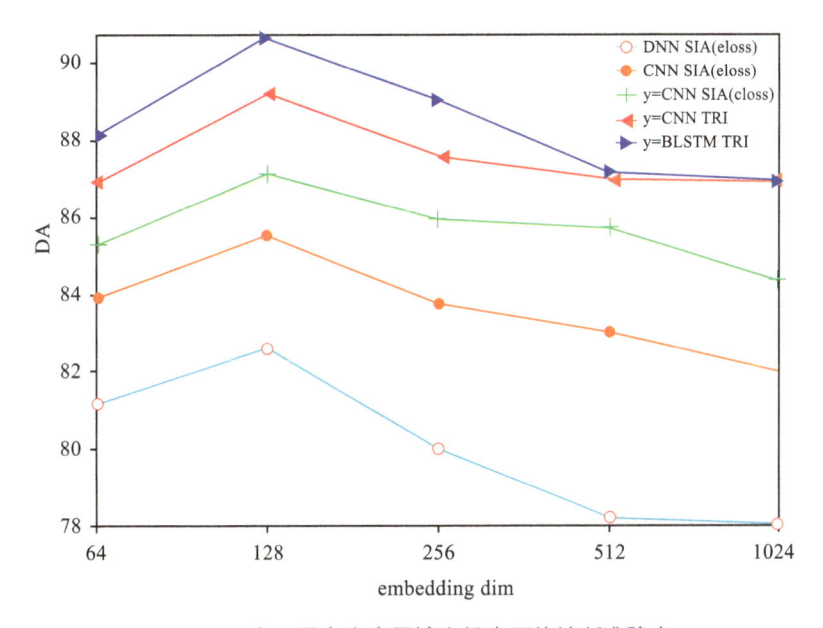

图 7.28 在不同音素向量输出维度下的诊断准确率

经过大概的调参过程，最后确定 128 维的音素向量能较好地表示出音素的区分性。

7.8 基于发音属性的发音偏误检测

7.8.1 发音属性

人类的语音识别融合了自下而上和自上而下两种方式。在人的记忆单元中，字词存储的基本单位是段，并通过一系列的特征集合来相互区分，这些被用来描述语音学发音并区分语音段的特征称为"区分性特征"。我们可从语音的不同角度来定义语音区分性特征，如发音位置、发音方式等。这些区分性的语音特征称为"发音属性"（speech attribute）。发音属性可应用于语音识别、说话人识别、语音合成、语言辨识等多种语音任务中（吴兴，2014）。

发音属性能够建立语音信号和主要发音单元之间的对应关系，对于所有语种都是通用的，不受说话人的语种限制。此外，在实际的模型训练和调优中，如果已经训练好的模型需要调优，则无须考虑新语料的语种是否和原训练集的语料语种相同，只需要将新的训练数据加入其中就可以重新进行训练，而且也不受新语料数量的限制。2006年在霍普斯金大学的暑期语音研讨会上，国外主流语音实验室对如何将发音属性引入语音识别系统进行了探讨，Livescu et al.（2007）和Cetin et al.（2007）的研究表明，发音属性能够提升语音识别的性能。

发音属性与语音的频谱或倒谱特征相比，能够更加直观地反映发音器官的变化规律。一方面，发音属性能使音素间的协同发音现象更自然地被建模，有助于分析协同发音现象和音素序列；另一方面，发音属性与声学环境无关，不易受噪声之类的声学环境的影响（张晴晴等，2010）。与常规的声韵母单元相比，采用发音属性建模可以更好地描述发音偏误类型，有助于提升发音偏误检测系统的性能。发音属性在语音识别中的这些优势已受到越来越多的关注。

Lee et al.（2007）提出了一个名为自动语音属性转录（Automatic Speech Attribute Transcription，ASAT）的基于语音属性检测的语音识别框架，其流程如图7.29所示。该框架的特点在于能更好地模拟人类语音识别过程，更好地将知识整合到语音处理中。相较于传统的HMM统计框架，ASAT框架更多地利用了语音学等理论知识，能较好地结合数据驱动建模和知识认知的优势。ASAT框架是一个统一的语音处理框架，可根据应用的不同而采用相应的发音属性，并设计不同的语音信号属性监测器，抽取相应的发音属性信息，为高层模块提供有效的属性特征。ASAT 框架有利于语音处理的模块化，也有利于将语言学和语音学等跨学科研究更加紧密地结合起来（吴兴，2014）。在语音识别、跨语音属性检测、声调建模等方向，该模型都得到了成功应用。

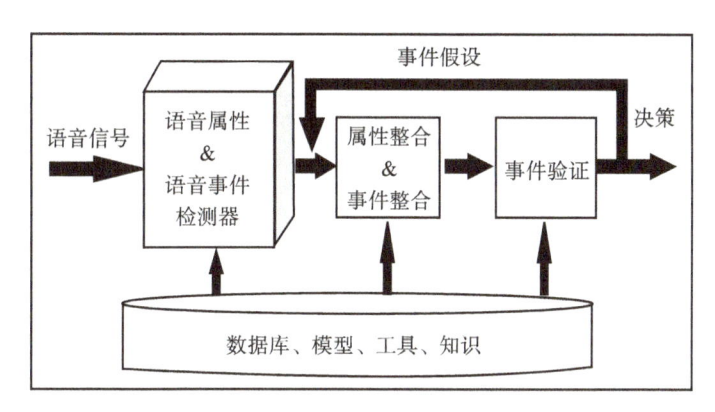

图 7.29　自动语音属性转录

随着深度学习技术的不断发展，发音属性与深度学习相结合的模型训练方式受到了越来越多的关注。早在 2012 年，Deng et al.（2012）就采用了基于发音属性的 DNN 建模方式来实现英语音素检测任务，并取得了 86.6% 的识别精度。在此之后，Wang et al.（2014、2015）和 Behravan et al.（2015、2016）分别在口语识别和外国口音识别任务中采用了基于深度学习的发音属性检测器框架，均取得了较好的效果。Li et al.（2016）则在汉语的发音偏误检测中使用 DNN 来训练发音属性分类检测器，与基线系统相比，其"等错误率"（Equal Error Rate，EER）下降了 8.78%。张圣、郭武（2016）将发音属性作为基本单元进行声学建模，并在此基础上采用 DNN 建立语音识别的声学模型来实现说话人确认任务，在男声和女声中均取得了较好的结果。因此，本节研究采用基于发音属性的方式进行声学建模，检测发音偏误。

本研究将所有音素按照发音位置、发音方式、是否送气、清浊音和静音分成五类，发音属性与音素的对应关系如表 7.7 所示（Li et al., 2016）。每种类型中均包含多种发音属性，且每一种属性都能对应一个或多个音素，其中的"sil"表示静音的部分，"N/A"则表征不属于这个类别中的任何一种属性。本节直接将这些发音属性作为声学建模单元，进行发音偏误检测。

表 7.7 发音属性与音素对应关系

类别	发音属性	音素
发音位置	双唇音	b、p、m
	唇齿音	f
	齿龈音	d、t、l、n
	齿音	c、s、z、ii
	卷舌音	zh、ch、sh、r、er、iii
	腭音	j、q、x、a、o、e、i、u、ü
	软腭音	g、k、h、ng
发音方式	塞音	b、p、d、t、g、k
	擦音	f、s、sh、r、x、h
	塞擦音	z、zh、c、ch、j、q
	鼻音	m、n、ng
	边音	l
	N/A	a、o、e、i、ii、iii、u、ü、er
是否送气	送气音	p、t、k、c、ch、q
	不送气音	b、d、g、z、zh、j
	N/A	f、h、l、m、n、r、s、sh、x、ng、a、o、e、i、ii、iii、u、ü、er
清浊音	浊音	m、n、l、r、ng、a、o、e、i、ii、iii、u、ü、er
	清音	b、p、f、d、t、g、k、h、j、q、x、zh、ch、sh、z、c、s
静音	静音	sil

7.8.2　基于发音属性的发音偏误趋势检测框架

在语音识别任务中，相比 GMM-HMM 的模型结构，DNN-HMM 的混合模型在很多方面显现出了优势。因此本实验采用的是基于 DNN 的偏误检测框架，其流程如图 7.30 所示。首先提取待标注语料的声学特征，即 MFCC 特征，将声学特征分别输入四个基于 DNN 的独立的发音属性分类器中；然后根据输出层的帧层级对数似然比，按照公式（7-53）计算每个音素的发音属性的后验概率，将得到的后验概率按照大小排序，得到一个 Top-N 的排序结果；再将 Top-N 结果与原始标注文本逐一对比一致性，得到 Top-N 的一致性结果；最后根据 Top-N 的结果生成标注文本，由标注人进行人工校对。

$$\log P(p \mid O; t_s, t_e) = \frac{1}{t_e - t_s} \sum_{ts}^{te} \log \sum_{s \in p} P(s \mid Q_t) \qquad 式（7-53）$$

其中，Q_t 是在 t 时刻的输入特征，t_s 和 t_e 是音素 p 的起始和终止时间，均通过强制对齐得到，$P(s \mid Q_t)$ 是帧层级的对数似然值，$\{s \in p\}$ 指所有属于音素 p 的帧的集合。

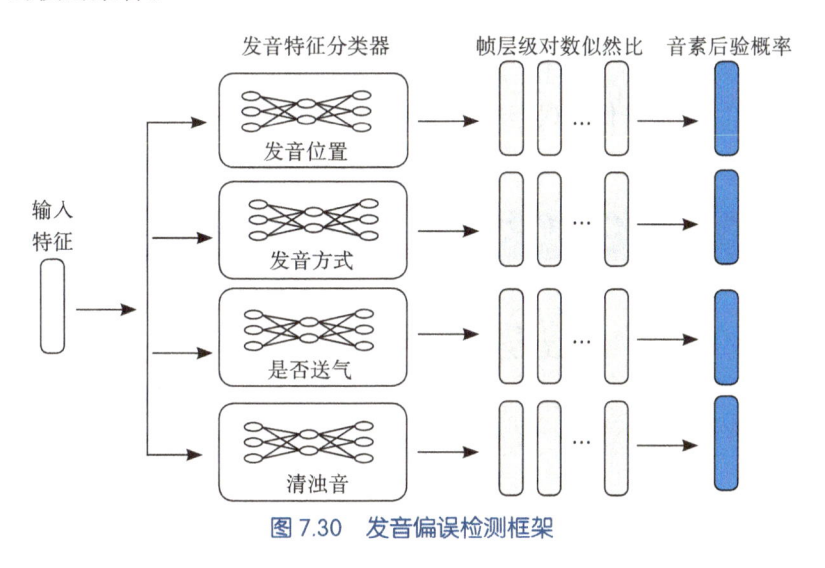

图 7.30　发音偏误检测框架

7.8.3　实验与结果

1. 实验配置

本实验中，首先通过 LDA、MLLT、SAT 等方法训练一个 GMM-HMM 的模型；然后使用这个已经训练好的 GMM 模型对训练数据强制对齐，获取音素边界，得到每一帧的三音子音素绑定状态级标注；最后再用绑定状态标注的帧层级数据训练 DNN 模型。

本实验使用有监督的训练方法，基于 DNN 分别建立 4 个独立的发音属性分类器。训练中所使用的声学特征是 39 维的 MFCC 特征，以 20ms 为窗长，10ms 为帧移提取，一共 11 帧组成的特征向量作为 DNN-HMM 的模型输入。经过比较不同的隐层数（1，2，3，4）和节点数（256，512，1024，2048），最后在 2 个隐层和 1024 个节点时取得了最好的结果。在汉语普通话中，声母比韵母更容易导致发音偏误，因此本节研究主要针对声母的偏误。

2. 实验结果

本实验将发音属性作为建模单元训练声学模型来检测发音偏误，系统采用 DNN-HMM 的混合模型，声学特征为 MFCC。从 CAPT 系统的角度来看，最主要的是要避免学习者的正确发音被检测成错误发音从而削弱二语学习者的学习热情。因此在本实验中，调参优化的目标是获得较高的诊断正确率，同时尽量降低错误拒绝率。具体检测结果如表 7.8 和表 7.9 所示：

表 7.8　日本女性发音人检测结果

发音属性模型	FRR（%）	FAR（%）	DA（%）
发音位置	7.5	39.7	84.5
发音方式	6.5	36.3	86.3
是否送气	6.9	37.4	85.7
清浊音	6.7	36.5	85.9

表 7.9　中国女性发音人检测结果

发音属性模型	FRR（%）	FAR（%）	DA（%）
发音位置	8.1	38.4	83.8
发音方式	8.6	37.1	82.6
是否送气	7.5	38.5	84.3
清浊音	7.1	35.3	85.1

由上两表可知，中国女性发音人的检测结果要略差于日本女性发音人的结果，其原因应该是训练集采用的是日本女性发音人的语料，训练集和测试集存在一定程度的不匹配。此外，观察表 7.8 日本女性发音人的检测结果可知，四种发音属性分类器的诊断正确率（DA）相差不太大。其中发音方式的诊断正确率最好，为 86.3%；发音位置的诊断正确率最差，为 84.5%。错误接受率（FAR）的结果与诊断正确率相同，发音方式的最好（36.3%），发音位置的最差（39.7%）。对偏误检测结果的进一步分析可以发现，系统对舌叶化、闪音化和卷舌化的检测效果不太理想，对其他类型偏误的检测效果相对较好。

除此之外，我们根据提取的神经网络输出层的帧层级对数似然比计算音素层级的后验概率，并将后验概率进行大小排序，最后将排序结果和标注文本进行一致性对比，Top-N 的一致性对比结果如图 7.31 所示。从图中可知，经过与原始标注文本的对比，在四个模型中，是否送气的 Top-1 的一致性超过 90%，发音位置的 Top-1 的一致性略低于 75%，是四种模型中最低的，发音方式的 Top-1 的一致性则略高于 85%，最高的是清浊音的 Top-1 的一致性，达到了 96%。此外，从图中可以发现，四种模型在 Top-2 时的一致性均高于 93%。

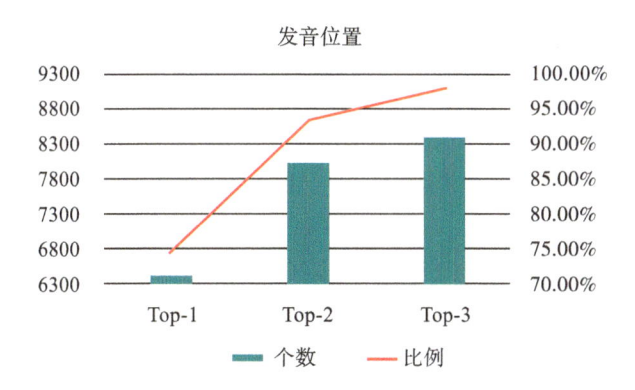

发音位置

图 7.31 Top-N 一致性对比结果

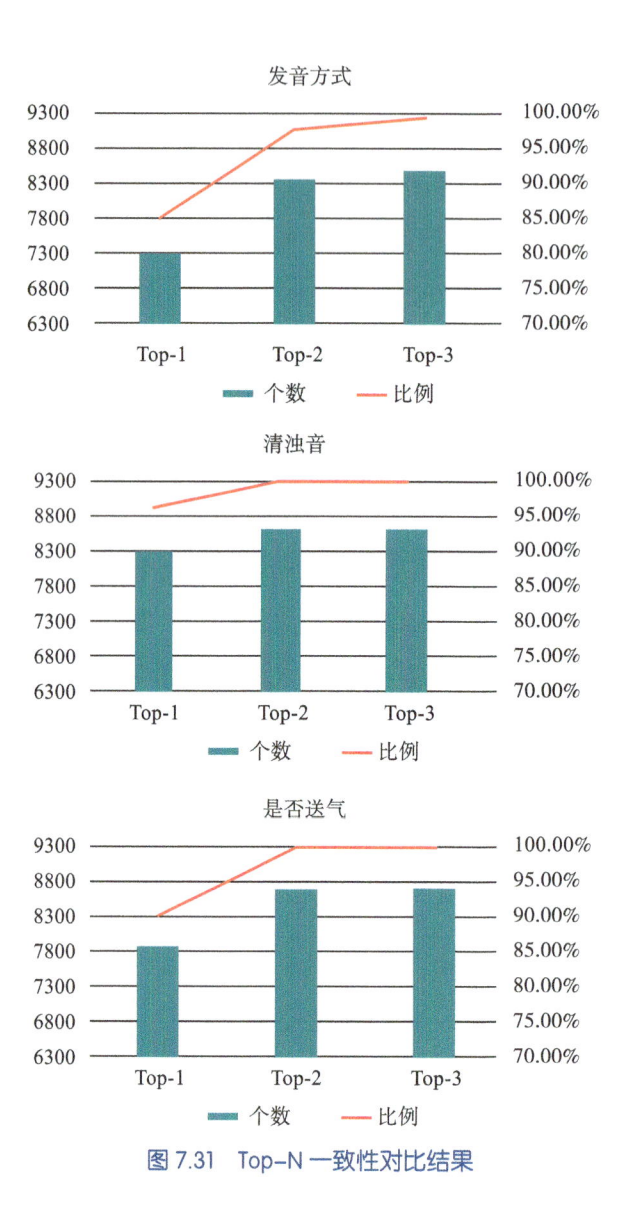

7.9 基于注意力机制的发音偏误检测

7.9.1 注意力机制模型

注意力机制模型（即 Attention 模型）最初应用于图像识别，模仿人在看图片时，目光会聚焦于不同物体的移动上。在使用神经网络进行图像识别或其他任务时，将识别焦点聚集于部分特征，能够使识别更加准确。衡量特征之间重要性最直接的方法就是使用权重，因此 Attention 模型最主要的作用就是在识别前计算每个特征的权重然后加权求和。权值越大，那么该特征对识别的贡献也就越大。其本质可以描述为一个查询（query）到一系列键值（key-value）对的映射（见图 7.32）。

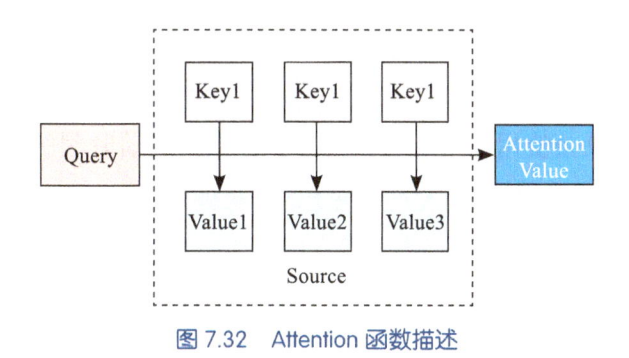

图 7.32　Attention 函数描述

$$\text{Attention (Query, Source)} = \sum_{i=1}^{L_x} Similarity\ (Query,\ Key_i) * Value_i \qquad 式（7-54）$$

在计算 Attention 时，主要分为以下三步：

（1）将 query 和 key 进行相似度计算，得出权重；

（2）通常使用 softmax 层对权重进行归一化；

（3）权重和相应的键值进行加和，得到最后的 Attention。

Attention 模型被广泛应用于各种任务，发展比较迅速，可以分为以下几种。

1. Encoder-Decoder 模型

该模型即编码-解码模型（见图 7.33）。编码是指将输入的序列转化为固定长度的编码 c，解码是指将编码 c 转化为输出序列。编码器和解码器的模型不是固定的，可根据任务选择不同的模型。

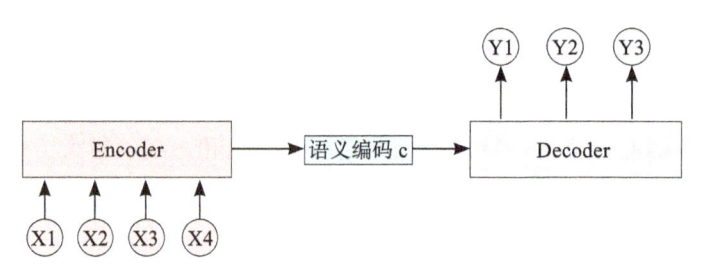

图 7.33 Encoder-Decoder 模型

输入序列 x=（x_1，x_2，...，x_{Tx}），通过 encoder 模块，编码为输出序列 c，encoder 一般会使用 RNN 结构，在 RNN 中，当前时刻的隐藏状态是由上一个时刻的状态和当前输入共同决定的，也就是：

$$h_t = f(x_t, t_{t-1}) \qquad 式（7-55）$$

在得到各个时刻的隐藏层输出后，将其汇总后生成语义向量 c，c 包含了整个句子的语义信息：

$$c = q(h_t, ..., h_{TX}) \qquad 式（7-56）$$

其中，f 和 q 都是非线性的函数。

Decoder 的作用是根据给定的 c 及已预测词 $\{y_1, \cdots y_{t-1}\}$ 预测 y_t，所以 t 时刻的联合分布概率为：

$$p(y) = \prod_{t=1}^{T} p(y_t \mid \{y_1, ..., y_t\}, c) \qquad 式（7-57）$$

在 RNN 中，t 时刻的隐藏状态 s_t 为：

$$s_t = f(s_{t-1}, y_{t-1}, c) \qquad 式（7-58）$$

因此联合分布变为：

$$p(y) = \prod_{t=1}^{T} p(y_t \mid \{y_1, ..., y_t\}, c) = q(y_{t-1}, s_t, c) \qquad 式（7-59）$$

2. Self-Attention 模型

Self-Attention 模型包含于 Transformer 模型中，Transformer 模型在 Encoder-Decoder 模型结构基础上做了改进，其 Encoder 模型由多个 Encoder 构成，Decoder 亦然。

计算 Self-Attention 分为以下几个步骤：

（1）从每个 Encoder 的输入向量中创建 3 个向量，即 Query、Key 和 Value 向量。如图 7.34（a）所示，将 x_1 乘以 WQ 得到新的向量 q_1，q_1 即为 Query 向量；同理，分别乘以 W^K 以及 W^V 便得到 Key 和 Value 向量。

（2）计算得分。如图 7.34（b）所示，当计算单词"thinking"的 Self-Attention 时，以这个单词为基点，对整个输入句子的每一个单词都计算得分，分数便决定了这个单词与其他单词的相关程度。打分过程为：第一个分数为 q1 和 k1 进行点积，第二个分数为 q1 和 k2 进行点积。

（3）继续计算。将步骤 2 中得到的点积分别除以 $\sqrt{d_k}$，这个值是根据经验得到的。然后将这两个值通过 softmax 层归一化，使得相加值为 1。这个分数就是当前单词对应于句子中每个词的相关程度。

（4）将每个 value 值乘以归一化后的得分。其目的是在保持当前词关注度不变的情况下，降低对不关注词的关注度。

（5）累加加权后的向量，得到 Self-Attention 的输出。

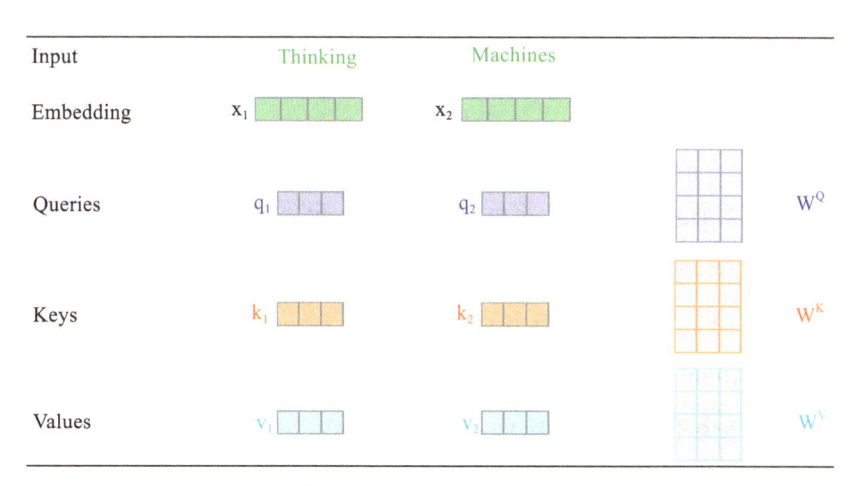

图 7.34（a） 计算 Query、Key 及 Value 的过程

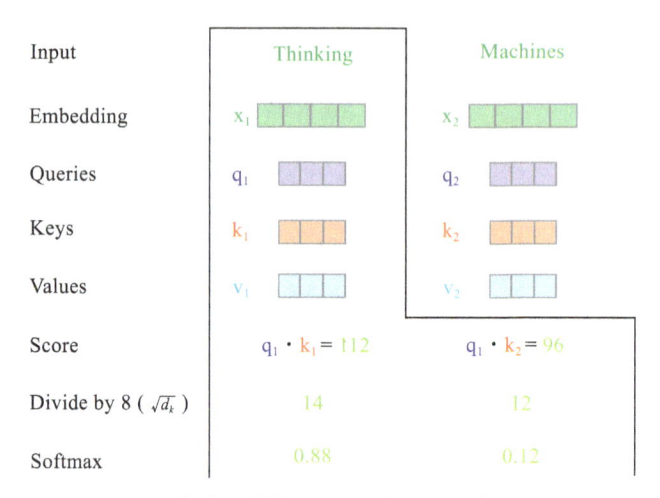

图 7.34（b） 计算 thinking 在其他词中的分数

经过上述过程便可得到当前词对于句子中每个词的相关度。

3. Multi-Head Attention 模型

Multi-Head Attention 是在缩放点积（Scaled Dot-Product）Attention 基础上提出的，缩放点积 Attention 在原本的 Attention 基础上添加 K，起到了调节内积的作用：

$$\text{Attention}(Q, K, V) = \text{softmax}\left(\frac{QK^T}{\sqrt{d_k}}\right)V \qquad \text{式（7-60）}$$

如图 7.35 所示，Query、Key 及 Value 首先要经过一个线性变换，然后输入缩放点积 Attention 模型中，这个操作需要进行 h 次，也就是所谓的 Multi-Head。每个 head 的计算方式为：

$$\text{head}_i = \text{Attention}(QW_i^Q, KW_i^K, VW_i^V) \qquad \text{式（7-61）}$$

其中，W 是三个不同的待训练的权值参数矩阵，所谓 h 个头，也就是 h 个维度，每个维度是一个向量。W_i^Q 是指 W 矩阵的第 i 个维度，在得到 h 次缩放点积 Attention 的值后进行拼接。再进行一次线性变换便可得到 Multi-Head Attention。

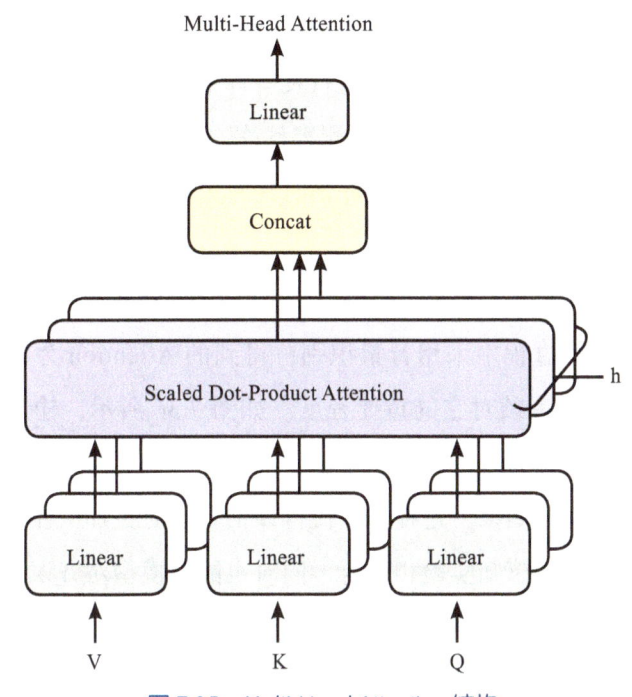

图 7.35　Multi-Head Attention 结构

注意力机制是一种权重机制。在语音识别中，可以找到文字序列和语音序列的对应关系。就音素识别而言，可以找到音素对应于音段中不同帧的重要程度。一些感知实验也证实了一个音素中的声音分布是不均匀的，主要依赖关键声学线索。Attention 机制与之前实验中提到的声学界标有一定的理论一致性。

7.9.2　基于注意力机制的偏误检测

传统的 GOP 计算中，将一个音素内每一帧的后验概率均值作为音素的后验概率，这就意味着每一帧对于音素的贡献是相等的。而有些理论认为，音素的信息并不是均匀地分布在音素内部的。同时，很多感知实验表明，母语者是通过关键声学线索来区分音素的，而不是依赖于整个音素。找到其中关键的声学线索就能将音素与音素区分开来，而声学界标就是基于此提出的，前人也将其用到了偏误检测中。注意力机制现在被广泛应用于各个任务，它的提出也是基于信息的分布不均匀理论。Kyriakopoulos et al.（2018）通过音素的空间距离来进行发音评估，其中，在计算音素分数时加入 Attention 权重，提高了偏误检测准确率。本节将注意力机制加入音素评估过程，使关键声学线索在音素评估时具有更高的权重，也意味着更加关注关键声学线索所在部位。

本节采用的 Attention 机制是序列到序列的模型结构，是多对一的 Attention。在训练过程中采用音素识别，得到的 Attention 为在识别一个音素时，音段内部每一帧对它的重要程度。如图 7.36 所示，输入特征为拼接后的一段语音，输出为音素识别结果。在准备输入特征时，需要提前训练好对齐模型并输出对齐结果。这种方法使得评估发音时更加关注关键声学线索所在部位，与前人的感知实验相吻合，同时也能对模型对齐误差产生一定的修补作用。强制对齐产生的误差会导致目标音素内部包括周围音素的帧，当采用 Attention 机制给不同帧权重时，不属于本音素的帧对于本音素识别作用较小，所以理论上权重会下降。

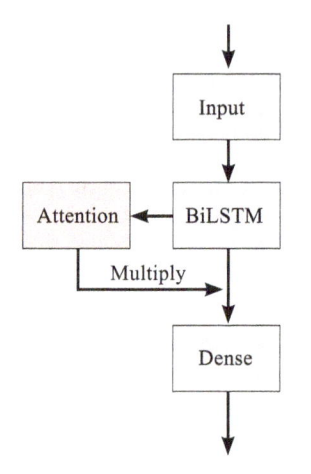

图 7.36　Attention 模型结构

本节使用了两种模型结构，在 GOP 中加入注意力机制。如图 7.37 所示，先通过音素识别训练 Attention 模型，之后将不同音素每帧的 Attention

值提取出来，加入 GOP 的计算过程中。加入权重时，当音素强制对齐有误差时，传统的 GOP 计算会直接将误差的帧也包括在内进行计算。而加入 Attention 机制后，由于每帧分配的权重不同，其他音素帧的权重就会降低，这种方法也能在一定程度上解决模型对齐误差的问题。

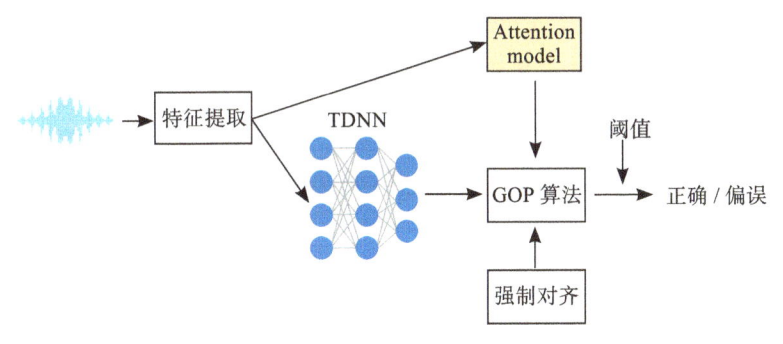

图 7.37　注意力机制模型一

其中 GOP 公式变为：

$$\text{GOP}_4(p) = log \frac{\sum_1^d a_i(\text{p}_i)}{max_{\{q \in Q\}} \sum_1^d a_i(\text{q}_i) + \sum_1^d a_i(\text{p}_i)} \qquad 式（7-62）$$

本节同时对比了其他 GOP 方法，该方法直接将音素的后验概率作为音素的分数：

$$\text{GOP}_5(p) = \frac{1}{d} logP(p \mid X) \qquad 式（7-63）$$

为其加入 Attention 机制后变成：

$$\text{GOP}_6(p) = log \sum_1^d a_i(p_i) \qquad 式（7-64）$$

其中，p 为目标音素的后验概率，a 为注意力权重，q 为最具竞争力的音素的后验概率，d 为音素的帧数。

在进一步的实验中加入模型进行发音正误判断。与上述 GOP 方法相比，该方法不再是对声学模型 TDNN 输出的后验概率进行 GOP 计算后通过阈值判断发音正误，而是将声学模型数据的后验概率作为特征进行发音正误判断。我们尝试了采用传统的 LSTM 模型及在 LSTM 模型中加入 Attention 机制两种方法。

如图 7.38 所示，我们将声学模型作为特征提取器，将提取的音素后验概率的输出送入 Attention 模型中，判断音素的正误。在 GOP 中加入注意力机制可以让模型更加关注关键声学线索。为了更直观地验证 Attention 模型的性能，我们直接用 Attention 模型进行偏误检测。

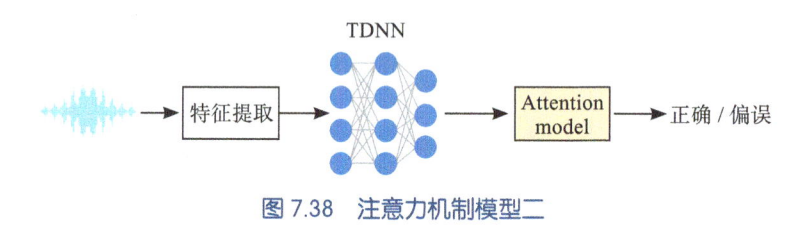

图 7.38 注意力机制模型二

7.9.3 实验与结果

1. 实验配置

训练的 TDNN 声学模型结构与 7.6.2 一节相同。训练 Attention 模型时输入特征为 60 维。二语者所发音素要比母语者所发音素时长更长。通过统计二语者所发的音素时长，可知音素最长为 54 帧。统计时将音素补齐为 60 帧，不足 60 帧进行补零操作。

本实验主要采用 Kaldi 和 TensorFlow 两个工具训练模型。其中语音识别模型的训练及使用声学模型产生后验概率是在 Kaldi 中完成的，Attention 模型的训练及提取则是在 TensorFlow 平台上完成的。

2. 实验结果

本实验测试了两种加入注意力的方法。其中一种是：先通过对齐模型找出每句话中音素的位置并截取出来；然后进行音素识别，训练出每个音素中每帧的注意力权重；再在传统的 GOP 计算中加入权重。图 7.39 中 baseline

采用的就是传统的 GOP 计算方式。

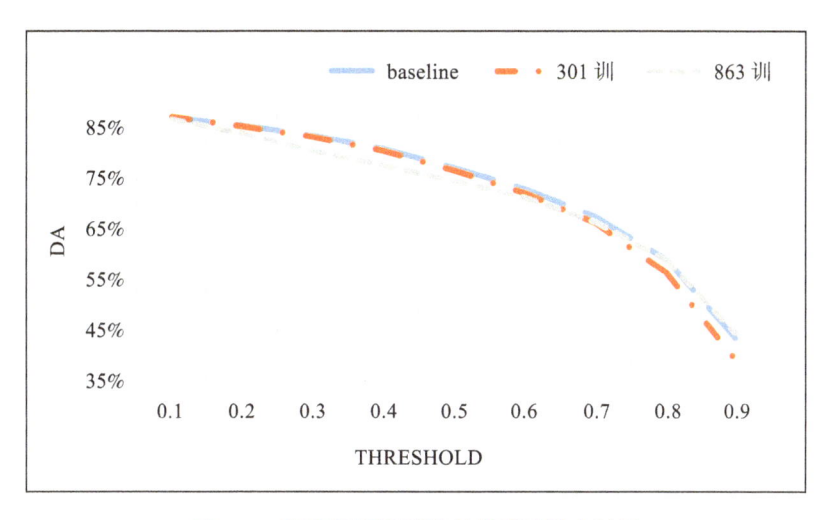

图 7.39　不同量语料训练的检测准确率结果

本实验分别用 80 个小时和 2 个小时的语料训练了注意力机制模型，实验结果表明，不同数据的提升不是很明显，在阈值为 0.1 处提升了 0.11%。在实验中，为统一输入音素的长度进行了补零的操作，并进一步引入 MASK 层来探究补零对于实验的影响。

图 7.40 中，GOP4 是添加了 Attention 权重后偏误检测的诊断准确率，而加入 MASK 层后，实验结果并没有太大改变，这证明 Attention 权重在学习过程中学到了补零的帧对于识别音素没有帮助，所以将其权重设置得很小，对于实验结果没有影响。

分析图 7.40 发现，Attention 提升比较小。对于加入权重的音素后验概率数据进行分析发现，采用 GOP4 的方法，分子分母同时增加会将 Attention 的作用平滑掉。之后采用只以音素后验概率作为音素得分的方法观察 Attention 的效果，发现在阈值为 0.1 处，诊断准确率提升了 2.22%，证明了 Attention 理论的有效性。

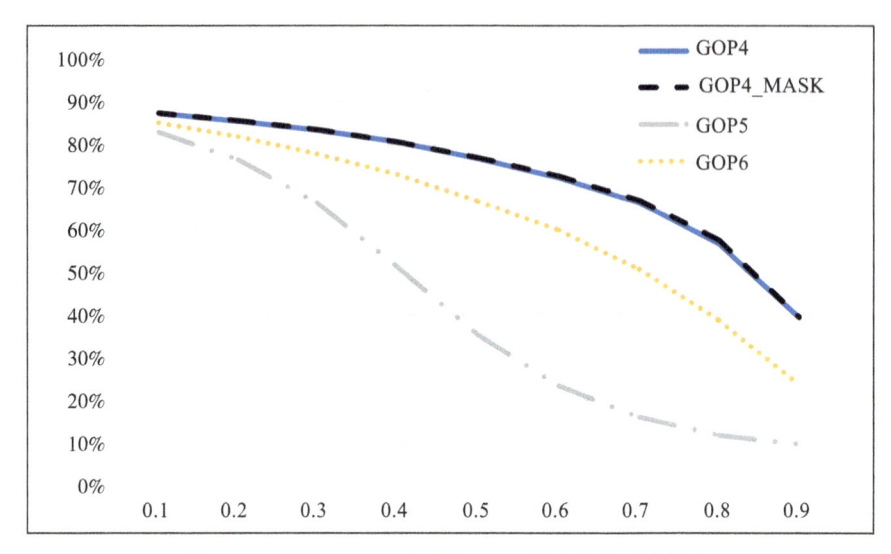

图 7.40　添加 MASK 及不同 GOP 算法的检测准确率

由于间接获得注意力机制的方法对于偏误检测实验的结果提升不是特别明显，所以我们进一步研究，将后验概率作为特征来训练注意力机制模型，训练目标就是区分音素是否具有偏误模型结构，如图 7.40 所示。同时对比了将 LSTM 作为偏误确认模型以及加入 Attention 后的偏误确认模型。

将二语者语料按 80% 和 20% 分为训练集和测试集，进行 5 则交叉验证，实验结果如表 7.10 所示：

表 7.10　检测准确率

方法	检测准确率（%）
GOP	87.31
GOP + ATT	87.42
GOP + LSTM	92.95
GOP + LSTM + ATT	93.42

在加入注意力机制后，检测准确率相对提升了 0.11%；加入再确认阶段后，准确率有了很大的提升，由原来的 87.42% 提升到了 92.95%；在此结构

中加入注意力机制的模型后，检测准确率进一步提升到了 93.42%。实验表明，评估音素时更关注关键声学线索可以提升偏误检测的结果。

发音偏误检测的结果有助于发音人在自学时改善其发音情况。本章从不同的角度研究了提高偏误自动检测性能的方法，取得了一定的效果。但这些方法所得到的结果不能和发音的关键信息一一对应。而使用语音量子理论的方法，先检测出发音中的关键信息，再进行发音偏误检测，可以直观地对应上发音的声学界标，在二语语音教学中可以建立发音和声学器官之间更为直观的、清晰的对应关系，帮助发音人有针对性地修正其二语语音问题。

∷ 参考文献 ∷

刘　鹏主编（2018）《深度学习》，北京：电子工业出版社。

王　岚、李崇国、蒙美玲、李　燕（2009）音素级错误发音自动检测，《先进技术研究通报》第 2 期。

吴　兴（2014）基于 ASAT 框架的汉语音节识别系统，北京邮电大学硕士学位论文。

严　可、魏　思、戴礼荣（2013）针对发音质量评测的声学模型优化算法，《中文信息学报》第 1 期。

俞　栋、邓　力（2016）《解析深度学习：语音识别实践》，俞凯、钱彦旻等译，北京：电子工业出版社。

张晴晴、潘接林、颜永红（2010）基于发音特征的汉语普通话语音声学建模，《声学学报》第 2 期。

张　圣、郭　武（2016）采用通用语音属性建模的说话人确认，《小型微型计算机系统》第 11 期。

Abdel-Hamid, O., Mohamed, A., Jiang, H. & Penn, G. (2012) Applying convolutional neural networks concepts to hybrid NN-HMM model for speech recognition. *2012 IEEE International Conference on Acoustics, Speech and Signal Processing (ICASSP)*, 4277-4280.

Abdel-Hamid, O., Mohamed, A., Jiang, H., Deng, L., Penn, G. & Yu, D. (2014) Convolutional neural networks for speech recognition. *IEEE/ACM Transactions on Audio, Speech, and Language Processing*, 22(10): 1533-1545.

Behravan, H., Hautamäki, V. & Kinnunen, T. (2015) Factors affecting i-vector based foreign accent recognition: A case study in spoken Finnish. *Speech Communication*, 66: 118-129.

Behravan, H., Hautamäki, V., Siniscalchi, S. M., Kinnunen, T. & Lee, C.-H. (2016) i-vector modeling of speech attributes for automatic foreign accent recognition. *IEEE/ACM Transactions on Audio, Speech, and Language Processing*, 24(1): 29-41.

Bouvrie, J. (2006) Notes on convolutional neural networks. *Neural Nets*.

Cetin, O., Kantor, A., King, S., Bartels, C., Magimai-Doss, M., Frankel, J. & Livescu, K. (2007) An articulatory feature-based tandem approach and factored observation modeling. *2007 IEEE International Conference on Acoustics, Speech and Signal Processing (ICASSP)*, 4: 645-648.

Dahl, G. E., Yu, D., Deng, L. & Acero, A. (2012) Context-dependent pre-trained deep neural networks for large-vocabulary speech recognition. *IEEE Transactions on Audio, Speech, and Language Processing*, 20(1): 30-42.

Deng, L., Yu, D. & Platt, J. (2012) Scalable stacking and learning for building deep architectures. *2012 IEEE International Conference on Acoustics, Speech and Signal Processing (ICASSP)*, 2133-2136.

Gers, F. A., Schmidhuber, J. & Cummins, F. (2000) Learning to forget: Continual prediction with LSTM. *Neural Computation*, 12(10): 2451-2471.

Graves, A., Liwicki, M., Fernández, S., Bertolami, R., Bunke, H. & Schmidhuber, J. (2009) A novel connectionist system for unconstrained handwriting recognition. *IEEE Transactions on Pattern Analysis and Machine Intelligence*, 31(5): 855-868.

Hadsell, R., Chopra, S. & LeCun, Y. (2006) Dimensionality reduction by learning an invariant mapping. *Proceedings of the 2006 IEEE Computer Society Conference on Computer Vision and Pattern Recognition (CVPR)*, 2: 1735-1742.

Hinton, G. E., Osindero, S. & Teh, Y.-W. (2006) A fast learning algorithm for deep belief nets. *Neural Computation*, 18(7): 1527-1554.

Hochreiter, S. & Schmidhuber, J. (1997) Long short-term memory. *Neural Computation*, 9(8): 1735-1780.

Hu, W., Qian, Y., Soong, F. K. & Wang, Y. (2015) Improved mispronunciation detection with deep neural network trained acoustic models and transfer learning based logistic regression classifiers. *Speech Communication*, 67: 154-166.

Huang, P.-S., He, X., Gao, J., Deng, L., Acero, A. & Heck, L. (2013) Learning deep structured semantic models for web search using clickthrough data. *Proceedings of the 22nd ACM International Conference on Information & Knowledge Management (CIKM)*, 2333-2338.

Jansen, A. & Van Durme, B. (2011) Efficient spoken term discovery using randomized algorithms. *2011 IEEE Workshop on Automatic Speech Recognition & Understanding*, 401-406.

Krizhevsky, A., Sutskever, I. & Hinton, G. E. (2012) ImageNet classification with deep convolutional neural networks. *Proceedings of the 25th International Conference on Neural Information Processing Systems (NIPS)*, 1: 1097-1105.

Kyriakopoulos, K., Knill, K. M. & Gales, M. (2018) A deep learning approach to assessing non-native pronunciation of English using phone distances. *INTERSPEECH*, 1626-1630.

LeCun, Y., Huang, F. J. & Bottou, L. (2004) Learning methods for generic object recognition with invariance to pose and lighting. *Proceedings of the 2004 IEEE Computer Society Conference on Computer Vision and Pattern Recognition (CVPR)*, 2: 97-104.

Lee, C.-H., Clements, M. A., Dusan, S., Fosler-Lussier, E., Johnson, K., Juang, B.-H. & Rabiner, L. R. (2007) An overview on Automatic Speech Attribute Transcription (ASAT). *INTERSPEECH*, 1825-1828.

Li, W., Siniscalchi, S. M., Chen, N. F. & Lee, C.-H. (2016) Improving non-native mispronunciation detection and enriching diagnostic feedback with DNN-based speech attribute modeling. *2016 IEEE International Conference on Acoustics, Speech and Signal Processing (ICASSP)*, 6135-6139.

Livescu, K., Cetin, O., Hasegawa-Johnson, M., King, S., Bartels, C., Borges, N., Kantor, A., Lal, P., Yung, L., Bezman, A., Dawson-Haggerty, S., Woods, B., Frankel, J., Magimai-Doss, M. & Saenko, K. (2007) Articulatory feature-based methods for acoustic and audio-visual speech recognition: Summary from the 2006 JHU summer workshop. *2007 IEEE International Conference on Acoustics, Speech and Signal Processing (ICASSP)*, 4: 621-624.

Luo, D., Yang, X. & Wang, L. (2011) Improvement of segmental mispronunciation detection with prior knowledge extracted from large L2 speech corpus. *INTERSPEECH*, 1593-1596.

Mikolov, T., Chen, K., Corrado, G. & Dean, J. (2013) Efficient estimation of word representations in vector space. *arXiv preprint arXiv:1301.3781*.

Park, A. S. & Glass, J. R. (2008) Unsupervised pattern discovery in speech. *IEEE*

Transactions on Audio, Speech, and Language Processing, 16(1): 186-197.

Pascanu, R., Gulcehre, C., Cho, K. & Bengio, Y. (2013) How to construct deep recurrent neural networks. *arXiv preprint arXiv:1312.6026*.

Qian, Y., Soong, F. K. & Yan, Z.-J. (2013) A unified trajectory tiling approach to high quality speech rendering. *IEEE Transactions on Audio, Speech, and Language Processing*, 21(2): 280-290.

Sainath, T. N., Mohamed, A., Kingsbury, B. & Ramabhadran, B. (2013) Deep convolutional neural networks for LVCSR. *2013 IEEE International Conference on Acoustics, Speech and Signal Processing (ICASSP)*, 8614-8618.

Sak, H., Senior, A. & Beaufays, F. (2014) Long short-term memory recurrent neural network architectures for large scale acoustic modeling. *INTERSPEECH*, 338-342.

Shuai, B., Liu, T. & Wang, G. (2016) Improving fully convolution network for semantic segmentation. *arXiv preprint arXiv:1611.08986*.

Song, Y. & Liang, W. (2011) Experimental study of discriminative adaptive training and MLLR for automatic pronunciation evaluation. *Tsinghua Science and Technology*, 16(2): 189-193.

Sundermann, D. & Ney, H. (2003) VTLN-based voice conversion. *Proceedings of the 3rd IEEE International Symposium on Signal Processing and Information Technology*, 556-559.

Wang, Y., Du, J., Dai, L. & Lee, C.-H. (2014) A fusion approach to spoken language identification based on combining multiple phone recognizers and speech attribute detectors. *2014 9th International Symposium on Chinese Spoken Language Processing (ISCSLP)*, 158-162.

Wang, Y., Du, J., Dai, L. & Lee, C.-H. (2015) High-resolution acoustic modeling and compact language modeling of language-universal speech attributes for spoken language identification. *INTERSPEECH*, 992-996.

Wieting, J., Bansal, M., Gimpel, K. & Livescu, K. (2015) From paraphrase database to compositional paraphrase model and back. *Transactions of the Association for Computational Linguistics*, 3: 345-358.

Witt, S. M. & Young, S. J. (2000) Phone-level pronunciation scoring and assessment for interactive language learning. *Speech Communication*, 30: 95-108.

Yan, K. & Gong, S. (2011) Pronunciation proficiency evaluation based on discriminatively refined acoustic models. *International Journal of Information Technology and Computer Science*, 3(2): 17-23.

Zeiler, M. D. (2012) Adadelta: An adaptive learning rate method. *arXiv preprint arXiv:1212.5701*.

Zhang, S., Li, K., Lo, W.-K. & Meng, H. (2010) Perception of English suprasegmental features by non-native Chinese learners. *Speech Prosody*, 1-4.

第八章　声学界标检测与基于声学界标的发音偏误自动检测

第五章的连续统合成实验通过感知的方式得到了鼻音的声学界标，类似地，运用相关的语音学知识，可以得到其他音素的声学界标。第七章中介绍的一些深度神经网络的机器学习算法，在一些发音偏误检测任务上取得了较好的效果，但检测结果和发音的关键信息之间没有直接的对应关系，在二语语音习得中存在一定的鸿沟。本章通过将声学界标用于发音偏误检测并验证其性能，直接将语音量子理论应用于二语习得。我们对比了通过两种方式得到的声学界标：一种是通过第五章中连续统语音合成及感知听辨实验得到的声学界标，另一种是通过大规模数据驱动得到的声学界标。本章研究并验证了两种声学界标在偏误检测和二语习得中的作用。

8.1　区别特征理论的提出与应用

在 20 世纪 30 年代音位理论蓬勃发展的时期，已经有语言学家发现音位并不是语言中能区别意义的最小结构单位，进一步分析音位，可以发现具有区别功能的一些更小的单位——语音特征（倪宝元主编，1995）。例如，英语单词"sign"和"shine"中的 /s/ 和 /ʃ/ 是一对对立的辅音，/s/ 和 /ʃ/ 都有舌尖靠近齿龈的擦音特点，但是发 /ʃ/ 时会有双唇稍微向前突出并稍微收圆的动作，此动作即成为区分这两个音素的重要特征。又如汉语中的"跑"

（pǎo）和"饱"（bǎo），"p"是送气音，"b"是不送气音，因此送气/不送气特征就成为这两个音位的区别特征。这种具有二元性且能区分音位特征的语音特征就是区别特征。

从历史上看，有关区别特征的理论可以分为两派：一派注重特征的声学特征；一派注重发音的生理特点，即每个特征所代表的发音部位或发音方法（鲍怀翘主编，2013）。在重特征的声学特征这一派，Jakobson et al.（1952）提出了二值的区别特征，即以声学表现为主、发音属性为辅来定义每个特征。他们定义了12对区别特征：（1）元音性/非元音性；（2）辅音性/非辅音性；（3）鼻音性/非鼻音性；（4）粗糙性/柔韧性；（5）沉钝性/尖锐性；（6）带音（浊）/不带音（清）；（7）急煞性/非急煞性等。区别特征理论基于这样一种假设：语音信号能够在时域上被切分，且每一段能够用一系列离散的属性来表示而不是通过连续的测量来描述。重发音生理特点一派的观点属于言语知觉运动理论（Motor Theory of Speech Perception），该派认为语音感知的本体可能不是声学信号，而是发音器官的运动，要在不同条件下获得同样的感知效果必须调整其声学参数。例如，对比"kǔn"（捆）和"kān"（刊），前者的声母不仅含有本身的舌根发音动作，还含有后接韵母的圆唇动作，两个动作几乎同时发生（王志洁、陈东东主编，2013），这种现象称为"协同发音"。根据这一理论，音段可看作不同发音动作的组合。

从语音感知和产出的角度来说，这两种观点各有缺点。重声学特征一派存在的问题是，受到"协同发音"的影响，很难找到区别特征对应不变的声学参数，特别是在涉及发音部位的情况下，如圆唇性、舌面性等；而重发音生理特点一派存在的问题是，有些特征是与发音器官无关的，如元音性、辅音性等，因此需要选择另一种更加折中的方法。我们可以将区别特征分为两种类别：与发音方式有关的特征及与发音部位有关的特征。

Chomsky & Halle（1968）提出了一整套统一的区别特征集合。大部分特征根据人类发音时的音姿定义，并且被证明具有跨语言的特点，每一段语音都能用这样一串区别特征来表示。

Stevens（2002）采用 Ladefoged & Halle（1988）的特征分类法，将区别特征分为两类：与发音器官无关（articulator-free）的特征及与发音器官绑定（articulator-bound）的特征。前者不与特定的发音器官发生关联，后者描述了激活的发音器官和发音器官的运动。

8.1.1 与发音器官无关的特征

有一组特征能将音段分为广义的类，这些类可以被粗略地归为元音或辅音。这些特征被称为与发音器官无关的类，因为它们不指定具体的发音器官，而是指声道内一般的受阻特点以及产生这些受阻的声学结果。

语音中最基本的类别就是元音和辅音。元音产出时声道相对打开，气流能够自由地流动，没有阻塞，在声门上气道没有出现显著的气压。相反，辅音产出时在声道气道中有显著的收紧。从声学上看，元音比辅音有更高的声强，元音的第一共振峰比辅音高。辅音的产生包括下面两个过程：声道收紧变窄和后续的收紧释放，也就是说，辅音通常在闭合和释放时引起声学信号的不连续性。这种不连续性是由声道内一系列声压和气流的快速变化（即突变）引起的——要么声道内阻塞后声压增强或减弱（形成阻塞辅音），要么转向不同的路径（如鼻腔），不引起口内声压增加（产生响辅音）。在产生响辅音的情况下，只有通过在声道内形成完全的闭合才能形成不连续性。然而，阻塞辅音的情况则有所不同——要么通过在声道内形成完全的闭合来产生声学的不连续性，要么通过在声道内产生部分闭合引起声压的上升并且产生通过阻塞的气流。

辅音和元音之间的不同除了上面提到的声学不连续性，还有一点是辅音的频谱振幅在低频和中频区域要比相邻的元音更弱。这种减弱的频谱振幅不产生阻塞也能充分引起声学的不连续性，比如英语中的滑音 /w/ 和 /j/，它们通过升高舌背来产生舌背和腭之间的收紧；再如，辅音 /h/ 也是一个滑音，对于它来说，减弱的振幅是由打开声门来产生的，不用在声门上部形成明显的收紧。

综上所述，音段广义上可以分为三类：元音、辅音和滑音。元音的产生会引起低频和中频频谱振幅的最大值；辅音的闭合和释放会引起声学的不连续性；滑音与低频和中频频谱振幅的减弱有关，但不形成明显的声学不连续性。这三种音素在句中出现的证据是由声学界标提供的：对元音来说是低频振幅的尖峰；对滑音来说是低频振幅的最小值，没有声学不连续性；对辅音来说有两个声学不连续性，其中一个在辅音闭合时出现，另一个在辅音释放时出现。

辅音的与发音器官无关的区别特征还可以进一步分类。辅音的形成可以是声道内完全的阻塞（在与发音器官无关的区别特征中被定义为"非连续性"[-continuant]），也可以是部分阻塞形成擦音连续的湍流噪声（被定义为"连续性"[+continuant]）。需要说明的是，当一个语音段具有某个特征定义的特点时，这个特征前面用加号"+"；相反，当这个语音段不具有某个特征定义的特征时，前面用减号"-"。[-continuant] 段有进一步的分类，即"响音性"[+sonorant]（在辅音闭合后没有声压的上升）和"非响音性"[-sonorant]（在辅音闭合后有声压的上升）。另一个与发音器官无关的特征是用来实现"非连续性"[-continuant] 辅音的对立，它通常由舌面产生。收紧导致声道适当改变，气流便朝着低压槽流动，此时产生的擦音在高频的频谱比相邻的元音在同样的频谱范围内具有更高的振幅。这种辅音具有"刺耳性"[+strident]，而高频噪声较弱的擦音具有"非刺耳性"[-strident]。

因此，辅音音段拥有三个与发音器官无关的特征：连续性 [continuant]、响音性 [sonorant] 和刺耳性 [strident]。表 8.1 列举了英语中部分与发音器官无关的区别特征。并非所有的特征都要标注"+"或"-"，冗余的特征或者在一定的上下文语境下不能由这些特征表示的均未标注。

表 8.1 英语中部分与发音器官无关的区别特征

特征	/æ/、/l/	/w/、/j/	/p/、/d/	/z/、/ʃ/	/ð/、/f/	/m/、/n/
辅音性			+	+	+	+
元音性	+					
滑音性		+				
响音性			−	−	−	
连续性			−	+	+	−
刺耳性				+	−	

8.1.2 与发音器官绑定的特征

当元音、滑音和辅音的声学界标产生时，我们需要设定一些特征来描述哪些发音器官是激活的以及这些发音器官是如何改变的、如何确定位置的，这些特征叫发音器官绑定的特征。前人的研究中已经给出了对主要发音器官的描述（如 Chomsky & Halle，1968；Keyser & Stevens，1994），下面对这些研究进行归纳和介绍。

有 7 种发音器官能产生语言中语音的区分，即：(1) 嘴唇；(2) 舌面；(3) 软腭；(4) 舌体；(5) 咽部；(6) 声门；(7) 声带。这些发音器官能以一种或多种方式操纵具有区分性的音段（如潜存于单词中的区分性特征，像"pat"和"bat"、"sheet"和"seat"仅在第一单词具有区分性）。操纵发音器官的方式中，每一种都由一个特征来描述，这个特征也有正值和负值。发音器官及与之联系的特征见表 8.2。

一些与发音器官绑定的特征指定使用的发音器官。例如，发 /p/ 时会出现嘴唇的完全闭合，因此 /p/ 音具有特征 [+lips]。嘴唇、舌体、舌面这三个发音部位的特征能分别区分英语中 /b/、/g/、/d/。其他与发音器官绑定的区别特征均描述一定的发音器官的运动。例如，高和低的区别特征能区分不同舌体的高度。

表 8.2　英语语音中与发音器官绑定的区别特征

发音器官	特征	描述
嘴唇	嘴唇 [lips]	发音部位
	圆唇性 [round]	唇是圆的
舌面	前向性 [anterior]	在唇部形成阻塞
	散布性 [distributed]	用来区分不同的擦音
	边音性 [lateral]	关于变通音
	r- 音类 [rhotic]	卷舌舌尖
软腭	鼻音 [nasal]	鼻音 vs. 口音
舌体	舌体 [body]	发音部位
	高 [high]	舌位
	低 [low]	舌位
	后 [back]	
咽部	前舌根 [advanced tongue root]	松 vs. 紧
声门	展开声门 [spread glottis]	引入送气
	受限声门 [constricted glottis]	
声带	紧声带 [stiff vocal folds]	浊音 vs. 非浊音

表 8.3 给出了一些音段的与发音器官无关的特征以及与发音器官绑定的特征。对于与发音器官无关的特征，并非所有与发音器官绑定的特征都需要被分配一个值。这些与发音器官绑定的特征在一定的上下文语境中是未知的或不能被定义的。例如，发音位置特征只能用于"非元音"[−vowel] 语音，因为发元音时口腔内没有形成阻塞。类似地，"前向性"[+anterior] 特征只能描述舌面的位置，因此只有当该语音段具有"舌面性"[+blade] 特征时，这类特征才可以指定。

表 8.3　英语中部分与发音器官无关的特征以及与发音器官绑定的特征

区别特征	音段										
	/i/	/ɪ/	/ɑ/	/ɔ/	/w/	/p/	/g/	/z/	/ʃ/	/θ/	/m/
辅音						+	+	+	+	+	+
元音	+	+	+	+							
滑音					+						
响音性						−	−	−	−	−	+
连续性						−	−	+	+	+	−
刺耳性								+	+		
高	+	+	−	−							
低	−	−	+	−							
后	−	−	+	+							
圆			−	+							
前舌根	+	−			+						
嘴唇						+	+				+
舌面								+	+		
舌体											
前向性								+			
紧声带						+	−	−	+	+	

除此之外，如果一个特征不具有区分性，那么就不会给其分配值。例如，英语 /b/ 音在单词"bee"中用前舌体的位置来发，而在单词"boo"中用后舌体的位置来发。因为舌体的位置在产生辅音时不具有区分性特征，所以指定舌体位置的特征（高、低、后）对具有"辅音性"[+consonant] 特征的语音不分配值。"圆唇性"[+round] 也具有类似的特征。英语中的 /A/ 和 /O/ 能被圆唇性区分，因为英语中所有的前元音都是非圆唇的"round"，而"圆唇性"[+round] 特征只对后元音具有区分性，即圆唇性特征只有该音段

为 [+back] 特征时才可被指定。由于区别特征之间的关系，每个语音一般能用 5—7 个区别特征来表示，而不是用所有的区别特征来表示。

8.2 声学界标与区别特征之间的关系

声学界标与区别特征具有紧密的联系。一方面，声学界标能确定一些与发音器官无关的特征；另一方面，它还能限制与发音器官绑定的特征，这些特征能从声学界标附近估计出来。

8.2.1 声学界标及"与发音器官无关的特征"

大部分辅音的声学界标对应与发音器官无关的特征从一种区别特征转变到另一种区别特征的时间点。这种与发音器官无关的区别特征能根据每一种声学界标类型来确定。如图 8.1 所示，标注在竖线左边的区别特征表示在声学界标前面语音预期的特征值，相应的，竖线右边的区别特征表示在声学界标后面预期的特征值。

+g 声学界标

+ 辅音性
− 响音性
或
+ 静音

| + 响音性

+b 声学界标

静音 | + 辅音性
　　　− 响音性

+s 声学界标

+ 辅音性
+ 响音性
− 连续性
| − 辅音性
− 响音性

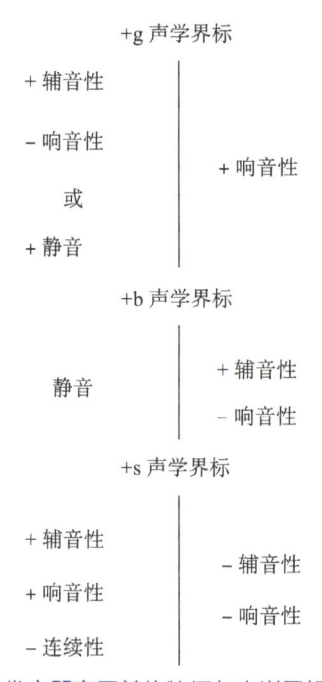

图 8.1 与发音器官无关的特征与声学界标类型的识别

8.2.2 声学界标及"与发音器官绑定的特征"

尽管声学界标和"与发音器官无关的特征"紧密相关，但它并不精确地对应所有"与发音器官绑定的特征"。由于可获得且具有区分性的"与发音器官绑定的特征"受"与发音器官无关的特征"的约束，声学界标类型能提供被估计的"与发音器官绑定的特征"的信息及每个特征的声学线索的位置。图 8.2 给出了在一定的上下文语境中区别特征的例子。例如，舌体位置（高、低和后）仅对"非辅音性"具有区分性，而发音特征位置（嘴唇、舌面和舌体）仅对"非元音性"具有区分性。

+辅音性 ↓ 响音性 连续性	−辅音性 ↓ 高 低 后	−元音性 ↓ 嘴唇 舌面 舌体
+响音性 ↓ 鼻音	−响辅音 ↓ 紧声带	+舌面 ↓ 前向性

图 8.2　在一定上下文语境中的区别特征

由于不同声学界标之间的关系，在大多数情况下，用来表示语音段的发音器官绑定特征不超过 5 个。例如，为了识别英语中的元音段，至多 5 个特征需要被指定：高、低、后、圆唇和前舌根。并非所有 5 个特征都是必需的，比如圆唇性仅对后元音具有区分性。

区别特征在二语教学中起着十分关键的作用，尤其是在母语负迁移的影响下，学习者容易用母语中相似音的发音位置替代二语中的正确发音，使得发音中出现母语中的特殊音位对立，造成偏误。学习能力较强、学习时间较长的学习者不易出现"非对即错"的发音状况，但很多时候由于负迁移的影响，他们的发音更倾向于介于正确发音与错误发音之间的某种难以甄别的趋势。Cao et al.（2010）根据发音部位和发音方法将这种趋势定义为发音偏误趋势。这种微小的发音偏误趋势对偏误识别器的要求也相应提高，而区别特征此时作为输入加入偏误识别框架之中，可以帮助系统进行区分和分类，从而得到更为准确的偏误识别结果。许多学者（如 Hasegawa-Johnson et al.，2005；Yoon et al.，2009、2010；Xie et al.，2016；Yang et al.，2016）对此展开过研究。他们从听者的角度出发，通过实验验证了声学界标与区别特征的关系，发现将注意力集中于声学界标处，辨别和选择区别特征的可能性会更高。此外，声学界标在自动语音识别与发音偏误检测中也有不错的表现。由此可见，研究声学界标的位置对于定位区别特征等有效语音信息有着不可忽视的作用。

8.3 声学界标的标注与自动检测

8.3.1 声学界标检测概述

如本书第二章 2.4 节介绍的，具有信号突变的区域即为声学界标。这种特性说明声学属性由不敏感的区域发生变化能为定义区别特征提供量化基础。Stevens（1989）、Stevens & Keyser（2010）通过对元音、辅音和声源的详尽描述揭示了发音和声学之间的量子关系，并从区别特征的角度补充了发音增强（enhancement）和音姿重叠（overlap）两种情况。发音增强理论认为，虽然每个区别特征都对应一个标准的发音属性和声学属性，但区别特征的实现过程中会有其他的发音动作加入，使该特征在听觉上的显著性增强。音姿重叠理论认为，在连续语流中可能会出现发音动作重叠或遮盖现象，使某些语音属性减弱甚至消失（鲍怀翘主编，2013），比如声学界标。Stevens（2002）提出了一种基于人类感知的语音识别体系，即词汇存取模型（Lexical Access from Features，LAFF）。为模拟人耳听觉感知过程，LAFF 首先确定声学界标的位置，然后在此位置附近区域检测描述发音方式和发音位置的区别特征，再根据词典对区别特征进行搜索匹配，最后完成语音识别的整个过程（李立永，2013）。Stevens 根据音素发音时的受阻情况将音素分为三类：元音、辅音和滑音。其中元音和滑音的声学界标分别在其低频振幅的最高点位和最低点位，辅音的声学界标在声学信号的不连续处，如辅音闭合和辅音释放时。

前人提出了很多声学界标的检测方法，大致可分为以下三种。

（1）基于语言学分析及人工标注

Zue & Seneff（1996）对 TIMIT 声学语音学语料库进行标注，其标签集合包括语音学标签、音位变体，以及代表特殊声学事件的标签，如声学界标。其标注过程包括三个步骤：第一步，标注者手动输入声学语音学序列；第二步，通过强制对齐工具将语音波形与第一步产生的声学语音学序列对齐；第三步，对第二步产生的边界进行人工校对。其中，第一步和第三步都是通过标注者听辨和观察语谱图来确定声学事件边界的。

Mou（2006）对英语和汉语普通话中的鼻音进行了声学分析和感知实验研究，提出了基于极点（pole）和零点（zero）位置的鼻音化声学模型。频谱极点相对幅度在鼻韵母的三个字段边界处发生了根本变化，这取决于颚咽口和声道的相对位置，颚咽口的打开负责鼻音性的感知。

（2）基于信号检测算法

Liu（1996）根据语音产出原理将声学界标分为四种类型：突变的辅音性的（Abrupt-consonantal, AC）、突变的（Abrupt, A）、非突变的（Nonabrupt），以及元音性的（Vocalic）。其中 AC 类型又可以进一步分为外部 AC 辅音界标（outer AC landmarks）和辅音间 AC 声学界标（interconsonantal AC landmarks）。作者主要检测与辅音相关的声学界标，即 AC 类型和 A 类型。为评估检测算法，作者进一步将 AC 类型和 A 类型分为三种，即声门的（glottis, g）、响音的（sonorant, s）、爆破的（burst, b）声学界标。其检测方法为：根据音素发音特点将语音频谱分为六个频带，并将每个频带能量的一阶差分曲线峰谷值作为声学界标候选，通过相应的判断准则得到声学界标的时间点和类型。此外，作者还针对美国英语制定了声学界标的标注规范。

Sun（1996）通过研究发现，滑音不具备与 Liu（1996）所描述的辅音类似的突变声学特点。具体来说，首先通过测量滑音的 RMS 振幅及第一共振峰（F1）和第二共振峰（F2），发现滑音 /w/ 和 /j/ 都具有 F1 的极小值，/w/ 具有 F2 的极小值，而 /j/ 具有 F2 的极大值；然后在孤立音节语料库和连续句子语音语料库中估计滑音的声学参数的均值和协方差；最后基于上述估计得出声学参数，利用假设检验方法检测滑音的声学界标。

Salomon et al.（2004）通过分析语音特点，提出利用时间信息特征来提升突变的声学界标的检测性能。这些时间信息包括基于能量变化的信息及周期和非周期信息。他们将这些时间信息参数和传统的倒谱参数分别输入基于 HMM 的语音识别系统中，比较语音发音方式的检测分类性能。

Park（2008）对 Liu 提出的检测方法进行改进，降低声学界标判断的阈值，减少删除错误，同时还提出了一种计算声学界标分布的概率统计方法。

为提升塞音的声学界标在更低的时间精度上的性能，并克服 Liu 提出的固定频带带来不同话者而导致的检测性能下降，Jayan & Pandey（2009）提出利用高斯混合模型 GMM 建模短时频谱，并从 GMM 中提取参数，运用信号处理算法检测塞音的三种声学界标。

为方便分析语音，Boyce et al.（2012）开发了一款基于 MATLAB 平台的声学界标检测工具 SpeechMark，在不同的频带上对不同的声学界标设置不同的阈值来进行检测。

King & Hasegawa-Johnson（2012）提出利用人类听觉处理的生物模型，在训练集和测试集不匹配的环境下检测声学语音学界标，这些检测器使用的参数包括尖峰间隔（inter-spike interval）和平均信号层级（average signal level），它们被作为输入特征。

Dumpala et al.（2016）从声门闭合时刻提取声学特征，包括声源特征和声道特征，其中声源特征采用 ZFF（Zero Frequency Filtering）的方法，声道特征采用 SFF（Single Frequency Filtering）的方法；他们同时提出用基于规则的方法来检测元音的声学界标。

由于擦音 /th/ 和 /dh/ 在构音障碍的言语病理中易发成 /s/，Sultana et al.（2016）提出检测擦音 /th/ 和 /dh/ 的声学界标，以期提高言语障碍可懂度。他们将塞音的声学界标归为两个位置，即擦音的起始和结束位置；同时使用 TMS320C6713 数字信号处理工具，提取的声学参数包括过零率（Zero Crossing Rate，ZCR）和子带能量率（Band Energy Ratio，BER）。

（3）基于数据驱动的机器学习方法

Howitt（2000）对比元音声学界标的三种不同位置，提取了三种用于音节核检测的声学参数（共振峰的峰谷差值、时长、层次）并输入多层感知机中进行训练，由此检测元音的声学界标。

Hasegawa-Johnson（2000）从互信息的角度出发，提供了一种区别特征的频谱在时频域相对声学界标的信息论估计方法。

为提升响音（包括元音、半元音和鼻音）在噪声环境下的识别精度，Schutte & Glass（2005）提出，首先从干净语音中提取 MFCC 参数，对每一帧利用 SVM 分类器检测 +sonorant 和 -sonorant 两类音素；然后用一种类似信噪比率的 SNR 算法自适应调整 SVM 在不同信噪比环境下的输出；最后基于统计分析和剪枝算法，从一定频率范围内 SVM 的输出中提取尖峰，将其作为响音的声学界标。

Lin & Wang（2011）利用随机森林（random forest）以及 Bootstrapping 方法检测塞音和塞擦音的爆破起始声学界标，将此声学界标特征拼接到传统的基于倒谱参数的特征，并输入基于 HMM 的语音识别中，进一步提升了塞音和塞擦音的识别率。

通过研究连接时序分类的尖峰机制理论，我们发现其与声学界标一样假设信息在语音信号中非均匀分布。针对这一相似属性，我们提出了基于 CTC 的声学界标检测方式，将声学界标定位于 CTC 尖峰位置进行提取，并在标注有声学界标的 TIMIT 语料库中加以验证，发现两者具有较高的一致性，从而证明了基于 CTC 数据驱动这一检测方式的有效性。同样具有信不均匀分布假设的还有注意力（Attention）机制，针对声学界标理论上的相似性，本节基于 Attention 对中文及英文的声学界标进行定位，并与标注进行对比，基于注意力机制提取出的注意力位置和中文声学界标的整体一致性平均偏移为 28.9%，一些中文辅音音素（如"k、x、zh"）的不一致性很高，但大多数还是与人工标注的声学界标具有较高的一致性。

综上所述，基于语言学分析及标注方法的优点是可以从人类感知和产出的角度精准分析声学界标的位置及相关参数，然而此类方法通常依赖人类感知实验和大量人工标注，因此效率不高。基于信号处理的方法通常采用基于规则的方法，从固定的频带和固定的阈值来判断尖峰的位置，其优点是通常不依赖人工标注样本的训练，但是随着话者和环境的不同，其检测精度也会发生变化，且针对不同的声学界标需要研究不同的信号处理算法。第三种方法是从机器学习的角度出发，提取人工设计好的参数，其优点是检测效率高、精度高，其缺点是通常依赖人工标注样本的训练。由于声学界标通常是在帧层级的标注，标注成本较高，面临样本稀少的问题，且不能一次性检测所有类别的声学界标，因此通常会基于规则固定一些声学界标的位置。

8.3.2 鼻音声学界标的检测和鼻音偏误的检测

第五章介绍了如何通过感知和听辨实验判断语音量子属性中的声学界标信息，并根据声学线索的不同设计了基于关键位置的拼接合成，以及基于线索的连续统合成方法。其中以普通话前后鼻音韵母为例，通过改变特征（即修改区分两个音位的主要声学线索），合成从一个音位到另一个音位逐渐变化的一组声音，即连续统合成语音，再通过听辨实验验证其关键声学界标信息。研究表明，鼻化元音段在感知"an/ang"和"en/eng"中发挥主导作用，我们由此提出鼻化元音段的中间位置是感知鼻韵尾的关键线索，即声学界标。为了验证这种基于感知的声学界标的作用，本节对日本学生学习汉语时易发错的"an/ang"和"en/eng"进行发音偏误研究，比较其与第七章 7.4 节中基于 DNN-HMM-MFCC 的基线方法的效果。

北京语言大学汉语普通话 301 句语音库为不同种类的发音偏误设计了一套变音符号（Cao et al.，2010）。根据可能的发音偏误，通过设计扩展发音网络来描述发音变体。深层神经网络（DNN）采用 7.4 节中 DNN-HMM 的模型架构，对发音的声学特征进行建模。DNN 以逐层的方式进行训练，每层通过堆叠多个受限 Boltzmann 机来构建。DNN 系统中使用的声学参数是 MFCC。

为对比声学界标的效果，我们设计了声学界标 +SVM 的发音偏误检测系统架构，在该架构中为每个鼻音尾训练一个 SVM。每个鼻音尾的正反样本都是从母语发音人的发音样本中选取的。SVM 输入包括 MFCC 和共振峰特征。对于连续语音数据，使用人工大规模切分鼻音的纯元音段、鼻化元音段、鼻音尾段三部分语音段是很困难的，因此我们根据语料库 CoSS1 测量的比例段持续时间来估计声学界标的位置。对于"an、en、ing"，声学界标的位置（鼻化元音的中间位置）在整个鼻音段的相对位置分别为 14/30、12/30 和 17/30。从中间位置选择三个帧，将来自三个帧的 MFCC 参数及其一阶和二阶动态参数（共 39 维参数）及共振峰参数（F1、F2、F3 及其动态参数共 6 维）连接起来，合并成 135 维特征向量。

本节实验所采用的语料为第三章 3.5.2 小节中所介绍的北京语言大学汉语普通话 301 句语音库，本研究涉及其中 7 位日本女性发音人的录音数据。经统计，本实验所用语料包含错误发音类型 65 种，其中 16 个最常见的错误发音类型用于评估检测性能，而最常见的 3 个鼻音偏误是"an、en、ing"，占所有 16 个发音错误的 25.1%。7 位日本女性发音人的语料中约 80% 用于训练，其余用于测试。

第七章 7.1 节中提到的三种指标，即错误接受率（FAR）、错误拒绝率（FRR）和诊断正确率（DA）被用于评估检测性能。虽然系统的目标旨在最大化 DA 和最小化两种错误率（FAR 和 FRR），但这两种错误率之间存在特定的权衡。考虑到 CAPT 的目的，避免因拒绝正确发音而使学习者产生沮丧情绪是至关重要的。因此，DA 和 FRR 在评估检测性能方面比 FAR 更加重要。在此以 DA 最大化为目标优化检测模型和判决门限。因为正确发音明显比错误发音要多得多，所以在计算 DA 时，FRR 比 FAR 更具决定性。

当使用 DNN-HMM+MFCC 方法检测 16 个最常见的错误发音类型时，平均 FRR = 6.7%，FAR = 35.9%，DA = 87.6%。用同一方法计算 "an、en、ing" 三种鼻音偏误时，平均 FRR = 11.1%，FAR = 38.6%，DA = 80.7%。可以看出，鼻音偏误检测的正确率低于所有其他偏误。

图 8.3、图 8.4 和图 8.5 比较了 SVM+声学界标和 DNN-HMM+MFCC 的 PET 检测性能。SVM+声学界标的 FRR 低于 DNN-HMM+MFCC。平均而言，SVM+声学界标系统的 DA 远高于 DNN-HMM+MFCC，但对于特别困难的 "ing"，SVM+声学界标提高了 FRR 和 DA，这表明基于声学界标的系统可能对最困难的鼻音偏误类别最有效。

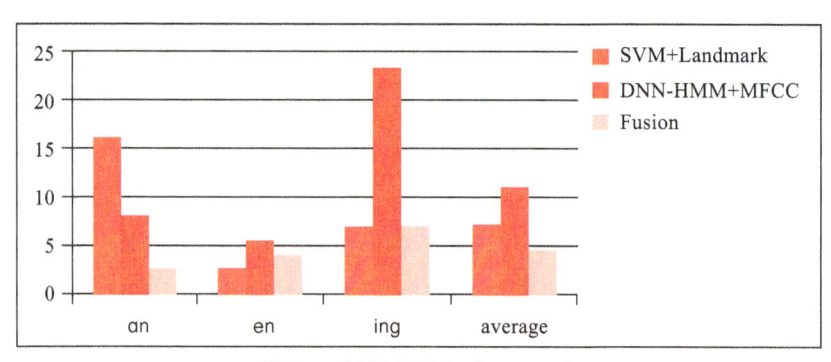

图 8.3　错误拒绝率（FRR，%）

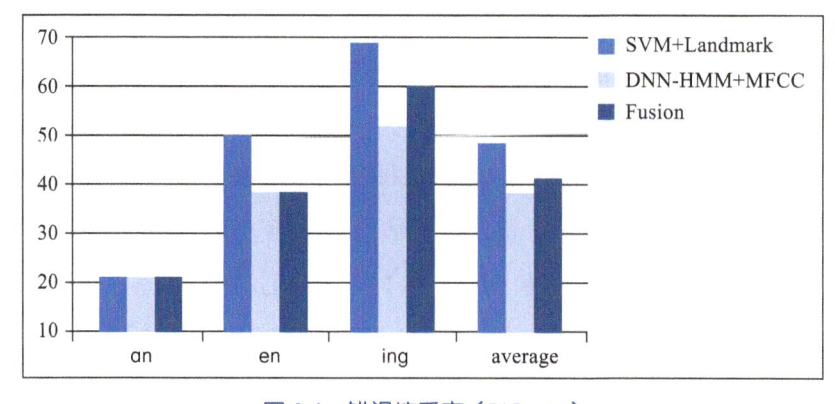

图 8.4　错误接受率（FAR，%）

图 8.5 诊断正确率（DA，%）

为使 DA 最大化，两个系统的分数通过投票选择组合。组合系统几乎在三个指标（FRR = 4.6%，FAR = 41.4%，DA = 83.9%）上都优于其他单个系统，检测效果接近 16 个最常见错误发音类型的平均检测水平。

鼻音偏误约占汉语二语习得偏误中常见错误发音的四分之一。为了自动检测鼻音偏误，在此提出一种基于声学界标的方法。第五章基于合成语音的感知实验表明，鼻化元音段主导鼻音的感知，我们选择鼻化元音段的中心为声学界标。检测实验表明，SVM+声学界标的性能与 DNN-HMM+MFCC 的性能相似。当两个系统融合时，鼻音检测的性能接近 16 个最常见错误发音类型的平均检测水平。实验结果证明，使用语音量子理论中的声学界标能够较好地检测出发音偏误。但是基于感知实验的方法从语音学知识的角度获取声学界标，工作量较大。下面将介绍另外一种从大规模数据中自动获取声学界标的方法，并将两种方法得到的声学界标进行检测位置及发音偏误检测结果的比较。

8.4 连接时序分类

随着计算机硬件水平和算法效率的提升，越来越多过去依靠人类先验知识的任务能够通过以端到端的趋势训练神经网络来实现。例如卷积神经网络能够直接将原始像素分类为物体类别（Krizhevsky et al., 2012），而不需要任何人工设计的特征提取算法。相较于传统方法，这种网络不仅需要的人工干预更少，而且还提升了性能。尤其是随着数据量的增加，这种基于整体优化的方法要比基于先验知识的方法更有价值。

在机器学习中，序列标注任务是指将数据序列转录成离散标签序列，比如语音识别、手写识别、蛋白质二级结构预测等。有监督的序列标注指的是将有手动标注的序列用于算法训练。序列标注任务与传统监督学习的不同之处是，序列数据中的每一个点不能被假设为各自独立的。事实上，输入和标签都形成强相关的序列。例如，在语音识别中，输入数据（语音信号）由口腔中一系列的发音动作生成，而产生的标签（单词序列）受到句法和语法的影响。更复杂的情况是，输入和标签之间的对齐是未知的，这就需要算法能确定位置并识别输出标签。

神经网络在语音识别中的作用是辅助性的，即作为基于 HMM 语音识别体系的一部分以代替 GMM 模型，产生 HMM 所需的声学观测概率。然而，混合结构并未完全挖掘出 RNN 序列建模的潜力，这就出现了生成式训练和判别式训练的"尴尬"组合。Bourlard & Morgan（1994）实现完全连接主义（基于神经网络）的序列分类失败的原因是什么呢？对于连续语音识别来说，使用连接主义的监督训练至少有一个问题，那就是即使针对未切分的连续语音单元，也必须定义目标函数。这会导致两个问题：第一，训练数据必须进行预切分，产生训练目标；第二，神经网络仅输出局部的分类结果，序列的整体情况（如两个标签连续出现的情形）必须额外建模。实际上，如果没有额外的后处理，那么最终的序列就不能可靠地估计出来。

CTC 在 RNN 神经网络添加输出层，引入 CTC 损失函数，允许网络在标签序列的任何点出现，只要序列总体上是正确的。CTC 不需要预先切分的数据，因为输入和标签的对齐不再重要。此外，CTC 能够输出整个序列的概率，这意味着将神经网络作为分类器不需要后处理。

（1）问题定义

训练集合 S 满足固定的笛卡尔积分布 $\mathcal{D}_{x \times z}$，其中输入空间 $\mathcal{X} = (\mathbb{R}^m)*$ 是所有 m 维实数向量的集合，目标空间 $\mathcal{Z}=L*$ 是所有在字母表符号集合 L 产生序列的集合。一般情况下，将 $L*$ 定义为标签序列。在 S 中的每个元素组成一个序列对 $(\mathbf{x}, \mathbf{z})$。目标序列 $\mathbf{z} = (z_1, z_2, \cdots, z_U)$ 最多与输入序列 $\mathbf{x} = (x_1, x_2, \cdots, x_T)$ 长度相同，满足如下条件：$U \leqslant T$。由于输入和输出序列长度一般不同，因此没有先验的方法来使之对齐。研究的问题就是利用训练集合 S 训练一个时序分类器 $h: \mathcal{X} \rightarrow \mathcal{Z}$ 以最小化特定错误率的方式对未知的输入序列进行分类。

（2）CTC 网络输出表示

本部分主要介绍将循环神经网络用于 CTC 的输出表示。其重要环节是将网络输出转换成标签序列上的条件概率分布。对于输入序列，将神经网络作为分类器，用于选择最可能的输出序列。

CTC 网络有一个 softmax 层，在这一层中输出单元个数比字母表 L 中多一个。前 $|L|$ 个单元表示在特定的时间点观测到的每个标签的概率，额外的一个单元表示观测"blank"或者无标签的概率。总的来说，这些输出定义了标签序列与输入序列所有可能的对齐方式，可通过将所有对齐的可能概率相加求得任何一个标签序列的概率。

具体来说，共包括三个步骤。对于一个长度为 T 的输入序列 $\mathbf{x}$，定义一个有 m 个输入、n 个输出及权重向量为 w 的循环神经网络为一个连续的映射关系：$\mathcal{N}_w: (\mathbb{R}^m)^T \rightarrow (\mathbb{R}^n)^T$。令 $y = \mathcal{N}_w(\mathbf{x})$ 为网络输出序列，并定义 y_k^t 为输出单元 k 在 t 时刻的激活值，那么 y_k^t 可以被认为是观测到标签 k 在时间 t 的概率。第一步，定义长度为 T 的序列集合 L^T 上的概率分布，其中 $L' = L \cup \{blank\}$：

$$P(\pi | \mathbf{x}) = \prod_{t=1}^{T} y_k^t, \forall \pi \in L^T \qquad 式（8-1）$$

将 L^T 定义为路径，并且称其为 π。式（8-1）假设 CTC 网络输出在每个时间步是各自独立的，这确保了没有从输出层到输出层或者从输出层到输入层的连接。

第二步，定义多对一的映射关系 $\mathfrak{B}: L^T \rightarrow L^{\leq T}$，其中 $L^{\leq T}$ 是所有真实的序列集合（例如，来自字母表字符的序列集合长度可能会小于或等于 T）。通过两个步骤来实现：去掉"blank"标签，归并连续重复的标签。例如：$\mathfrak{B}(c\_cd) = \mathfrak{B}(cc\_ccd) = ccd$。

第三步，使用 $\mathfrak{B}$ 来定义一个所有可能路径对应真实标签序列 $\mathbf{l} \in L^{\leq T}$ 的条件概率，如下：

$$P(\mathbf{l}|\boldsymbol{x}) = \sum_{\pi \in \mathfrak{B}^{-1}} P(\pi|\boldsymbol{x}) \qquad \text{式（8-2）}$$

（3）CTC 分类器构建

根据上述公式，分类器的输出应该是相对输入序列最可能的输出序列，如下式所示：

$$h(\boldsymbol{x}) = \underset{\mathbf{l} = \in L^{\leq T}}{\operatorname{argmax}} P(\mathbf{l}|\boldsymbol{x}) \qquad \text{式（8-3）}$$

（4）CTC 网络的训练前后向算法

前面已经描述了 CTC 网络的输出表示，即将 RNN 用于 CTC。为训练此网络，通常采用极大似然估计的方法，即给定目标函数，求出其关于神经网络输出的导数，然后采用沿时反向传播（BPTT）算法更新参数。因此下面主要求出损失函数。根据上文介绍，已经定义了 $P(\mathbf{l}|\mathbf{x})$ 为所有可能的路径之和，然而这种计算方法不具备充分的可行性。例如，给定标签序列 $\mathbf{l}$，其所对应的路径数量随着序列长度的增加呈现指数增长。为了解决这个问题，Graves et al.（2006）借鉴 HMM 中求状态序列采用的前后向算法及构造状态网格的方法，分别定义前向变量和后向变量，采用动态规划算法递归解决。

为了使"blank"标签能出现在输出路径中（即构造可能的路径网络），

考虑将训练目标序列 l 进行改造。将"blank"添加到 l 的起始与结束位置，并在 l 的每对标签之间都插入空白标签，这样就产生了新的序列标签 l′，然后将 l′ 按时间步从 1 到 T 排开。如图 8.6 所示，每个时间步都是一个 l′，每一个时间步中除空白标签外都是 l。

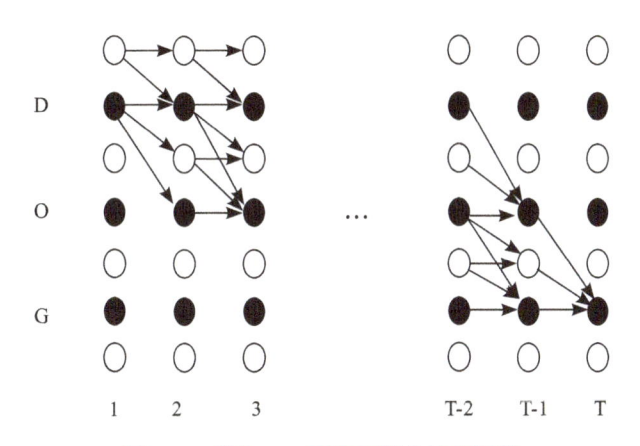

图 8.6　产生 CTC 所有可能的路径网络
（白色圆圈代表"blank"标签，黑色圆圈代表实际产生的标签）

如果 l 的长度为 U，则 l′ 的长度为 $U' = 2U+1$。为了计算 l′ 中路径的前缀的概率（前向后向概率），允许从空白标签到非空白标签的转移，以及从非空白标签到非空白标签的转移。

对于标签序列 l 来说，前向变量 $a(t, u)$ 表示所有长度为 t 的路径概率的和。这些路径通过 $\mathcal{B}$ 映射到长度为 $u/2$ 的 l 的前缀。定义此路径集合为 $V(t, u) = \{\pi \in A'' \mid \mathcal{B}(\pi) = l_{1:\frac{u}{2}}, \pi_t = l'_u\}$，则前向变量 $a(t,u)$ 可以用下式表示：

$$a(t, u) = \sum_{\pi \in V(t, u)} \prod_{i=1}^{t} y_{\pi_i}^{i} \qquad 式（8-4）$$

根据上述讨论及图 8.3，前向变量可以通过下式计算：

$$a(1, 1) = y_b^1 \qquad 式（8-5）$$

$$a(1, 2) = y_{l_1}^1 \qquad 式（8-6）$$

$$a(1, u) = 0, \forall u > 2 \qquad 式（8-7）$$

其中，u 代表 l′ 中第几个标签，t 代表第几个时间步。根据图 8.6 分析，l′ 中当前标签为空白或第 $u-2$ 处标签和 u 处相同时，第 $t-1$ 步第 u 处及 $u-1$ 处标签与第 t 步 u 处标签相连。当 $\mathbf{l}'$ 中当前标签不是上述两种情况时，则第 $t-1$ 步第 u 处、第 $u-1$ 处、第 $u-2$ 处标签与第 t 步处标签相连。可以用下式表示：

$$a(t, u) = y_{l'_u}^t \sum_{i=f(u)}^{u} a(t-1, i) \qquad 式（8-8）$$

其中，

$$f(u) = \begin{cases} u-1, & 如果\ \mathbf{l}'_u = blank\ 或\ \mathbf{l}'_{u-2} = \mathbf{l}'_u \\ u-2, & 否则 \end{cases} \qquad 式（8-9）$$

当 $\forall u < U'-2(T-t)-1$，即对应图 8.6 中右上角连接后的路径不能映射到 $\mathbf{l}$ 的情况以及任何超出边界的情况，则 $a(t, u) = 0$。

根据上面的讨论，$\mathbf{l}$ 可以以非空白标签或者空白标签结尾，因此：

$$P(\mathbf{l}|x) = a(T, U') + a(T, U'-1) \qquad 式（8-10）$$

同理，后向变量与前向变量的不同可以看作逆着箭头方向，但是计算还是按照箭头方向。后向变量是从 T 到 t+1 的路径集合概率，代表了 $\mathbf{l}'$ 中路径的后缀的概率。其可以定义此路径的集合为 $W(t, u) = \{\pi \in A^{T-t} | \mathcal{B}(\hat{\pi} + \pi) = \mathbf{l} \forall \hat{\pi} \in V(t, u)\}$，则后向变量可以用下式表示：

$$\beta(t, u) = \sum_{\pi \in W(t, u)} \prod_{i=1}^{T-t} y_{\pi_i}^{t+i} \qquad 式（8-11）$$

与前向变量类似，当后向变量代表的路径通过映射关系完成 $\mathbf{l}$ 中的标签序列时，概率为 1，如式（8-12）；当未完成（对应 T 时间步，最后两个标签上面的标签）时，则概率为 0，如式（8-13）；当位于左下部、未完成时，对应式（8-14），概率为 0；当超出边界时，概率也为 0，对应式（8-15）：

$$\beta(T, U') = \beta(T, U'-1) = 1 \qquad 式（8-12）$$

$$\beta(T, u) = 0, \forall u < U'-1 \qquad 式（8-13）$$

$$\beta(t, u) = 0, \forall u > 2t \qquad 式（8-14）$$

$$\beta(t, u) = 0, \forall t \qquad 式（8-15）$$

正常的后向概率满足如下条件：第一，若当前标签是空白或第 t 步与第 $t+2$ 步标签相同，则后面与其相连的标签是 $t+1$ 步的第 u 个标签或第 u+1 个标签。第二，若当前标签不满足条件一，则后面与其相连的标签包含 $t+1$ 步三个标签：第 u 个、第 $u+1$ 个和第 $u+2$ 个。可以用下式迭代表示，当前标签与后面连接的标签要分别乘以各自的转移概率：

$$\beta(t, u) = \sum_{i=u}^{g(u)} \beta(t+1, i) y_{l'_i}^{t+1} \qquad 式（8-16）$$

其中，

$$g(u) = \begin{cases} u+1, & 如果\ l'_u = blank\ 或\ l'_{u+2} = l'_u \\ u+2, & 否则 \end{cases} \qquad 式（8-17）$$

（5）CTC 网络的训练损失函数

最大似然训练目的是最大化训练集中所有正确分类的对数概率，也可以通过最小化负的对数概率来实现，如下式：

$$\mathcal{L}(S) = -\ln \prod_{(\mathbf{x}, \mathbf{z}) \in S} P(\mathbf{z}|\mathbf{x}) = -\sum_{(\mathbf{x}, \mathbf{z}) \in S} \ln P(\mathbf{z}|\mathbf{x}) \qquad 式（8-18）$$

下面定义实例损失：

$$\mathcal{L}(\mathbf{x}, \mathbf{z}) = -\ln P(\mathbf{z}|\mathbf{x}) \qquad 式（8-19）$$

则式（8-18）可以写成如下形式：

$$\mathcal{L}(S) = \sum_{(\mathbf{x}, \mathbf{z}) \in S} \mathcal{L}(\mathbf{x}, \mathbf{z}) \qquad 式（8-20）$$

其对权重的导数可以写成如下形式：

$$\frac{\partial \mathcal{L}(S)}{\partial w} = \sum_{(\mathbf{x}, \mathbf{z}) \in S} \frac{\partial \mathcal{L}(\mathbf{x}, \mathbf{z})}{\partial w} \qquad 式（8-21）$$

因此，根据上式可以先计算 $\mathcal{L}(\mathbf{x}, \mathbf{z})$ 的导数，然后计算 $\mathcal{L}(S)$ 的导数。

令 $\mathbf{l} = \mathbf{z}$ 并且定义经过 $\mathbf{l}$ 中第 u 个标签路径的集合为 $X(t, u) = \{\pi \in A'^T \mid \mathcal{B}(\pi) = \mathbf{z}, \pi_t = z'_u\}$，这里 z'_u 与 l'_u 都表示每个时间步的第 u 个元素。从前后向概率式（8-4）和式（8-11）得到：

$$a(t, u) \beta(t, u) = \sum_{\pi \in X(t, u)} \prod_{t=1}^{T} y_{\pi_t}^i \qquad 式（8-22）$$

将式（8-1）代入（8-22）得：

$$a(t,u)\beta(t,u) = \sum_{\pi \in X(t,u)} P(\pi|\mathbf{x}) \qquad 式（8-23）$$

从式（8-23）可以看出，$a(t,u)\beta(t,u)$ 类似 HMM 中的状态概率，是所有通过某个时间步中第 u 个标签 $\mathbf{z}'_u$ 的所有路径的概率。这仅仅是式（8-2）中的部分概率。因此，将经过 $\mathbf{z}'$ 路径的所有标签求和即为 $P(\mathbf{z}|\mathbf{x})$：

$$P(\mathbf{z}|\mathbf{x}) \sum_{u=1}^{|\mathbf{z}'|} a(t,u)\beta(t,u) \qquad 式（8-24）$$

将式（8-24）代入式（8-19）得：

$$\mathcal{L}(\mathbf{x},\mathbf{z}) = -\ln \sum_{u=1}^{|\mathbf{z}'|} a(t,u)\beta(t,u) \qquad 式（8-25）$$

为了得到损失函数 $\mathcal{L}(\mathbf{x},\mathbf{z})$ 的梯度，首先求关于网络输出 y_k^t 的梯度，即：

$$\frac{\partial \mathcal{L}(\mathbf{x},\mathbf{z})}{\partial y_k^t} = \frac{\partial \ln P(\mathbf{z}|\mathbf{x})}{\partial y_k^t} = -\frac{1}{P(\mathbf{z}|\mathbf{x})} \frac{\partial P(\mathbf{z}|\mathbf{x})}{\partial y_k^t} \qquad 式（8-26）$$

因此，下面先求 $P(\mathbf{z}|\mathbf{x})$ 对 y_k^t 的偏导，这时仅需考虑所有在时间步 t 经过标签 k 的路径。定义 k 在 $\mathbf{z}'$ 中出现的位置集合为 $B(\mathbf{z},k) = \{u|\mathbf{z}'_u = k\}$，由式（8-22）可得

$$\frac{\partial a(t,u)\beta(t,u)}{\partial y_k^t} = \begin{cases} \dfrac{a(t,u)\beta(t,u)}{y_k^t}, & 如果 k 在 \mathbf{z}' 中出现 \\ 0, & 否则 \end{cases} \qquad 式（8-27）$$

所以，$P(\mathbf{z}|\mathbf{x})$ 对 y_k^t 的偏导可以写成：

$$\frac{\partial P(\mathbf{z}|\mathbf{x})}{\partial y_k^t} = \frac{1}{y_k^t} \sum_{u \in B(z,k)} a(t,u)\beta(t,u) \qquad 式（8-28）$$

然后，将式（8-28）代入式（8-27），得：

$$\frac{\partial \mathcal{L}(\mathbf{x},\mathbf{z})}{\partial y_k^t} = -\frac{1}{P(\mathbf{z}|\mathbf{x})y_k^t} \sum_{u \in B(z,k)} a(t,u)\beta(t,u) \qquad 式（8-29）$$

最后，为了能将梯度从输出层反向传播，需要将 softmax 层之前的输出 a_k^t 归一化，则：

$$\frac{\partial \mathcal{L}(\mathbf{x},\mathbf{z})}{\partial a_k^t} = \sum_{k'} \frac{\partial \mathcal{L}(\mathbf{x},\mathbf{z})}{\partial y_k^t} \frac{\partial y_k^t}{\partial a_k^t} \qquad 式（8-30）$$

与标准的 BPTT 算法一致，k' 对所有的输出单元求和。y_k^t 是 softmax 输出层输出标签 k 的概率值，因此：

$$y_k^t = \frac{e^{a_k^t}}{\sum_{k'} e^{a_{k'}^t}} \qquad 式（8-31）$$

则 y_k^t 关于 ∂a_k^t 的导数值为：

$$\frac{\partial y_k^t}{\partial a_k^t} = y_{k'}^t \delta_{kk'} - y_{k'}^t y_k^t \qquad 式（8-32）$$

其中，

$$\delta_{kk'} = \begin{cases} 1, k = k' \\ 0, k \neq k' \end{cases} \qquad 式（8-33）$$

将式（8-32）和式（8-29）代入式（8-30），得：

$$\frac{\partial \mathcal{L}(\mathbf{x},\mathbf{z})}{\partial a_k^t} = \sum_{k'} -\frac{1}{P(\mathbf{z}|\mathbf{x}) y_k^t} \sum_{u \in B(z,k)} a(t,u)\beta(t,u) (y_{k'}^t \delta_{kk'} - y_{k'}^t y_k^t)$$

$$= -\sum_{k'} \frac{1}{P(\mathbf{z}|\mathbf{x})} \sum_{u \in B(z,k)} a(t,u)\beta(t,u) (\delta_{kk'} - y_k^t)$$

$$= \frac{y_k^t - 1}{P(\mathbf{z}|\mathbf{x})} \sum_{u \in B(z,k)} a(t,u)\beta(t,u) - \sum_{k' \in L - k'} \frac{1}{P(\mathbf{z}|\mathbf{x})} \sum_{u \in B(z,k)} a(t,u)\beta(t,u)(-y_k^t)$$

$$= \frac{y_k^t}{P(\mathbf{z}|\mathbf{x})} \left\{ \sum_{u \in B(z,k)} a(t,u)\beta(t,u) + \sum_{k' \in L - k'} \frac{1}{P(\mathbf{z}|\mathbf{x})} \sum_{u \in B(z,k)} a(t,u)\beta(t,u) \right\}$$

$$- \frac{1}{P(\mathbf{z}|\mathbf{x})} \sum_{u \in B(z,k)} a(t,u)\beta(t,u)$$

$$= y_k^t - \frac{1}{P(\mathbf{z}|\mathbf{x})} \sum_{u \in B(z,k)} a(t,u)\beta(t,u) \qquad 式（8-34）$$

其中，

$$P(\mathbf{z}|\mathbf{x}) = \sum_{u \in B(z,k)} a(t,u)\beta(t,u) + \sum_{k' \in L-k'} \frac{1}{P(\mathbf{z}|\mathbf{x})} \sum_{u \in B(z,k)} a(t,u)\beta(t,u),$$

$\frac{1}{P(\mathbf{z}|\mathbf{x})} \sum_{u \in B(z,k)} a(t,u)\beta(t,u)$ 代表神经网络中的软标签（soft labels）。式（8-34）最后的表达式就是误差信号，通过 BPTT 算法反向传播训练网络参数。

（6）CTC 网络的语音识别系统解码

借鉴 HMM 语音识别中的术语，这里将给定输入序列找到最可能输出序列的过程称为解码。

$$h(x) \approx \mathcal{B}(\pi^*) \qquad \text{式（8-35）}$$

其中，$\pi^* = \underset{\pi \in N'}{\operatorname{argmax}} P(\pi|x)$。

解码通常有三种方法。第一种是基于贪心算法，即每个时间步都将概率最大的输出作为路径中的一个节点，然而这种方法通常不能找到最优结果。第二种方法是基于前缀搜索算法，这种方法总能找到最优目标序列。但是，随着序列长度的增加，扩展前缀的数量呈指数级增长，这无疑会增加解码时间。第三种是采用启发式方式，限制前缀扩展的数目。前两种方法没有用到语言模型和词典，是完全端到端的系统。第三种方法是集成词典和语言模型组成有限状态转化器（WFST）。

8.5 基于 CTC 的声学界标检测

根据上述讨论，CTC 是一种利用 RNN 进行序列标记的学习方法。语音识别中的主要问题是将声学特征序列转化成文本标签序列（比如中文的声韵母序列），通常前者长度大于后者。为得到语音帧和输出标签之间的最佳对齐，CTC 引入空白（blank）标签来吸收两个发音单元易混淆或不确定的边界并允许标签重复出现。CTC 利用 RNN 的 softmax 层给出每个建模单元在每个时间步的后验概率。通过多对一的映射，将多个输出标签序列映射到一个不含重复（中间无"blank"隔开的情况）和"blank"标签的序列，最后通过前后向算法来对对应目标序列所有可能的对齐序列求和。

基于 CTC 准则训练的神经网络最终是用一帧的脉冲信号（尖峰）来代表一个建模单元，而声学界标是用音素时长内的特定瞬时区域来建模连续的语音信号，两者都假设信息在语音信号中不是均匀分布的，因此基于 CTC 训练的尖峰与声学界标具有相似的属性。为了验证这一猜想，本节提出统一的声学界标检测框架，即基于 CTC 的数据驱动的方法来检测声学界标。

8.5.1 CTC 的尖峰现象及尖峰提取算法

以 CTC 准则训练的 RNN 模型输出标签概率有明显的尖峰现象，如图 8.7 所示：

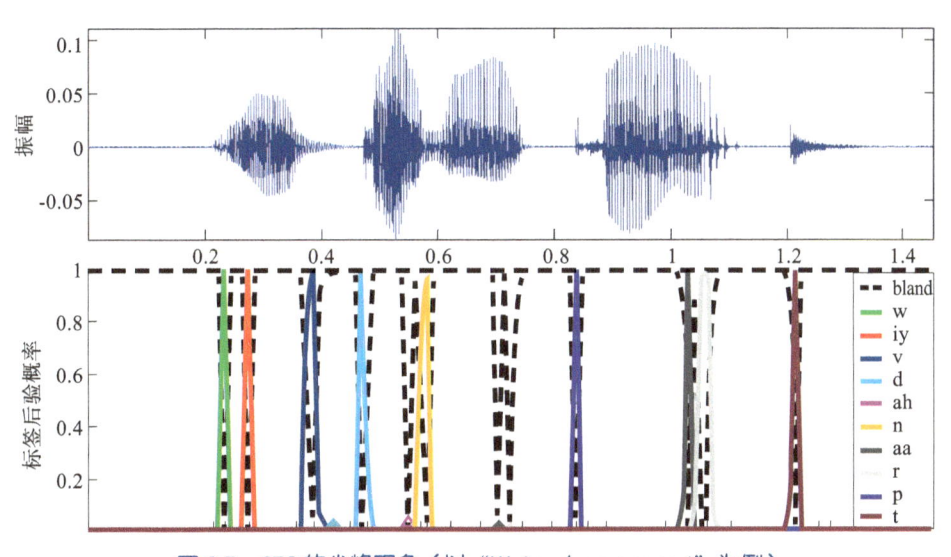

图 8.7 CTC 的尖峰现象（以 "We've done our part" 为例）

我们提取尖峰位置，将其与手动标注的声学界标相比较，尖峰提取算法如 Palshikar（2009）所述。我们以句子为处理单元，提取一种音素尖峰位置。尖峰提取算法如下：

（1）利用 CTC 训练的声学模型直接解码一句话，从中提取一个建模单元（声韵母）在每个时间帧上的后验概率 x_i，组成一个有 N（N 代表一句话的时间步数）个点的概率序列 T。选择窗长 k（可根据语料库统计每种音素时长的一半）。

（2）计算每个点对应的尖峰函数值。尖峰函数选择：

$$S_1(k, i, x, T) = \frac{\max\{x_i-x_{i-1}, ..., x_i-x_{i-k}\} + \max\{x_i-x_{i+1}, ..., x_i-x_{i+k}\}}{2} \quad 式（8-36）$$

代表在时间序列 T 中第 i 个点的概率值相对其他点的显著性。其值越大，代表成为尖峰的可能性越大。将大于 0 的 $S_1(k, i, x, T)$ 的值（代表候选尖峰）挑选出来加入数组 a 中，并保存其在时间序列中的原始索引。

（3）计算数组 a 中所有元素的均值 m 和方差 s。

（4）应用切比雪夫不等式（Chebyshev's Inequality）：

$$P(|X-\mu| \geq h\sigma) \leq \frac{1}{h^2} \quad 式（8-37）$$

其中，μ 是均值，σ 是方差，h 是大于 0 的常数。此处不假设随机变量 X 服从任何分布，因此满足条件（2）的尖峰位置是很少的。如果满足下式（其中，h 是手动设置的大于 0 的常数）：

$$S_1(k, i, x, T) - m > h \times s \quad 式（8-38）$$

则保留候选尖峰 x_i，并记录其原始索引。

（5）后处理。比较在窗长范围（2k）内的尖峰值，只保留一个最大值。最后剩余尖峰作为真正候选尖峰，其原始索引为最终候选尖峰位置。由于此算法选出的极大值有可能会很小，因此会出现目标序列中不包括这个音素的情况。对于发音偏误检测任务来说，其文本已知，需要结合已知文本将本句话中不包含的音素的尖峰位置剔除。在语音识别等任务中，检测声学界标则需要设置阈值，将候选尖峰位置处尖峰值过小的位置剔除。

8.5.2　CTC 提取的尖峰位置与手动标注的声学界标的比较

目前汉语没有标注声学界标的语料库，而英语有成熟的声学界标标注规范，因此我们选择与 TIMIT 语料库中标注的声学界标位置进行比较。TIMIT

语料库中声学界标的标注是基于显著的声学信号突变,对于一个音素来说,如果没有显著的声学突变,就没有声学界标标注。Liu（1996）统计发现,68% 的声学界标标注是声学信号突变的声学界标。这些声学界标通常与辅音相关,如塞音、塞擦音等。研究表明,塞音在所有人工标注中精度最高。塞音的爆破由塞音闭合（closure）和紧随其后的塞音释放（release）产生,是区分塞音最显著的特征。一个典型的标注示例如图 8.8 所示,中间位置即为塞音爆破声学界标。我们首先搭建基于 CTC 的语音识别系统,然后从声学模型中提取塞音音素后验概率的尖峰位置（相对于一句话开始时间位置的偏移）,与手动标注的塞音爆破声学界标位置进行比较。

$$\cdots ih - | - dcl - | - d - | - ah - | \cdots$$

↑

爆破起始点

图 8.8　塞音爆破声学界标

8.5.3　实验和结果

（1）实验配置

实验选用开源工具 EESEN 搭建基于音素的语音识别系统,利用 BLSTM-RNN 构建基于 CTC 的声学模型。BLSTM-RNN 的输入层来自 40 维的滤波器组（filterbank,即 fbank）特征及其一阶和二阶差分共 120 维。帧长为 25ms,帧移为 10ms。fbank 特征经过归一化处理,消除了话者之间的差异。其隐藏层包括 4 层双向 LSTM 层,每层双向 LSTM 层包括两个相反方向的 LSTM 层,用于建模上下文信息,每个单层包括 320 个记忆细胞。softmax 输出层包括 43 维（来自 CMU 发音词典中的 39 个英语音素、噪声符号和 "blank"）。模型参数初始值从范围的均匀分布中随机选取。模型通过沿时反向传播 BPTT 算法来训练。初始学习率为 0.00004。当标签错误率在验证集上无法降低时,学习率减半。

（2）实验结果

选择塞音（p、t、k、b、d、g）提取尖峰位置。实验选取不同的时间精度 10—50ms，间隔为 10ms。6 类塞音检测结果见表 8.4：

表 8.4 检验一致性结果

评价指标	时间精度（ms）				
	10	20	30	40	50
Recall	74.2%	81.4%	83.8%	85.6%	87.2%
Precision	61.8%	67.8%	69.8%	71.3%	72.6%
F1 score	67.4%	74.0%	76.2%	77.8%	79.2%

由上表可知，在一定的时间精度内，CTC 系统提取的塞音尖峰位置与手动标注的塞音爆破声学界标具有较高的一致性。

8.6 基于 CTC 与 Attention 的声学界标检测结果分析

基于 CTC 模型和 Attention 模型与声学界标理论上的相似点，我们分别提取训练后的 CTC 模型的尖峰位置与 7.9 节介绍的 Attention 模型的注意力位置作为数据驱动，得到声学界标位置，并与手工标注的声学界标进行一致性比较。手工标注时，将声学界标在单个音素中的相对位置范围分为"起始段""过渡段"及"末尾段"三部分，并分别量化为"0""0.5"及"1"，用以计算与数据驱动得到的声学界标的一致性。部分音素不包含声学界标，而部分音素的声学界标可能不止一个。CTC 的尖峰位置与 Attention 的注意力位置用同样的方法对音素内相对位置进行量化取值，进一步做相关性计算，分别用尖峰位置和注意力位置与人工标注的位置做差值计算，取平均值，得到两者与人工标注的相关性。通过计算方法可知，计算结果的数值越大，则与人工标注位置的差距越大，一致性越低。

实验分为中文声学界标检测与英文声学界标检测两部分，在 Zue &

Seneff（1996）标注过声学界标的 TIMIT 英语语料上，基于 CTC 与基于 Attention 检测出的英文声学界标均与 TIMIT 上的人工标注结果有较高的一致性。图 8.9 为两种模型得到的声学界标与人工标注的一致性结果。

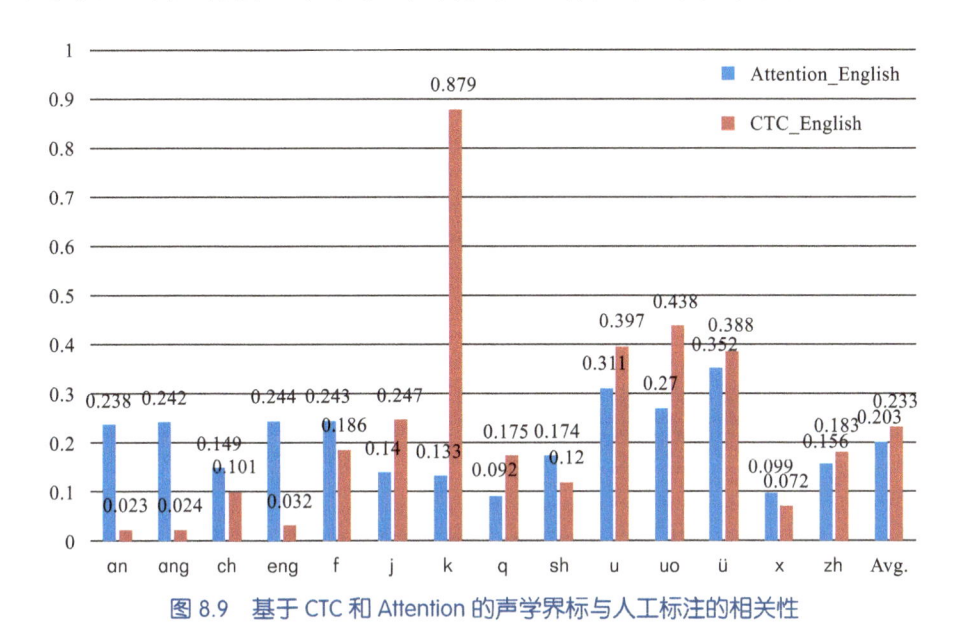

图 8.9　基于 CTC 和 Attention 的声学界标与人工标注的相关性

分析可知，在英文辅音音素上，CTC 模型得到的声学界标位置与人工标注的一致性相对较低，尤其是辅音"k"，与标注差异极大；而 Attention 的一致性整体来说相对较高，表现较为平均。元音则相反，"an、ang、eng"等元音基于 CTC 的声学界标与人工标注的一致性更高。

有关汉语中声学界标的研究较少，且在部分音素的声学界标定位上存在争议，目前仍未有直接在中文语料库中进行声学界标标注的。但由于声学界标具有跨语言性，英语与汉语中的声学界标有共通之处，部分中文语音学专家在对英文声学界标标注表进行转录的基础上，结合汉语的语音学知识，得到了相应的中文声学界标标注。将上述两种模型得到的位置与人工标注的中文声学界标对比后发现，在"ch、f、j、k、sh、x、zh"这几个音素的声学界标检测上，CTC 模型和 Attention 机制与人工标注的相关性差异很大。具体一致性结果如图 8.10 所示：

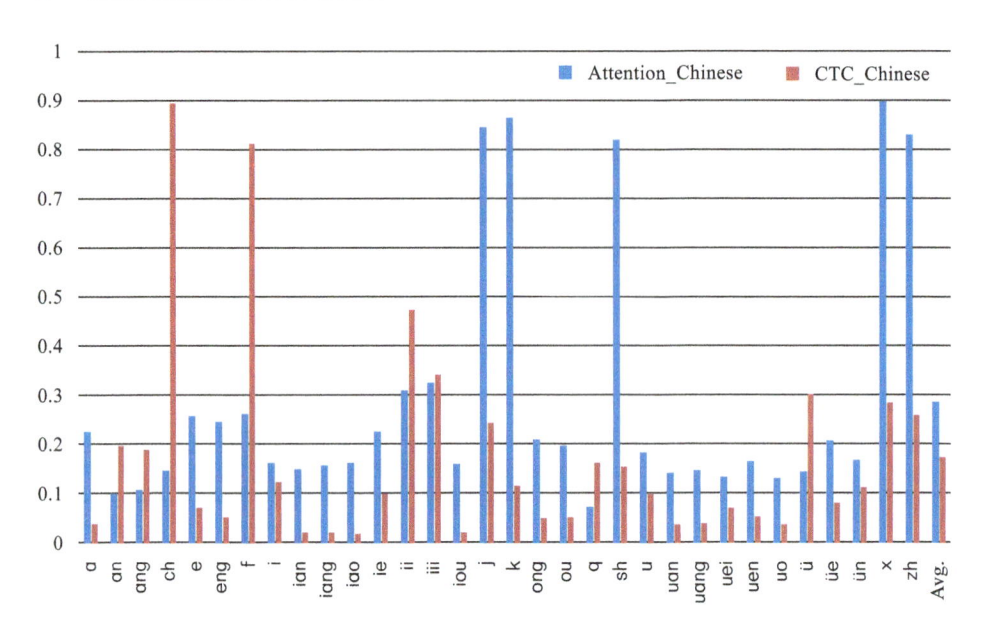

图 8.10　标注更新前基于 CTC 和 Attention 检测到的中文声学界标与手工标注的相关性

分析上述结果可发现，大部分音素中 CTC 定位的表现都比较好，只有在音素"ch、f"上，CTC 与手工标注的一致性很低，音素内相对位置相差非常大；而在手工标注中，这两个音素的声学界标均在音素"起始段"范围内。换言之，CTC 模型更倾向于将这两个音素的声学界标定位在音素"末尾段"的范围内。在"j、k、sh、x、zh"五个音素中，Attention 的一致性非常低，标注中显示，这五个音素的声学界标均在"末尾段"的范围，CTC 检测出的位置一致性相对较高；而基于 Attention 模型检测出的声学界标位置则在"起始段"。

除了两种模型在这几个音素上表现出的差异，参与标注的语音学专家对部分汉语音素的声学界标位置同样有不同观点。经过讨论与研究，我们将汉语声学界标的相关标注又进行了更新和调整，具体是：将"j、k、sh、x、zh"五个声母的声学界标位置从先前的音素结束部分调整到起始部分。若按照之前的标注来看，CTC 所检测出的声学界标位置范围与"j、k、sh、x、zh"五个音素的声学界标更相符；若按照更新后的标注来看，则是 Attention 的一致性更高。

将更新后的汉语声学界标标注重新与基于数据驱动的两种方式进行一致性对比，得到的结果见图 8.11：

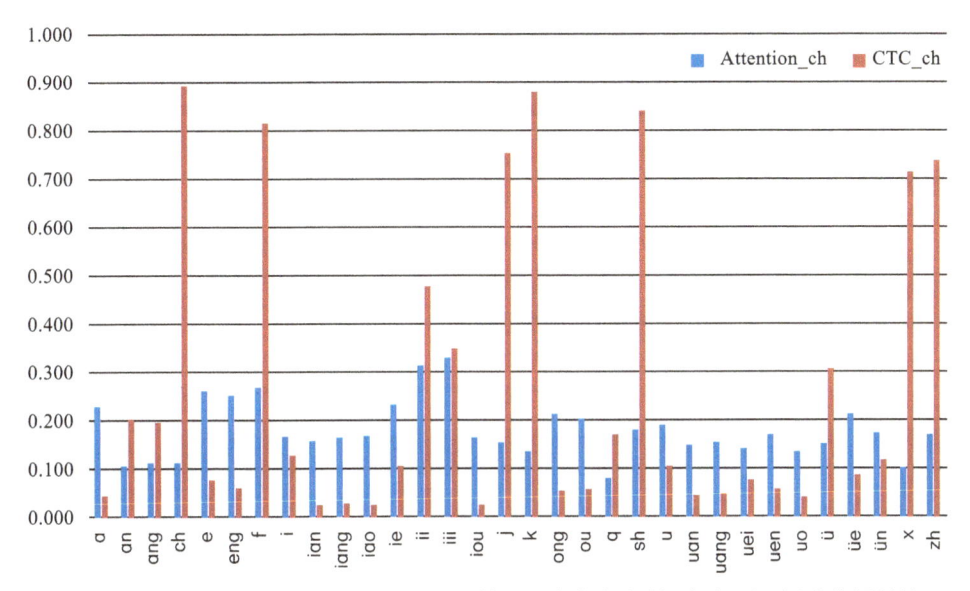

图 8.11 标注更新后基于 CTC 和 Attention 检测到的中文声学界标与手工标注的相关性

分析结果可以看到，与预想中相同，在原本的"末尾段"标注下，声母"j、k、sh、x、zh"这五个音素的人工标注与基于 CTC 的定位一致性更高，相关性基本保持在 0.1—0.3 之间，而修改到"起始段"之后，则是基于 Attention 的定位与人工标注的一致性更高，相关性数值范围在 0.1—0.2。据此我们发现，对于声母"j、k、sh、x、zh"，基于 CTC 和 Attention 定位到的声学界标与人工标注的相关性产生了相反的变化趋势。

而两者在五个音素下的相关性平均值同样也呈现出此消彼长的趋势，更新后的 Attention 与更新前的 CTC 平均数的数值也十分相近（见图 8.12 和表 8.5）。据此可得，在标注存在争议的情况下，CTC 倾向于将这些汉语音素的声学界标定位在"末尾段"位置，而 Attention 则正好相反，倾向于将其定位在"起始段"。

图 8.12 标注更新前后基于 CTC 和 Attention 检测到的声学界标与手工标注的相关性变化

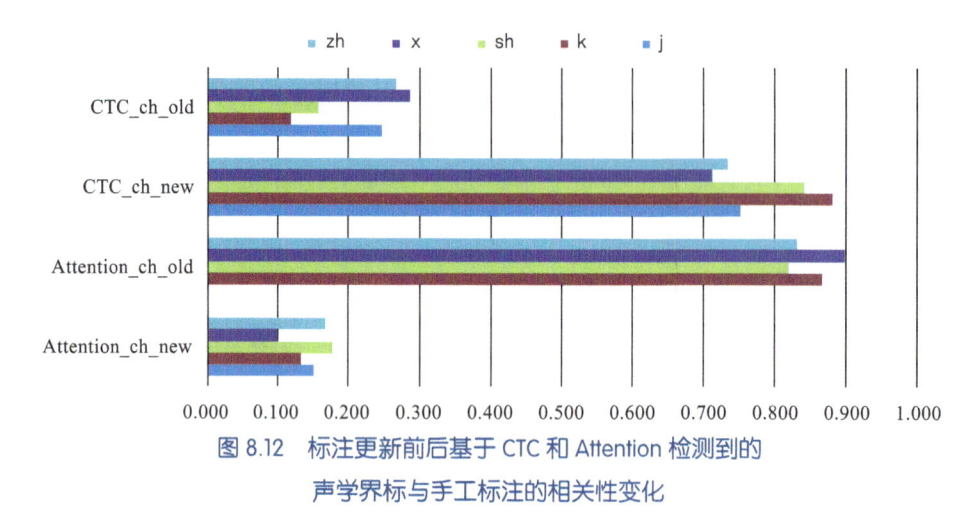

表 8.5 标注更新前后相关性平均值的变化

方法	平均值	
	Att_ch	CTC_ch
avg_new	0.179	0.265
avg	0.289	0.176

观察上述图表，我们发现 CTC 和 Attention 模型在定位"j、k、sh、x、zh"这五个汉语辅音音素声学界标的任务上存在较大差异，并呈现出反向趋势。除此之外，语音学上的人工标注对这五个音素也有一定的争议。为了研究这两个问题，确定这五个有争议音素的声学界标，我们将结合语音学知识和机器学习方法进行声学界标位置的检测，对这五个音素的声学界标位置标注进行更新。

8.7 结合语音学知识与机器学习方法的声学界标检测

CTC 与 Attention 对声学界标的定位具有一定的偏向性，基于 CTC

的模型倾向于将汉语音素的声学界标定位到音素内部的"末尾段",而Attention则正好相反。为了确定"j、k、sh、x、zh"这五个具有争议音素的汉语声学界标究竟是在"起始段"还是"末尾段",本节将以汉语母语者的中文语料为研究对象,对音素样本进行切分,用切分后的音素单元做音素分类,准确率更高的部分视为声学界标存在的区域,以此确定中文声学界标的位置。

8.7.1 声学界标区域位置划分

截取音素片段首先需要确定切分标准。依据相关的语音学知识,我们选取三种切分音素的方法。第一种方法是等分法,即待分割汉语音素的前三分之一为"起始段",中间三分之一为"过渡段",后三分之一为"末尾段"。但"j、k、sh、x、zh"五个汉语辅音音素的类型不尽相同,各有其语音特征和声学参数,单纯的等分方式显然不具备足够的适用性,不够灵活,因此本节实验只将这种等分方式作为对比实验的切分标准。有学者(赵立恒、张道行,2010)应用美国Kay公司的CSL4150软件和中国社会科学院民族学与人类学研究所研制的发音词表,对五位熟练掌握汉语普通话发音方法的受试者的辅音语谱图进行分析,提取辅音发音时"成阻—持阻—除阻"三阶段的连续时间变化,得出辅音各段时长与总时长的比值。这种依据辅音发音原理的音素内时间分段为音素切分提供了一种思路,因此第二种方法选取该比值。图8.13为赵立恒、张道行(2010)提出的辅音时长测量方法的语谱图表现。

辅音的发音需要经过一段声腔阻塞,而这种阻塞必然会存在"成阻—持阻—除阻"三个阶段,在此过程中,气流由通畅转为受阻,继而再次通畅。根据受阻碍方式的不同,辅音可以分成不同的类别。在赵、张提出的方法中,"j、k、sh、x、zh"这五个汉语辅音的分段时间比例如表8.6所示:

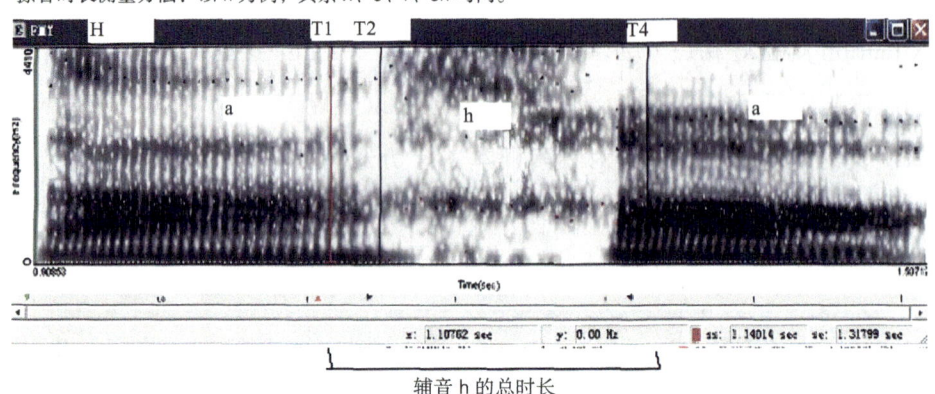

擦音时长测量方法：以 h 为例，其余 x、s、f、sh 均同。

图 8.13　辅音时长测量方法

表 8.6　成阻—持阻—除阻分段时间比例

音素	起始段时长	过渡段时长	结尾时长	切分点 1	切分点 2
j	19.7%	25.2%	55.0%	19.7%	44.9%
k	23.8%	20.5%	55.8%	23.8%	44.3%
sh	20.7%	0	79.3%	20.7%	无
x	20.1%	0	79.9%	20.1%	无
zh	23.7%	24.6%	51.7%	23.7%	48.3%

我们将这种三阶段方法作为对比实验的第二种切分标准，但在研究时发现，辅音音素在成阻阶段声腔中的气流受到阻塞，其本身不具备太多的声学表现，以此切分出的"起始段"的准确率可能会较低。

《实验语音学概要》（吴宗济、林茂灿主编，1989）所附辅音声学参量表（见表 8.7）同样对辅音音素内部各部分进行了划分。我们将此声学参量表中普通话辅音的"除阻音段长度—嗓音起始时间—过渡音段"作为第三种标准进行实验。表 8.7 中包含了"j、k、sh、x、zh"这五个汉语辅音的声学数据。

表 8.7　普通话清辅音声学参量表

辅音	除阻段 长度（毫秒）	除阻段 强度（分贝）	除阻段 中心频率（赫兹）	除阻段 下限频率（赫兹）	VOT（毫秒）	音征长度（毫秒）	音征走势
b	6	−3	2 000, 6 000	1 000	8	33	升
d	7	−5	7 000		10	44	降
g	14	−5	1 600, 6 500		15	52	降
p	86	5	2 000, 6 000		85	0	平
t	104	13	2 000		104	14	降
k	94	7	2 000, 6 500		89	29	降
f	198	−1	7 000	5 500		44	升
s	186	0	7 000	5 000		37	降
sh	179	10	3 000, 6 000	2 100		70	平
x	186	11	6 800	3 800		112	降
h	160	8	7 000			0	平
z	134	5	7 000	5 400		45	升
zh	37	5	3 000, 6 800	2 000		67	降
j	44	−2	6 500	4 500		141	降
c	112	−2	2 000, 7 000	5 000		22	降
ch	141	7	3 000, 6 500	4 500		22	降
q	149	15	6 500	3 000		131	降

表 8.7 中的声学参数较多，包括长度、强度、中心频率、下限频率、VOT、音征长度及音征走势。将除阻段长度、VOT 和音征长度作为划分三阶段的依据，并据此进行比例计算，可得到"j、k、sh、x、zh"五个汉语辅音音素的分段时间比例，如表 8.8 所示：

表 8.8 基于辅音声学参数的音素分段时间比例

音素	起始段时长	过渡段时长	结尾时长	切分点 1	切分点 2
j	23.8%	0	76.2%	23.8%	无
k	28.9%	18.4%	52.6%	28.9%	47.3%
sh	74.5%	0	25.5%	74.5%	无
x	62.4%	0	37.6%	62.4%	无
zh	44.7%	0	55.3%	44.7%	无

可以发现，第二种和第三种根据语音学知识得到的切分方式都是非等分的，针对不同音素的特点有不同的切分点，因此部分音素只被切分成两部分。我们采用上述三种不同的音素内部分段方式对母语者的中文语料进行音素切分，在音素分类部分，采用 5 折交叉验证的支持向量机及 LightGBM 模型分别进行分类实验，以验证这几个有争议辅音音素的声学界标位置。

8.7.2 支持向量机与 LightGBM

对上述三种音素切分方式所得结果进行音素实验，我们选取了两种分类器：支持向量机（Support Vector Machine）和 LightGBM（Light Gradient Boosting Machine）。支持向量机是一种经典且较为高效的二分类模型，其核心策略是将数据实例表现为空间中的数据点，选择一个最佳超平面进行分隔，使得正负两类数据之间保持最大的间隔，从而使分类得到最大的确信度，进而对需要预测的数据实例进行空间映射，得到该实例的分类结果。图 8.14 展示了支持向量机在二维空间中的呈现，实线 $wx - b = 0$ 为分类线（在多维空间中为最佳超平面），w 为法向量，b 为位移项，而实线到两侧虚线的距离则为实现最大间隔的集合间隔，形成此距离的虚线上的点就是支持向量。根据所给实例数据的类型，支持向量机又可分为线性可分支持向量机、线性支持向量机及非线性支持向量机。

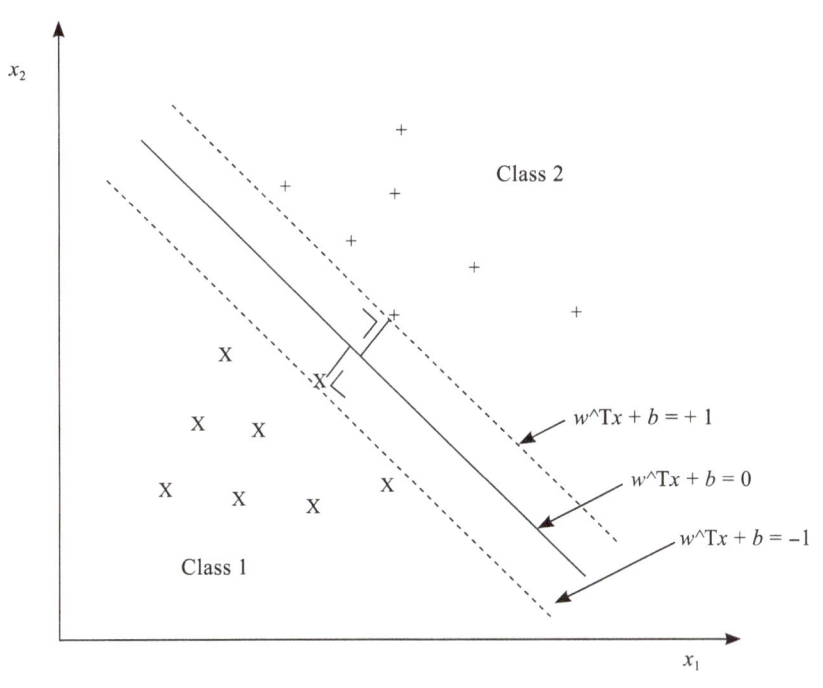

图 8.14 二维空间中 SVM 的间隔与支持向量（Vapnik，1995）

LightGBM 是微软团队提出的基于梯度提升决策树（Gradient Boosting Decision Tree，GBDT）的一种改进后的决策树算法工具。GBDT 是目前机器学习中广泛应用的一种经典决策树模型，它在训练中得到最优模型的主要方法就是反复迭代。尽管在使用过程中许多 GBDT 工具进行了工程上的优化，但在反复的迭代下，一旦所训练的特征维度较高，数据量较为庞大，则该模型在效率和可扩展性上就会出现较大的问题。这是由于 GBDT 模型需要遍历每个特征并扫描所有数据实例，计算所有可能分割点的信息增益，这一过程极其耗费时间和内存，面对工业级的海量数据，GBDT 的处理能力和效率显得捉襟见肘。于是，LightGBM 应运而生，它对传统的 GBDT 模型进行了优化。LightGBM 的基本思想可以分为以下两种。

（1）Histogram 算法

Histogram 算法是在进行数据遍历之前将连续变量离散化，得到 n 个

bins（箱），组建成直方图，遍历时以离散值为索引，在构成的直方图中进行统计量的累计，在索引下遍历得到最优分类。这种方法无须保存全部浮点数，只需要存储离散化之后的值，节省了空间。同时，离散化使得原本计算一次就要分裂一次估计增益的计算过程简化成了整数次的计算。

（2）带深度限制的 Leaf-wise 算法

Leaf-wise 指按叶生长策略。与 Level-wise 这种按层生长的策略不同，Leaf-wise 摒弃了每一层每一个节点都进行叶子分裂这种不断增大开销的方法，而是选择每一层里增益最高的一个叶子节点进行分类，以便快速收敛，得到更高效的计算。但由于每次都会选择叶子进行分裂，循环下来树的深度会变得格外深，因此在选择该策略时，LightGBM 选择进行深度限制，只设置所需要的叶子数量而非深度，避免因为达到某个深度而生长出不必要的叶子，这就保证了 LightGBM 的训练速度比较快。

除了以上两种策略，LightGBM 还采用特征捆绑策略、单边梯度采样算法及 Cache 优化等方式进行算法和工程上的改进，达到了比传统 GBDT 更轻量、更快速、更精确的分类效果。

我们应用以上两种分类器，按照 8.7.1 节介绍的三种切分方法对这些切分的音素片段进行分类，并通过分析分类结果来验证声学界标的位置。

8.7.3 实验与结果

（1）实验配置

实验采用 5 折交叉验证的支持向量机及 LightGBM 模型进行音素分类，五个有争议的音素按照上述三种标准切分成音素片段，在同样的音素片段内，SVM 对五个音素进行分类，分类结果较好的片段在识别音素的任务上效果更好，与声学界标有效提高音素识别率的依据契合。LightGBM 同上，将其作为性能更好的分类器进行对比。

（2）实验结果

本章发音偏误检测任务使用的母语语料实验数据为国家 863 项目汉语

语音识别语料库，二语语料实验数据为北京语言大学中介汉语语音语料库。发音偏误检测性能的评价指标同第七章，即：错误接受率、错误拒绝率、诊断正确率。声学界标检测任务使用的英语实验数据为大词汇量英语语音识别语料库 LibriSpeech 和 TIMIT 英语语料库。我们使用以下三个评价指标来比较声学界标检测结果的一致性。

召回率（Recall）：表示尖峰位置击中手动标注声学界标的个数与手动标注声学界标个数的比值。

精度（Precision）：表示尖峰位置中手动标注声学界标的个数与 CTC 检测到的声学界标个数（CTC 提取尖峰的个数）的比值。

F1 分数（F1 score）：表示召回率与精度的调和平均值。最大值为 1，最小值为 0。

图 8.15、图 8.16 和图 8.17 是基于 SVM 分类器三种不同切分标准的"j、k、zh、x、sh"五个有争议音素的分类结果。在实验的评价指标方面选取 F1 分数，因为它兼顾了模型的召回率和精度，能更加全面地体现实验结果。在柱状图中，针对每个音素均列出了音素内部不同分段在分类任务的 F1 分数（%）。

图 8.15 等分三段切分法的 SVM 音素分类结果

观察图 8.15 可知，在三等分方法下的三段 F1 分数中，"过渡段"的 F1 分数普遍最低，在 11—35 之间；F1 分数最高的部分是等分后的"末尾段"，最高的是音素"j"，为 87.38。横向比较此柱状图会得到"末尾段"对音素识别更为重要的结论，但由于三等分方式并不具有适用性，从声学表现上来看，部分音素是不具备明显的三个分段的，因而只作为参考。

图 8.16 的数据是根据辅音"成阻—持阻—除阻"的非等分方法 1 进行切分音素识别的结果，由于是基于知识的切分方式，部分音素（如"sh、x"）是不存在"过渡段"的。对比上一组数据，可以看出这一组数据有了一些变化。整体而言，五个音素"起始段"部分的 F1 分数普遍是最低的，但相差比较大，"j、sh、x"三个音素"起始段"的 F1 分数相对较高；但所有音素的 F1 分数里，"末尾段"的得分都是最高的，并且纵向来看，"末尾段"F1 分数比第一种等分式分段方式的高出许多，识别性能较好。

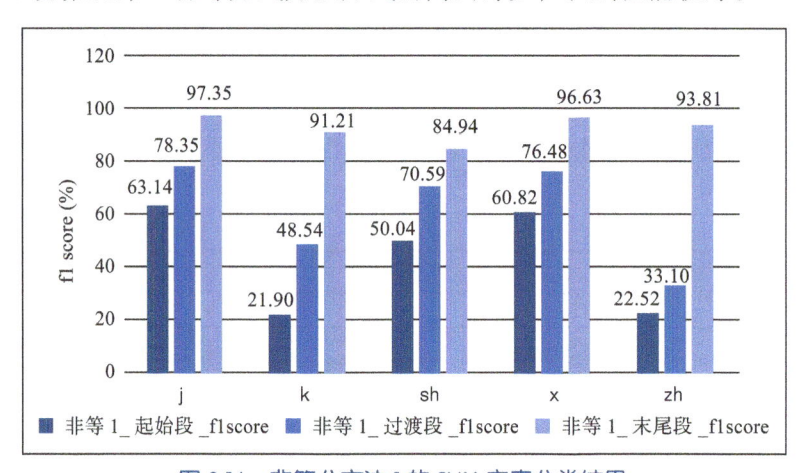

图 8.16　非等分方法 1 的 SVM 音素分类结果

但正如前文提到的，以辅音音符"成阻—持阻—除阻"的分段来切分存在一个问题，即辅音"成阻"部分的声学参数较少，因此以"成阻"部分作为"起始段"进行音素分类是不够客观的。但该方法"末尾段"的结果和第一种一致，且整体的准确度更高，因此同样能够为声学界标的位置评估提供很多信息。

图 8.17 的数据同样是基于知识的非等分方式进行切分音素识别的结果。这一组音素素材是根据《实验语音学概要》中的辅音声学参量表进行分段的，可以看到，音素"j、sh、x、zh"都只分为"起始段"与"末尾段"两部分。观察 F1 分数可以发现，这一组数据相对于前面两种切分方法而言发生了变化。首先，由于在切分上，部分（如"sh、x"）等音素的"起始段"时长远大于"末尾段"，在分类结果上，这一组 F1 分数在"起始段"和"末尾段"的差值没有前两者大，但依旧存在差距。其次，音素"k"基于辅音声学参量表的切分音素分类结果与前两者相比出现了差异：在前两种方式里，音素"k"和其他音素一样，均是"末尾段"在音素分类上表现最佳；而在第三种方式中，音素"k""过渡段"部分的结果略高于"末尾段"。

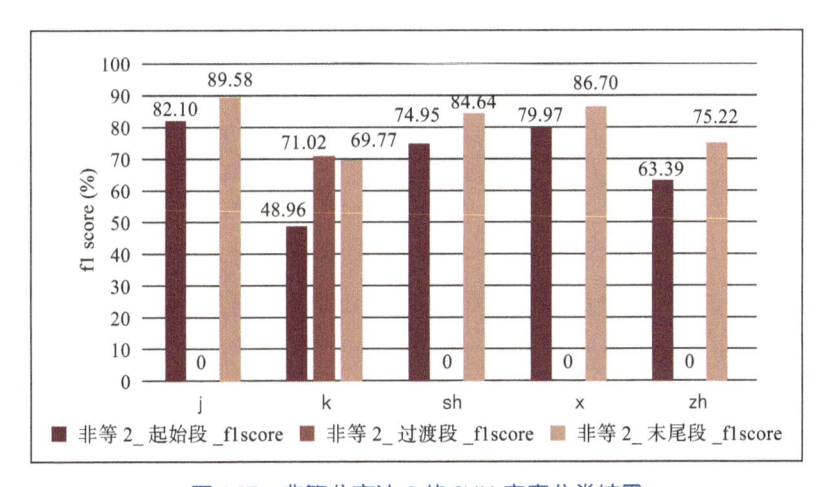

图 8.17　非等分方法 2 的 SVM 音素分类结果

仅看 F1 分数，音素"k"的"过渡段"和"末尾段"相差只有一个点，但结合基于辅音声学参数的切分表（见上文表 8.8）来看，音素"k"的"末尾段"占音素总时长的 52.6%，超过一半，而"过渡段"仅占整体时长的 18.4%。另外，除 F1 分数外，该音素"过渡段"部分的召回率和准确率分别为 96.67% 和 56.13%，而"末尾段"的召回率和准确率分别为 91.67% 和 56.31%，因此，在准确率相差无几的情况下，"过渡段"的召回率高出了 5%，足以说明音素"k"中仅占不足五分之一的"过渡段"在音素分类任务上有着更好的表现，而更少的时长中包含更多的信息这一点也与声学界标的理论不谋而合。

总的来说，在基于 SVM 的音素分类任务上，采用上述三种切分方法取得的结果在一定程度上具有一致性。比较这三种方法可发现，三等分的切分方法和第一种非等分方法均是音素"末尾段"的 F1 分数最高，且非等分方法中五个音素分类性能平均高出 15%，说明基于知识的切分方法远比三等分法可靠。但这两种切分方法均存在一定的问题，因此总体以辅音声学参量表这一更权威的切分方法为准。在这一切分方法下，大部分音素的结果与前两者一致，只有音素"k""过渡段"的表现优于其"末尾段"，以更少的时长获取了更高的召回率和 F1 分数。

图 8.18、图 8.19 和图 8.20 是基于 LightGBM 的切分音素分类结果。从图 8.18 可以看出，基于 LightGBM 框架的分类结果整体而言与基于 SVM 的结果一致性较高，均为"末尾段"的得分最高，但分类器不同的确也带来了数据上的差异。仅从等分三段切分法来看，基于 LightGBM 的 F1 分数就比基于 SVM 的结果平均高出 10% 以上，并且在实验中，LightGBM 的速度要快于 SVM，说明在实际训练方面，LightGBM 确实有较大的优势。如前文所述，等分法有其局限性，因此仅作为参考。

图 8.18　等分三段切分法的 LightGBM 音素分类结果

图 8.19 和图 8.20 是两种基于知识的切分方法得到的结果。对比图 8.19 和图 8.16 可以发现，在基于"成阻—持阻—除阻"方法的切分音素分类上，结果一致性高，尽管 LightGBM 的速度更快，但 F1 分数似乎并没有表现出之前的优越性。然而对比图 8.20 和图 8.17，在第三种切分方法上，基于 LightGBM 的结果又平均高出 4%。综合而言，LightGBM 的性能还是要优于 SVM 分类器。

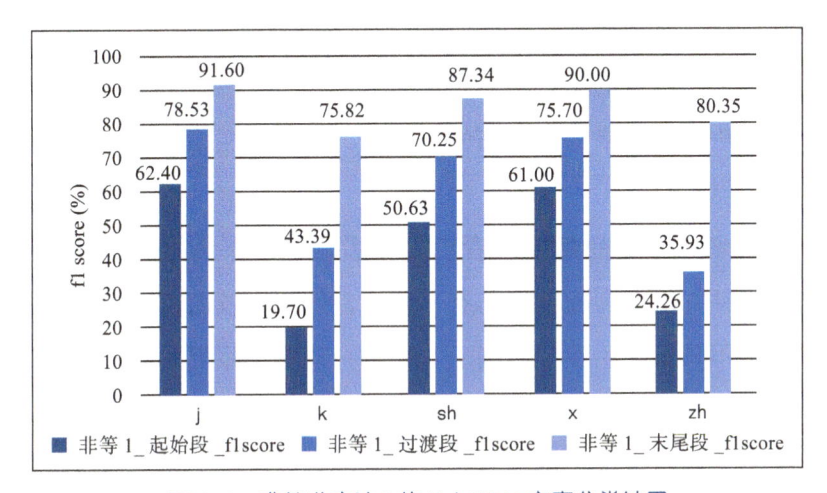

图 8.19　非等分方法 1 的 LightGBM 音素分类结果

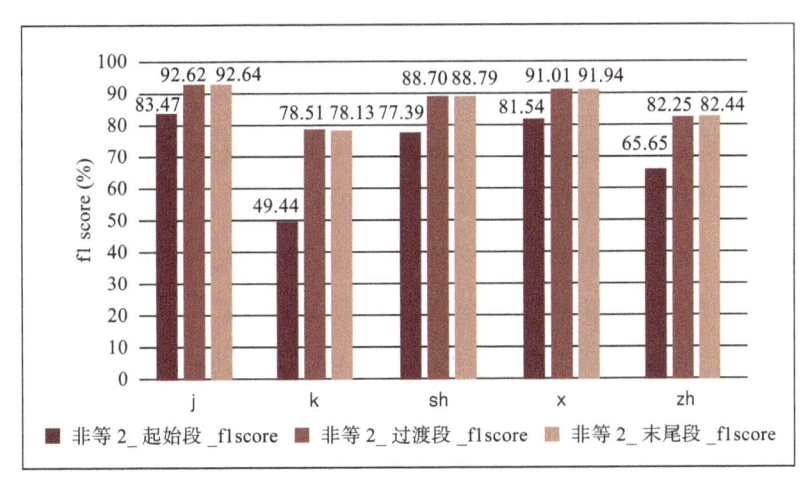

图 8.20　非等分方法 2 的 LightGBM 音素分类结果

综上，图 8.18、图 8.19 和图 8.20 是基于 LightGBM 模型的三种不同音素切分方法的分类结果，图 8.15、图 8.16 和图 8.17 是基于 SVM 分类器的分类结果，两者具有较高的一致性，除了第二种非等分方法中的音素"k"，其他方法中所有音素都是"末尾段"的分类效果最好，而图 8.17 里的音素"k"则是"过渡段"略高于"末尾段"。

从两种分类模型的角度来看，两者都是用于音素分类，实验作用相同。尽管在结果上略有差距，即 LightGBM 模型的结果整体上优于 SVM 分类器（原因在于两者的内在机制存在差异），但基于 SVM 和 LightGBM 的三种切分方法，其结果都有较高的一致性。考虑到性能的优势，我们选取 LightGBM 的结果。

从三种切分方法的角度来看，三者都是切分音素的依据，如前文所述，基于三种方法得到的结果具有一致性，但相比较而言，等分切分法对这几种音素不具备适用性，而基于"成阻—持阻—除阻"的非等分切分方法 1 从语音学的角度来看有其局限性，即成阻阶段的声学表现有限，因此这种切分方法的结果也仅供参考。从语音学角度考量，相对而言最权威的方法应当是基于普通话辅音声学参量表的非等分方法 2，也就是第三种切分方法。

从五个音素内部分段的角度来看，实验结果基本上都是音素的"末尾段"分类结果最好，且大部分都远远好于其他段。其中有一个音比较特殊，即基于语音学知识可靠性最高的第三种切分方法里，音素"k"不足音素长度五分之一的"过渡段"的分类结果高出"末尾段"1%，且召回率高出 5%，性能表现上有着很大的优势。在这种切分方法里，"过渡段"即为音素"k"的嗓音起始阶段。根据语音学知识可知，嗓音起始阶段是指某一辅音从除阻的一刻到声带开始震动所经过的时间。从定义可知，在这个阶段里，"k"从除阻到突然发生声带震动，与声学界标所定义的声学参数发生骤变的区域有着相似之处。从语音学的角度也可以证明第三种切分方法是相对可靠的，且"k"的声学界标位置应该位于"过渡段"。

综合以上分析，我们认为这五个具有争议的音素里，"j、sh、x、zh"四个音素的声学界标在"末尾段"，而"k"这一音素的声学界标位于音素的"过渡段"。可以得出结论，基于 CTC 的数据驱动所得的声学界标比基于 Attention 的声学界标更加准确。

8.8 基于声学界标的发音偏误检测

对于计算机辅助发音训练来说，过去已经提出了大量基于音段层级的发音偏误检测方法。其中一条路是基于自动语音识别技术，采用统计语音识别的框架来进行发音偏误检测研究。其好处是使用统一的框架，使得发音偏误易于预测，然而对于特定类型的发音偏误，其检测精度还有待进一步提升。而另一条路是基于语音学等知识寻找区别特征，针对不同的发音偏误类型采用特定的分类器。已有的研究对不同的偏误类型采用特定的区别特征。Stevens 发现对于某些音位对立，人们能从声学界标处的感知来获得区分区别特征的声学线索。也就是说，从声学界标附近提取声学特征用于发音偏误检测能取得良好的效果。本节将声学界标应用于发音偏误检测任务，探索其是否能够有效提高发音偏误检测系统的性能。

8.8.1 基于知识与基于 CTC 声学界标的发音偏误检测

本节旨在比较基于知识寻找的声学界标与基于 CTC 数据驱动的方法寻找的区别特征在发音偏误检测方面的性能。基于 CTC 声学界标的发音偏误系统检测框架如图 8.21 所示。检测分两个阶段，第一阶段利用 CTC 准则训练 RNN 声学模型，按照 8.5.1 节的尖峰提取算法提取尖峰位置，然后将其与标注文本中的声韵母信息相比较（相对于每个音素的开始时间），确定声学界标的位置，对每类音素的声学界标位置求平均值，将其作为最终的声学界标位置。第二阶段是基于声学界标的发音偏误检测框架，利用第一阶段得到的声学界标位置进行提取，利用在中介语语料库中训练好的 SVM 分类器对特定的音素进行检测。

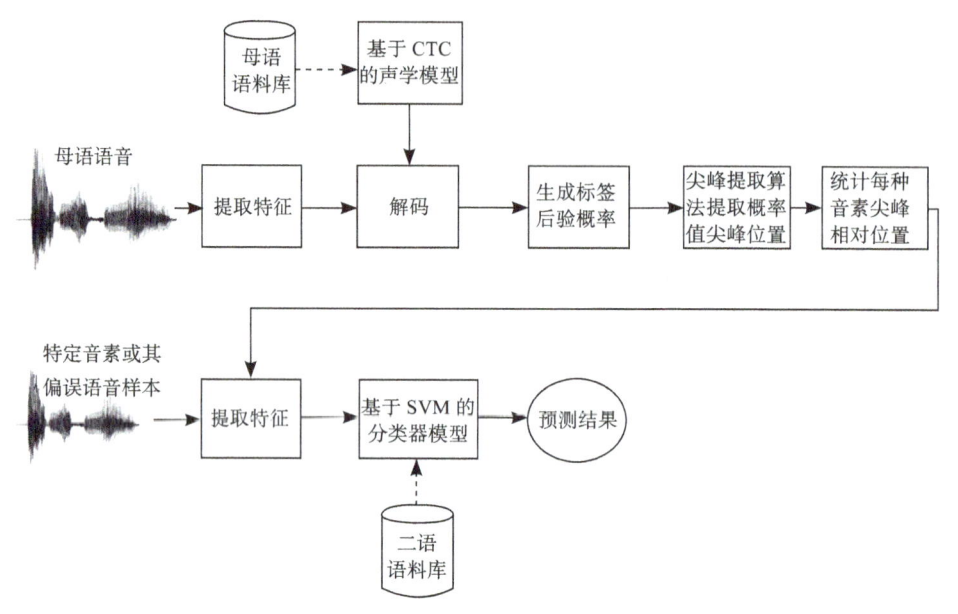

图 8.21　基于 CTC 的声学界标检测及其发音偏误检测框架

（1）实验配置

首先，搭建基于 CTC 的端到端语音识别系统。实验选择与 8.5 节相同的 BLSTM-RNN 体系和参数来建模汉语声韵母。选择 58 个声韵母标签、噪声符号及 "blank" 作为建模单元，共计 60 个标签。实验按照 Gao et al.（2000）选择的最高频的 16 种偏误趋势，覆盖偏误总样本的 61.4%。根据 Yang et al.（2016）所述，声学界标是语言中普遍存在的现象，具有跨语言性，可基于英语和汉语知识找出汉语声学界标的位置。表 8.9 列出了基于语言学知识定义的声学界标和基于 CTC 数据驱动的声学界标。

根据表 8.9 确定声学界标位置，以 25ms 为窗长，由于部分音素时长过短，我们将帧移调整为 6ms。从声学界标位置加上前后一帧共 3 帧，每一帧提取 13 维的 MFCC 及其一阶和二阶差分共 39 维，特征向量共 117 维。分类器采用 SVM，考虑到计算效率，采用线性核函数，训练集划分为 10 等份进行交叉验证，利用 scikit-learn 来训练。

表 8.9　基于知识的声学界标和基于 CTC 的声学界标位置

音素	基于知识的声学界标	基于 CTC 的声学界标
sh	起始、结束	偏移（0.307）
zh	起始、结束	偏移（0.271）
ch	起始、结束	偏移（0.217）
x	起始、结束	偏移（0.356）
j	起始、结束	偏移（0.310）
an	起始、结束	偏移（0.073）
ü	中间	偏移（0.030）
ang	起始、结束	偏移（0.058）
ing	起始、结束	偏移（0.055）
u	中间	偏移（0.194）
f	起始、结束	偏移（0.401）
eng	起始、结束	偏移（0.079）
q	起始、结束	偏移（0.284）
k	起始	偏移（0.253）
r	起始、结束	偏移（0.392）
uo	中间	偏移（0.342）

注：上述声学界标位置都是相对音素起始时间，"偏移"为尖峰相对音素起始时间的偏移量与音素时长的比值。"起始"为 0，"结束"为 1，"中间"为 0.5。

（2）实验结果

实验首先比较不同的声学界标对发音偏误检测性能的影响，评价指标选择 F1 score。从表 8.10 可以看出，基于 CTC 驱动的声学界标在七类音素（an、f、ing、j、k、u、ü）上的检测性能好于或等于基于知识的声学界标位置，五种（ch、q、r、sh、zh）音素的检测性能与基于知识的系统相差 5%

以上，这与两者之间声学界标的位置不同有关。接着将两者融合，能进一步提升检测性能，可以看出除"an"以外，两者存在互补关系。

表 8.10　不同声学界标对发音偏误检查性能的影响

音素	基于 CTC 的声学界标	基于知识的声学界标	系统融合
an	0.864	0.864	0.851
ang	0.956	0.981	0.981
ch	0.817	0.876	0.886
eng	0.932	0.959	0.959
f	0.935	0.919	0.946
ing	0.824	0.820	0.880
j	0.982	0.982	0.982
k	0.905	0.905	0.905
q	0.854	0.973	0.968
r	0.889	0.941	1
sh	0.784	0.894	0.883
u	0.929	0.929	0.929
uo	0.964	0.967	0.969
ü	0.914	0.893	0.903
x	0.940	0.975	0.958
zh	0.844	0.940	0.928

将上述 16 种音素的检测结果汇总求平均，可得到如表 8.11 所示的结果：

表 8.11　各系统检测性能比较结果（%）

系统	FRR	FAR	DA
CTC + 声学界标 + SVM	14.0	30.4	84.4
知识 + 声学界标 + SVM	9.1	16.1	**89.9**

续表

系统	FRR	FAR	DA
声学界标融合 + SVM	9.0	16.1	**90.0**
DNN + HMM + MFCC	6.7	35.9	87.6

从表 8.11 可以看出，基于 CTC 数据驱动的声学界标在 16 类音素上的总体发音偏误检测性能与完全基于知识的声学界标性能相当，其中 7 类音素的检测性能略好于或等于基于知识的声学界标。这可能是因为结合 CTC 驱动的尖峰位置在此处具有相对明显的区别特征。而从语言学角度寻找区别特征也在发音偏误检测中有着良好表现，这是因为英语有较为成熟的声学界标理论，且从英语角度定义的声学界标位置较多，这在一定程度上提供了更多的信息。基于 CTC 的声学界标略低于 DNN+HMM+MFCC；基于语言学知识的声学界标结合 SVM 分类器的 DA 高于 DNN+HMM+MFCC，说明其检测性能较好；两种声学界标相融合进一步提升了检测性能。同时，从 CAPT 反馈的角度出发，关键是避免把正确发音诊断为错误发音从而削弱学习者的学习信息，DNN+HMM+MFCC 通过优化模型降低了 FRR，在四类系统中最低，而基于声学界标的 FAR 均低于 DNN+HMM+MFCC 系统。

8.8.2 基于更新的声学界标与基于混合 CTC/Attention 模型的发音偏误检测

目前有两种基于数据驱动的声学界标检测方式。其一是基于 CTC 的尖峰机制，在 CTC 进行序列对序列的语音识别时，对产生的尖峰进行提取，尖峰位置作为声学界标所在范围，实验证明，基于 CTC 的数据驱动声学界标与人工标注具有较高的一致性；其二是基于 Attention 的注意力机制，在 Attention 模型的语音识别任务中将注意力位置提取出来得到声学界标位置，这一方法同样是纯粹的数据驱动，也与人工标注具有一定的一致性。由此可知，将两者结合，即基于 CTC 尖峰与注意力的位置应当也可以作为另一种形式的数据驱动声学界标。本节将 8.7.3 节更新后的汉语声学界标应用于基于 HMM-TDNN 的发音偏误检测任务，分析其结果，并将混合 CTC/Attention 模型作为应用了混合数据驱动声学界标的系统，与更新后的基于知识的声学界标系统进行对比。

8.8.2.1 混合 CTC/Attention 模型

本节设置了一组基于混合 CTC/Attention 端到端模型（Hori et al., 2017）的发音偏误检测实验，作为基于知识的声学界标与基于数据驱动的声学界标在发音偏误检测上的应用对比。该混合端到端模型基于 CTC 机制与 Attention 模型，采用的是 Transformer 框架。

图 8.22 是 Transformer 的编码器结构，共有 6 个，每层都有一个多头自注意力层和一个全连接的前馈网络，子层采用残差连接和层标准化。图 8.23 则是 Transformer 的解码器结构，它能够对编码结果表示进行检索，同样是 6 个相同结构的堆叠，每层有两个多头注意机制子层和一个全连接的前馈网络子层，多出来的一个多头注意力子层（第一个多头注意力子层）承担的是防止系统关注后续位置的功能，其他与编码器类似。

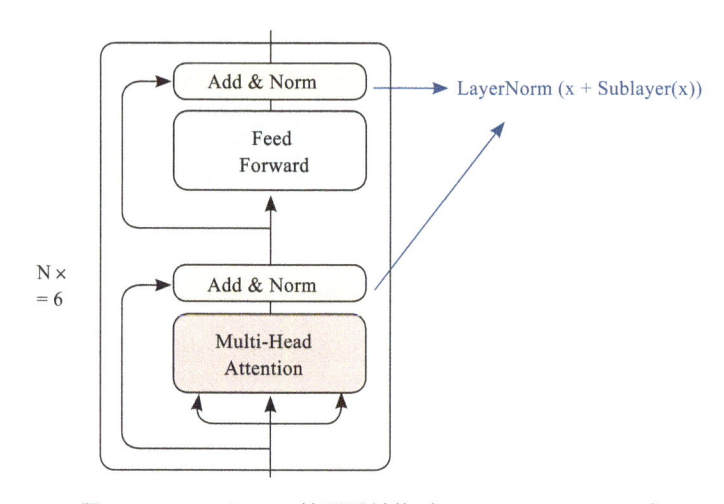

图 8.22　Transformer 编码器结构（Vaswani et al., 2017）

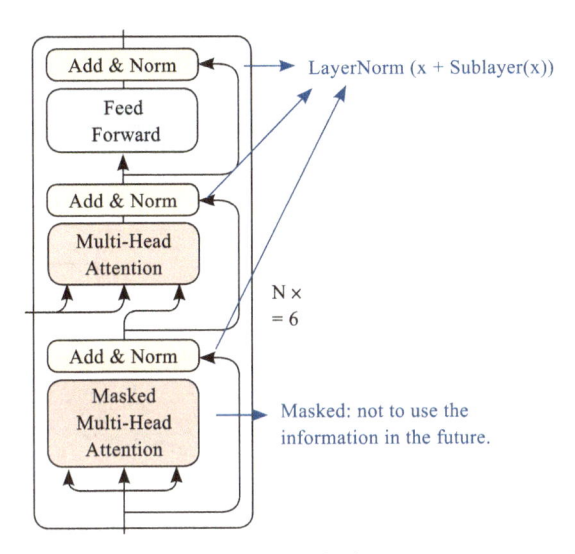

图 8.23　Transformer 解码器结构（Vaswani et al.，2017）

下面利用混合 CTC/Attention 端到端模型进行偏误检测，即同时运用 CTC 的尖峰位置和注意力权重机制，两者混合可以视为一种新的基于数据驱动的声学界标。图 8.24 为混合端到端语音识别模型框架，其中，CTC 与 Attention 编码器网络共享同一个 Encoder。与 Attention 模型不同，CTC 的前后向算法可以在训练过程中强制语音和标签序列之间的单调对齐，有助于加快估计所需对齐的过程。由于 CTC 在模型单元中引入了"空白"标签，其对齐速度加快，但与只使用 CTC 相比，加入无须遵循独立性假设的注意力机制可以提高声学模型的识别精度，增强模型的鲁棒性。损失函数为：$L_{mol} = \lambda logp_{ctc}(c|x) + (1-\lambda)logp_{att(c|x)}$，其中 λ 为 CTC 的权重，可用于联合解码。

在训练过程中，利用多目标训练框架，将 CTC 目标附加到基于注意力的编码器网络作为正则化，CTC 也可以帮助 Attention 更快速地收敛。解码过程采用混合解码，通过传统的基于注意力的自动语音识别执行 beam 搜索。与此同时，如图 8.24 所示，为了找到一个更好的与输入语音对齐的序列假设，我们考虑了 CTC 概率。在此过程中，CTC 概率强制执行单调对齐，不允许相同帧进行大的跳变或循环，以此产生具有更好对齐的假设，并排除不相关的假设。这就是混合 CTC/Attention 端到端语音识别模型的"多目标训练—联合解码"策略。

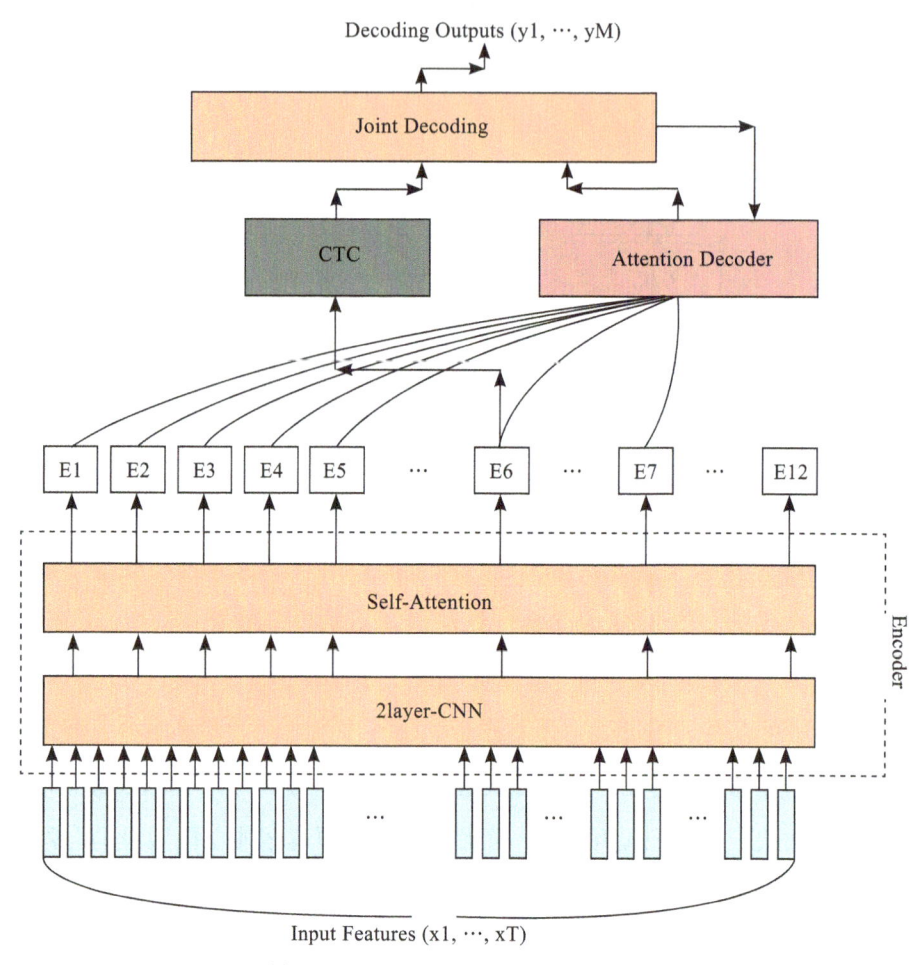

图 8.24 基于 Transformer 的混合 CTC/Attention 模型框架

8.8.2.2 实验和结果

（1）实验配置

TDNN 声学模型主要采用 Kaldi 和 TensorFlow 两个工具进行训练，混合端到端模型采用 ESPnet 工具训练。基于 TDNN 声学模型的发音偏误检测实验采用 27 维的输入特征，其中包括 23 维的 Fbank、3 维的 pitch 及 1 维的能量，采用 CMVN 减少说话人的差异。声学模型采用 TDNN，其中每层 850 个节点；对齐采用 GMM 模型。

根据更新后的声学界标位置，以 25ms 为窗长，由于部分音素时长过短，我们将帧移调整为 6ms。从声学界标位置加上前后一帧共 3 帧，每一帧提取 13 维的 MFCC 及其一阶和二阶差分共 39 维，特征向量共 117 维。

（2）实验结果

8.7.3 节对汉语音素中五个有争议的辅音音素进行了位置验证，我们将验证后的声学界标位置表进行更新，见表 8.12：

表 8.12　基线模型的发音偏误检测实验结果

音素	更新后的声学界标	音素	更新后的声学界标
a	start end	j	end
an	onset (14/30) of vowel	k	middle
ang	onset (14/30) of vowel	ong	start end
ao	start end	ou	start end
ch	onset of consonant	q	onset, nucleus, coda
e	start end	r	whole consonant
eng	onset of vowel	sh	end
f	onset of consonant	u	start end
i	start end	uan	start middle end
ian	start middle end	uang	start middle end
iang	start middle end	uen	start middle end
iao	start middle end	uo	onset, nucleus, coda
ie	start end	ü	onset of vowel
ii	middle	üe	start
iii	middle	ün	start end
ing	onset (17/30) of vowel	x	end
iu	start middle end	zh	end
iou	start middle end	—	—

本实验将对此声学界标进行发音偏误检测应用。为使实验的对照更加灵活，且避免只截取声学界标部分的音素会因丢帧而降低识别精度，本实验将采用给声学界标的部分语音帧和其他语音帧赋予不同权重的方法。

首先，设定声学界标权重占比为 0.5，即不对声学界标给予更多的权重和关注，同等对待音素内的每一帧，这一设定下的模型为基线实验，结果如表 8.13 所示：

表 8.13　基线模型的发音偏误检测实验结果

GOP 阈值	声学界标权重占比为 0.5		
	FAR（%）	FRR（%）	DA（%）
0.1	51.43	13.63	82.96
0.2	42.57	18.17	79.62
0.3	37.22	22.30	76.35
0.4	32.07	26.61	72.89
0.5	27.83	31.31	68.99
0.6	22.85	36.05	65.13
0.7	19.24	41.56	60.44
0.8	14.84	48.77	54.27
0.9	9.11	59.56	44.96

另设置两组声学界标的权重高于音素内其他区域的实验，结果见表 8.14：

表 8.14　应用声学界标的发音偏误检测实验结果

GOP 阈值	声学界标权重占比为 0.7			声学界标权重占比为 0.9		
	FAR（%）	FRR（%）	DA（%）	FAR（%）	FRR（%）	DA（%）
0.1	51.27	13.53	83.57	51.10	13.46	84.09
0.2	42.73	17.97	79.80	42.83	17.89	80.87
0.3	37.27	22.14	76.50	37.31	22.15	77.52

续表

GOP 阈值	声学界标权重占比为 0.7			声学界标权重占比为 0.9		
	FAR（%）	FRR（%）	DA（%）	FAR（%）	FRR（%）	DA（%）
0.4	32.07	26.42	73.19	32.23	26.31	73.19
0.5	27.78	31.21	69.09	27.88	31.06	69.81
0.6	22.79	35.99	65.18	22.85	36.03	66.14
0.7	19.45	41.58	60.40	19.45	41.73	61.26
0.8	14.15	49.01	54.11	14.08	49.32	54.88
0.9	8.85	59.95	44.63	9.12	61.01	44.23

这两种权重占比都对声学界标给予了更多的关注，相当于在一个寻常的 HMM-TDNN 模型上应用声学界标进行发音偏误检测。为使对比更全面，我们还设置了一个更小的权重占比，即给予音素内非声学界标区域更多关注，忽略声学界标，得到的结果见表 8.15：

表 8.15　忽略声学界标的发音偏误检测实验结果

GOP 阈值	声学界标权重占比为 0.3		
	FAR（%）	FRR（%）	DA（%）
0.1	51.21	13.83	82.81
0.2	42.47	18.43	79.41
0.3	37.00	22.64	76.06
0.4	32.02	26.84	72.68
0.5	27.83	31.51	68.81
0.6	22.64	36.27	64.94
0.7	19.19	41.53	60.47
0.8	14.89	48.55	54.47
0.9	9.59	58.95	45.48

除此之外，作为对比的基于数据驱动的混合声学界标应用实验也采用了与上述实验相同的数据集进行训练和测试，结果见表 8.16：

表 8.16　混合 CTC/Attention 的发音偏误检测实验结果

GOP 阈值	FAR（%）	FRR（%）	DA（%）
0.1	53.07	14.98	80.79
0.2	44.20	20.23	78.02
0.3	34.23	25.12	76.40
0.4	33.33	28.29	72.19
0.5	31.41	27.02	67.73
0.6	25.18	34.23	65.01
0.7	20.22	43.92	59.87
0.8	15.36	47.76	52.81
0.9	12.70	60.31	43.24

对 GOP 阈值为 0.1 的五组实验结果进行可视化处理，结果如图 8.25 所示：

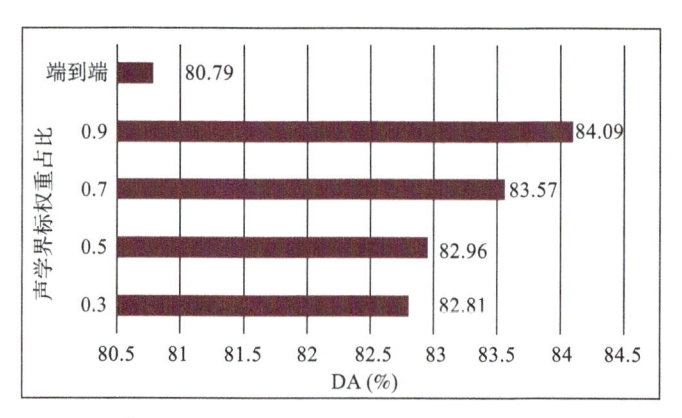

图 8.25　阈值为 0.1 时各模型发音偏误检测实验结果 DA 对比

从图 8.25 可以看出，声学界标所在范围的语音帧在特征计算中权重占比越大，最后发音偏误检测的结果越佳。当声学界标权重占比为 0.9 时，检测性能最佳。而混合 CTC/Attention 端到端模型效果最不理想，这一点可能与端到端模型未外接语言模型有关。

另外，对于发音偏误检测而言，FRR 是一个重要的评判指标。在应用发音偏误检测系统时，正确的发音如果被识别成错误，二语学习者的学习积极性会受到影响，更低的 FRR 会给予二语学习者更多的自信。图 8.26 为 GOP 阈值设定为 0.1 时各组实验的 FRR 数值对比。

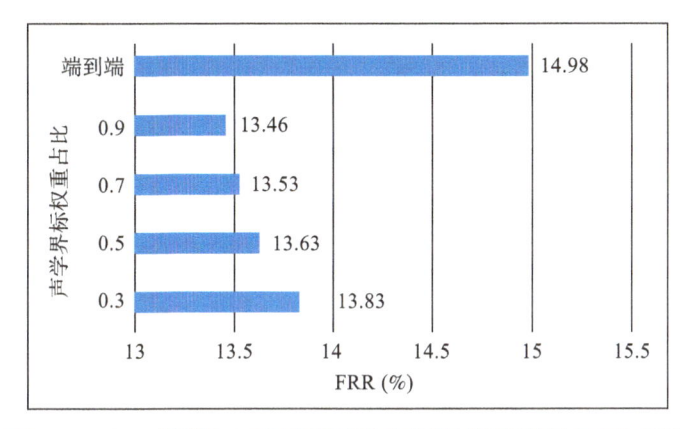

图 8.26　GOP 阈值为 0.1 时各模型发音偏误检测实验结果 FRR 对比

观察图 8.26 可知，当声学界标占比越大时，FRR 越低，这说明声学界标对于发音偏误检测任务而言，不仅检测准确率更高，而且更少地对学习者发对的音进行错误拒绝，也就是说，应用了声学界标的发音偏误检测系统对学习者更加友好，更具鼓励性。混合端到端模型的 FRR 相对较高，这与其未外接语言模型有关，同时也说明基于数据的声学界标与基于知识的声学界标在发音偏误趋势任务上的表现存在差距。

在发音偏误检测任务中，FAR 和 FRR 需要相互平衡。根据图 8.27 可知，相比其他几种权重，声学界标取 0.9 的权重比在所有的阈值范围内要更加稳定，分数的区分性更好。

另外，为了比较更新后的声学界标与之前旧标注的差异，我们将之前的旧标注也应用于发音偏误检测任务中，对上述五个音素进行检测，设定声学界标的权重为 0.9，且 GOP 阈值为 0.1，实验结果见表 8.17：

表 8.17　新旧声学界标发音偏误检测实验结果

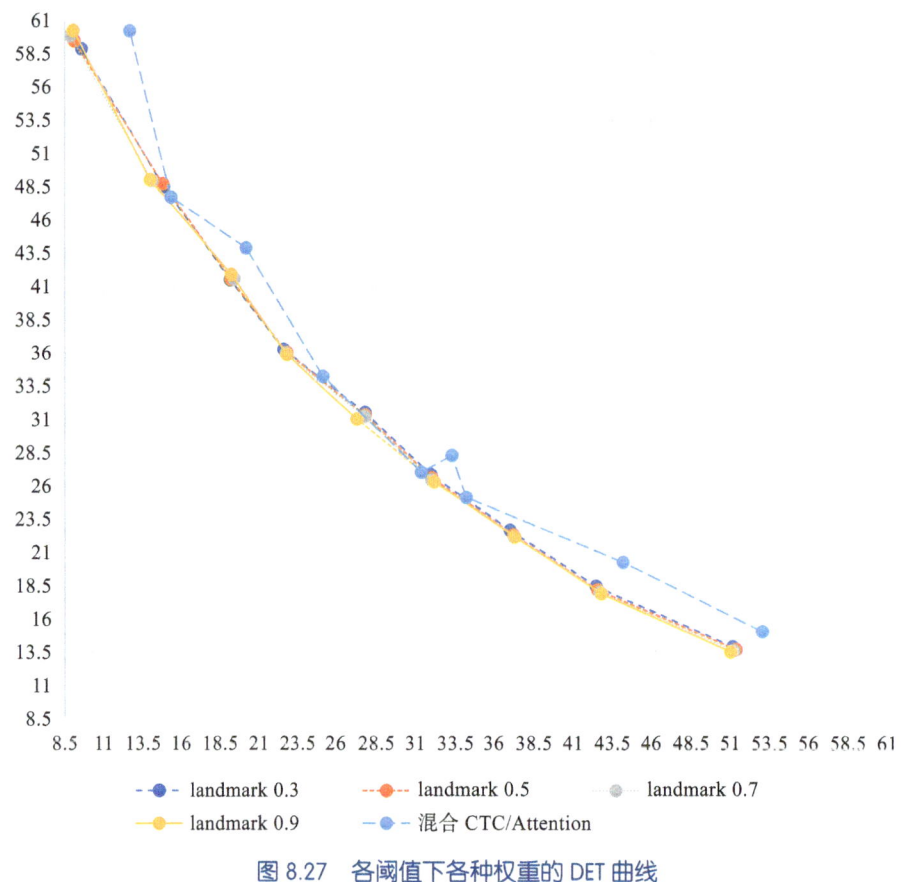

新旧标注	DA（%）
new_landmark	84.09
old_landmark	82.72
混合端到端	80.79

图 8.27　各阈值下各种权重的 DET 曲线

由表 8.17 可知，更新后的声学界标在发音偏误检测上的表现要优于旧的声学界标，且两者都要优于基于数据的位置的表现。

分析实验结果可得，当 GOP 阈值取 0.1 时，基于更新后声学界标的发音偏误检测实验（声学界标权重占比为 1）的检测准确率高出基线实验 1.21%，比忽略声学界标的发音偏误检测实验结果高 1.36%，比混合端到端模型的结果高出 3.38%，且 FRR 也低于其他实验，说明声学界标应用于发音偏误检测任务可以有效提高模型性能。而将更新前后的声学界标应用于相同条件的发音偏误检测实验中，新声学界标的结果比旧的标注高出 1.35%，说明更新后的声学界标的确包含了更多语音学信息，位置也更为准确。

∷ 参考文献 ∷

鲍怀翘主编（2013）《中国语音学报（第 4 辑）》，北京：中国社会科学出版社。

李立永（2013）基于区分性特征的音素识别技术研究，解放军信息工程大学硕士学位论文。

倪宝元主编（1995）《语言学与语文教育》，上海：上海教育出版社。

王志洁、陈东东主编（2013）《语言学》，北京：中国人民大学出版社。

吴宗济、林茂灿主编（1989）《实验语音学概要》，北京：高等教育出版社。

赵立恒、张道行（2010）汉语普通话辅音发音特性的声学研究，《中国中西医结合耳鼻咽喉科杂志》第 4 期。

Bourlard, H. A. & Morgan, N. (1994) *Connectionist Speech Recognition: A Hybrid Approach*. New York: Springer.

Boyce, S., Fell, H. & MacAuslan, J. (2012) SpeechMark: Landmark detection tool for speech analysis. *INTERSPEECH*, 1894-1897.

Cao, W., Wang, D., Zhang, J. & Xiong, Z. (2010) Developing a Chinese L2 speech database of Japanese learners with narrow-phonetic labels for computer assisted pronunciation training. *INTERSPEECH*, 1922-1925.

Chomsky, N. & Halle, M. (1968) *The Sound Pattern of English*. New York: Harper & Row.

Dumpala, S. H., Nellore, B. T., Nevali, R. R., Gangashetty, S. V. & Yegnanarayana, B. (2016) Robust vowel landmark detection using epoch-based features. *INTERSPEECH*, 160-164.

Gao, S., Xu, B., Zhang, H., Zhao, B., Li, C. & Huang, T. (2000) Update progress of Sinohear: Advanced Mandarin LVCSR system at NLPR. *Proc. 6th International Conference on Spoken Language Processing (ICSLP)*, 3: 798-801.

Graves, A., Fernández, S., Gomez, F. & Schmidhuber, J. (2006) Connectionist temporal classification: Labelling unsegmented sequence data with recurrent neural networks. *Proceedings of the 23rd International Conference on Machine Learning (ICMI)*, 369-376.

Hasegawa-Johnson, M. (2000) Time-frequency distribution of partial phonetic information measured using mutual information. *6th International Conference on Spoken Language Processing (ICSLP)*, 133-136.

Hasegawa-Johnson, M., Baker, J., Borys, S., Chen, K., Coogan, E., Greenberg, S., Juneja, A., Kirchhoff, K., Livescu, K., Mohan, S., Muller, J., Sonmez, K. & Wang, T. (2005) Landmark-based speech recognition: Report of the 2004 Johns Hopkins summer workshop. *2005 IEEE International Conference on Acoustics, Speech and Signal Processing (ICASSP)*, 1: 213-216.

Hori, T., Watanabe, S., Zhang, Y. & Chan, W. (2017) Advances in joint CTC-attention based end-to-end speech recognition with a deep CNN encoder and RNN-LM. *INTERSPEECH*, 949-953.

Howitt, A. W. (2000) Automatic syllable detection for vowel landmarks. Ph.D. dissertation, Massachusetts Institute of Technology.

Jakobson, R., Fant, C. G. M. & Halle, M. (1952) *Preliminaries to Speech Analysis: The Distinctive Features and Their Correlates*. Cambridge, MA: MIT Press.

Jayan, A. R. & Pandey, P. C. (2009) Detection of stop landmarks using Gaussian mixture modeling of speech spectrum. *2009 IEEE International Conference on Acoustics, Speech and Signal Processing (ICASSP)*, 4681-4684.

Keyser, S. J. & Stevens, K. N. (1994) Feature geometry and the vocal tract. *Phonology*, 11(2): 207-236.

King, S. & Hasegawa-Johnson, M. (2012) Detection of acoustic-phonetic landmarks in mismatched conditions using a biomimetic model of human auditory processing. *Proceedings of COLING 2012: Posters*, 589-598.

Krizhevsky, A., Sutskever, I. & Hinton, G. E. (2012) ImageNet classification with deep convolutional neural networks. *Proceedings of the 25th International Conference on Neural Information Processing Systems (NIPS)*, 1: 1097-1105.

Ladefoged, P. & Halle, M. (1988) Some major features of the international phonetic alphabet. *Language*, 64(3): 577-582.

Lin, C.-Y. & Wang, H.-C. (2011) Burst onset landmark detection and its application to speech recognition. *IEEE Transactions on Audio, Speech, and Language Processing*, 19(5): 1253-1264.

Liu, S. A. (1996) Landmark detection for distinctive feature-based speech recognition. *The Journal of the Acoustical Society of America*, 100(5): 3417-3430.

Mou, X.-M. (2006) Nasal codas in Standard Chinese: A study in the framework of the distinctive feature theory. Ph.D. dissertation, Massachusetts Institute of Technology.

Palshikar, G. K. (2009) Simple algorithms for peak detection in time-series. *Proc.*

1st Int. Conf. Advanced Data Analysis, Business Analytics and Intelligence, 1-13.

Park, C. (2008) Consonant landmark detection for speech recognition. Ph.D. dissertation, Massachusetts Institute of Technology.

Salomon, A., Espy-Wilson, C. Y. & Deshmukh, O. (2004) Detection of speech landmarks: Use of temporal information. *The Journal of the Acoustical Society of America*, 115(3): 1296-1305.

Schutte, K. & Glass, J. (2005) Robust detection of sonorant landmarks. *INTERSPEECH*, 1005-1008.

Stevens, K. N. (1989) On the quantal nature of speech. *Journal of Phonetics*, 17: 3-45.

Stevens, K. N. (2002) Toward a model for lexical access based on acoustic landmarks and distinctive features. *The Journal of the Acoustical Society of America*, 111(4): 1872-1891.

Stevens, K. N. & Keyser, S. J. (2010) Quantal theory, enhancement and overlap. *Journal of Phonetics*, 38(1): 10-19.

Sultana, S., Pavithra, K. S., Karjigi, V. & Rao, D. M. (2016) Real time detection of fricative landmarks to modify distortion in dysarthric speech using TMS320C6713 DSK. *2016 Conference on Advances in Signal Processing (CASP)*, 242-247.

Sun, W. (1996) Analysis and interpretation of glide characteristics in pursuit of an algorithm for recognition. Masters thesis, Massachusetts Institute of Technology.

Vapnik, V. N. (1995) *The Nature of Statistical Learning Theory*. New York: Springer-Verlag.

Vaswani, A., Shazeer, N., Parmar, N., Uszkoreit, J., Jones, L., Gomez, A. N., Kaiser,

L. & Polosukhin, I. (2017) Attention is all you need. *Proceedings of the 31st International Conference on Neural Information Processing Systems (NIPS)*, 5998-6008.

Xie, Y., Hasegawa-Johnson, M., Qu, L. & Zhang, J. (2016) Landmark of Mandarin nasal codas and its application in pronunciation error detection. *2016 IEEE International Conference on Acoustics, Speech and Signal Processing (ICASSP)*, 5370-5374.

Yang, X., Kong, X., Hasegawa-Johnson, M. & Xie, Y. (2016) Landmark-based pronunciation error identification on Chinese learning. *Speech Prosody*, 247-251.

Yoon, S.-Y., Hasegawa-Johnson, M. & Sproat, R. (2009) Automated pronunciation scoring using confidence scoring and landmark-based SVM. *INTERSPEECH*, 1903-1906.

Yoon, S.-Y., Hasegawa-Johnson, M. & Sproat, R. (2010) Landmark-based automated pronunciation error detection. *INTERSPEECH*, 614-617.

Zue, V. & Seneff, S. (1996) Transcription and alignment of the TIMIT database. In H. Fujisaki (Ed.), *Recent Research Towards Advanced Man-Machine Interface Through Spoken Language*, 515-525. Amsterdam, The Netherlands: Elsevier Science B.V.

第九章 总结与展望

9.1 总结

语音量子理论认为，发音特征和声学特征之间具有非线性的量子关系，是语言中用来区别语音声学属性和发音属性的主要因素。该理论以语音产生的声源-滤波器模型为基础，辅之以发音生理的说明，从二元选择的角度去构造和识别语音。语音量子理论认为，声学界标可以反映区别特征的声学区分模式，找到了声学界标，也就找到了声学特征迅速变化的位置及对应的区别特征，而区别特征又是二语发音偏误检测和二语习得的关键。本书以音位对立体中的声学界标量子特性为主要研究对象，围绕语料库的设计和收集、语音数据的标注、连续统合成方法研究、合成语音的听辨实验设计、听辨结果的统计和分析、声学界标的自动提取及其用于二语发音偏误自动检测等问题进行了深入研究，验证了量子特性中声学界标的有效性。

本研究所使用的中介语语音库，不仅用于听辨实验和自动偏误的验证与测试，还用于训练发音偏误自动检测模型。现有的中介语语音库往往规模较小，或者只针对特定语句的教学研究，没有考虑到文本中音素的全面性、文本量和难度的要求，没有考虑到录音规模要能够覆盖较多的语言背景。针对这些问题，本研究专门设计并录制、标注了大规模的北京语言大学汉语普通话 103 句语音库（BLCU-SAIT 语音库）。该语音库录音文本包括单音节、双音节、句子、短文四个层级，各层级相互独立。该中介语语音语料库既关注孤立的语音环境，也关注语流环境；既覆盖各类音段，也覆盖声调、调联、韵律短语、语调等超音段现象。句子文本以最小句子集合覆盖最丰富的声调音子组合，且兼顾停顿现象，共设计了 103 个满足文本难易适中和整句浊音要求的句子。单音节设计考虑了声调平衡。声调不全的声韵母组合大多数只缺失 1—2 个声调，从现实意义考虑，不为缺失三个声调的组合配齐四声，共设计了 1520 个音节，覆盖 98% 的音节种类，着重于声调平衡，92% 的音节种类声调齐全。每个音节优先匹配 HSK 一至六级词汇表中的汉字，若词表中有多个汉字可与该音节相对应，则选择其中级别最低的。双音节设计了 284 个，覆盖了包括轻声在内的 20 种声调组合，覆盖了所有声母，覆盖了除 "ê、ueng" 之外的所有韵母，还覆盖了各种典型的对立。一期库收集到 302 位二语者、52 位母语者的语音数据，二期库收集到 389 位二语者、29 位母语者的语音数据。两期共收集到 772 位发音人的语音数据（有 38% 的数据从新疆大学录音点采集），其中二语者 691 人、母语者 81 人。691 位二语者中，女性 425 人、男性 266 人；81 位母语者中，女性 48 人、男性 33 人。691 位二语者来自 36 个国家、32 种语言背景，覆盖了 16 个语族。对于录制好的语音，采用偏误自动检测与人工校对相结合的方法来标注中介语语料库音段层的发音偏误趋势。未标注的语料先由训练好的声学模型检测发音偏误，然后根据计算出的神经网络输出层后验概率大小排序，得到 Top-N 的排序结果，再由标注人核对并生成最终标注。研究组对 156 位发音人的 177216 个音段标签（156 人 × 284 个词 × 4 个音段）的标注结果进行了初步分析。以上音段的平均偏误率为 16.6%，比 iCALL 语料库 5% 的音段偏误率高 11.6%，说明研究组语料库的标注方案比仅标替换型错误的方案更加细致，也在一定程度上说明标注员在整个标注过程中的态度足够认真负责。

为了获得语音量子属性中的声学界标信息，本书通过感知和听辨实验，根据声学线索的不同，设计了基于关键位置的拼接合成方法以及基于线索的连续统合成方法。以普通话声母 "r、l" 与前后鼻音韵母为例，先改变特征，即修改区分两个音位的主要声学线索，合成从一个音位到另一个音位逐渐变化的一组声音，即连续统合成语音；再通过听辨实验，验证其关键声学界标信息。

从"r、l"连续统知觉实验的结果来看，中国被试在没有起始稳定段且各音节过渡段互换的情况下，过渡段被换到哪个音节，被试就相应地感知为哪个音节，显然，过渡段对于中国被试判断声母"r、l"起到了关键作用。对于日本被试而言，虽然有类似趋势，但由于最高占比只有50%左右，所以尚不明确是否为随机的概率事件。

通过对中日被试进行普通话前后鼻音韵母中元音稳定段、鼻化段与鼻韵尾切分替换的实验，可以得出结论：鼻化段对汉语母语者正确感知、判断鼻韵母起决定性作用，鼻韵母各部分所包含的鼻音位置信息由多到少的排序（同时也是贡献大小的排序）为：鼻化元音段＞元音稳定段＞鼻韵尾。而对日本学习者来说，元音稳定段包含更多的前鼻音位置信息，鼻化段包含更多的后鼻音位置信息，鼻化段对日本被试感知一个音节是否为鼻韵尾音节同样很重要。这一实验验证了鼻化段在前后鼻音韵母感知中的重要地位。元音段共振峰变化的实验验证了鼻化元音段第二共振峰为汉语母语者和中高级汉语水平的日本学习者感知普通话前后鼻音提供了关键声学线索，纯元音段第二共振峰对其感知鼻音类型没有显著影响；而对初级汉语水平的日本学习者来说，纯元音段与鼻化元音段第二共振峰均会影响其听辨前后鼻音音节。是否切除前后鼻音尾音节的感知实验也验证了鼻音尾是否存在对汉语母语者和中高级水平日本学习者的鼻音感知没有显著影响；而后鼻音尾对初级水平的日本学习者感知前后鼻音存在显著影响。不同元音对汉语母语者的鼻音感知没有显著影响，但对两类水平的日本学习者均有显著影响。

感知实验的结果说明，过渡段是中国被试判断声母"r、l"的关键线索和声学界标，鼻化元音段尤其是其第二共振峰是中国被试判断前后鼻音的关键线索和声学界标。但对日本被试而言，关键线索尚不明确。这也间接证明了对关键线索的不同知觉是母语者和二语学习者之间的重要区别，二语者掌握了声学界标，就可以接近母语者对关键线索的知觉。

连续统合成实验语音往往不够自然，有学者认为从非自然语音中得到的知觉实验结果不够可靠。目前使用深度学习技术合成的语音的质量已经可以达到以假乱真的地步，部分发音已经达到与人类语音质量相同的地步。为了进一步提高连续统合成语音的合成质量，本书提出并研究了基于深度学习技术的连续统合成语音方法。当两个语音范畴存在多个声学维度上的不同时，传统的合成语音连续统听起来有可能不自然。此外，由于声学参数是连续变化的物理量，直接对关键的声学特征进行手工插值可能会掩盖细微但重要的动态变化特征，而这些动态变化可能是听者辨别两个语音范畴的重要线索。我们重点介绍了基于变分自编码器的合成方法和基于对抗训练的合成方法，并通过听辨实验和平均意见得分实验验证了两种方法的有效性。

基于变分自编码器的合成方法使用变分自编码器 VAE 对原始语音信号关键声学线索的生成过程进行建模，而不是手动修改自然语音的关键声学参数。VAE 是以标准自编码器（AE）为基础的深度生成模型，是自编码器的正则化约束版本。VAE 将数据（原始空间）压缩成低维变量（隐空间），同时保留尽可能多的信息，且隐空间中相邻的样本点与对应的原始空间十分相似，这就为连续统刺激的生成奠定了理论基础。该方法首先从原始语音信号中提取关键声学线索，然后基于变分自编码器进行关键声学线索建模，并进行训练，最后利用训练好的关键声学线索模型合成语音连续统。

基于对抗训练的合成方法采用对抗学习的框架，将特定的声学特征与语音信号中的其他内容分开。经过训练，模型可以通过合并独立于关键声学参数的语音内容及来自声学参数隐空间的采样隐表征来生成高度自然的中间语音刺激。与基于变分自编码器的语音刺激连续统合成方法和传统合成方法相比，这种方法不是直接对关键声学线索进行操作，而是在分解关键声学特征后对潜在空间进行插值，避免了人工插值可能造成的信息损失和不自然等问题。

为了将声学界标的相关研究结果用于二语教学，本书探讨了二语发音偏误自动检测技术，介绍了基于 GMM-HMM、扩展识别网络、深度神经网络、CNN、RNN 的发音偏误自动检测技术，重点探讨了我们所提出的基于发音良好度、基于孪生网络、基于发音属性、基于注意力机制的发音偏误检测方法，对比了这些方法的有效性及其在汉语习得中的作用。这些方法各有优缺点：基于发音属性的发音偏误检测可用于描述发音偏误并提供纠音反馈，目前虽检测效果一般，但有助于实现跨语言的检测；基于孪生网络的发音偏误检测不需要标注二语数据，在发音确认任务上效果较好；基于注意力机制的发音偏误检测在评估音素时更关注关键声学部位，且注意力机制的位置与声学界标理论是有所重合的。

本书进一步研究了采用声学界标的发音偏误检测方法，对比了从两个角度得到的声学界标：一种是通过连续统语音合成及感知听辨实验得到的声学界标，另一种是通过大规模数据驱动得到的声学界标。我们研究并验证了两种声学界标在偏误检测和二语习得中的作用。在鼻音偏误检测中，使用语音量子理论中的声学界标能够较好地检测出发音偏误，检测性能与使用全部音段参数的复杂网络效果相当。这说明感知实验可以用于发现和标注声学界标，并用于发音偏误检测，但往往费时费力。

端到端（Connectionist Temporal Classification，CTC）连接时序分类是一种利用 RNN（卷积神经网络）进行序列标记的学习方法。基于 CTC 准则训练的神经网络最终是用一帧的脉冲信号（尖峰）来代表一个建模单元，而声学界标是用音素时长内的特定瞬时区域来建模连续的语音信号，两者都假设信息在语音信号中不是均匀分布的，因此基于 CTC 训练的尖峰与声学界标具有相似的属性。实验结果表明，在一定的时间精度内，大规模数据驱动的 CTC 系统提取的塞音尖峰位置与手动标注的塞音爆破声学界标具有较高的一致性。

同样，注意力（Attention）机制也与声学界标具有一定的一致性。Attention模型进行图像识别或其他任务时，将识别焦点聚集于部分特征，能够使识别更加准确。衡量特征之间重要性的最直观的方法就是使用权重，因此Attention模型最主要的作用就是在识别前计算每个特征的权重，然后加权求和。权值越大，那么该特征对于识别的贡献也就越大，语音帧的权值大则很有可能就是声学界标。

本书对比了中英文语料库中CTC方法、注意力方法和人工标注方法得到的声学界标的一致性。在英文辅音音素上，CTC模型得到的声学界标位置与人工标注的一致性相对较低，尤其是辅音"k"，与标注差异极大；而Attention的一致性整体来说相对较高，表现较为平均。元音则相反，"an、ang、eng"等元音基于CTC的声学界标与人工标注一致性更高。在中文数据集上的对比发现，在"ch、f、j、k、sh、x、zh"这几个音素的声学界标检测上，CTC模型和Attention机制与人工标注的相关性差异很大，其他的音素则差异较小。

对于差异较大的五个音素，我们对音素样本进行切分，用切分后的音素单元做音素分类，准确率更高的部分视为声学界标存在的区域，以此确定声学界标的位置。从五个音素内部分段的角度来看，实验结果基本上都是音素的"末尾段"分类结果最好，且大部分都远远好于其他段。而"k"从除阻到突然发生声带震动，与声学界标所定义的声学参数发生骤变的区域有着相似之处，可见"k"的声学界标位置应该是位于"过渡段"。我们认为这五个有争议的音素里，"j、sh、x、zh"四个音素的声学界标在"末尾段"，而音素"k"的声学界标位于音素的"过渡段"。

根据以上结果，本书通过TNDD-GOP架构和混合CTC/Attention模型，比较了发音偏误检测的效果，使用加权重的方法验证了声学界标方法在偏误检测任务中的作用；通过人工标注声学界标位置的优化，证明了更精确的声学界标有助于发音偏误检测任务的完成；而且声学界标权重越高，发音偏误检测效果越好。此外，实验结果还证明了基于语音学知识的声学界标的发音偏误检测效果优于基于数据驱动方法的检测。

9.2 未来展望

受作者水平和项目时间限制，本书尚存在一些不足之处和需要进一步研究的问题。

由于疫情的原因，前几年外国留学生不能来华，BLCU-SAIT 语音库的录制也曾处于暂停状态。今后将通过开发小程序等形式，进行线下的语音录制，但远程的录制可能会影响数据的质量和语音的状态。另外，数据标注也是一项费时费力的工作，虽然本书提出了机器标注和人工标注相结合的办法，减少了工作人员的工作量，但要标注如此大规模的数据仍然需要很高的人力成本，未来将在其他项目的支持下，继续完成全部数据的标注工作。

本书提出了两种基于深度学习的连续统语音合成方法，并验证了语音合成质量和语音转化的效果。但由于时间限制，还没有使用新的连续统语音进行完善后的感知实验，感知效果是否会因语音质量的变化而变化尚未可知。后续将进一步通过中外被试的感知实验验证连续统合成语音的质量。

本书提出了多种发音偏误检测方法，并将人工标注声学界标和数据驱动声学界标方法都用于发音偏误检测，实验证明，基于语音学知识的声学界标的检测效果是最优的。但这种最优的检测系统的诊断正确率 DA（即正确发音被检测为正确、错误发音被检测为错误的百分比）也仅达到 84.09%，错误接受率 FAR 为 51.10%，错误拒绝率 FRR 为 13.46%，与教师人工评判的水平还有较大差距。而商用的语音识别系统在安静环境下的正确识别率已经达到了 97%，接近人工识别的水平。这说明发音偏误检测系统的水平尚有较大的提升空间，需要进一步从发音特征、声学界标及与其相适应的模型入手，找出提升检测效果的方法。

此外，从理论上说，外国学生可以根据偏误检测的结果自己纠正发音问题，找出错误倾向。但此前由于疫情原因，留学生无法入境，难以找到足够的学生进行学习对比实验，验证偏误检测方法的学习效果。今后将通过与境外教授汉语的学校合作等方式，进一步验证本书所提出的方法在语音习得中的效果。